权威·前沿·原创

皮书系列为

“十二五”“十三五”国家重点图书出版规划项目

智库成果出版与传播平台

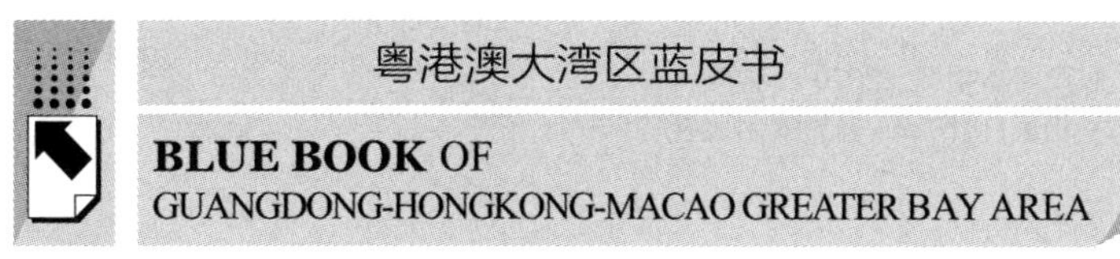

中国粤港澳大湾区改革创新报告（2020）

REPORT ON REFORM AND INNOVATION OF GUANGDONG-HONGKONG-MACAO GREATER BAY AREA IN CHINA (2020)

主　编／涂成林　苏泽群　李罗力
副主编／谭苑芳　王先庆　梁士伦

社会科学文献出版社
SOCIAL SCIENCES ACADEMIC PRESS (CHINA)

图书在版编目（CIP）数据

中国粤港澳大湾区改革创新报告. 2020 / 涂成林，苏泽群，李罗力主编. -- 北京：社会科学文献出版社，2020.6
（粤港澳大湾区蓝皮书）
ISBN 978 - 7 - 5201 - 6699 - 7

Ⅰ. ①中… Ⅱ. ①涂… ②苏… ③李… Ⅲ. ①城市群 - 区域经济发展 - 研究报告 - 广东、香港、澳门 - 2020
Ⅳ. ①F299.276.5

中国版本图书馆 CIP 数据核字（2020）第 086780 号

粤港澳大湾区蓝皮书
中国粤港澳大湾区改革创新报告（2020）

主　　编 / 涂成林　苏泽群　李罗力
副 主 编 / 谭苑芳　王先庆　梁士伦

出 版 人 / 谢寿光
组稿编辑 / 任文武
责任编辑 / 李　淼　高振华　王玉霞　李艳芳

出　　版 / 社会科学文献出版社 · 城市和绿色发展分社（010）59367143
地址：北京市北三环中路甲 29 号院华龙大厦　邮编：100029
网址：www.ssap.com.cn
发　　行 / 市场营销中心（010）59367081　59367083
印　　装 / 三河市东方印刷有限公司

规　　格 / 开 本：787mm × 1092mm　1/16
印 张：27.75　字 数：415 千字
版　　次 / 2020 年 6 月第 1 版　2020 年 6 月第 1 次印刷
书　　号 / ISBN 978 - 7 - 5201 - 6699 - 7
定　　价 / 168.00 元

广州市首批新型智库广州大学广州发展研究院、广州市粤港澳大湾区（南沙）改革创新研究院研究成果

《中国粤港澳大湾区改革创新报告（2020）》编辑部

主要编撰者简介

涂成林　现任广州大学二级研究员、博士生导师；广州市政协委员；广东省区域发展蓝皮书研究会会长，广州市粤港澳大湾区（南沙）改革创新研究院执行院长；广东省政府重大行政决策论证专家，广州市政府第三、四届决策咨询专家；获国务院政府特殊津贴；获国家“万人计划”领军人才、中宣部文化名家暨“四个一批”领军人才、广东省“特支计划”领军人才、广州市杰出专家等称号。目前主要从事城市综合发展、文化科技政策、国家文化安全及马克思主义哲学等方面的理论与应用研究。在《中国社会科学》《哲学研究》《教育研究》等刊物发表论文100余篇，出版专著10余部；主持和承担国家社科基金重大项目、一般项目，省市社科规划项目，省市政府委托项目60余项。获得教育部及省市哲学社会科学成果奖项和人才奖项20余项；获得多项“皮书奖”和“皮书报告奖”，2017年获“皮书专业化20年致敬人物”，2019年获“皮书年会20年致敬人物”。

苏泽群　男，中共党员，现为广东省政府参事，广州大学新型智库建设首席专家；曾任广东省实施珠三角规划纲要领导小组专职副组长，中共广州市委常委、常务副市长，扬州市委副书记、扬州市长，江门市委副书记、江门市长，珠海市委常委、斗门县委书记兼县长，中共广东省委政策研究室副主任等，见证和参与了地方基层改革开放的发展历程。长期从事政务管理和城乡建设、法治政府建设等理论研究和实践应用，曾被中共广东省委授予“一等功”。著作有《农村城市化的可持续发展》，获江苏省哲学社会科学优秀成果奖。

李罗力　现任深圳市马洪经济研究发展基金会创会理事长，《南方大视野》杂志社社长，深圳市政府决策咨询委员会委员，中国经济体制改革研究会资深高级研究员，南开大学兼职教授、博士生导师。1985年起先后在南开大学、国家物价总局、中共深圳市委工作。研究领域涉及中国改革开放、宏观经济、区域经济、东亚经济、港台经济、国际区域经济合作、全球化及国际经济战略等方面。多年来发表和出版《转轨时期的中国经济研究》《深入欧元：欧元运行框架与政策体系》《繁荣还是衰落——CDI眼中的香港》《创新与学习——工业集群与经济增长》等数百万字的论文与专著（包括编著、合著）。

谭苑芳　现任广州大学广州发展研究院副院长、教授，博士，硕士生导师，广州市番禺区政协常委，兼任广东省区域发展蓝皮书研究会副会长、广州市粤港澳大湾区（南沙）改革创新研究院理事长、广州市政府重大行政决策论证专家等。主要从事宗教学、社会学、经济学和城市学等的理论与应用研究，主持国家社科基金项目、教育部人文社科规划项目、省市重大和一般社科规划项目10余项，在《宗教学研究》《光明日报》等报刊发表学术论文30多篇，获广东省哲学社科优秀成果奖二等奖及“全国优秀皮书报告成果奖”一等奖等多个奖项。

王先庆　现任广东财经大学流通经济研究院院长、教授、硕士生导师，广州市商贸流通现代化重点研究基地主任，广州市政府决策咨询专家；兼任广东省区域发展蓝皮书研究会副会长、广东省商业联合会专家委员会主任、中国流通研究网总编辑等。主要研究领域是流通现代化、区域流通业合作、城市商业规划、零售企业战略、商业资本运作等。在《新华文摘》《人民日报》《南方日报》等报刊上发表论文200多篇，出版各类著作30余部；主持和参与30多个政府委托研究项目；有10多项成果在全国获奖。

梁士伦　现任电子科技大学中山学院教授，经济学博士；中山市政协委员，中山市政府法律顾问，中山市社会建设专家咨询委员会副主席；兼任中山市经济研究院院长、广东省区域发展蓝皮书研究会副会长等。主要研究领域是当代企业管理理论与实践、市场营销、微观经济学等；出版教材、专著12部；发表学术论文70余篇；先后主持完成省厅级以上科研项目13项、横向课题近百项；主持完成中山市委市政府及部分镇区、企业的委托研究课题60余项；成果获得省部级奖项一等奖1项、二等奖1项、三等奖5项，市厅级奖项15项。

摘　要

《中国粤港澳大湾区改革创新报告（2020）》由广州市粤港澳大湾区（南沙）改革创新研究院会同广东省区域发展蓝皮书研究会、广州大学广州发展研究院等共同主持研创。本书分为总报告、体制融合篇、产业协同篇、区域发展篇、科技创新篇、文化生态圈篇和专题研究篇七个部分，会集了广东乃至全国研究粤港澳大湾区的学者专家及研创团队的最新研究成果，是关于粤港澳大湾区经济社会运行情况和相关专题分析研究的重要参考资料。

2019 年，随着《粤港澳大湾区发展规划纲要》的发布，粤港澳大湾区迎来了历史性的发展机遇。在中美贸易摩擦、全球经济复苏放缓、地缘政治复杂多变等多种不利因素影响下，全年经济实现平稳增长，经济总量突破 11 万亿元。投资、消费、外贸、金融形势也整体稳健。但经济增速较 2018 年整体放缓，香港与澳门发展出现衰退迹象，珠三角九市在粤港澳大湾区中的支撑作用越发明显。

展望 2020 年，粤港澳大湾区仍将面临多重机遇，预计将在基建互联互通、科技创新驱动、产业协同合作等方面迎来广阔空间，区域金融合作与开放将继续推进。不过，新冠肺炎疫情以及下一轮中美贸易谈判将给粤港澳大湾区的经济走向带来不确定性，本报告建议促进粤港澳大湾区各市发挥特色，进一步推进粤港澳大湾区向“极点带动”“轴带支撑”的区域布局方向发展；疫情结束后应加大基建投资逆周期调节力度，加快构建海、陆、空国际大通道。

关键词： 粤港澳大湾区　粤九市　改革创新

目录

Ⅰ 总报告

Ⅱ 体制融合篇

Ⅲ 产业协同篇

Ⅳ 区域发展篇

Ⅴ 科技创新篇

Ⅵ 文化生态圈篇

Ⅶ 专题研究篇

皮书数据库阅读使用指南

总 报 告

General Report

B.1

粤港澳大湾区2019年经济形势分析与2020年展望*

中国民生银行研究院、广州市粤港澳大湾区（南沙）改革创新研究院联合课题组**

摘　要： 在中美贸易摩擦、全球经济复苏放缓、地缘政治复杂多变等多种不利因素影响下，2019 年全年大湾区经济实现平稳增长，地区生产总值同比增长 4.4%，投资、消费、外贸、地产、金融形势也整体稳健。2020 年大湾区仍将面临多重机遇

* 本报告是广州市首批新型智库广州大学广州发展研究院委托研究成果。

** 课题组成员：黄剑辉，中国民生银行研究院院长，亚洲金融合作协会首席经济学家委员会副主任；谭苑芳，广州大学广州发展研究院副院长、广州市粤港澳大湾区（南沙）改革创新研究院理事长，教授，博士；应习文，中国民生银行研究院区域经济研究中心副主任；彭晓刚，广州市粤港澳大湾区（南沙）改革创新研究院副院长；袁雅理，中国民生银行研究院区域经济研究中心研究员；曾恒皋，广州市粤港澳大湾区（南沙）改革创新研究院研究总监；孔雯，中国民生银行研究院区域经济研究中心研究员；周雨，广州大学广州发展研究院政府绩效评价中心主任，讲师，博士；赵金鑫，中国民生银行研究院区域经济研究中心研究员。主撰人：黄剑辉、谭苑芳。

与挑战。随着《粤港澳大湾区发展规划纲要》进入落地实施阶段，大湾区将在基建互联互通、科技创新驱动、产业协同合作等方面迎来广阔空间，区域金融合作与开放将继续推进。不过，新冠肺炎疫情以及下一轮中美贸易谈判将给大湾区经济走向带来不确定性。对此，建议推进大湾区向“极点带动”“轴带支撑”的区域布局方向发展；疫情结束后加大基建投资力度；推进先进制造业与现代服务业协同发展；探索金融互联互通与开放创新；携手开拓国际市场，引领新一轮对外开放。

关键词： 粤港澳大湾区　粤九市　香港　澳门

2019年，随着《粤港澳大湾区发展规划纲要》（以下简称《规划纲要》）的发布，粤港澳大湾区迎来了历史性的发展机遇。在中美贸易摩擦、全球经济复苏放缓、地缘政治复杂多变等多种不利因素影响下，2019年全年大湾区经济实现平稳增长，地区生产总值同比增长4.4%，投资、消费、外贸、地产、金融形势也整体稳健。2020年大湾区仍将面临多重机遇与挑战，随着《规划纲要》进入落地实施阶段，大湾区将在基建互联互通、科技创新驱动、产业协同合作等方面迎来广阔空间，区域金融合作与开放将继续推进。不过，新冠肺炎疫情以及下一轮中美贸易谈判将给大湾区经济走向带来不确定性。

一　2019年粤港澳大湾区经济形势分析

（一）整体经济：实现平稳增长，各市形势有所分化

1. 大湾区2019年经济总量突破11万亿元

粤港澳大湾区是我国开放程度最高、经济活力最强的区域之一，2019

年粤港澳大湾区（粤九市[①] + 香港 + 澳门）整体实现地区生产总值 11.62 万亿元（见图 1），高于全国第一经济大省广东 10.77 万亿元的规模。粤九市实现地区生产总值 8.69 万亿元，占广东省地区生产总值的 80.7%。可见，粤港澳大湾区为广东省乃至我国整体经济保持稳健增长发挥了重要作用。

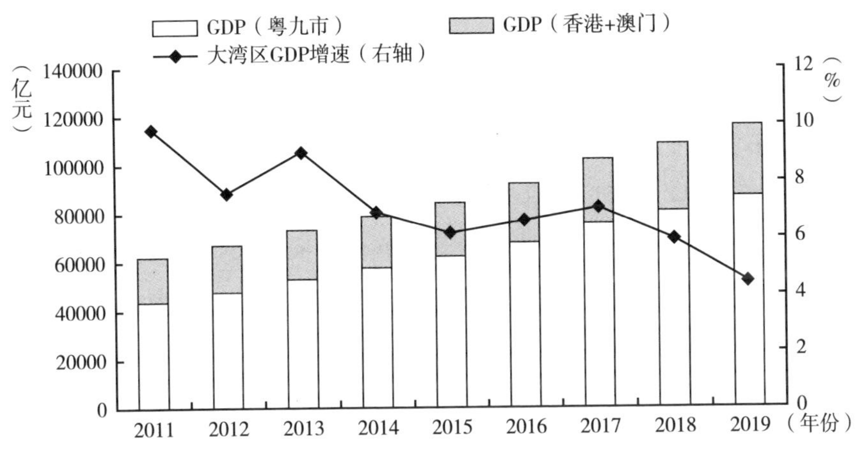

图 1　2011～2019 年粤港澳大湾区 GDP 及增速

资料来源：Wind。

深圳、香港、广州经济规模列入湾区前三位。2019 年深圳市实现地区生产总值 2.693 万亿元，较 2018 年约增加 2700 亿元，位居大湾区首位。自 2018 年深圳 GDP 首次超越香港后，2019 年再次将领先优势扩大，由 2018 年稍稍领先 200 亿元，升为 2019 年领先约 1660 亿元。2019 年香港实现地区生产总值 2.525 万亿元，较 2018 年增加 1250 亿元，列大湾区第二位。2019 年广州市实现地区生产总值 2.363 万亿元，较 2018 年增加 770 亿元，列第三位。随后依次是佛山（1.075 万亿元）、东莞（9483 亿元）、惠州（4188 亿元）、澳门（预计约 4100 亿元）、江门（3147 亿元）、中山（3101 亿元）、肇庆（2249 亿元）。

① 指粤港澳大湾区所属广东省的 9 个城市，即广州、深圳、珠海、中山、佛山、东莞、江门、惠州、肇庆，下同。

粤九市在大湾区中的经济作用越发明显。从各市占大湾区的 GDP 比重来看，与2011 年相比，粤九市的占比进一步上升（见图2）。2011 年大湾区以 GDP 衡量的前三大城市依次为香港、广州和深圳，分别占大湾区整体 GDP 的 26%、20%和 18%。到 2019 年，大湾区内前三大城市顺序已变为深圳、香港和广州，分别占大湾区整体 GDP 的 23%、22%和 20%。可以说，粤九市 GDP 占比的提升，主要依靠了深圳市的快速崛起。

各市经济发展水平差异仍较大。从大湾区各市人均 GDP 来看，2019 年澳门人均 GDP 超过 60 万元（9 万美元左右），即便从全球来看也处在领先的位置，第二位香港人均 GDP 达到 38.2 万元。粤九市人均 GDP 水平与港澳差距仍较大，最高的深圳市为 19.9 万元，尽管在国内属于最高行列，但仍约为澳门的 1/3，而 9 市中最低的肇庆人均 GDP 仅为 5.4 万元，不足澳门的 1/10，约为深圳的 1/4。受港澳平均的影响，大湾区整体人均 GDP 达到 16.15 万元，但仅港、澳、深、珠四市高于此平均线（见图 3）。

2. 粤九市经济增速较2018年有所放缓，香港与澳门出现衰退

与 2018 年相比，粤港澳大湾区经济增速整体放缓。以各地 GDP 为权重，2019 年加权平均后的大湾区整体实际 GDP 增速为 4.4%，较 2018 年放缓 1.5 个百分点。其中粤九市同比增长 6.4%，较 2018 年放缓 0.5 个百分点，但高于全国 6.1% 和广东省 6.2% 的增速，说明粤九市表现仍较为稳健。相比之下，香港与澳门经济增速放缓更为显著，其中香港 2019 年 GDP 初值下降 1.2%，创下了自亚洲金融危机以来的增速新低，主要原因是全球经济放缓、中美贸易摩擦及本地社会局势不稳等。

从粤九市情况来看，东莞市同比增长 7.4%，增速位列第一，佛山市同比增长 6.9%，位列第二。广州、珠海、深圳、肇庆分别同比增长 6.8%、6.8%、6.7%与6.3%，均高于全国与广东省平均增速。江门、惠州与中山 GDP 增速出现了较大幅度的下降，分别为 4.3%、4.2%与 1.2%（见图 4）。其中，中山市 GDP 增速较上年大幅下降 4.7 个百分点，表明其以传统专业镇为主的发展模式面临巨大挑战，粗放式发展、低效式开发的模式亟待转型。

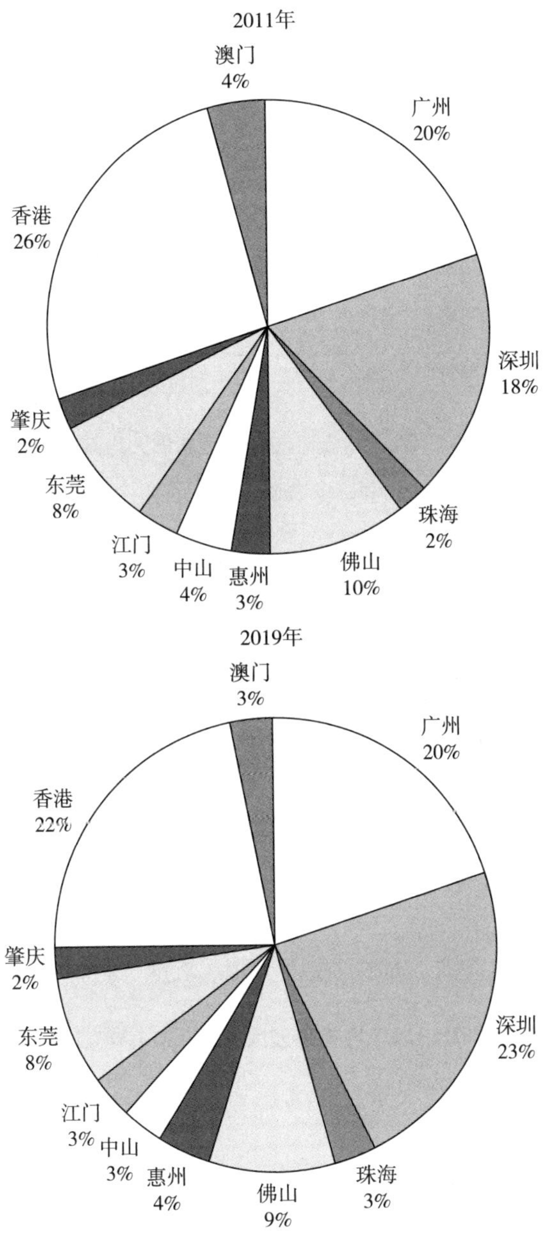

图 2　粤港澳大湾区各城市经济总量占比的变化（2011 年、2019 年）

资料来源：Wind，各地统计部门。

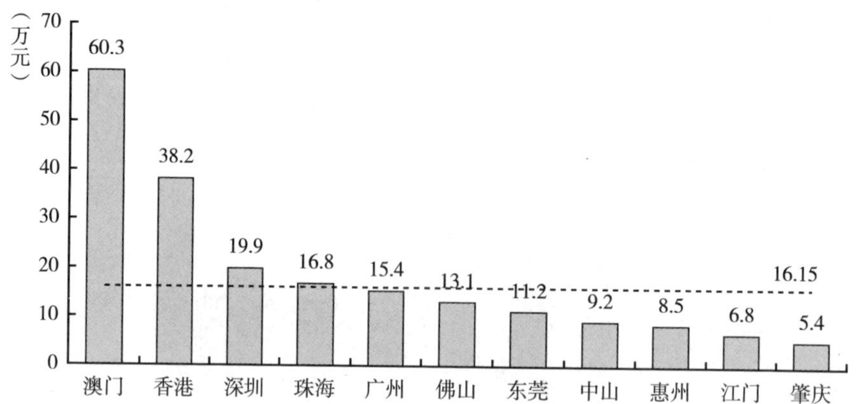

图3　2019年粤港澳大湾区各市人均GDP

资料来源：中国民生银行研究院根据各地公布的初值测算。

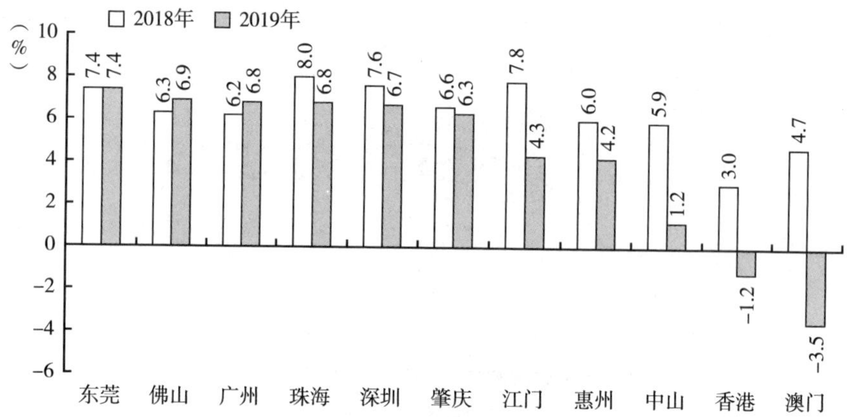

图4　2018～2019年粤港澳大湾区各市GDP实际增速

注：澳门2019年数据为预计值。

资料来源：Wind。

3. 通胀水平温和上升

2019年受猪肉价格推升影响，全国居民消费价格指数（CPI）同比上涨2.9%，较2018年上升0.8个百分点。与全国相比，广东省2019年CPI同比上涨3.4%，较2018年上升1.2个百分点，涨幅高于全国水平。粤九市与全国及广东省基本保持一致趋势，除珠海市2019年同比上涨2.3%，与2018年持平外，其余8市CPI增速均有所上升。其中东莞市2019年CPI同比上涨3.5%，为各市最高；肇庆市较2018年升高1.8个百分点，幅度最大（见图5）。

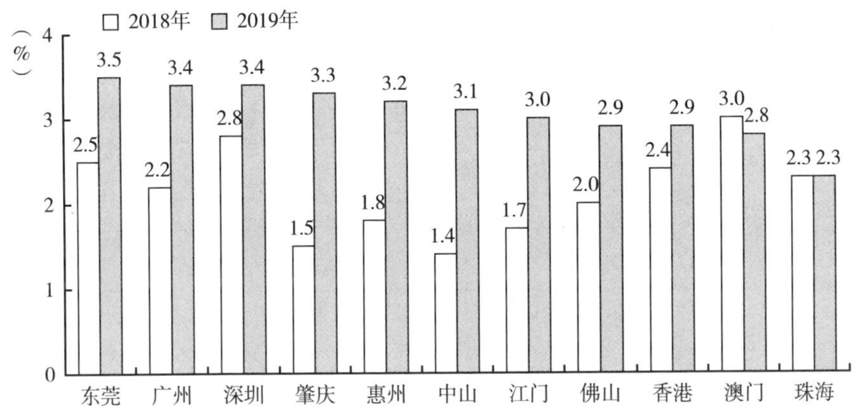

图5　2018～2019年粤港澳大湾区各市CPI同比增速

香港与澳门2019年通胀水平低于粤九市，2019年分别同比增长2.9%和2.8%，其中香港比2018年升高0.5个百分点，澳门比2018年降低0.2个百分点。

（二）产业结构：粤九市第二产业企稳

粤港澳大湾区三次产业发展结构呈现第一产业占比低，第二、三产业形成"双支柱"的特点。2010年以来，大湾区粤九市第一产业占经济总量的比重由2.1%逐步下降到近年来的1.6%左右，第二产业占比由2010年的48.8%逐步下降到2018年的40.9%，第三产业占比由2010年的49.1%逐步上升到2018年的57.5%。2019年，粤九市第三产业占比结束了连续上升趋势，小幅回落到57.1%，第二产业占比则小幅回升至41.3%（见图6）。《粤港澳大湾区发展规划纲要》指出，构建具有国际竞争力的现代产业体系是大湾区的产业发展目标所在，其中，加快发展先进制造业、培育壮大战略性新兴产业被放在突出位置，意味着第二产业的发展得到了高度重视，这是目前第二产业占比逐步趋稳的重要原因。

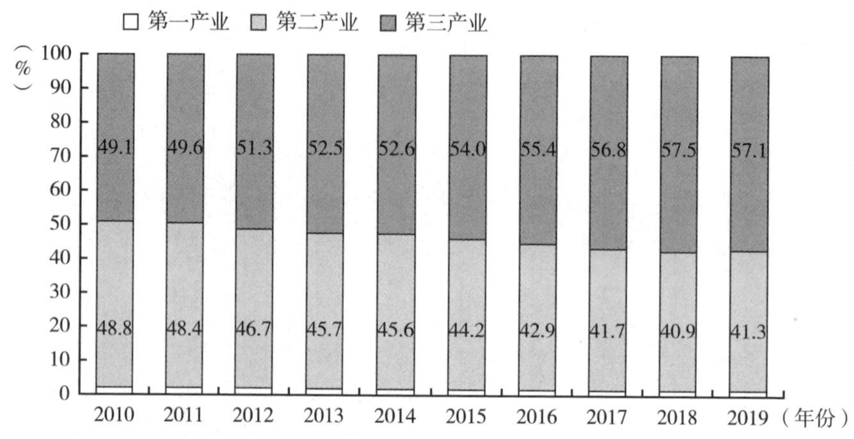

图6 2010～2019年粤九市三次产业结构变化

从各市情况来看，随着大湾区由核心向外扩展，产业结构也出现梯度变化。位居核心区域的广州、深圳、珠海三市第三产业占比较高，其中广州主要发挥国际商贸中心、综合交通枢纽以及科技教育文化中心功能，服务业占比超过70%（见图7）。深圳则作为经济特区、全国性经济中心城市和国家创新型城市，服务业占比仅次于广州。佛山、中山与东莞三市作为紧邻核心区外的制造业基地，第二产业占比进一步提升。在大湾区最外围，惠州、江门与肇庆三市的第一产业占比显著上升，是大湾区的重要初次产品保障基地。

（三）投资与消费：内需增长动力稳健

1. 投资是2019年大湾区经济增长重要拉动力

2019年，粤港澳大湾区中的粤九市固定资产投资总体呈现以下三个特点。一是粤九市整体固定资产投资稳定高增，对广东省投资及经济增长功不可没。2019年粤九市固定资产投资同比增长12.3%，较2018年回升1.4个百分点，连续5年保持10%以上高增速（见图8）。受粤九市基础设施建设投资和产业投资带动，广东省投资完成额增速在全国名列前茅，2019年同

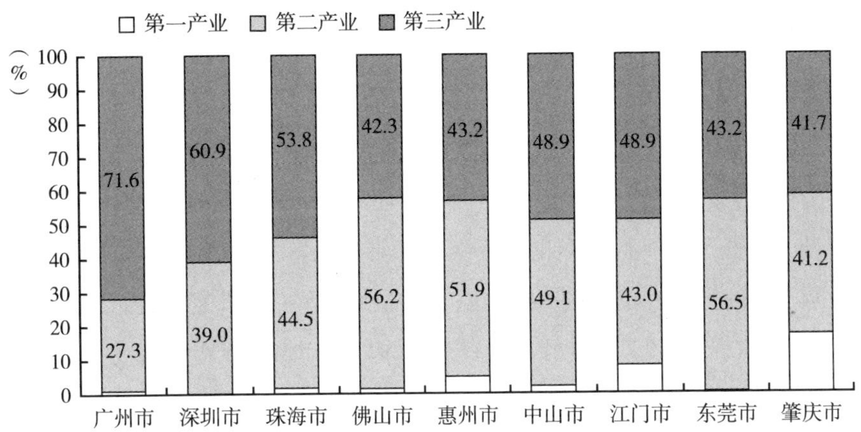

图 7　2019 年粤九市三次产业结构

比增长 11.1%，仅次于天津，在 31 个省（自治区、直辖市）中排名第 2 位。二是大多数城市投资保持中高速增长。除佛山投资增速与全国 5.4% 的水平持平、中山投资大幅负增长以外，其他 7 市投资增速均高于全国水平；同时，有 4 市投资增速显著高于广东省水平。三是投资增速“东高西低”特征明显。位于珠江东岸的深圳、东莞和惠州 3 市投资增速排名在前 4 位，位于珠江西岸的肇庆、江门、珠海、佛山和中山 5 市排名后 5 位。

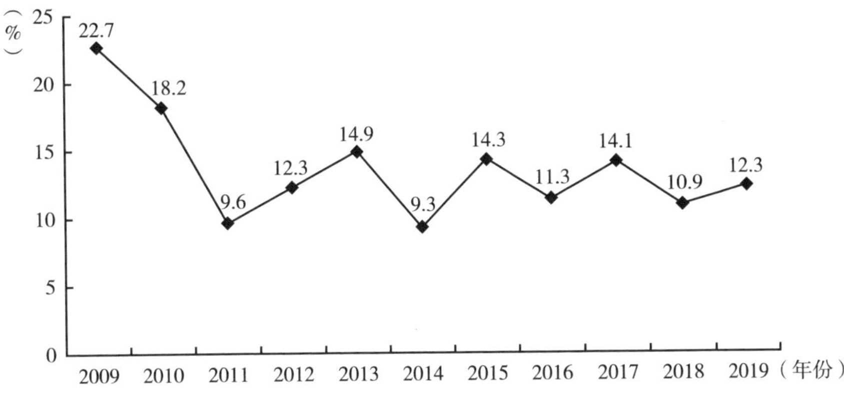

图 8　粤九市 2009 ~ 2019 年固定资产投资同比增速

资料来源：广东省统计局。

具体来看粤九市2019年的情况，经济较发达的深圳、东莞、广州、惠州固定资产投资增速不仅在粤九市中排名前列，与其余5市拉开较大距离，在广东所有21个地级市中也名列前茅；肇庆、江门分别以10.8%和8.3%的增速居于9市中等水平；珠海、佛山则分别以6.1%和5.4%的增速位于第三梯队；仅中山投资大幅下滑17.6%，其原因一方面源于为矫正房地产投资占比过高、基础设施投资严重不足的不良投资结构所带来的阵痛，另一方面来自工业投资大幅下滑的拖累。与2018年相比，粤九市中有4市增速提升，5市增速下滑；4市名次提升，5市名次下滑。其中，深圳和广州投资增速始终保持9市前列，且名次分别小幅上升1位和2位，其基建投资、工业投资、房地产开发投资增长都十分亮眼；肇庆、江门保持在9市中等水平，但名次略有下滑；佛山、中山均维持在9市靠后水平，且名次均下滑1位；东莞、惠州名次有显著上升，已由2018年的第6、第9位分别升至2019年的第2、第4位，发展后劲十足；珠海名次下滑最多，由2018年的第1位降至2019年的第7位（见图9）。

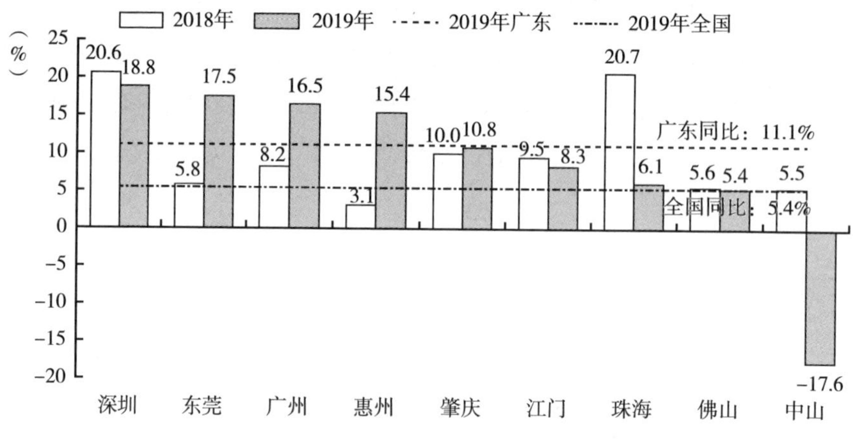

图9　粤九市2018年、2019年固定资产投资同比增速

资料来源：Wind。

港澳投资均明显回落。香港投资需求低迷。在营商气氛悲观和经济陷入衰退的大环境下，香港整体投资进一步放缓，以不变价计算，2019年前三个季度固定资本形成总额当季同比依次下降7.0%、10.8%和16.3%，第四季度预估下降16.2%，全年实质将下降12.2%。固定资本形成总额对经济增长的贡献自2018年第四季度以来持续为负。澳门投资需求也较疲弱。受全球经济下行影响，澳门博彩、旅游业增长疲软，2019年前三个季度固定资本形成总额当季同比依次回落31.7%、26.1%和8.5%（见图10），较2018年同期降幅有所扩大，但降幅在逐季缩小。

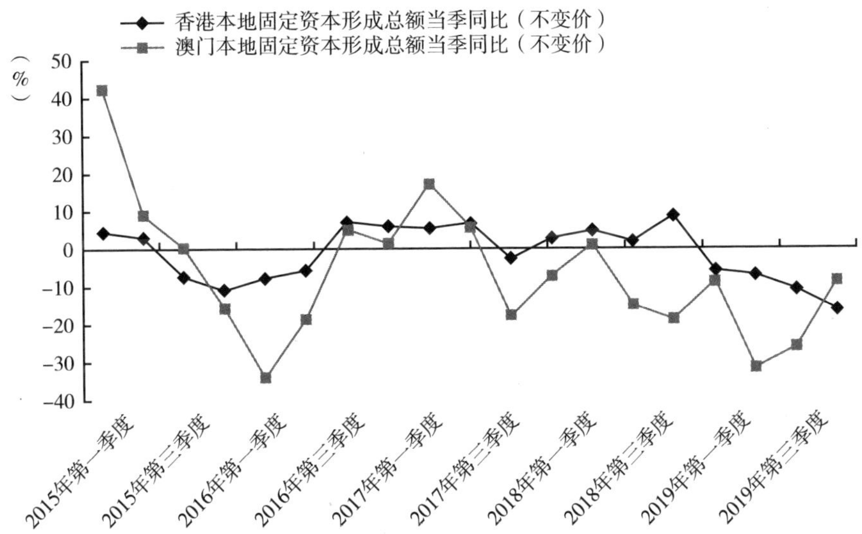

图10　2015～2019年香港和澳门固定资本形成总额当季同比增速（不变价）

资料来源：Wind。

2. 消费成为2019年大湾区经济发展“压舱石”

从消费体量来看，粤九市是广东省的消费主力。2019年粤九市社会消费品零售总额合计约3万亿元①，占广东省的比重达到70.5%，占全国的比重达到7.3%。随着大湾区居民消费结构升级，服务消费、网络消费、跨境消费释放出强劲的动能。从消费增速来看，消费对大湾区经济增长发挥了重要引擎作用。粤九市2019年社会消费品零售总额合计同比增长7.3%，略低于全国水平和广东省水平，但较2018年提升4.7个百分点（见图11）。

① 广州市2019年社会消费品零售总额累计值暂更新至1～11月，1～12月为推算数据。

其中大多数城市保持6%以上中高速增长。不过，受2019年汽车、石油及制品类、居住类等消费走弱影响，我国大部分地区消费增速呈回落态势，粤九市也不例外，除广州和东莞外，其余各市社会消费品零售总额增速均有所回落。

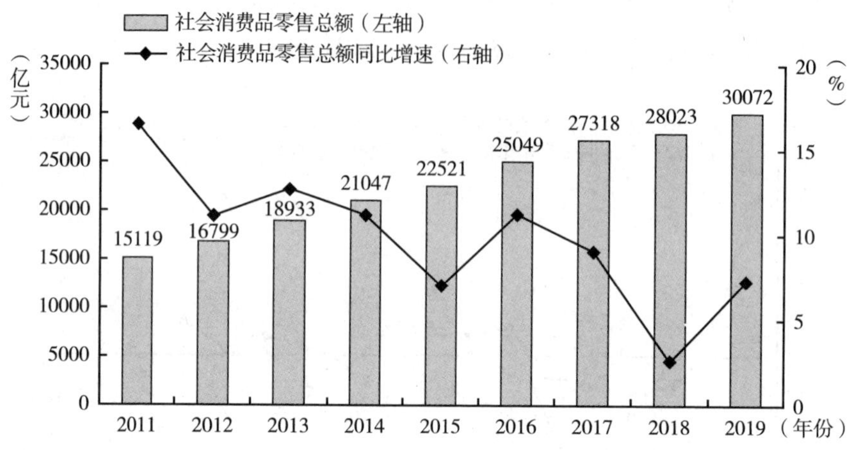

图11　2011～2019年粤九市社会消费品零售总额及同比增速

资料来源：Wind。

具体来看粤九市情况，总量方面，2019年，广州和深圳以6000亿元以上的社会消费品零售总额稳居第一梯队；佛山和东莞则以3000亿元以上的水平位于第二梯队；惠州、中山、江门和珠海社会消费品零售总额为1000亿～2000亿元，位于第三梯队；仅有肇庆社会消费品零售总额低于1000亿元。增速方面，2019年东莞、惠州、江门3市的社会消费品零售总额同比增速超过或持平于全国和广东省（均为8%）的水平，其余6市均低于全国和广东省水平（见图12）。与2018年相比，惠州、江门社会消费品零售总额同比增速排名稳定在前列，二者社会零售规模较小，增长潜力较大；广州、佛山增速稳定在中等水平；深圳、珠海、中山则保持靠后水平，其中深圳增速较低主要因其社会零售规模较大，增长潜力相对较小；东莞增速排名上升较快，由2018年的第5位升至第1位，近年来东莞消费市场活跃，网上零售等新零售拉动明显；而肇庆排名则下滑最多，由2018年的第1位滑至第6位。

全球经济下行导致港澳消费增长疲软。香港私人消费疲弱，政府消费稳

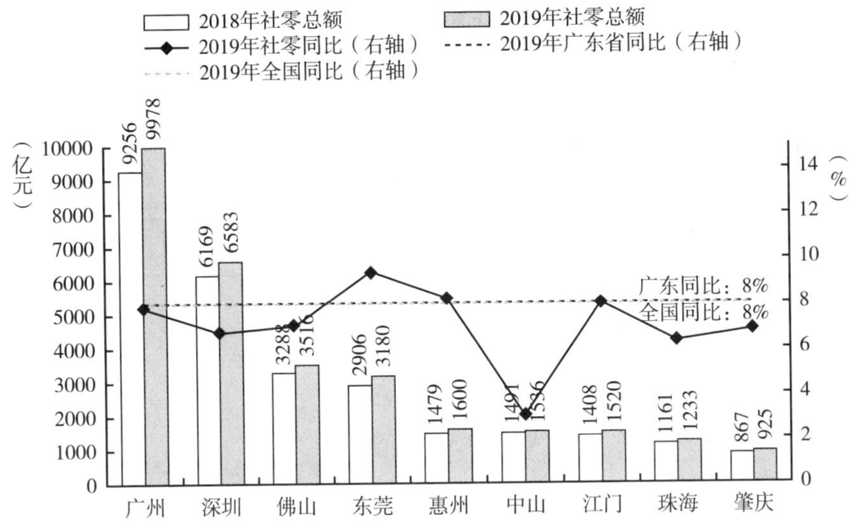

图 12　粤九市 2018 年、2019 年社会消费品零售总额及 2019 年同比增速

资料来源：Wind。

定。受全球经济增长放缓与本地社会环境不稳的冲击，2019 年香港旅游及消费相关行业遭受负面影响，四个季度的私人消费开支不变价当季同比增速依次为 0.4%、1.3%、-3.4%和-3.0%，全年同比下跌 1.1%，私人消费对经济增长的贡献于第三季度跌至负值；政府消费开支不变价当季同比增速依次为 4.5%、4.0%、5.9%和 6.0%，全年同比上升 5.1%，对经济增长发挥了有力支撑作用（见图 13）；全年零售业销售额预估为 4312 亿港元，同比下跌 11.1%。澳门私人消费增速也有所下滑，零售业销售萎缩。澳门 2019 年前三个季度的私人消费开支不变价当季同比增速依次为 2.8%、3.2%、2.8%；政府消费开支不变价当季同比依次为 3.7%、6.5%和 4.3%（见图 14）；零售业总销售额当季同比依次下降 1.6 个、0.6 个和 0.5 个百分点。

（四）房地产：房屋成交低位徘徊，开发投资总体稳定

2019 年粤九市商品房销售仍然低迷，但较 2018 年回暖。近两年中央坚持“房住不炒”调控基调，粤九市中的热点城市围绕这一定位不断加强市

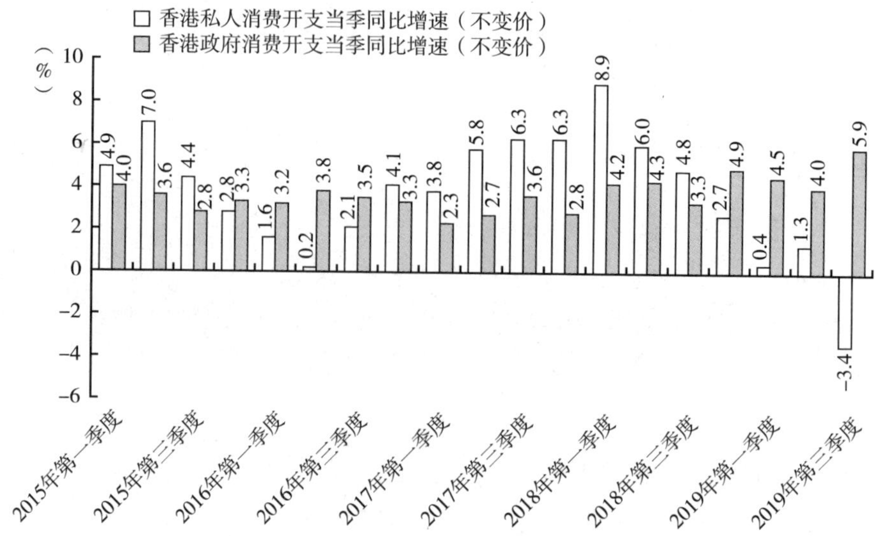

图 13　2015～2019 年香港私人及政府消费开支季度同比增速

资料来源：Wind。

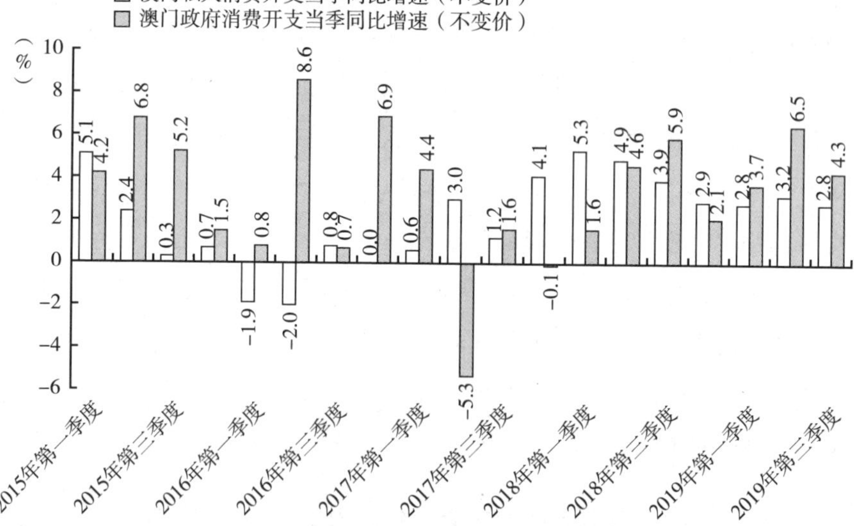

图 14　2015～2019 年澳门私人及政府消费开支季度同比增速

资料来源：Wind。

场调控，房地产市场热度有所下降。2018 年，粤九市商品房销售面积累计同比自 3 月起保持 10% 以上降幅。2019 年以来，受地方政府因城施策、房贷利率下调、《粤港澳大湾区发展规划纲要》发布实施及市场预期改善等因素影响，珠三角地区商品房销售有所回暖，2019 年销售面积同比下降 0.3%，虽仍在低位徘徊，但降幅较 2018 年大幅收窄 10.1 个百分点；商品房销售均价较 2018 年增长 8.7%。房地产开发投资总体稳定，但存在下行压力。2019 年粤九市房地产开发投资总额达 1.3 万亿元，占广东省房地产开发投资总额的比重为 81.1%；房地产开发投资总额同比增长 11.8%，较 2018 年回落5.1 个百分点（见图 15）。随着土地购置费支撑逐步减弱，粤九市 2019 年房地产开发投资仍保持 10% 以上较高增速，但增速整体低于 2018 年水平，继续两位数增长的压力较大。

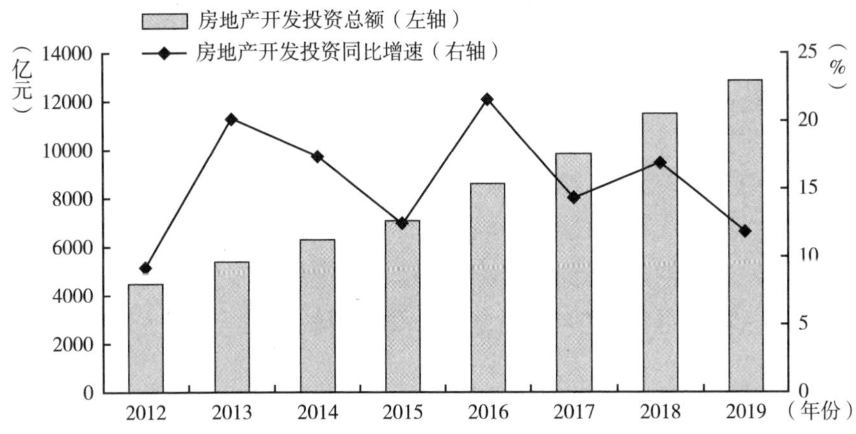

图 15　2012～2019 年粤九市房地产开发投资总额及同比增速

资料来源：广东省统计局网站。

具体来看粤九市情况，商品房销售有显著回暖。粤九市中已公布数据的 4 个城市 2019 年商品房销售面积增速均较 2018 年有显著回升。珠海、惠州、中山和江门商品房销售面积分别同比增长 45.1%、3.7%、-6.0% 和 -2.6%，较 2018 年分别回升 85.9 个、2.6 个、9.7 个和 10.6 个百分点。房地产开发投资增速呈现下行格局。粤九市中，广州和深圳房地产开发投资

总额保持前两名，两市占据半壁江山，2018 年与 2019 年合计占比均为 48%（见图 16），但 2019 年广州与深圳占比一降一升，得以持平。2019 年粤九市房地产开发投资总体保持高速增长，有 6 个城市同比增速依然在 10% 以上（见图 17）。但与 2018 年相比，除惠州、广州和东莞外，其余 6 市房地产开发投资同比增速均有所下行，其中中山、肇庆和佛山下行超过 30 个百分点。

港澳房地产市场均有所降温。香港楼市延续低迷状态。随着 2018 年 9 月底香港金管局跟进美联储加息，香港楼市拐点到来，楼宇买卖合约数量连续同比负增长。2019 年，香港楼市呈现一波三折的走势，年初以来有所回升，6 月开始则继续呈现下探模式，10 月以来由于政府在房屋与土地方面进一步推出的惠民政策提振了市场信心，楼市成交再次呈现回暖迹象。2019 年香港楼宇买卖合约数量为 74804 份，同比下降 5.5%，降幅与 2018 年持平；楼宇买卖合约成交金额为 6924 亿港元，同比下降 6.6%（见图 18），增速较 2018 年回落 8.7 个百分点。澳门楼市成交放缓。受全球经济不确定性导致的谨慎投资情绪影响，澳门 2019 年房地产市场交易量大幅下降，楼宇单位买卖数量累计为 11022 宗，同比下降 26.9%，而 2018 年为同比增长 7.8%；楼宇单位买卖价值为 622 亿澳门元，同比下降 30.5%，而 2018 年为同比增长 5.1%。

（五）外贸形势：多重挑战下的稳健增长

1. 粤港澳大湾区中粤九市外贸情况

2019 年，大湾区粤九市进出口贸易增速高于全国整体水平，占据广东省 95% 以上的外贸份额。2019 年，我国外贸进出口总值 4.6 万亿美元，比 2018 年下降 1%。其中，出口 2.5 万亿美元，增长 0.5%；进口 2.1 万亿美元，下降 2.8%；贸易顺差 4215.1 亿美元，增长 20.1%。广东外贸总额达到 7.15 万亿元，规模继续稳居全国第一。其中，粤九市外贸进出口总额为 6.83 万亿元，比上年下降 0.1%，占广东省全省外贸进出口总额的 95.6%。

各市外贸格局出现分化。2019 年，粤九市外贸进出口总额排名格局未

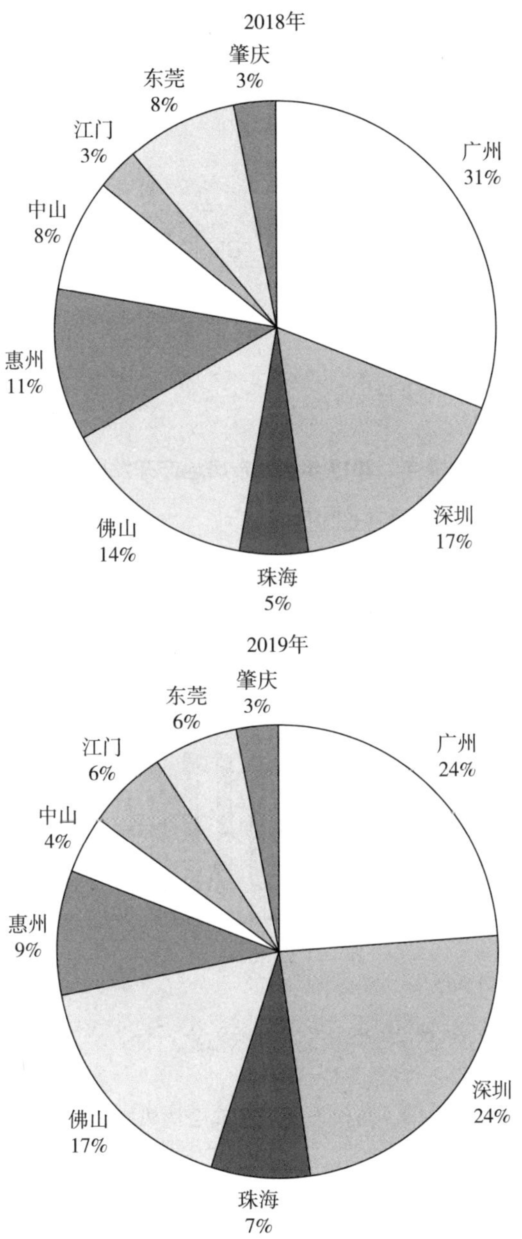

图 16　2018 年与 2019 年粤九市房地产开发投资占比

资料来源：Wind，广东省统计局网站。

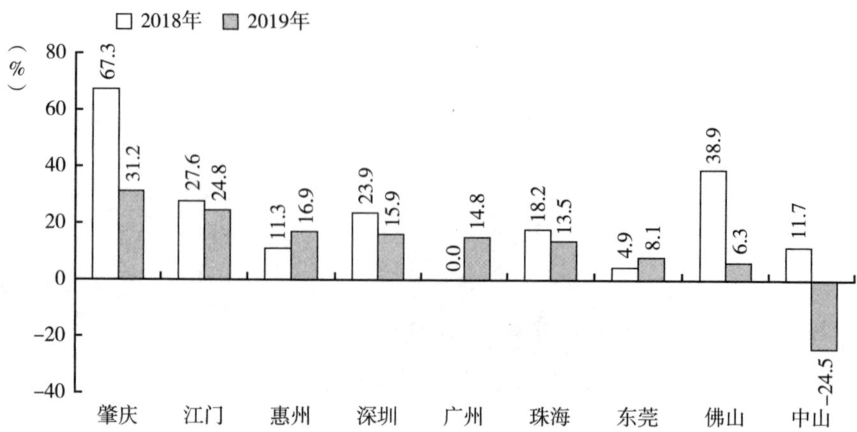

图 17　2018 年、2019 年粤九市房地产开发投资同比增速

资料来源：Wind，广东省统计局网站。

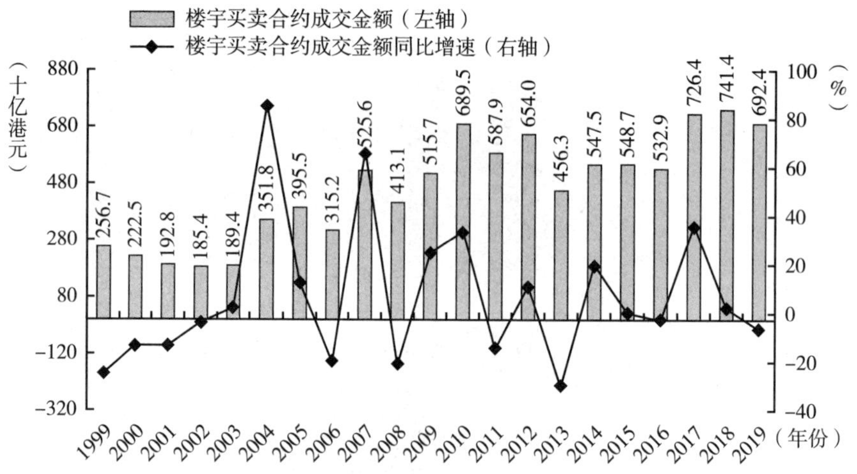

图 18　香港 1999～2019 年楼宇买卖合约成交金额及同比增速

资料来源：Wind。

变，深圳外贸进出口总额连续两年位居第一，东莞和广州分别列二、三位。2019 年，深圳、东莞和广州实现外贸进出口总额 2.98 万亿元、1.38 万亿元和 1 万亿元，分别同比增长 -0.6%、2.9% 和 2.0%（见表 1）。

表1　2018年、2019年粤九市外贸进出口情况

城市	2018年进出口总额(亿元)	2019年进出口总额(亿元)	2018年进出口总额同比增速(%)	2019年进出口总额同比增速(%)
深圳	29973.8846	29780.7803	7.0	-0.6
东莞	13418.7035	13804.0634	9.5	2.9
广州	9810.1485	10006.6109	1.0	2.0
佛山	4599.3318	4827.6100	5.5	5.0
珠海	3246.2753	2908.9560	8.5	-10.4
惠州	3334.6473	2709.7434	-2.4	-18.7
中山	2341.8795	2387.1948	-9.3	1.9
江门	1473.2600	1425.4000	6.4	-3.2
肇庆	389.8700	404.4000	8.9	3.7

资料来源：Wind。

随着粤港澳大湾区的日渐融合，粤九市定位也逐渐清晰。深圳作为创新型城市，将引领大湾区技术产业创新。广州将发挥其在科技型制造业领域和进出口商贸方面的优势，带动周边地区协同发展。珠海市、江门市、佛山市、中山市、东莞市、惠州市、肇庆市则是重要节点城市，是先进制造业产业集聚地。2019年，虽然面临外部贸易摩擦加剧带来的外向型经济发展挑战和国内宏观经济增速放缓的双重压力，粤九市对外贸易仍呈现了总体平稳、稳中提质的态势。具体来看，主要呈现以下特点。

外贸结构明显优化。东莞市一般贸易进出口增长11.4%，占进出口总额的比重为44.6%，比重比上年提高3.4个百分点。深圳市一般贸易进出口1.42万亿元，同比增长2%，占全市进出口总值的47.5%，较2018年提升1.2个百分点，企业外贸自主程度继续得到加强。佛山市一般贸易方式进出口2600.5亿元，增长5.3%，占同期佛山外贸进出口总值的53.9%。

外贸市场主体多元化取得成效。深圳市对共建“一带一路”国家和地区进出口规模占全市外贸比重达到22.1%，其中，对中东欧国家、中东地

区增速达两位数。东莞市对共建“一带一路”国家进出口3103.1亿元，增长17.9%，高于全市进出口增速15.1个百分点；对欧盟进出口1795.5亿元，增长8.1%。江门市对东盟进出口154.7亿元，增长4.3%；对韩国进出口66亿元，增长9.8%。

民营企业对外贸的贡献度进一步提升。2019年，佛山市民营企业进出口2972.2亿元，增长10.8%，占全年佛山市外贸进出口总值的61.6%。此外，龙头企业对全市进出口增长的贡献较大。2019年惠州市民营企业对外贸进出口贡献度大幅提高，全年进出口328.3亿元，逆势大幅增长15.9%，占比较上年同期提升6.2个百分点。其中出口221.4亿元，增长28.4%。进口106.9亿元，增长56.3%。

2. 香港外贸进出口情况

港澳在大湾区中发挥着促进向外发展、加强对内融合的作用。其中，香港作为全球金融中心之一，成为对外开放渠道，扮演贸易中心、航运中心等角色。但是，2019年在全球经济放缓、中美贸易摩擦等外部因素和内部社会不稳定因素影响下，香港货物出口、服务输出较上年大幅下降。

截至2019年12月底，香港进出口总额累计2880.32亿美元，同比下降7.2%（见图19）；进口金额累计2789.47亿美元，同比下降7.6%；出口金额累计90.85亿美元，同比增长6.9%。与2018年比较，2019年货品出口总额及货品进口分别同比下降4.7%和7.4%，为2009年以来最大的年度跌幅；服务输出及服务输入分别同比下降10.4%和2.3%。

从香港主要贸易对象看，中国内地、美国和中国台湾是香港三大贸易对象。以港币计，2019年与内地贸易总额为42689.45亿港元，较2018年减少2046.25亿港元（见图20）。但与内地贸易总额占香港对外贸易总额的比重有所上升，由2018年的50.38%升至2019年的50.80%。

3. 2019年澳门外贸进出口情况

自1999年回归以来，澳门在“一国两制”、“澳人治澳”、高度自治的方针治理下，经过20年的发展，经济和民生都发生了翻天覆地的变化。在贸易方面，澳门逐渐扩大进口，充分发挥进口的重要作用，既满足了居民对

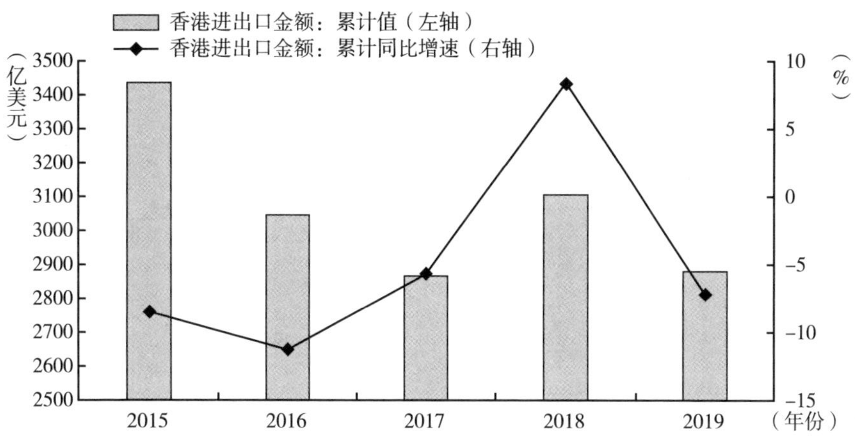

图 19　2015～2019 年香港进出口总体情况

资料来源：Wind。

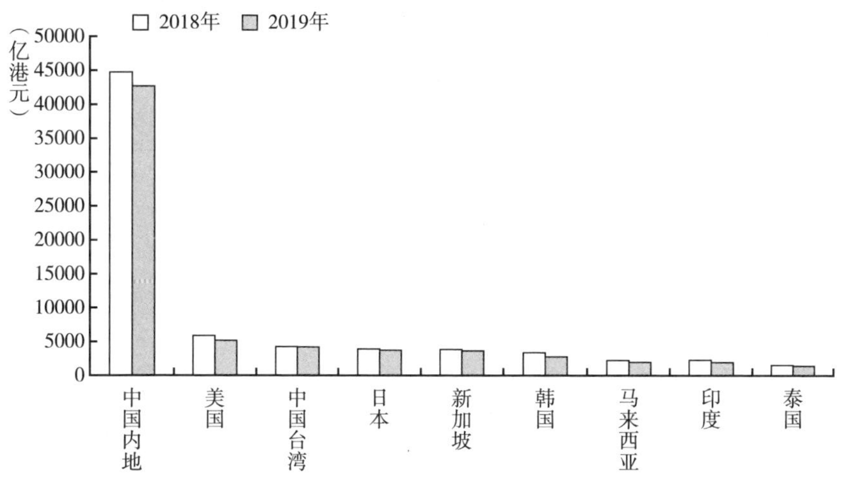

图 20　2018 年、2019 年香港与主要贸易对象进出口总额

资料来源：Wind。

美好生活的积极向往，又推动形成了澳门全面开放的新格局。2019 年，澳门进出口总额累计 31.08 亿美元，较 2018 年下降 1.4%（见图 21）；出口总额累计 30.41 亿美元，较 2018 年下降 1.6%；进口总额累计 0.67 亿美元，较 2018 年增长 9.8%。

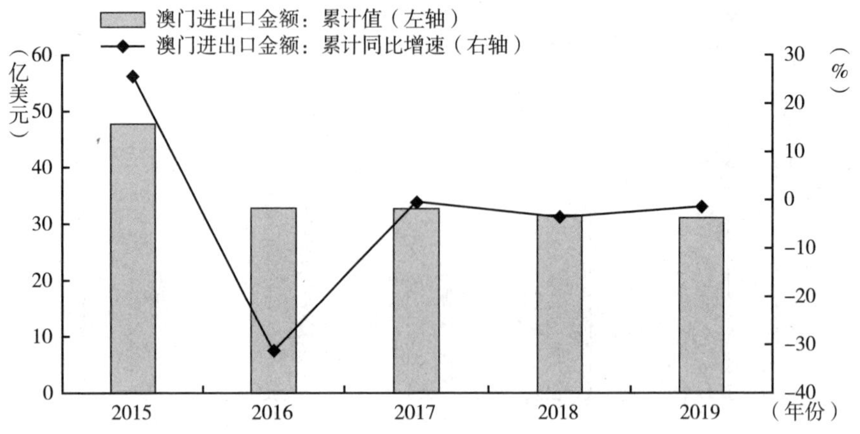

图 21　2015～2019 年澳门进出口总体情况

资料来源：Wind。

澳门回归 20 年来，内地已成为澳门地区对外贸易第一大伙伴，2019 年进出口总额达到 32.23 亿澳门元，比 2018 年减少 1.36 亿澳门元。欧盟进出口总额由 2018 年的 22.74 亿澳门元升至 2019 的 25.12 亿澳门元（见图 22）。从整体进出口主体结构看，2019 年与 2018 年格局基本相同，中国内地、欧盟和中国香港仍是澳门三大贸易伙伴。

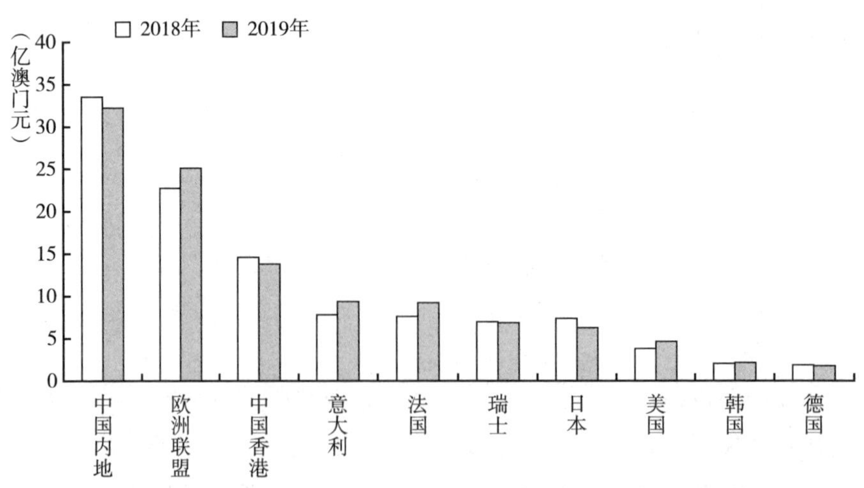

图 22　2018 年、2019 年澳门主要贸易对象进出口总额

资料来源：澳门统计暨普查局。

（六）金融情况：规模稳步增长，区域合作深化

1. 大湾区存贷款余额逐年稳步增长，粤九市贡献份额有所提升

2015～2019年，粤港澳大湾区存贷款余额逐年稳定增长，增速自2017年触底回升。2019年，粤港澳大湾区存贷款余额分别为339636.23亿元和254228.79亿元（见图23、图24），体量巨大，存贷供需基本平衡。存贷款余额较上年分别增长8.37%和11.30%，分别低于全国水平0.23个和0.60个百分点。

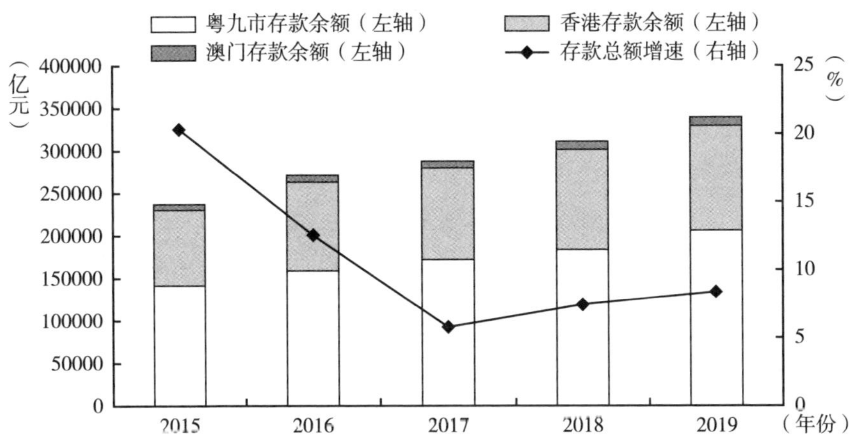

图23　2015～2019年粤港澳大湾区存款余额及占比

资料来源：中国统计年鉴，CEIC。

粤九市本外币存款余额增速分别为12.23%、15.82%，均高于大湾区平均水平和广东省平均水平。此外，在总额上粤九市占据绝对优势。2019年，九市本外币存款余额高达205989.19亿元，占粤港澳大湾区总额的60.64%，占广东省总额的88.61%；本外币贷款余额高达151818.36亿元，占粤港澳大湾区总额的59.72%，占广东省总额的90.04%。2015～2019年粤九市存款余额占粤港澳大湾区总额比重长期稳定在60%左右，贷款比重由55%提高至59%。如忽略汇率变动因素，上述比重还应更大。

2019年粤九市金融机构存贷款余额呈现以下三个特点。一是深圳、广

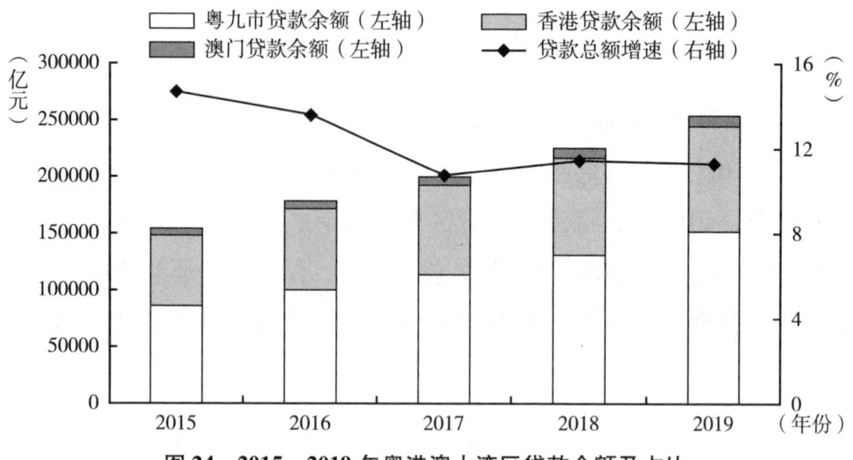

图 24　2015～2019 年粤港澳大湾区贷款余额及占比

资料来源：中国统计年鉴，CEIC。

州两市存贷款余额规模处于绝对领先地位（见图 25、图 26）。其中，存款余额分别占九市总额的 40.75% 和 28.71%，贷款余额分别占九市总额 39.17% 和 31.03%。其余七市存贷款余额与深圳、广州两市差距较大，大多不足两市的 1/10。其中，存贷款余额规模最小的肇庆市，其存款余额不足深圳市的 1/30，贷款余额不足深圳市的 1/27。二是从存贷款余额规模来看，粤九市基本可分为三个梯队。深圳、广州两市位列第一梯队；佛山、东

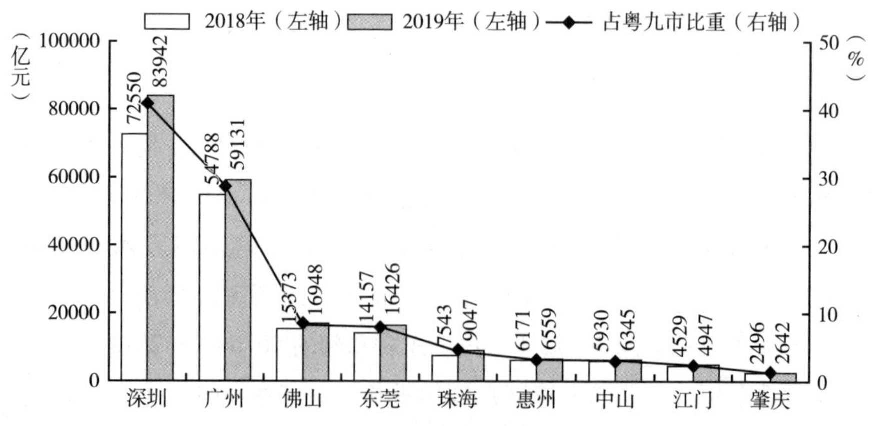

图 25　2018 年、2019 年粤九市存款余额及占比

资料来源：中国统计年鉴。

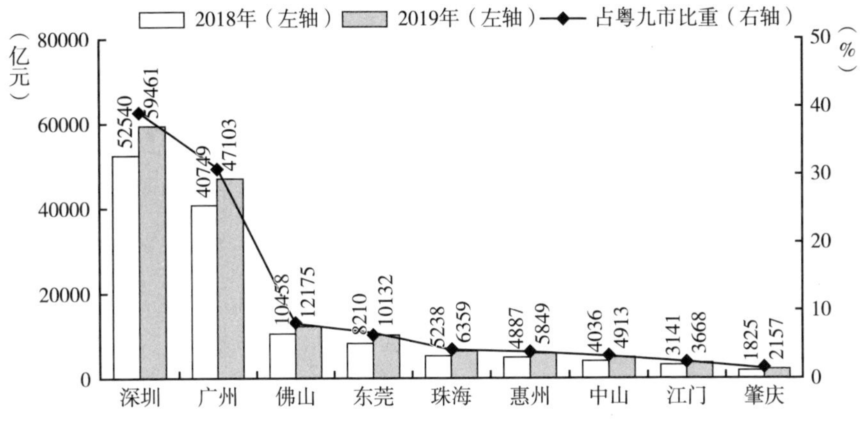

图 26　2018 年、2019 年粤九市贷款余额及占比

资料来源：中国统计年鉴。

莞两市以万亿元级别位列第二梯队；其余五市仅千亿元级别位列第三梯队，这和各地 GDP 体量大小高度相关。三是 2019 年九市的存贷款余额排名较 2018 年未有明显变化。从存款余额来看，东莞市分列第 4 名，较第 3 名佛山市差距微小，短期内赶超的可能性较大。另外，中山市超越惠州市也存在可能。各城市贷款余额差距仍较大，短期内排名出现变化可能性较低。

2019 年，粤九市金融机构存贷比中惠州、肇庆两地高于 80%，仅有东莞一地低于 70%，其他城市均为 70% ~80%（见图 27）。除深圳市外，各市存贷比较 2018 年均有不同程度上升。其中，惠州、中山两地存贷比分别增长了 9.99 个和 9.37 个百分点，领先其他城市。深圳市存贷比较 2018 年出现下降，降低了 1.58 个百分点。总体来看，粤九市间接融资供需相对平衡，市场直接融资需求有所提升。

粤九市存贷款余额增速呈现两大特征。一是除深圳市之外，其余各市贷款余额增速大多高于存款余额增速。中山市增速差最大为 14.73 个百分点，珠海市增速差最小为 1.45 个百分点。深圳市贷款余额增速低于存款余额增速 2.53 个百分点。二是存贷款增速九市较全省均值和九市均值排名分化明显。在存款余额增速上，深圳、东莞、珠海三市高于全省均值和九市均值。而在贷款余额增速上，仅有深圳和广州两市低于全省均值和九市均

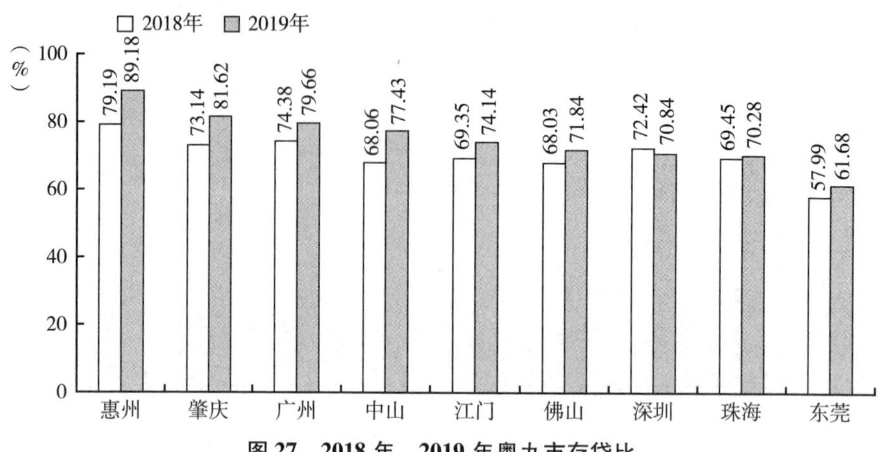

图 27　2018 年、2019 年粤九市存贷比

资料来源：中国统计年鉴。

值（见图 28、图 29）。

2019 年香港存贷款保持稳健增长。2015～2019 年香港存贷款余额逐年上升，到 2019 年存款余额达到 17645 亿美元（约合 123519 亿元），贷款余额达到 13296 亿美元（约合 93072 亿元），均高于粤九市水平。存款余额增速持续走低，2019 年为 2.88%，较 2018 年下降 2.09 个百分点。贷款余额

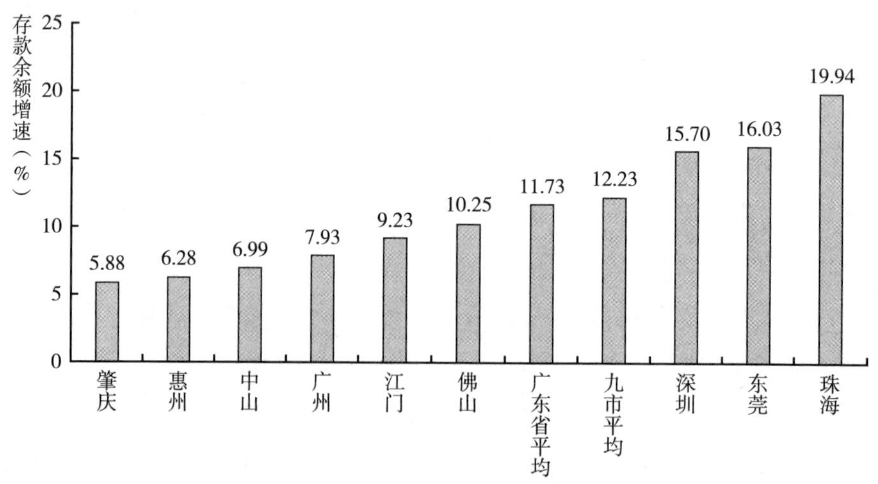

图 28　2019 年粤九市存款余额增速对比

资料来源：中国统计年鉴。

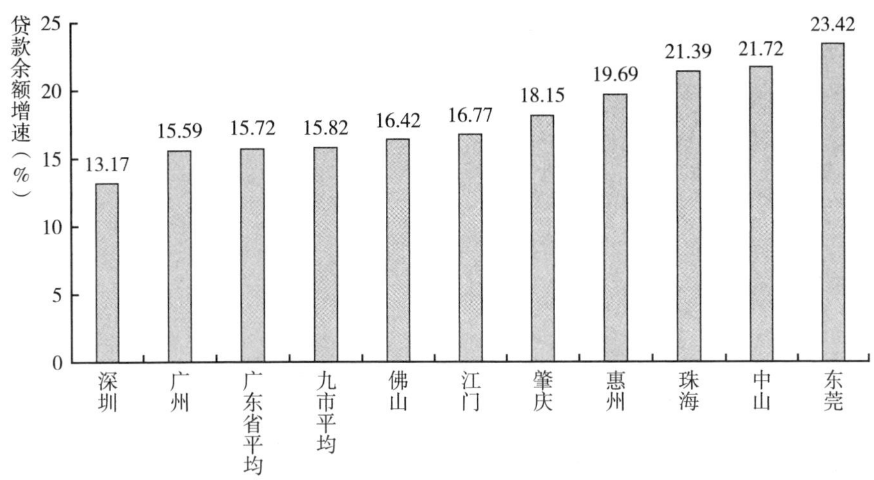

图 29　2019 年粤九市贷款余额同比增速对比

资料来源：中国统计年鉴。

增速有所反弹，2019 年为 6.73%，较 2018 年上升 2.34 个百分点（见图 30）。香港存贷款余额增速均低于粤九市，这和香港地区经济发展阶段和较为发达的直接融资体系有关。

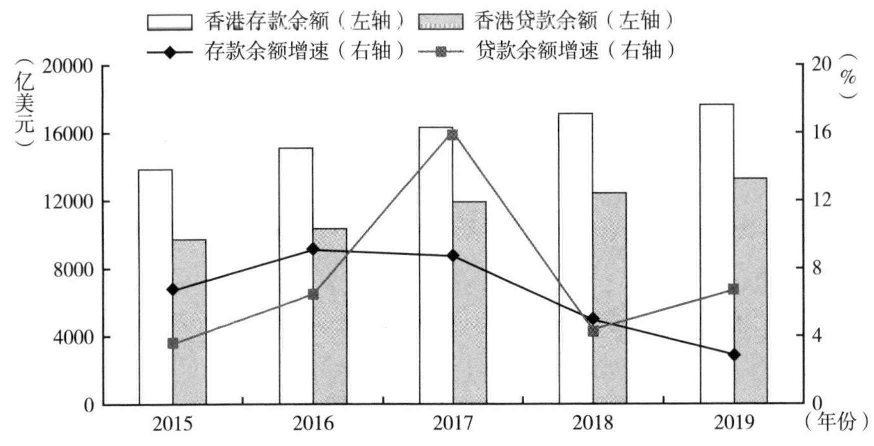

图 30　2015～2019 年香港存贷款余额及增速

资料来源：CEIC。

2019 年澳门存贷款增速走低。2015～2019 年澳门存贷款余额也逐年上升，到 2019 年存款余额达到 1446 亿美元（约合 10127 亿元），贷款余额达到 1334 亿美元（约合 9337 亿元），水平大概处于粤九市的第二梯队。存贷款余额增速持续走低，分别为 4.44% 和 6.52%（见图 31），较 2018 年分别减少 4.52 个和 5.90 个百分点。值得注意的是，2019 年，澳门金融机构存贷比高达 92.20%，高于粤九市及香港的 75.35%。

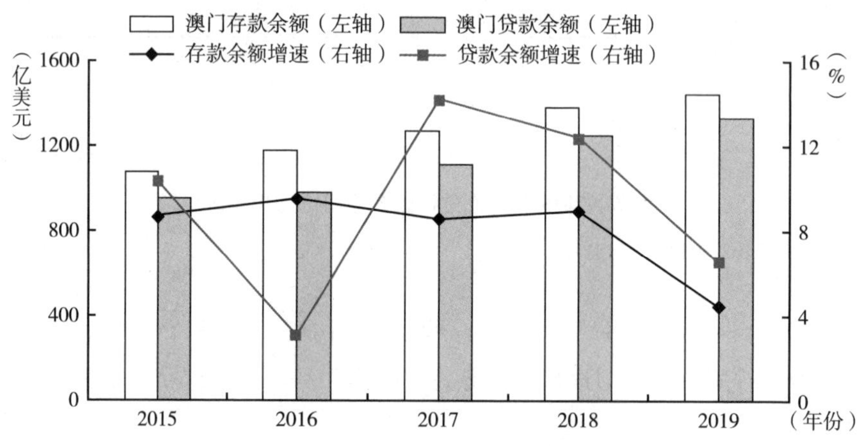

图 31　2015～2019 年澳门存贷款余额及增速

资料来源：CEIC。

2. 区域资本市场发达，直接融资优势明显

资本市场是粤港澳大湾区金融发展的核心之一。大湾区有香港、深圳和广州三大区域金融重镇，还有深交所和港交所两大证券交易所，直接融资体系较为完整，区域优势明显。

截至 2019 年底，深交所上市公司数为 2205 家，其中中小板 943 家，创业板 791 家。总股本为 21520.50 亿股，较上年增加 1648.43 亿股。总市值为 23.74 万亿元，较上年增长 7.20 万亿元。总市值占我国 GDP 比重为 26.4%，较上年提高 6.37 个百分点。

2019 年深交所证券交易成交、筹资规模稳步提高。全年累计股票成交金额 73.03 万亿元，较上年增加 46.1%；全年累计债券成交 25.45 万亿元，较上年增加 24. 2%；全年累计基金成交 2. 31 万亿元，较上年减少 25. 6%。另全年累计股票筹资额 5089. 30 亿元，其中 IPO 公司 78 家，较上年增加 30 家，筹资额达 635. 88 亿元，较上年增加 25. 9%。

截至 2019 年底，港交所证券市场上市公司达 2449 家，总市值约为 38. 17 万亿港元，较上年增加 8. 26 万亿港元，增长 27. 6%（新股计算在内）。共计 183 家公司 IPO 上市，首次公开发行筹资额达 3128. 88 亿港元，较上年增加 248. 82 亿港元，增长 8. 6%，成为全球最大的 IPO 市场。但相较于 2018 年新上市公司 218 家，港交所 2019 年新上市公司数量减少 16. 1%。

2019 年港交所全年成交总额达 21. 44 万亿港元，较上年减少 18. 9%。其中，沪港通北向成交总额 4. 99 万亿元，南向成交总额 1. 56 万亿港元；深港通北向成交总额为 4. 77 万亿元，南向成交总额 0. 92 万亿港元。

3. 金融区域融合发展深化，助力大湾区经济发展

自 2019 年 2 月《粤港澳大湾区发展规划纲要》发布以来，大湾区金融业在拓展业务合作、推进规则衔接、促进市场联通、深化业态创新等方面持续发力，区域金融融合发展不断深化。

一是拓展跨境人民币业务范围，促进区域内贸易投融资便利化发展。2019 年，粤九市与港澳地区累计发生人民币跨境收付 2. 32 万亿元，同比增长 17. 3%，占本外币跨境收支的 45. 4%，高出全国平均水平 5. 8 个百分点。同时，人民币持续成为粤港澳跨境收支第二大结算货币，香港成为全球最大的人民币离岸业务中心，澳门也已初步建立起覆盖葡语国家的人民币清算网络，成绩斐然。

二是发展特色金融产业，助推大湾区金融创新发展。以广州国家级绿色金融改革创新试验区为载体，碳排放抵质押融资、林业碳汇生态补偿机制在全省推广应用，助力粤港澳绿色金融标准对接。此外，还积极推动大湾区金融科技发展与应用，区块链跨境金融服务平台上线。

三是推进市场互联互通建设，助力资金便捷跨境流动。在广东自贸试验区积极试点贸易融资资产跨境转让人民币结算业务。截至 2019 年末，广东自贸试验区南沙、横琴片区已有贸易融资资产跨境转让人民币结算业务备案

银行 18 家，累计发生业务 1059 笔。此外，借鉴上海自贸试验区自由贸易账户体系（FT 账户体系），积极探索资本项目可兑换的有效路径。截至 2019 年末，央行广州分行辖内已开立 FT 账户 83 个，为南沙、横琴片区及境外企业办理资金划转、结售汇等各类业务 131 笔，折合人民币 157.3 亿元。

二 2020年粤港澳大湾区经济形势展望

2020 年大湾区仍将面临多重机遇与挑战，随着《粤港澳大湾区发展规划纲要》进入落地实施阶段，大湾区将在基建互联互通、科技创新驱动、产业协同合作等方面迎来广阔空间，区域金融合作与开放将继续推进。不过，新冠肺炎疫情以及下一轮中美贸易谈判也会给大湾区经济走向带来不确定性。

（一）大湾区规划进入落地实施阶段

截至 2020 年 2 月，《粤港澳大湾区发展规划纲要》已发布一周年。粤港湾大湾区建设正式推进一年以来，多项重点项目落地，湾区面貌日新月异。2020 年是全面建成小康社会和“十三五”规划的收官之年，与此同时，世界经济仍处在国际金融危机后的深度调整期，国内经济下行压力犹存，粤港澳大湾区加快建设步伐显得更为紧迫和必要。展望 2020 年，粤港澳大湾区将继续在《粤港澳大湾区发展规划纲要》指导下，加快基础设施、科技创新引领、产业协同发展等重点领域建设，以期取得阶段性的成果。

1. 基建互联互通取得新突破

完善的基础设施网络是粤港澳大湾区经济社会发展的有力支撑。根据《广东省推进粤港澳大湾区建设三年行动计划（2018 ~ 2020 年）》（以下简称《行动计划》），到 2020 年，大湾区粤九市将实现轨道交通通车里程 2400 公里，高速公路通车里程 5000 公里，港口集装箱年吞吐量达到 6200 万标准箱，机场旅客年吞吐量达 1.4 亿人次。预计粤港澳大湾区 2020 年将继续推进珠三角港口群、世界级机场群、对外综合运输通道、快速交通网络等的建设，落实大湾区基础设施互联互通、城际铁路建设等专项规划，开展珠三角枢纽（广州）新机场、广州第二机场、香港机场第三跑道建设等工作，加快广湛高铁、广汕铁路、深茂铁路、广佛肇高速、深中通道、穗莞深城际轨道交通等建设，推进粤澳新通道、新横琴口岸建设。

2. 科技创新驱动迎来新发展

根据《粤港澳大湾区发展规划纲要》，粤港澳大湾区将建设全球科技创新高地和新兴产业重要策源地。为此，大湾区需发挥广州、香港等城市的基础科研与创新引领作用，对接深圳的应用科技创新以及珠三角完整的制造业链条，着力提升科技成果转化能力。《行动计划》提出，2020 年大湾区内地新型研发机构将力争达到 200 家，R&D 占 GDP 比重达到 2.8%，每万人发明专利拥有量达到 2.6 件。预计 2020 年，粤港澳大湾区国家重大科技基础设施建设、“广州—深圳—香港—澳门”科技创新走廊建设、三大科技创新合作区建设、珠三角国家科技成果对接转化示范区建设将迎来新的发展机遇。

3. 产业协同合作有广阔空间

粤港澳大湾区内部的粤九市、香港、澳门三地比较优势突出，产业互补性强，产业协同具备良好基础。展望 2020 年，粤港澳大湾区将加强产业协同合作，合力构建具有国际竞争力的现代产业体系。一是优化制造业规模和结构。推进产业链分工和协作配套，推动互联网、大数据、人工智能和制造业深度融合，建设珠江西岸先进装备制造产业带与珠江东岸世界级先进制造业产业集群。二是加快发展现代服务业。加强粤港澳金融业合作，推进境内外金融市场互联互通，同时大力发展航运物流、文化创意、会议展览、旅游服务、专业服务等现代服务业，促进服务业专业化、智能化发展。三是培育壮大战略性新兴产业。大力发展信息技术、高端装备制造、生物医药、新材料等新兴产业，推动形成战略性新兴产业协同发展格局。

（二）区域金融合作与金融业开放继续推进

在粤港澳大湾区融合发展的过程中，基础设施建设、产业协同发展、贸易投资合作等都需要金融服务，对大湾区金融行业区域合作深度和开放程度

提出更高要求。

第一，持续扩大人民币跨境使用范围，深入探索资本项目可兑换空间，助推人民币国际化。目前，粤港澳跨境双向人民币贷款规模相对区内跨境资金需求依旧相对不足，可考虑在CEPA框架下进一步降低港澳金融机构进入内地的门槛，探索以“准入前国民待遇+负面清单”的开放模式，助力其在内地快速发展，加速疏通双向融资渠道，加大区内企业使用人民币计价结算支持力度。同时，可探索更多跨境人民币业务通道，在跨境资金池、债券发行、资产转让、股权投资、个人理财、见证开户、缴费支付、保险互认、商事服务等领域加深合作和创新，扩展资本项目可兑换范围，提升交易便捷度，切实满足粤港澳大湾区企业和居民的金融需求，助推人民币国际化。

第二，以金融科技深化区域金融合作，提升市场融合度。港、澳两地金融科技虽然较内地起步较晚，但有良好基础及发展前景。珠三角科技基础雄厚，金融科技应用广泛，市场庞大，区域内深入合作可形成良好的协同效应和示范效应。未来应聚焦跨境金融科技的应用场景，对普惠金融、电子支付、数码货币、区块链、人工智能等重点领域深度开发和应用，将技术与场景、载体有机结合，满足对企业、居民跨境金融服务需求，共建世界级金融科技湾区。试点推行“监管沙盒”，促进形成对跨境金融科技创新活动有效监管的体制机制。

第三，深度打造多元化、多层次的区域资本市场，提升金融开放水平。继续发挥香港、深圳在资本领域的引领作用，支持广州、澳门、珠海等地建设多元化、多层次的资本市场体系，建设区域性私募股权、产权、期权、大宗商品等区域交易中心，提升对外开放水平，服务“一带一路”建设投融资需求。可依托区域内现有较为完整的资本市场体系，以澳门、珠海为中心，利用制度优势，结合平台思维，依赖数字技术，建设在岸离岸打通、链接资金供需双方的新型资本市场。

第四，加强区域金融监管协调机制建设，防控跨境监管套利、交叉传染、资金异常流动等风险。开展大湾区金融综合监管机制创新合作试点，探索金融综合监管创新，加强跨部门、跨行业、跨市场的金融业务监管协调和信息共享。建立粤港澳金融监管联席会议制度，推进建立三地金融监管的信息交流机制、重大风险事件的应急处理机制、金融消费者权益保护的合作机制、跨境资金流动的监测机制等。建立粤港澳金融监管信息共享平台，实现三地日常金融监管信息交流、共享和风险提示，提高监管效率。

（三）新冠肺炎疫情给大湾区经济带来一定冲击

2020年伊始，新型冠状病毒肆虐全国，31个省（自治区、直辖市）全部启动一级响应，世卫组织也把本次疫情列为国际公共卫生紧急事件（PHEIC）。与2003年“非典”相比，此次疫情扩散面更大、病例数更多，各地采取的封城、延长假期、减少出行等措施比2003年更严，而由于经济发展阶段、外部环境以及经济结构不同，预计此次疫情对经济的短期冲击要大于“非典”，势必会干扰2019年第四季度以来的经济企稳态势。

从地理位置上看，广东省与湖北省隔了江西省与湖南省，但与湖北经济联系密切，地处交通发达的南方平原丘陵地区，高铁与高速公路四通八达，距湖北里程小于1000公里。粤港澳大湾区的深圳、广州等地与湖北省人员往来流动十分频繁。受此影响，截至2月底，广东省累计感染1300余人，而人口最集中、经济最活跃的粤九市累计感染超过1200人，占全省的比例超过90%。此外，香港与澳门也已累计感染超过100人。可以说，粤港澳大湾区是除湖北外，疫情形势最严峻的区域经济中心。所幸的是，2月下旬大湾区内新增感染者开始逐步下降至个位数甚至零。不过当前也不能排除境外疫情失控带来的反向输入风险。

本次疫情将对大湾区的经济发展带来以下多方面的影响。

一是生产端将受到短期与长期冲击。受疫情影响，大量劳动力未能按时返城，而大湾区内工业企业众多，不少仍是劳动密集型企业，这些企业春节开始被迫停工，生产端遭到较为严重的冲击。不过，随着3月初复工率逐步提升，企业生产逐步恢复，为处理积压订单开工率在第二季度甚至可能明显反弹，弥补暂时的生产端冲击。除停工影响外，疫情可能对定价能力不足、劳动力密集型、处于产业链下游或者高杠杆高负债企业产生更大冲击，不排除导致一部分企业倒闭，由此带来的生产力冲击将会有更长期的影响。

二是需求端居民消费将受到双向冲击。为避免感染，居民外出就餐、购物、旅游出行与住宿显著减少，将对相应服务性行业产生巨大冲击。此外，生产端冲击传导也会使居民收入下降（停工、失业、绩效奖金下降等因素），从而影响总体消费。不过，互联网消费会迎来发展机遇，包括在线教育、影视娱乐、互联网游戏、直播与短视频等，以及通过线上信息服务支持线下业务的快递、外卖、帮买菜等行业均已出现爆发式增长。粤港澳大湾区是我国互联网经济的中心之一，不少互联网创新创意产业将因此受益。

三是固定资产投资下滑与基建投资的补充。受疫情冲击，企业资金压力加大、经济预期变差等多因素会导致投资活动减少。但与此同时，政府投资将起到逆周期调节作用，特别是粤港澳大湾区基建投资仍有较大需求，预计在疫情结束后，相应基建投资有望加速推进。

四是进出口与国际贸易将受到较大影响。目前，全球经济仍处于缓慢复苏期，外需扩张有限，而且假期延长会影响出口订单。此外，疫情导致中国出口的货物可能面临更加严格的检验检疫，市场竞争力或将有所削弱。同时，全球疫情的发展方向尚不明确，倘若疫情在全球范围扩散，对全球贸易将造成重大打击，我国也难以独善其身。粤港澳大湾区是我国外向型经济最发达的地区之一，因而可能受到较大的冲击。

综合以上考虑，预计粤港澳大湾区经济不会出现断崖式放缓，第一季度GDP 增速可能减缓 2~3 个百分点，疫情结束后的第二、三季度甚至可能出现超预期反弹，最终疫情对全年 GDP 的负面影响为 0.5~1 个百分点。

（四）中美贸易谈判进程下的外贸局势

自 2018 年 6 月以来，随着中美贸易摩擦逐步升级，美国连续三次宣布对中国出口美国的商品加征关税，分别涉及 500 亿美元、2500 亿美元和 5500 亿美元的商品。从粤港澳大湾区产业构成看，多地主要产业为加征关税所涉及的类目，2019 年美国大幅提高关税对广东省和粤港澳大湾区出口已造成一定冲击。

2020 年 1 月 15 日，中美第一阶段经贸协议在美国白宫正式签署。根据协议，一是中国未来两年将增购总值 2000 亿美元的美国商品；二是美国取消已计划（原定 2019 年 12 月 15 日），但未实施生效的其他关税；三是美国对中国商品征收关税的范围由 5400 亿美元，降至目前的 3700 亿美元；四是决定自 2020 年 2 月 14 日美国东部时间 12：01 起，美国 3000 亿美元 A 清单加征关税从 15% 降至 7.5% 正式生效。

中美第一阶段贸易协议签署后，中美双方都在逐步落实协议，美方承诺取消部分对华产品加征关税，并且会加大对中国输美产品关税豁免的力度，实现加征关税由升转降。在目前阶段，7.5% 的关税税率对大部分中国出口企业是一个可以接受的结果，能够减轻中美贸易摩擦对大湾区企业产品出口以及相关产业链发展带来的冲击。

总体来看，中美已正式签署第一阶段贸易协议，此前美国取消了对中国汇率操纵国的认定，加之 2020 年为美国大选年，中美关系有望缓和。但是，当前粤港澳大湾区面临的外贸形势依然严峻，从国际市场看，需求增长乏力，不稳定、不确定因素增多，经合组织将 2020 年全球经济增速的预测下调至 2.9%，世贸组织也下调了全球货物贸易量的增速预测，未来大湾区面临的外部形势依然严峻。

三　政策建议

（一）进一步推进粤港澳大湾区向“极点带动”“轴带支撑”的区域布局方向发展

当前粤港澳大湾区各市经济形势出现分化，对此，应进一步推进粤港澳大湾区向“极点带动”“轴带支撑”的区域布局方向发展，促进各市发挥特色，补齐短板，协调发展。“极点带动”是以香港－深圳、广州－佛山、澳门－珠海三大极点为发展引领；“轴带支撑”是以高效综合交通体系为依托构建区域经济发展轴带，形成主要城市间高效连接的网络化空间格局。各城市分工明确，有利于优势互补、错位发展，打造世界级城市群。

（二）加快构建海、陆、空国际大通道，完善基础设施网络支撑

疫情结束后，可加大基建投资逆周期调节力度。建议大湾区以港口、机场、铁路、公路、城市轨道交通、客货运输等重大交通基础设施项目建设为抓手，加快构建海、陆、空国际大通道。通过交通一体化建设加快构建完善大湾区内主要城市 1 小时交通圈，进一步扩大大湾区便捷联通境内外的国际化交通网络，为粤港澳大湾区建设国际一流湾区提供强劲支撑。

（三）先进制造业与现代服务业协同发展，构建现代产业体系

一方面，在珠三角雄厚的制造业产业基础上，积极推动传统制造业与人工智能、工业互联网、大数据等高新技术的融合发展，加快完善制造业创新发展生态体系。通过绿色化、智能化改造，加快实现传统制造业向先进制造业快速升级。另一方面，以生产性服务业高端化和生活性服务业高品质化发展为两大抓手，加快构建现代服务业体系。基于粤港澳大湾区产业特色大力发展航运物流、工业设计、文化旅游、会议展览、会计法律、管理咨询等现代服务业。推动战略性新兴产业发展壮大。依托大湾区中心城市的科研资源和高新产业基础，推动新一代信息技术、生物技术、高端装备制造、新能源新材料等战略性新兴产业发展为新支柱产业。

（四）探索金融互联互通与开放创新，共建国际金融枢纽

根据各地产业特点大力发展特色金融产业。香港将打造大湾区绿色金融中心；广州将建设绿色金融改革创新试验区；澳门将发展租赁等特色金融业务；深圳将建设保险创新发展试验区，推进与港澳特色金融合作。推进金融市场互联互通。推动大湾区内人民币跨境使用范围的扩大，建立资金和产品互通机制。以深圳前海、广州南沙等重大平台为先行引领金融开放创新。探索建立与大湾区发展相适应的账户管理体系。

（五）携手开拓国际市场，引领新一轮对外开放

以深圳前海、广州南沙、珠海横琴三大前沿阵地为支点，全面深化粤港澳经贸合作，加快打造内地与港澳的合作示范区。以内地与港澳的更紧密合作引领中国新一轮对外开放进程。充分发挥粤港澳大湾区面向东盟、葡语国家的开放优势，抓住“一带一路”建设机遇，支持粤港澳三地联手开拓与相关国家和地区的经贸合作。

体制融合篇

System Integration

B.2

设立“粤港澳大湾区建设协调中心”可行性研究*

广州市粤港澳大湾区（南沙）改革创新研究院课题组**

摘　要： 世界知名湾区发展经验表明，在国家宏观层面的领导体制下设立具有较强执行力的区域协调机构是保障区域协调发展的重要手段。粤港澳大湾区建设涉及一国、两制、三个关税区、三种货币，城市间经济社会发展水平差距较大，很有必要在国家层面的粤港澳大湾区建设领导小组框架下设立工作层面上的协调中心，以此提升统筹协调粤港澳大湾区各城市的工

---

* 本报告系广州市首批新型智库广州大学广州发展研究院委托研究成果。

** 执笔：涂成林，广州大学二级研究员、博士生导师，广州市粤港澳大湾区（南沙）改革创新研究院执行院长，国家“万人计划”领军人才；温洋，广东省政府参事、广州市粤港澳大湾区（南沙）改革创新研究院高级研究员；其他课题组成员：谭苑芳、曾恒皋、彭晓刚、周雨。

作效能。从规划定位与区位条件来看，我们建议这一协调中心选址在广州南沙。

关键词： 协调中心 粤港澳大湾区 广州南沙

建设粤港澳大湾区是习近平总书记亲自谋划、亲自部署、亲自推动的国家重大战略，是新时代加快推动形成全面开放新格局、推动“一国两制”事业创新发展的重大举措。粤港澳大湾区战略全面实施以来，已取得了诸多可喜成绩，广深港高铁香港段、港珠澳大桥、南沙大桥等一批有助于粤港澳三地互联互通的重大基础设施相继建成通车，香港科技大学（广州）校区、深港科技创新合作区、横琴粤澳合作中医药科技产业园等一系列粤港澳深度合作发展平台也已陆续搭建起来。但粤港澳大湾区内部要素流动不畅、产业发展同质化等问题依然比较严重，有必要借鉴国内外先进地区的发展经验，在粤港澳大湾区建设领导小组的框架下设立粤港澳大湾区建设协调中心，进一步提升粤港澳三地统筹协调工作效能，凝聚合力，更好地促进三地经济社会融合创新发展。

一 设立“粤港澳大湾区建设协调中心”的必要性

（一）设立“粤港澳大湾区建设协调中心”的现实需求

粤港澳大湾区包括香港特别行政区、澳门特别行政区和广东省广州市、深圳市、珠海市、佛山市、惠州市、东莞市、中山市、江门市、肇庆市（以下统称“珠三角 9 +2 城市群”），总面积 5.6 万平方公里，总人口约 7000 万人。改革开放以来，特别是香港、澳门回归祖国后，粤港澳合作不断深化实化，粤港澳大湾区经济实力、区域竞争力显著增强，是我国开放程度最高、经济活力最强的区域之一。珠三角 9 +2 城市群已初步形成以战略性新兴产业为先导、先进制造业和现代服务业为主体的产业结构，2019 年大湾区经济总量按人民币计算已超过 11 万亿元。比对当今世界三大湾区，粤港澳大湾区已具备建成国际一流湾区和世界级城市群的基础条件（见表 1）。

表 1　四大湾区主要发展指标比对

湾区名称	GDP（万亿美元）	人均 GDP（万美元）	地均 GDP（亿美元/平方公里）	第三产业比重（%）	港口集装箱吞吐量（万标箱）	海外游客人数（万人次）	经济竞争力指数	PCT 专利总量（万件）	发明专利数施引（万次）
纽约湾区	1.72	8.64	0.80	89.5	465	5200	0.754	0.8	55.95
旧金山湾区	0.83	10.78	0.46	82	227	1651	0.924	0.77	155.69
东京湾区	1.86	4.23	1.37	80	766	556	0.896	2.98	104.99
粤港澳大湾区	1.68	2.36	0.30	62	6520	169	0.591	2.78	100.09

注：经济竞争力指数来源于中国社会科学院（财经院）与联合国人居署共同发布的《全球城市竞争力报告 2018—2019——全球产业链：塑造群网化城市星球》；专利数据来源于《广州日报》数据和数字化研究院（GDI 智库）发布的《粤港澳大湾区协同创新发展报告（2019）》；其他数据根据 2019 年网络公开数据整理。

但就目前情况看，粤港澳大湾区发展也面临诸多挑战，具体表现在以下五个方面。

一是当前中美贸易摩擦背景下贸易保护主义倾向抬头，粤港澳大湾区以外向型经济为主，面临的经济压力更大。2019 年粤港澳外贸进出口总额较上年有所下降，其中粤九市、香港、澳门分别下降了 0.1%、7.2% 和 1.6%。受此拖累大湾区 2019 年经济增速也有所放缓，其中粤九市经济增速较 2018 年放缓了 0.5 个百分点，香港与澳门出现了不同程度的经济衰退；而且当前大湾区经济运行仍存在产能过剩、供给与需求结构不平衡不匹配等内部突出矛盾和问题。在这种严峻的经济形势下，急需凝聚合力进一步提升大湾区的经济增长内生动力。

二是生产要素高效便捷流动的良好局面尚未形成，还没有真正建立起统一开放、公正高效的市场体系。粤港澳大湾区建设涉及一国、两制、三个关税区、三种货币，粤港澳三地在经济制度、行政体制、金融财税体系、法治体系等方面都存在巨大的差异，这种现实条件制约了三地要素自由流动，从而需要大湾区加快体制机制创新，强化粤港澳三地统筹协调能力。

三是粤港澳大湾区内部各大城市发展差距依然较大，经济发展与资源配置的均衡性、协同性、包容性有待加强。大湾区的空间格局可以分为东岸（广州、东莞、深圳、香港）、西岸（佛山、中山、珠海、澳门）和外围（江门、肇庆、惠州）三大区域，但这个三个区域经济发展水平差距比较悬殊，总体呈现出“东岸超强、西岸次之、外围最弱”的发展格局（见表2）。中国社会科学院2019年6月发布的《中国城市竞争力报告 No. 17：住房，关系国与家》数据显示，在2018年中国城市综合经济竞争力排行榜中，前十名大湾区城市占了四席，深圳、香港、广州、东莞分列第一、二、四、十位，全部集中在东岸区域。而且大湾区的科技资源、教育资源、人才资源、医疗资源大部分集中在香港、广州、深圳等中心城市，区域资源配置不均衡现象比较突出。

表2　粤港澳大湾区各城市2019年经济发展状况

区域	城市	GDP（亿元）	人均GDP（万元）	全年商品进出口总值(亿元)	社会消费品零售总额(亿元)
东岸	广州	23628.60	15.4	9995.81	9978
	东莞	9482.50	11.2	13801.7	3179.78
	深圳	26927.09	19.9	29773.86	6582.85
	香港	25250	38.2	19869.75	—
西岸	佛山	10751.02	13.1	4827.6	3516.33
	中山	3101.10	9.2	2387.2	1535.95
	珠海	3435.89	16.8	2908.89	1233.36
	澳门	约4100	60.3	209.78	—
外围	江门	3147	6.8	1473.26	1500
	肇庆	2248.80	5.4	404.4	625.63
	惠州	4177.41	8.5	2709.74	1599.53

资料来源：粤九市数据来自当地统计局，香港与澳门数据来自中国民生银行研究院区域经济研究中心。

四是粤港澳大湾区各城市产业发展缺乏明确的分工协作与差异化、互补性发展，区域间产业同构与重复性竞争现象依然突出。在地方利益驱动下，各城市规划未来重点发展的产业也存在明显的“扎堆”“抢鲜”现象，哪个新兴产业有前途就争先恐后上项目、拉投资、建园区，区域产业重叠同质现象有从传统产业领域向新兴产业领域扩散的迹象（见表3）。

表3　粤港澳大湾区各城市产业发展状态

城市	现有主导产业	规划重点发展产业
广州	汽车产业、电子信息产业、石化产业	新一代信息技术、汽车、高端装备、生物医药、新材料及新能源、生产性服务业六大产业
深圳	文化创意产业、高新技术产业、现代物流业、金融业	新一代信息技术、高端装备制造、绿色低碳、生物医药、数字经济、新材料、海洋经济七大战略性新兴产业
珠海	电子及通信设备、电气机械及器材、医药制造业	高端制造业、现代物流业、国际贸易产业、创新服务业四大产业
佛山	机械装备、家用电器、陶瓷建材、金属材料加工及制品	装备制造、泛家居产业、汽车及新能源、军民融合及电子信息产业等
东莞	电子信息、电气机械及设备、纺织服装鞋帽、食品饮料加工、造纸及纸制品业	新一代信息技术、高端装备制造、新材料、新能源、生命科学和生物技术五大重点新兴产业
中山	电气机械、纺织服装、光学灯饰、五金电子、交通设备、塑料制品和饮料制造业	高端装备制造、新一代信息技术、健康医药等三个战略性新兴产业和优势传统产业转型升级
惠州	石化产业、电子信息产业	石化能源新材料、电子信息和生命健康产业等
肇庆	金属冶炼与加工、纺织服装、食品产业、汽车零部件等	新能源汽车、先进装备制造、节能环保、生物医药等
江门	机电、纺织服装、食品、电子信息、造纸及纸制品、建材	新材料产业、文旅产业、大健康产业、高端装备制造业、新一代信息技术产业、新能源汽车及零部件产业六大产业
香港	金融服务、房地产、旅游、贸易及物流、专业服务及其他工商业支援服务业	金融服务及工商业支持服务、高科技和知识型产业、商业/现代物流等
澳门	博彩旅游业、金融服务业、建筑地产业	文化旅游产业、中医药产业、商务会展业等

五是科技创新各自为政，有限的创新资源割裂分散，区域协同创新水平亟待提高。GDI智库发布的《粤港澳大湾区协同创新发展报告（2019）》

用“跨城市专利合作比率”（最近五年两个及以上城市共同研发申请的专利数量占这个城市各自总申请专利数量的比值）这个指标来研判大湾区城市间的协同创新水平，结果发现，当前粤港澳大湾区的跨城市专利合作比率仅为0.95%，与旧金山湾区（10.33%）、东京湾区（3.28%）、纽约湾区（1.57%）相差甚远。而从内部城市间近年来的专利合作活动来看，大湾区各城市协同创新水平也存在明显的不均衡现象，2019年香港与深圳、澳门与珠海、广州与深圳、深圳与东莞、广州与佛山间的跨城市协同创新相对比较紧密，跨城市专利合作比率分别为4.51%、1.5%、0.7%、0.58%和0.41%，而肇庆、江门、中山等城市在跨城市协同创新方面却明显偏弱，与大湾区内其他城市很少有专利合作。

六是资源能源约束趋紧、生态环境压力日益增大、人口红利逐步减退的现实状态要求大湾区内各城市进一步加强区域合作与协调发展。当前深圳、东莞土地开发强度已接近50%，中山、佛山约为35%，均已超过30%的国际警戒线，珠海、广州也已超过了国际20%的生态宜居线，粤九市发展空间面临越来越大的用地瓶颈与环境制约。而香港和澳门空间狭窄，产业项目容纳能力本就极为有限，产业空心化问题严重，无论是香港规划重点发展金融服务业和专业服务业，还是澳门要发展旅游业和国际会展业，都必须在产业链融合、生态环境治理等方面加强与粤九市的全面合作。

（二）设立“粤港澳大湾区建设协调中心”的重要意义

第一，有利于从国家层面对《粤港澳大湾区发展规划纲要》（以下简称《规划纲要》）的实施进行总体的规划与协调。实施创新驱动发展战略和区域协调发展战略，实现区域创新驱动发展、区域协调发展、开放合作发展、绿色和共享发展是《规划纲要》提出的大湾区规划建设的基本要求与发展原则。为促进《规划纲要》的顺利实施，国家层面已设立了粤港澳大湾区建设领导小组，其基本定位是加强对规划实施的统筹指导，研究解决大湾区建设中政策实施、项目安排、体制机制创新、平台建设等方面的重大问题。同时要求广东省政府和香港、澳门特别行政区政府要在相互尊重的基础上，积极协调配合，共同编制科技创新、基础设施、产业发展、生态环境保护等领域的专项规划或实施方案并推动落实。在领导小组的统筹指导下设立粤港澳大湾区协调中心，就近协调，督促粤港澳三地政府加快合作编制各项专项规划和具体实施方案，显然可以更好地保障《规划纲要》的实施。

第二，有利于打造粤港澳大湾区法治化、国际化的营商环境。在“一国两制”下，粤港澳三地的社会制度与法律制度不同，分属于不同关税区，社会治安综合治理难度较大，市场互联互通水平有待进一步提升，设立协调中心有利于将粤港澳大湾区作为香港的英美法律体系与中国的大陆法律体系相互衔接、相互融合的试点。

第三，有利于粤港澳大湾区内部城市间的区域协调发展。设立协调机构强化“9+2”城市间的政策协调和规划衔接能力，在大湾区整体建设框架下统筹区域功能布局与城乡协调发展，协调引导各城市发挥各自比较优势进行产业布局与规划发展，可以显著增强粤港澳大湾区发展的整体性与均衡性。避免项目的重复建设和恶性竞争，提高基础设施和资源的使用效率。通过共享发展，改善民生，让改革发展成果更多更公平惠及全体居民，不断促进社会公平正义，使大湾区内的居民获得更多的幸福感和安全感。

第四，有利于加快完善粤港澳大湾区的区域协同创新体系。实施创新驱动发展战略和区域协调发展战略是粤港澳大湾区规划建设的两大基本战略。设立协调中心可以更有效地打破区域协调创新方面的体制屏障，加快推进大湾区重点领域和关键环节的改革突破，促进区域内各类创新要素在大湾区中的便捷流动和优化配置，促进国际创新资源向大湾区加速集聚，从而形成珠三角“9+2”城市群凝聚合力、共建国际科技创新中心和具有国际竞争力的现代产业体系的良好发展局面。

第五，有利于推动粤港澳大湾区跨境联合生态环境保护和绿色低碳协调发展。“绿色发展，保护生态”是粤港澳大湾区建设发展的基本原则之一。《规划纲要》明确提出，大力推进生态文明建设，树立绿色发展理念，坚持节约资源和保护环境的基本国策，实行最严格的生态环境保护制度，坚持最严格的耕地保护制度和最严格的节约用地制度，推动形成绿色低碳的生产生活方式和城市建设运营模式，为居民提供良好生态环境，促进大湾区可持续发展。而保护与治理生态环境、打造生态防护屏障、建设美丽湾区并非一城一地所能独立完成的，需要在更广泛区域范围内开展跨境联合保护与治理，需要有合理的生态补偿机制和区域产业布局进行协调统筹，而设立区域协调中心恰恰可以有效解决这方面的问题，有助于珠三角“9+2”城市群携手合作共建美丽湾区。

第六，有利于通过在大湾区实施“一带一路”倡议构建开放型经济新体制。“开放合作，互利共赢”也是粤港澳大湾区建设发展的基本原则之一。《规划纲要》明确要求粤港澳大湾区建设一方面要以“一带一路”建设为重点，加快培育国际合作和竞争新优势；另一方面要充分发挥港澳独特优势，全面深化内地与港澳互利合作。设立协调中心有助于粤港澳三地各自发挥自身优势，在国际市场开发中开展深层次的互利合作，在国际市场中减少不必要的竞争内耗，以整体姿态在更高层次携手参与国家“一带一路”建设和国际经济竞争合作。

二　国内外设置区域协调机构的案例研究与经验借鉴

美国旧金山湾区是最早设立区域协调机构并取得成功的国际知名湾区。早期的旧金山湾区内各城市产业同质化严重，恶性竞争不断。1945 年企业赞助的旧金山湾区委员会（Bay Area Council）成立，极大地缓解了湾区内部城市之间的经济与产业协调难题。后来随着旧金山湾区经济的快速发展，开敞空间不足、交通拥堵、基础设施滞后、房价上升、环境污染等问题越来越严重，城市间需要区域协调的内容和共同应对的难题越来越繁杂，于是在湾区委员会的推动下，又建立了旧金山湾区政府协会。该政府协会是一个由旧金山湾区内 9 个郡县和 101 个城市的地方政府自愿联合组成的半官方组织，通过决策投票的方式促使湾区内政府在土地利用、环境治理、交通规划等区域协调问题上采取一致行动。政府协会虽然没有行政权力，但协会成员投票通过的议案具有法律效力，湾区内全体政府成员都必须共同遵守。为了进一步提升旧金山湾区在区域发展协同与政策协调方面的能力与效率，2003年旧金山湾区政府协会和大都市区交通委员会又共同决定成立了联合政策委员会，其主要职责是对区域协调机构所制定的发展战略、区域规划、决策议案等进行评估与意见反馈。

纽约湾区和东京湾区也都成立了相应的区域协调机构，建立了比较成熟的区域协调治理体系。纽约湾区的区域协调机构主要有1903年成立的纽约市发展委员会、1921年成立的跨州合作机构纽约新泽西港务局和纽约住房与区域规划委员会、1967年成立的大都会运输署等，着重从区域规划制定、基础设施统筹建设、交通运输管理等方面进行跨区域协调与治理。纽约湾区的这些区域协调机构虽然都属于非官方组织，但悠久的历史和较高的专业水平使得这些机构在纽约湾区拥有较高的区域协调声望与能力，在促进纽约湾区协调发展中发挥了关键作用。例如，纽约规划委员会编制的四次纽约湾区区域规划在纽约湾区发展建设中就起到了关键指导作用。[①] 东京湾区是世界上首个人工规划湾区，因此日本政府在1950年从国家战略高度提出建设大东京都市圈的规划设想后，就设置了首都建设委员会这一区域协调机构，1956年进一步改组为首都圈整备委员会，成了日本首相府直属的政府机构，由建设大臣担任委员长，专门负责东京湾区在交通、环境、产业一体化、行政体制改革等方面的规划建设统筹协调。另外，首都圈整备委员会下面还设置了都市圈整备局，具体负责东京湾都市圈的规划建设与部门协调工作。

我国也非常重视大型城市群、都市圈规划建设，截至2019年底，国务院批复重点建设的国家级城市群已达19个。但在我国城市群发展中由于生产要素跨行政区流动不畅而普遍存在一种“行政区经济”现象，即在中国特色的政治—经济制度背景下，由于行政区划对于区域经济发展的“空间约束”而形成的一种特殊的区域经济现象。[②] 为了打破这种行政区划上的

---

① 符天蓝：《国际湾区区域协调治理机构及对粤港澳大湾区的启示》，《城市观察》2018年第6期。

② 刘君德：《中国转型期“行政区经济”现象透视兼论中国特色人文——经济地理学的发展》，《经济地理》2006年第11期。

“空间约束”，促进城市群内部更有效率的区域合作和更高质量的区域一体化发展，2018 年 1 月，上海、浙江、江苏、安徽三省一市在原来长三角地区主要领导座谈会、长三角地区合作与发展联席会议的基础上成立了长三角区域合作办公室，办公室设在上海市，工作人员由三省一市共同抽调，具体负责长三角的规划对接、战略协同、专题合作、市场统一和机制完善，统筹管理合作基金。2019 年 5 月，中央政治局审议通过了《长江三角洲区域一体化发展规划纲要》，长三角区域一体化发展正式上升为国家战略，国家层面也成立了推动长三角一体化发展领导小组，组长由政治局常委、国务院副总理韩正担任。中央领导小组办公室和地方区域合作办公室两大主要协调机构构建起了一个较为完善的协调推动长三角一体化发展的组织架构。

在这两大区域协调机构的统筹推动下，近期长三角一体化发展进程明显加快。2018 年和 2019 年，三省一市政府已共同签署了《长三角地区一体化发展三年行动计划（2018—2020 年）》《长三角地区打通省际断头路合作框架协议》《长三角地区知识产权公共服务合作框架协议》《G60 科创走廊战略合作协议》《长三角科创板企业金融服务一体化合作协议》《2019 年度长三角地区跨界突发环境事件应急联动工作计划》等一系列合作文件。2019 年 5 月，长三角地区政务服务“一网通办”正式开通运行，到 10 月，“一网通办”服务事项已达到 83 项，覆盖区域内 18 座城市。在抗击新冠肺炎疫情中，长三角区域合作办公室又积极协调建立三省一市的疫情防控机制，实现了三省一市信息互通、互认和共享。

国际三大湾区和国内长三角地区的发展经验证明，设立具有高度权威性与执行力的区域协调机构是保障区域协调发展的必要手段。区域协调机构的组织形态不尽相同，如旧金山湾区的协调机构属于半官方性质，纽约湾区为完全市场化的非政府组织，东京湾区和长三角地区为政府主导的官方机构，具体采取何种组织形态关键还要与自身的环境相适应。同时，从东京湾和长三角的经验来看，仅仅依托国家层面的区域协调机构是不够的，还需要设置地方层面或部门层面的协调机构，这种配置模式在区域协调中

能够同时兼顾权威性与执行力，从而实现战略层面与工作层面的有机结合。另外，无论是国际三大湾区的协调机构，还是长三角设立的区域合作办公室，在协调机构的选址方面基本都遵循了一个共同原则，那就是邻近协调原则和中心城市原则，全部设置在区域内部，而且选择的基本都是该区域的中心城市。

三　设立“港澳大湾区建设协调中心”的初步构想

（一）层次、级别与职责范围

粤港澳大湾区内地九市属于广东省的管辖范围，有省会广州和计划单列市深圳，还有珠海、佛山、东莞、惠州、江门、中山、肇庆7个地级市。但香港和澳门特别行政区直属中央管辖，为统筹协调推进粤港澳大湾区建设，中央已于2018年8月成立了粤港澳大湾区建设领导小组，行政级别是副国级，目前由中共中央政治局常委、国务院副总理担任组长，香港、澳门特别行政区的行政长官任副组长。另外，香港和澳门特别行政区政府也已根据《深化粤港澳合作推进大湾区建设框架协议》和《粤港澳大湾区发展规划纲要》分别成立了各自的统筹协调机构。其中，香港特别行政区政府成立了粤港澳大湾区建设督导委员会，行政长官担任主席，成员包括所有司局长；政制及内地事务局还设立了粤港澳大湾区发展办公室。澳门成立了建设粤港澳大湾区工作委员会，由行政长官担任主席。广东省和粤九市也都已成立了由一把手担任组长的推进粤港澳大湾区建设领导小组。由此可以看出，在现有协调机构与治理体系的框架中，中央层面和各城市内部的协调机构都已建立，唯独缺少在中间工作层面促进粤港澳协同发展的强有力协调机构。

为了更好地推进落实《粤港澳大湾区发展规划纲要》，就近现场协调港澳地区与内地的关系，更加快速便捷地解决大湾区发展中遇到的瓶颈和问题，建议借鉴东京湾区在首都圈整备委员会之下设立都市圈整备局、长三角合作区在中央领导小组框架下设立地方联合办公室的经验与做法，在大湾区内部设置一个中间工作层面的粤港澳大湾区建设协调中心。协调中心应该是一种以政府为主导的区域协调机构，归国家发展和改革委员会管理，由国家发改委副主任、广东省分管的副省长、港澳相关司局长及广东省相关厅级官员组成。其主要职责是定期召开会议，制定议事规则，提出会议议程，提供会务保障，沟通中央和地方，协调各方诉求。可在粤港澳大湾区建设领导小组下设法律、金融、交通、科技、教育、民生等各个专门委员会，使之能够更有针对性地解决港澳地区的问题，协调其与粤九市的关系，维护港澳的繁荣稳定。

（二）选址：广州市南沙自贸区为最佳选择

粤港澳大湾区协调中心选址南沙自贸区的主要理由有以下几个。

一是《粤港澳大湾区发展规划纲要》明确提出要打造广州南沙粤港澳全面合作示范区。携手港澳建设高水平对外开放门户。充分发挥国家级新区和自贸试验区优势，加强与港澳全面合作，加快建设大湾区国际航运、金融和科技创新功能的承载区。合理统筹解决广州南沙新增建设用地规模，调整优化城市布局和空间结构，强化与周边地区在城市规划、综合交通、公共服务设施等方面的一体化衔接，构建“半小时交通圈”。支持广州南沙与港澳合作建设中国企业“走出去”综合服务基地和国际交流平台，建设我国南方重要的对外开放窗口。建设粤港产业深度合作园、粤葡合作葡语国家产业园，向着粤港澳全面合作示范区迈进。而深圳前海自贸区的定位是前海深港现代服务业合作区，珠海横琴自贸区的定位是建设成为文化教育开放先导区和国际商务服务休闲旅游基地。

二是南沙自贸区在区域位置上具有与港澳及珠三角各市全方位深度合作的优势。南沙自贸区位于广东省委、省政府所在地广州，地处珠江入海口和大珠江三角洲地理几何中心、珠江虎门水道西岸，是西江、北江、东江三江汇集之处；东与东莞市隔江相望，西与中山市、佛山市接壤，北以沙湾水道为界与广州市番禺区隔水相连，南濒伶仃洋，是珠江流域通向海洋的通道、连接珠江口岸城市群的枢纽、广州市唯一的出海通道。南沙自贸区面积是广东三个自贸区中最大的，为 784 平方公里，是前海（15 平方公里）、横琴（106 平方公里）两个自贸区面积总和的 6 倍多。南沙地处粤港澳金三角的顶点，距香港 38 海里、澳门 41 海里。协调中心选址南沙，既可兼顾港澳，又可以协调珠江东西两岸的经济发展。

三是借鉴国际三大湾区和国内京津冀、长三角的经验和做法。京津冀协同发展领导小组办公室设在北京，长三角区域合作办公室设在上海。国际三大湾区的协调机构也无一不设置在城市群的中心城市。广州市不仅是《粤港澳大湾区发展规划纲要》定位的大湾区四大中心城市之一，而且是广东省的省会、大湾区内唯一的国家级中心城市和综合性门户城市。所以，粤港澳大湾区协调中心可以借鉴它们的做法，把办公地点设在广州市的南沙自贸区。这样做既有利于中央与地方的双重管理，又能够及时发现问题、解决问题，也有利于降低行政成本，节约路途时间，还有利于深入调查，掌握基层第一手资料。

B.3

粤港澳大湾区政府间合作机制研究*

李罗力**

摘　要： 实现粤港澳大湾区建设目标必须通过构建粤港澳大湾区政府间完善和良好的合作机制来最大限度地解决现行体制机制给建设粤港澳大湾区所造成的困扰和障碍。建议将现有的“粤港合作联席会议”与“粤澳联席会议”合并，创新整合为“粤港澳行政首长联席会”；建议建立粤港澳大湾区城市间的政府合作机制，命名为“粤港澳城市发展协调会”。

关键词： 粤港澳大湾区　长三角　政府合作机制

一　构建粤港澳大湾区政府间合作机制的重要性与必要性

2018 年 8 月 15 日，韩正副总理在主持召开粤港澳大湾区建设领导小组全体会议时强调，粤港澳大湾区要进一步建立互利共赢的区域合作关系。要加强沟通协调，深入调查研究，注重用法治化和市场化的方式协调解决大湾区合作发展中的问题。韩正副总理提出的“粤港澳大湾区要进一步建立互利共赢的区域合作关系”非常重要，特别是他强调的要加

* 本报告是广州市首批新型智库广州大学广州发展研究院委托研究成果。

** 李罗力，中国（深圳）综合开发研究院副理事长，深圳市马洪经济研究发展基金会创会理事长，《南方大视野》杂志社社长，中国经济体制改革研究会资深高级研究员，南开大学兼职教授、博士生导师。

强沟通协调，深入调查研究，用法治化和市场化的方式协调解决大湾区合作发展中的问题的指示更为重要。事实上，笔者认为在粤港澳大湾区目前的建设中，这个问题并没有得到根本解决，甚至还远远没有得到应有的重视。

（一）珠三角地区城市之间较为严重的行政分割是实现粤港澳大湾区建设目标的一大障碍

建设粤港澳大湾区的目标，就是要使这个大湾区能够形成相对统一的市场，能够实现各种生产要素在大湾区内相对自由的流动，能够实现大湾区各种资源的优势配置和整合。只有如此，粤港澳大湾区才能真正比肩东京、纽约和旧金山这世界三大湾区，才能真正成为世界第四大湾区，也才能够成为一个新的世界经济增长极。

珠三角地区几十年来工业化、城市化的进展及其城市群的形成具有强烈的地方政府主导的色彩。改革开放以来，广东省作为全国市场经济改革的先锋和样板，一直以政府放权的形式来推动市场化的改革，从而形成了珠三角地区由各地方政府主导形成的工业化和城市化发展模式。毫无疑问，40 年来这个工业化和城市化的过程取得了极大的成功。但是从另一个角度来看，在这个地区各个城市不断取得成功的同时，也在一定程度上不断地强化了地方政府的利益与政府主导的观念。

最能体现这种状况的，应该就是珠三角地区两个最大的核心城市——广州和深圳之间的竞合关系。近年来随着这两个特大核心城市的快速发展，它们对周边其他城市产生了不同程度的辐射和带动作用，珠三角的城市也围绕着这两个特大城市形成了比过去更为明显和紧密的合作关系，但是这两个特大城市之间的关系表明，在珠三角地区的城市之间仍存在较为严重的行政分割问题，地方政府主导经济导致竞逐加剧和合作受阻的现象并没有得到根本消除。同时，这个不可否认的事实也证明，粤港澳大湾区的主要城市之间仍然缺乏良好的沟通和协调的合作机制。这无疑是实现粤港澳大湾区经济一体化目标必须克服的一个重要的体制障碍。

（二）香港和澳门特别行政区所具有特殊性与复杂性增大了实现粤港澳大湾区建设目标的难度

在粤港澳大湾区“9+2”城市群中，包含着香港和澳门这两个特别行政区，正是这样一个客观事实的存在，使得粤港澳大湾区不同于国内其他地区，使得其较之国内其他地区具有更大的特殊性和复杂性。

在“一国两制”的框架下，香港、澳门与珠三角其他城市之间的关系不同于国内区域中心城市与其腹地的经济关系。香港和澳门作为独立关税区，具有不同于内地的政治制度、经济制度、社会治理制度、行政体系、司法体系、财政政策、货币发行体系，以及经济发展规划等。港、澳这两个独立关税区不但各自有独立的市场边界，同时还存在着两道海关与两道边境的严格管制，这就为建立粤港澳大湾区统一市场，推动这个地区的要素自由流动与资源优化配置，造成了需要花更大力气克服的体制和机制障碍。

（三）在粤港澳大湾区只有形成真正完善有效的政府间合作机制才能实现粤港澳大湾区建设目标

事实上，我们现在真正要解决的问题是，在现行体制存在的条件下，通过何种方式和途径最大化地减少现行体制对实现粤港澳大湾区建设目标的困扰和影响。换言之，就是必须在现行体制的基础上，设计出一套可行的办法，为粤港澳大湾区寻找一条能够实现终极目标的路径。

为什么只有构建政府间完善的合作机制才能解决现行的制度性障碍呢？其实道理很简单。因为任何国家和地区，所有的制度性安排都是由该国或该地区的政府来制定和来执行的。因此，要突破现行制度局限来解决他们之间的某些特殊需要，进行某些特殊措施和特殊制度的安排，当然也必须通过政府之间的合作与协商来完成。只有参与合作的不同国家和地区的政府间能够达成突破现行体制的制度安排和路径安排了，所有这个合作区域内的其他市场主体、民间主体和社会主体才能在这个前提下开展相互的合作与协作，才能带动地区之间各种要素的流动，才能进行地区内各种资源的组合和整合，使其达到最优配置，才能推动这个地区市场一体化的进程。

所以，只要是存在制度性障碍的国家和地区，要开展全方位深度全面的区域性合作，要实现这个区域经济一体化的目标，只能首先构建这个区域国家之间和地区之间政府间的合作机制，没有政府间通过合作机制形成的新的制度安排和路径安排，所有的市场自发行为和民间行为都无法带动这样的地区经济一体化的实现。

对此，也许最具有说服力的就是现在国际区域经济合作的成功模式。众所周知的有欧盟、北美自贸区、东盟自贸区以及中国与东盟10+1自贸区、中日韩与东盟10+3自贸区等。这些国际区域经济共同体的最终形成，都是在不突破每个国家现行体制的基础上，通过参与合作的各国政府间开展通力合作，达成新的有利于实现经济一体化目标的特殊制度安排来成功实现的。这些成功的国际区域经济合作都证明了一点，政府力量的主要结果是创造一种制度环境，这是市场力量不可能做到的。如果没有政府这只“有形的手”，区域经济合作就是一句空话。

二　长三角区域合作机制成功经验的启示

通过建立完善的政府合作机制，克服现行体制的障碍，从而推进区域经济一体化进程的成功案例，不仅存在于国际区域经济合作中，在国内也有可示范的典型，那就是长三角地区的政府间合作机制。我们要进一步创新和完善粤港澳大湾区的政府间合作机制，就应当向长三角地区学习，从其成功的经验中获得应有的启示。

（一）长三角地区政府间第一层次的合作机制——省级政府间的合作机制

长三角地区已经形成的政府间合作机制分为两个层次。第一个层次是省级政府间的合作，其又分为决策机制、协调机制和规划与统筹机制。

1. 决策机制：长三角地区主要领导座谈会

会议每年一次，由三省一市书记参加，是目前长三角地区合作的最高决策会议。

例如2018年的会议召开，三省一市书记和省（市）长均参与。会议主题是以“创新引领，携手打造世界级城市群”的目标，促进公共服务深度融合，加快建设区域一体化市场，大力实施长三角地区市场规则体系共建、创新模式共推、市场监管共治、流通设施互联等工程，并签署了交通、能源、科技等10个专题合作的一揽子协议。

2. 协调机制：长三角地区合作与发展联席会议

会议每年一次，由三省一市常务副省（市）长、分管秘书长、发展改革委及各专题组轮值牵头单位负责人参加。

例如2018年召开的联席会，就下阶段长三角地区深化合作提出了四点建议：一是进一步深化港航和开放合作，共同谋划长三角大湾区建设；二是协同构建高水平创新平台建设；三是围绕建设长三角世界级城市群，共同推进跨杭州湾铁路等重大项目建设，着力推动要素市场和公共服务一体化；四是围绕绿色发展理念，推进实施宁杭生态经济带发展规划。

3. 规划与统筹机制：长三角区域合作办公室

2018年2月，三省一市联合组建的长三角区域合作办公室在上海挂牌成立，其中包括三省一市共16位工作人员。办公室主要职责是研究拟订长三角协同发展的战略规划、长三角体制机制改革和重大政策建议；协调推进长三角区域合作中的重要事项和重大项目；统筹管理合作基金；统筹管理长三角网站和有关宣传工作；协调解决长三角省际合作的重大问题；推动长三角地区改革试点经验的复制共享等。①

① 党倩娜：《长三角地区一体化的合作机制与主要措施》，上海情报服务平台网，2018年5月31日。

（二）长三角地区第二层次的政府间合作机制——长三角30多个城市政府间的合作机制

在笔者看来，长三角地区第二层次的政府间合作机制才是这个地区最重要政府合作机制，才是推动这个地区经济一体化进程的主导力量。

1. 长三角城市间政府合作机制的主要形式

长三角城市间政府合作机制的主要形式是“长江三角洲城市经济协调会”。其前身是1992年建立的“长江三角洲15个城市协作部门主任联席会议”制度①。此联席会议制度于1997年升格为“长江三角洲城市经济协调会”。

该协调会每两年设定一个会员城市为轮值主席，并在执行主席方城市举行一次市长会议（由市长或分管副市长参加）和一次工作会议（由与工作会议主题相关的各城市有关部门参加）。该常务主席方是上海市，常设联络处设在上海市人民政府合作交流办公室。在2004年11月的第五次会议上，常设联络处改建为协调会办公室，仍设在上海市人民政府合作交流办公室，负责协调会日常工作，并将协调会的市长会议由两年一次改为一年一次。

从2003年起协调会历经4次扩容，目前成员单位已达到34个。在2003年8月第四次会议上，台州市被接纳为正式成员，长三角协调会的正式成员从15个增加到16个。在2010年3月召开的第十次市长联席会议上，合肥等6个城市正式成为协调会的成员②，协调会成员城市增加至22个。2013年第十三次市长联席会议上，又正式吸收徐州等8个城市为协调会的成员③，从而长江三角洲城市经济协调会成员增至30个。在2018年4月召开的协调会第十八次市长联席会议上，再吸纳铜陵等4个城市加入协调会④。

---

① 15个城市为上海、无锡、宁波、舟山、苏州、扬州、杭州、绍兴、南京、南通、泰州、常州、湖州、嘉兴、镇江。

② 6个城市为合肥、盐城、马鞍山、金华、淮安、衢州。

③ 8个城市为徐州、芜湖、滁州、淮南、丽水、温州、宿迁、连云港。

④ 4个城市为铜陵、安庆、池州、宣城。

至此，长江三角洲城市经济协调会的成员达到34个。

2. 长三角城市间政府合作机制的主要成效

长江三角洲城市经济协调会自1997年4月在扬州召开第一次会议起，至2018年4月止，共召开了十八次市长联席会议，而且每次会议各成员城市的市长都济济一堂，每次会议都取得极大的成效。

例如：第一次会议审议并通过了《长江三角洲城市经济协调会章程》。

第二次会议确定了要重点开展的工作是加强区域科技合作与旅游商贸合作、推进国企改革和资产重组、筹建合作信息网等。

第三次会议明确协调会的工作重点，主要为深化专题合作活动、完善运作机制、研究区域发展课题、引导合作方向、加强沟通协调、扩大联合与协作。

第四次会议通过了《关于加快长江三角洲城市联动发展的意见》，并举行了长三角合作项目的签约仪式，签约项目30个，投资总额近172亿元。

第五次会议讨论并通过了《关于设立长三角城市经济协调会专项资金的提案》和《关于设立信息、规划、科技、产权、旅游、协作等专题工作的提案》，所有会员城市共同签署了《城市合作协议》。

第十次会议将大会正式更名为“长江三角洲城市经济协调会市长联席会议”。会议批准继续深化和新设立了长三角医疗保险合作、长三角金融合作、长三角会展合作、长三角园区共建、长三角异地养老合作、长三角现代物流业整合等多个研究课题，同时22个成员城市领导共同签署了《长江三角洲地区城市合作（嘉兴）协议》。

第十一次会议批准继续深化和新设立了长三角园区共建合作、长三角农业合作、长三角高端商务旅游产品开发、长三角互联网终端应用推动前沿技术开发、长三角港口发展、长三角城市生活幸福圈构建、长三角中心城市治理交通、长三角城市知识产权协作机制、长三角地区产业转移与承接利益分享机制、高速交通发展中长三角经济区域空间结构塑构研究等多个专项研究课题，所有成员共同签署了《长江三角洲地区城市合作（镇江）协议》。

第十二次会议批准新设了长三角地区专利运用合作体系建设等10个课题，所有成员共同签署了《长江三角洲地区城市合作（台州）协议》。

第十三次会议主要讨论和批准了构建长三角产学研合作的区域创新体系、构建长三角区域环境保护体系以及从各方面推动实现长三角经济一体化的互通融合等重要课题研究。

第十四次会议批准成立了长江三角洲城市经济协调会新型城镇化建设、品牌建设等专业委员会，共同签署了《长江三角洲地区城市合作（盐城）协议》。

第十五次会议批准成立了长三角健康服务业专业委员会，设立了长三角城市群实施“一带一路”建设研究、长三角环太湖城市带新型城镇化进程中生态文明建设研究、长三角运河国际旅游产品联动开发研究、长三角建设科技创新型城市群研究、长三角地区家庭农场发展模式与趋势研究等7个课题，并共同签署了《长江三角洲地区城市合作（马鞍山）协议》。

第十八次会议就积极对接参与“一带一路”和长江经济带发展、深化实施长江三角洲城市群发展规划、加速推进长三角一体化进程、加快建设长三角世界级城市群等内容进行了深入讨论，并共同签署了《长江三角洲地区城市合作（衢州）协议》。

3. 长三角城市间政府合作机制所带动建立的一系列区域联动合作机制

不仅如此，在上述政府间合作机制的大框架下，在长三角城市经济协调会的引领推动下，长三角地区城市间还构建了一系列区域联动合作机制。其中主要包括以下几个方面。

合作联盟。目前，在长三角各主要城市之间已经相继成立了如下联盟：非物质文化遗产合作联盟、青年创新创业合作联盟、新能源汽车合作联盟、文化产业发展联盟、企业服务联盟等。

合作协议。长三角地区各城市间已经形成了有关海关一体化、食品药品安全信用公共服务、区域信用体系、人事争议仲裁、环污纠纷处置、水体生态补偿、应急联动、司法协作、政法综治协作、劳动保障监察、能源战略合作、民航协同发展等多个合作框架和协议。

合作与发展共同促进基金。长三角城市群共同发起成立了政策性公益基金，重点支持长三角合作与发展过程中跨区域、有共性的重大课题、重要规划、重点方案的研究等。

长三角论坛。长三角地区已经形成了集中这个地区政、商、学界各方专家智慧的一系列重要论坛的平台，其中主要包括金融论坛、现代服务业合作与发展论坛、现代物流联动发展大会、科技论坛、城市群发展论坛等。①

（三）长三角政府间合作机制的经验借鉴

对粤港澳大湾区来说，长三角政府间合作机制最值得学习和借鉴的，就是它们30多个城市政府之间所建立的合作机制，也可以说，这是长三角为整个中国的区域合作机制建设做出的最重要和最宝贵的贡献。

有专家对长三角城市政府之间的合作机制进行了经验总结：第一，在区域合作中，地方政府只有自发自愿地开展合作才会具有强大的生命力；第二，城市间政府的合作应成为区域合作的主导方式；第三，龙头城市在区域合作组织和协调中的核心作用；第四，一个良好的城市政府合作机制必然是良好的治理理念和模式的体现。②

三　粤港澳大湾区政府合作机制现状

（一）粤港澳现行的政府合作机制

目前，粤港澳大湾区所运行的区域政府合作机制，主要是广东省与香港和澳门分别构建的双边政府合作机制，以及某些城市如深圳与香港和澳门分别构建的双边政府合作机制。

1. 粤港合作联席会议

广东省与香港构建的政府合作机制为“粤港合作联席会议”。1997年香

---

① 党倩娜：《长三角地区一体化的合作机制与主要措施》，上海情报服务平台网，2018年5月31日。

② 赵峰、姜德波：《长三角区域合作机制的经验借鉴与进一步发展思路》，《中国行政管理》，2011年第2期。

港回归后于 1998 年正式召开了该联席会的第一次会议，截至 2019 年，共计召开了 21 次联席会议。

1998～2002 年，粤港合作联席会议为“双首长制”，先后成立了粤港信息技术与产业化合作、旅游合作、口岸合作等专家组，研究和制订合作项目的有关计划；就两地的环保问题成立了珠江三角洲空气质素管理及监察专责小组。从 2003 年开始，粤港合作联席会议第六次会议升格为“双首脑制”，形成了由全体大会、工作会议、联络办公室及专责小组等构成的联席会议基本框架。①

历年来粤港合作联席会议研究、讨论和开展的合作主要集中在政府间合作机制安排、区域合作规划、打造重点合作区、跨界基础设施、科技创新、营商环境、现代服务业、优质生活圈、教育培训与人才流动等领域。

2. 粤澳合作联席会议

2001 年，经国务院批准，澳门特区政府与广东省政府建立起政府间高层会晤的合作机制，目的在于通过双方高层互动，商讨互利双赢的经济合作项目，改变回归前夕澳门经济发展“随波逐流”的局面。

2001～2003 年，粤澳高层会晤制度成为粤澳之间协调重要事务的主要方式，下设经贸、旅游、基建交通和环保合作四个专责小组以及多个专项小组，并设立粤澳合作联络小组作为常设机构，每年轮流在广东和澳门举行不少于一次的全体会议。

随着 2003 年粤港合作联席会议升格，粤澳之间也在粤澳高层会晤制度的基础上建立了粤澳合作联席会议制度，其总体架构分为联席会议、联络办公室、专责小组三个层次，每次联席会议都对下一阶段粤澳合作方向、合作重点及重大经济社会问题进行磋商，使合作能够有计划、有组织地开展。②

① 赖昭华：《粤港澳大湾区政府间协调机制的缘起、发展和现状》，广东行政学院网，2018 年 3 月。

② 赖昭华：《粤港澳大湾区政府间协调机制的缘起、发展和现状》，广东行政学院网，2018 年 3 月。

3. 粤港澳三方签订府际契约深入合作

为推进粤港、粤澳、两方协调向粤港澳三方协调迈进，粤港、粤澳双方及粤港澳三方逐步探索使用了府际契约（协议）这种形式。

这些年来三方合作的核心府际契约主要有《珠江三角洲城镇群协调发展规划》《珠江三角洲地区改革发展规划纲要（2008—2020 年）》《粤港合作框架协议》《粤澳合作框架协议》等。在原有的粤港、粤澳合作联席会议制度基础上，力图构建一个政府主导、市场与社会协同参与的公共治理协作机制，包括高层会晤机制、联席会议制度、工作机构、咨询机制、民间合作机制等。

2006 年开展的“大珠江三角洲城镇群协调发展规划研究”是粤港澳三地首次开展的策略性区域规划研究。2009 年，国家发展和改革委员会公布《珠江三角洲地区改革发展规划纲要（2008—2020 年）》，把粤港合作明确为国家政策。为落实规划纲要，粤港澳三地政府联合开展了《共建优质生活圈专项规划》《粤港澳基础设施建设合作专项计划》《环珠江口宜居湾区建设重点行动计划》等专项规划。

2010 年 4 月，广东省政府和香港特别行政区政府共同签署了《粤港合作框架协议》，2011 年 3 月广东省政府和澳门特别行政区政府共同签署了《粤澳合作框架协议》，从此粤港、粤澳合作打开新篇章。根据粤港、粤澳合作框架协议的内容，粤港两地政府自 2010 年起每年颁布《实施粤港合作框架协议年度重点工作安排》，粤澳自 2011 年起每年颁布《实施粤澳合作框架协议年度重点工作安排》，明确省直部门和粤九市在跨界基础设施及便利通关、现代服务业、创新及科技、国际化营商环境、优质生活圈、教育人才和青年合作、公共服务、重点合作区域、合作机制建设等方面的任务。①

4. 深港、深澳合作机制

从现有资料来看，在粤港澳大湾区中，单个城市分别与香港和澳门构建

① 赖昭华：《粤港澳大湾区政府间协调机制的缘起、发展和现状》，广东行政学院网，2018 年 3 月。

政府间合作机制的，只有深圳市。

深圳市政府与香港、澳门特别行政区政府，分别构建了高层定期会晤机制以及通过行政协议、合作备忘录、专责小组等形式开展沟通、洽谈、制订研究课题，推进成果落实，实现特殊制度安排的合作机制。

在深港合作方面，深圳市人民政府与香港特别行政区政府于 2004 年签署了《关于加强深港合作的备忘录》，推动深港两地从被动合作向主动合作转变、从民间推动向官方主导转变，深港两地直接沟通渠道由此建立起来。根据备忘录的总体框架，深港两地签署了一系列有关法律服务合作、产业合作、投资推广合作、经贸交流合作、旅游合作、科技交流与服务合作、高新区战略合作等八个方面的合作协议（简称“1 +8”），形成了深港合作的基本框架。

在深澳合作方面，2007 年两地达成建立深澳协商定期会议制度和政府高层定期会晤机制的协议，对深澳合作的战略方针和远景规划进行沟通协商，推动落实既定合作项目，探讨规划新的合作项目，为深化两地合作提供机制保障。2008 年 11 月 28 日举行深澳合作联席会议，并签署合作协议和备忘录。深澳合作主要通过高层定期会晤机制实现，每年举办一次，由双方轮流举办。①

（二）对粤港澳大湾区政府间合作机制的评价

1. 广东省分别与香港、澳门建立行政首脑级政府合作机制功不可没

首先应该肯定的是，广东省作为全国改革开放的示范地，作为中国经济最发达地区之一，高度重视包括港澳在内的大珠三角地区的区域合作，并且充分认识到这种区域合作一定要以政府建立合作机制为最主要的前提。因此分别在香港和澳门回归后不久，就先后建立了广东省政府与香港特别行政区政府之间、广东省政府与澳门特别行政区政府之间的行政首脑级的合作机

① 赖昭华：《粤港澳大湾区政府间协调机制的缘起、发展和现状》，广东行政学院网，2018 年 3 月。

制，这无疑是加强粤港和粤澳之间区域合作的十分重大而且十分正确的举措。因此，粤港、粤澳政府首脑合作机制建立20多年来，确实大大推动了粤港及粤澳之间在区域合作规划、打造重点合作区、跨界基础设施建设、通关及贸易投资便利化、科技创新交流、营商环境改造、现代服务业提升、环境保护及优质生活圈的打造以及教育培训与人才流动等许多方面的合作，为新时期构建粤港澳大湾区的国家战略奠定了坚实的基础。换言之，没有这20多年来广东省与香港、澳门建立的首脑级政府间合作机制的重要推动和决策作用，没有这三地政府之间许多特殊的制度安排与政策安排，就不可能形成今天粤港澳大湾区初具规模的局面。

2. 粤港澳大湾区必须建立粤、港、澳三地统一的政府首脑级合作机制

我们应该承认，对于实现粤港澳大湾区建立统一市场、要素自由流动、资源最优配置和产业最佳集聚这个终极目标来说，现在这个区域所具备的政府间首脑级合作机制是远远不够健全和远远不够完善的。

首先，从实现粤港澳大湾区建设的目标来看，至少应该搭建粤港澳三地政府最高行政首脑级的统一合作机制，而不是粤港和粤澳单独的合作架构。这样才能形成这个地区的三大行政首脑对整个合作事项的沟通和商洽，进行研究和决策，并在本级政府的权限内进行特殊的政策与制度安排（对于超越权限的事项和制度安排，则可由三地政府联合向中央申报）。

这一点我们从前面长三角政府合作机制中可以得到很大的启示。长三角的三省一市就是构建了这样第一层级的政府首脑合作机制，其合作机制的架构和所决策的事项与现在粤港合作联席会议和粤澳合作联席会议很相似，但它是这个地区所有最高行政首长共同参与的，是为整个地区的区域合作进行统一协调、统一安排和最高决策的。

更何况，粤港澳大湾区的经济整合，并不像长江三角洲那样是国内不同省市之间的经济整合，而是一个省与两个特别行政区之间的整合，是三个不同关税区、不同市场体系、不同货币体系、不同法律体系、不同商事环境、不同行政体制的地区之间的沟通、合作与协调，这就更需要建立一个三方统一的最高行政首长级别的政府合作机制。

3. 粤港澳大湾区必须建立城市间政府合作机制

目前，粤港澳大湾区的政府合作机制对于实现建设粤港澳大湾区目标的最不完善、最不健全之处，就在于它缺乏像长三角那样的第二层级的政府合作机制，即这个地区城市之间的政府区域合作机制。正像我们前面所指出的，这个层级的政府合作机制，才是推动这个地区经济一体化进程的主导力量。

在区域合作中，省际（对于粤港澳大湾区来说还不只是省际）合作主要是就重要基础设施建设、省际制度协调等重大问题进行合作。但由于省际合作涉及地域面积广大、行政单元众多，因而协调难度相对较大，合作的深度也相应受到限制。而作为工商业的聚集地区，城市是经济活动的主要组织者，是经济要素流出和流入地，彼此合作的意愿和迫切性更加强烈，合作内容可以更具体，相互之间的协调也相对容易。因此，城市间的合作才应成为区域合作的主导方式。特别是在城镇密集地区，相邻城市之间区域文化的相近、人员交流的频繁和经济活动的密切也使得城市间的合作意愿更易达成，合作内容更易深化。

另外，长三角的经验中还有一点也非常重要。那就是只有建立城市间政府合作机制，在这个区域中的龙头城市才能在区域合作组织和协调中发挥核心作用，这对于区域合作的深化至关重要。事实上，推动区域合作也是龙头城市作为区域经济组织者应发挥的重要功能，充分发挥好这一组织功能，既能够增强其对区域经济的组织能力和对资源的整合能力，进一步提升其区域中心地位，也为其他合作城市创造了新的发展机遇，从而带动了区域整体实力的提高。

在粤港澳大湾区更是如此。政府合作机制只有粤港联席会和粤澳联席会是远远不够的。随着粤港澳大湾区建设的全面开展和深入进行，其合作内容一定会不断细化分解。香港、澳门要与珠三角那么多地区合作，珠三角城市之间也同样有那么多具体的合作项目要开展，那么多具体的不同的问题需要研究、讨论、协调和解决，怎么能只靠粤港联席会和粤港联席会作为整个地区政府间仅有的沟通和合作机制来解决呢？这必然会导致这个地区的合作无法深入、无法具体化，也必然会使粤港澳大湾区的建设目标浅止和虚化。

还有一点也是非常重要的。那就是从国家战略所定义的“粤港澳大湾区”来说，它本身就是指珠江三角洲九个城市与香港、澳门这两个城市之间所形成的经济带，而并不是指整个广东省与香港、澳门这两个特别行政区所形成的经济带。从这一点来说，用现有的粤港联席会议和粤澳联席会议这样的政府合作机制来代表粤港澳大湾区之间的政府合作机制，显然也是不妥的。只有建立粤港澳大湾区本身的政府合作机制，也就是香港、澳门与珠三角九个城市之间“9+2”的政府合作机制，才能有效地推动粤港澳大湾区城市之间合作的深入开展，也才能有效地推动粤港澳大湾区终极目标的实现。

大珠三角地区这些年来发展的实践也证明了这一点。尽管建立粤港联席会议和粤澳联席会议已经超过或将近20年了，但在这个地区的主要城市和城市群中，行政区划造成的行政分割和市场分割现象还十分明显，各个主要城市和城市群之间在相当程度上仍然缺乏良好的沟通和协调的合作机制，香港和澳门（尤其是香港）特别行政区与珠三角主要城市和城市群之间并未真正建立政府级的对等的合作机制。即使如我们在前面讲到的，只有深圳与香港建立了一定的政府合作关系，但是十多年看下来，这种合作关系与平等协商、相互尊重、共同决策、共同执行的正式合作机制还差得很远。因此，经常会出现深圳这边很积极，香港那边却无动于衷的“剃头挑子一头热”的现象。以上各种事实说明，粤港澳大湾区要实现经济一体化，仍然存在着亟须克服的重重障碍。而要克服这些障碍就必须把粤港澳大湾区城市之间的完善的、规范的、有效的政府合作机制建立起来。

四　关于进一步完善粤港澳大湾区政府间合作机制的建议

（一）创新整合粤港澳三方合一的“粤港澳行政首长联席会”

（1）建议将现有的“粤港合作联席会议”与“粤澳合作联席会议”合

并，创新整合为“粤港澳行政首长联席会”。

（2）粤港澳行政首长联席会参加人员应是广东省、香港特别行政区和澳门特别行政区三方的最高行政首长。

（3）建议粤港澳行政首长联席会每年至少定期举行一次，根据需要也可临时增加。

（4）粤港澳行政首长联席会的主要功能是：就粤港澳大湾区某些全局性的重大合作问题进行高层沟通、交流和对话；对某些需要在这个层次进行协调的合作事宜进行协商、部署和安排；对某些需要在这个层次上决定的重大合作协议进行签署；对于某些需要中央政府决策的重大事项进行讨论后向上呈报。

（二）创新整合“粤港澳部门首长联席会”

（1）在创新整合“粤港澳行政首长联席会”以及创新构建“粤港澳城市发展协调会”前提下，建议完善和创新原有的“粤港工作会议”和“粤澳工作会议”机制架构，创新整合为“粤港澳部门首长联席会”。

（2）参加人员应是广东省、香港特别行政区和澳门特别行政区相关职能部门的主要部门负责人。

（3）建议“粤港澳部门首长联席会”下面再根据不同的领域设立不同的分会，例如基础设施部门首长联席分会、交通运输部门首长联席分会、旅游部门首长联席分会、环保部门首长联席分会、海关部门首长联席分会、科技部门首长联席分会、金融部门首长联席分会等。

（4）部门首长联席会召开，主要是根据“粤港澳行政首长联席会”和“粤港澳城市发展协调会”所提出的需要在这个层面解决的重大合作问题，分部门分领域进行沟通、对话、协调和解决。

（5）部门首长联席会的主要功能是：开展粤港澳部门首长一级的对话和交流；为粤港澳行政首长联席会和城市发展协调会解决某些重大合作问题做准备工作；部署和安排对某些领域已经形成的重大决策进行落实和执行；对某些领域落实上面决策中需要协调的合作事宜进行协商和

解决；对在某些领域中实施上面决策中出现的问题进行研究、讨论和向上汇报。

（三）完善粤港澳政府合作执行办公机构

（1）“粤港联席会议”和“粤澳联席会议”的执行办公机构现为“粤港联席会议联络办公室”和“粤澳联席会议联络办公室”，两个机构均设在广东省外事办公室，“一套人马，两块牌子”，合署办公。现建议将其创新整合为“粤港澳合作联络办公室”，仍设在广东省外事办公室。

（2）建议在粤港澳大湾区建立新的两级政府合作机制的前提下，进一步完善和创新“粤港澳合作联络办公室”主要功能。主要是在原有只对“粤港澳行政首长联席会”负责的基础上，对“粤港澳城市发展协调会”这一层级的政府合作机制给予关注，进行资料汇集、情况汇报，与粤港澳行政首长联席会（及部门首长联席会）进行衔接、上传下达等。

（四）建立粤港澳大湾区第二层次的政府合作机制

（1）向长三角学习，建立粤港澳大湾区城市间的政府合作机制，建议名称为“粤港澳城市发展协调会”。

（2）该协调会每年按城市笔画设定一个会员城市为轮值主席，并在轮值主席方城市举行一次市长会议（由市长或分管副市长参加）。市长会议是城市发展协调会的最高决策机制。其主要职能是就各个城市间重大合作问题进行高层沟通、交流和对话；对某些需要在这个层次进行协调的合作事宜进行协商、部署和安排；对在这个层次上才能决定的重大合作协议进行签署；对于需要粤港澳三地最高行政首长决策的事项，进行讨论后向上呈报。原则上每次市长会议都应就该年度粤港澳大湾区城市间重大合作项目和合作机制的达成和推进，签署当年的“城市合作协议”。

（3）粤港澳城市发展协调会每年根据实际需要召开若干次工作会议，由与工作会议主题相关的各城市有关部门参加。工作会议的主要功能是：对该年度粤港澳大湾区城市间需要深化和推进的某些合作项目和合作专题进行对话和交流；为市长会议解决某些重大合作问题做准备工作；部署和安排某些领域已经形成的重大决策的落实和执行；对某些领域落实市长会议决策中需要协调的合作事宜进行协商和解决；对在某些领域中实施市长会议决策中出现的问题进行研究、讨论和向上汇报。

（4）建议该协调会的常务主席方定为广州市，协调会办公室设在广州市政府机构内，负责协调会日常工作。办公室应建立议事规则、工作例会制度、新闻制度、专题工作制度、财务管理制度、调研课题制度等一系列规章制度，使得城市区域合作有章可循，有规可依。

（5）协调会应下设多个专题工作组（或专家委员会），按照市长会议沟通、交流、洽谈等合作事项的要求安排各项调研课题，组织专家进行调研和研讨，提出可行性的建议方案，推进合作项目的具体实施。

（6）协调会实行会费制度，各个城市提交的会费为协调会日常运作提供资金保障。作为常务主席方的广州市也可以像长三角协调会的常务主席方上海一样，每年从其国内合作交流专项资金中拨出专款进行资助。此外，粤港澳协调会也可以向长三角协调会学习，探索通过设立基金等方式加强资金筹措。

（7）协调会应建立制度和规定，加强对合作事项的落实和督办。一是合作项目立项后，每季度由办公室进行进度检查并形成工作推进报告，在协调会工作会议上通报各城市。二是年底组织专家对合作专题实施情况进行统一验收，根据验收情况确定经费资助。三是对需要继续深化的项目，提出进一步立项的意见。四是把项目实施工作列入关责任部门的年度考核目标，切实提高“城市合作协议”的履约率。

（五）建立粤港澳城市发展协调会的若干原则

（1）创新建立粤港澳城市间政府合作机制，在具体操作上应该本着先易后难的原则务实推进。建议先由粤港澳大湾区四大核心城市香港、澳门、广州和深圳联合粤港澳大湾区其他 7 个城市共同发起。首先把“粤港澳城市发展协调会”的架构搭建下来，工作制度和工作机制明确下来，并且开始进行实际的运转。

（2）为了更好地推动粤港澳大湾区建设，调动更多城市政府开展区域合作的积极性，应支持和鼓励粤港澳大湾区内更多城市逐步自愿加入粤港澳城市发展协调会，甚至也要像长江三角洲城市经济协调会一样，鼓励粤港澳地区周边的其他城市也自愿加入这个协调会。

（3）粤港澳城市发展协调会应自觉接受“粤港澳行政首长联席会”的引领和指导，在行政首长联席会制定的整个地区总的战略部署、制度安排、发展规划、政策方针下开展城市间的合作部署、制度安排和项目运作，同时还要认真高效完成行政首长联席会或部门首长联席会交予的任务和项目。为此，“粤港澳城市发展协调会办公室”应与“粤港澳合作联络办公室”保持紧密联系，及时向粤港澳合作联络办公室进行沟通和汇报，听取其给予的指导和建议。

B.4 粤港澳大湾区社会福利制度的协同研究*

岳经纶　程 璆**

摘　要： 随着粤港澳大湾区建设的推进，如何加快港澳与广东在社会福利制度领域的协同成为日益重要的现实政策问题。为实现粤港澳三地社会福利制度的协同，应把握其基本原则、实现路径及关键内容，应建立社会政策协商机制，推进社会政策信息化建设，成立社会福利政策研究联盟，建立大湾区社服交易中心，开展社区服务示范区试验。实现粤港澳大湾区社会福利制度的协同，应融入“社会中国”的治理理念，通过改变大湾区社会政策地方化与碎片化的福利地区格局，促进粤港澳三地建立基于统一公民身份的社会福利制度。

关键词： 粤港澳大湾区　社会福利制度　“社会中国”

现代社会福利制度的建立是政府介入福利领域的结果，是政府协助人民应对诸如贫困、失业、疾病、失能等各种社会风险的制度安排，也是公民个体获得幸福的制度性合作机制。2019 年 2 月 18 日发布的《粤港澳大湾区发展规划纲要》明确提出，要推进在广东工作和生活的港澳居民在教育、医疗、养老、住房、交通等民生方面享有与内地居民同等的待遇。粤港澳大湾

---

* 本报告为广州市首批新型智库广州大学广州发展研究院委托研究成果。

** 岳经纶，中山大学政治与公共事务管理学院/中国公共管理研究中心教授、博士生导师，广州市粤港澳大湾区（南沙）改革创新研究院高级研究员；程璆，中山大学政治与公共事务管理学院博士。

区社会福利制度的协同事关大湾区居民的福祉，也是建设粤港澳大湾区优质生活圈的重要内容，具有重要的现实意义。为此，需要破除制约大湾区城市间民生事业融合发展的体制机制障碍，充分发挥粤港澳地区的综合优势，在粤港澳大湾区建设中加强粤九市与港澳两个特别行政区之间社会福利制度的协同。

一　香港、澳门社会福利制度的发展与现状

自香港、澳门于1997年、1999年相继回归后，20多年来“一国两制”的方针得到了全面落实。在延续原有社会经济制度的同时，面对经济全球化、人口老龄化等严峻挑战，港澳两个行政特区不断推进社会创新，积极回应市民需要，社会福利制度不断发展完善。作为粤港澳大湾区的核心城市，研究香港、澳门社会福利制度的发展变迁及实践不仅可以丰富“一国两制”的理论内涵，而且可以为粤港澳大湾区发展尤其是社会领域的融合提供重要借鉴，奠定坚实基础。

（一）香港社会福利制度的发展历程与特征

香港的社会福利事业经历了从无到有、从补缺型福利到生产型福利的发展历程。20世纪60年代中期以前，港英政府主张不干预政策，仅在市场或家庭功能失效时才进行补救性的援助，对象大多为老、弱、病、残等弱势群体，缺乏制度性的社会保障。1966年，《香港社会保障服务及有关问题之可行性研究》报告颁布后，港英政府才真正意识到社会保障问题的重要性。[①] 20世纪70年代以后，随着香港经济的发展，加上香港社会日益加剧的贫富差距等社会问题，港英政府也开始逐步建立起社会福利制度，覆盖教育、医疗、济贫等多个领域，其中的主要内容是社会救助制度。21世纪以来，香港特别行政区政府也十分注重民生社会福利，2019年香港特首在《中华人

① 曹云华:《香港的社会保障制度》,《社会学研究》1996年第6期。

民共和国香港特别行政区行政长官2019年施政报告》中指出，2018～2019年，福利和医疗经常性支出上升了29%，2019～2020年度的预算达1649亿港元。施政报告还一并表示要在恪守爱护儿童、支援家庭、鼓励就业、尊重受助人的选择权和保护民康的理念下，进一步改善教育、医疗、交通等多方面的条件，并推出措施舒缓民众在各方面费用开支上的压力。[①]

香港的社会福利内容丰富，包括教育、医疗、房屋、社会保障、个人社会服务和劳工服务等。整个社会福利制度的结构类似一个金字塔，处于最底层的是覆盖所有学童和青少年的免费基础教育，包括六年小学、三年初中和三年高中。第二层是所有人都可享用的免费公共医疗，由公共财政资助，个人只需负担挂号费和膳食费用。第三层是公共廉租房屋，有将近一半市民可以享受。第四层是为有特别需要的群体，如老人、残疾人、青少年等而设立的个人社会服务，可以让差不多1/4的市民受惠。位于塔顶的则是社会安全网，也就是社会救助制度，惠及10%～15%的困难家庭，也就是最贫穷的市民。香港社会福利制度的一个明显的薄弱环节，就是没有设置社会保险性质的社会保障制度。虽然香港自2000年12月起实施了强制性公积金制度，由雇主和雇员共同供款，为就业人士提供退休保障，但强制性公积金的营运全赖市场机制，政府的角色只是通过成立强制性公积金管理局，监管制度的健全运作，并不参与供款和提供补贴。因此，它实际上是一个私人性质的社会保障机制，缺乏互助共济的元素。

香港的社会救助制度主要包括综合社会保障援助计划和公共福利金计划。1971年，香港政府开始实行入息（也就是家庭收入）审查的"公共援助计划"，主要通过现金援助的方式为居民提供多样的福利服务。1973年，港英政府颁布了《香港福利未来发展计划》，为老弱伤残人士设立特别津贴，以及实施暴力及执法伤亡赔偿。然而，由于上述公共援助计划的覆盖范围较窄且援助力度偏低，在计划实施20年后的1993年，香港政府决定将

---

① 《中华人民共和国香港特别行政区行政长官2019年施政报告》，https：//www.policyaddress.gov.hk/2019/chi/policy.html。

“公共援助计划”更名为“综合社会保障援助计划”，扩大计划覆盖范围并提高援助待遇。“综合社会保障援助计划”简称“综援”（CSSA），是香港社会救助制度的核心内容。该计划与我国内地的最低生活保障制度相似，其目的是为因年老、疾病、伤残、失业等而在经济上无法自给的人士提供经济援助，使他们的入息达到一定水平，以满足基本生活需要。“综援”由香港社会福利署负责实施，分为标准金额、各类补助金和特别津贴三类，资金全部来自政府财政。2019 年，领取综援的家庭有 224603 个，全年支出约 223 亿港元。①

公共福利金计划是香港社会救助制度的另一重要组成部分，旨在为严重残疾或者 65 岁及以上的香港居民按月提供现金津贴，以满足由残疾或年老引起的特别需要。该计划的内容包括普通伤残津贴、高额伤残津贴、高龄津贴（70 岁及以上长者，俗称“生果金”）、普通长者生活津贴（65 岁及以上长者）、高额长者生活津贴（65 岁及以上长者）。② 除普通长者生活津贴和高额长者生活津贴申请人外，其余津贴申请人士均无须接受经济状况调查。香港回归后，为了满足更多有意愿回到内地养老的香港长者的福利需要，香港政府也对原来的公共福利金计划进行了调整和拓展。2013 年 10 月，香港政府推出“广东计划”，使选择到广东省居住的香港长者在当地即可领取高龄津贴，每月金额为 1385 元。而参照“广东计划”的安排，2018 年 4 月香港政府进一步推出“福建计划”，向选择移居福建的符合资格的长者每月发放高龄津贴 1385 元。2019 年，“广东计划”受惠人数达到 16568 人，“福建计划”受惠人数为 1656 人。未来，香港政府也将持续推动福利的可携带性，《中华人民共和国香港特别行政区行政长官 2018 年施政报告》已公布政府将会把长者生活津贴同样扩展至“广东计划”和“福建计划”，让符合资格的长者无须每年返港亦可领取香港的普通长者生活津贴（每月

① 香港特别行政区社会福利署：《社会福利服务统计数字一览（2019）》，https：//www. swd. gov. hk/storage/asset/section/296/en/swdfig2019（Fast_ web_ view）. pdf。

② 香港特别行政区社会福利署：《公共福利金计划》，https：//www. swd. gov. hk/sc/index/site_ pubsvc/page_ socsecu/sub_ ssallowance/。

2675 元）或高额长者生活津贴（每月 3585 元）。①

当然，香港社会福利制度并非只限于社会救助，还囊括安老服务、家庭及儿童福利、康复及医疗服务和社区发展等多个方面。香港的安老政策以家居和社区照顾为重点，通过一系列社区照顾和支援服务如长者地区中心、长者日间护理中心、老有所为活动计划等，力图使长者可以在熟悉的环境中安享晚年；在此基础上再辅以院舍照顾服务来满足部分长者的不同需要。与上述社会救助制度中的两个计划相似，由于香港当地院舍宿位紧张，再加上有些香港长者有返回内地养老的需要，香港政府于 2016 年开始推行"广东院舍住宿照顾服务试验计划"，向 2 家由香港非政府机构在广东省设立的安老院舍购买宿位，由政府全额资助，长者只需支付个人消耗品及额外服务项目的费用。对于家庭及儿童福利，香港政府以整合式服务为中心，秉持"儿童为重、家庭为本、社区为基础"的服务原则，为居民提供一系列预防、支援和补救性家庭服务，具体服务内容包括领养服务、紧急庇护服务、日间幼儿照顾服务、儿童住宿照顾服务、临时收容中心、慈善信托基金等。现时全港共有 65 家综合家庭服务中心应居民需要提供适合的服务。

比较而言，香港社会福利制度具有以下特征。首先，它是建立在一个高度发达的经济体之上的。香港拥有全球最自由的经济，税率低，政府财政储备比较丰厚，人均收入高，市民储蓄也高。其次，公共部门在福利系统发挥了主体作用。最重要的福利责任落在政府身上，包括教育、医疗、住房、个人社会服务在内的社会福利支出占政府支出的一半以上，由政府提供的直接社会服务在香港社会福利制度中发挥了极大的作用。再次，与西欧福利国家不同，香港社会福利制度突出实质服务的供给，而不是提供保险金和发放福利金。最后，香港福利制度在运行过程中特别重视与社会组织的合作共治，

---

① 香港特别行政区社会福利署：《社会福利服务统计数字一览（2019）》，https：//www. swd. gov. hk/storage/asset/section/296/en/swdfig2019（Fast_ web_ view）. pdf。

政府在承担主体责任的同时积极发挥社会组织的作用。[①] 在政府的财政支持下，社会组织（慈善机构）在社会福利中扮演着非常重要的角色。不同的社会组织有着不同的组织宗旨和目标，大多针对不同的社会群体，也因此能够对部分特定对象实施的救助做到“对症下药”，从而提升服务质量并确保救助效果的最大化。

（二）澳门社会福利制度的发展历程与特征

澳门社会福利制度的发展历程与香港有着相似之处。20 世纪 60 年代以前，社会服务大多由民间志愿组织、慈善组织提供，政府适当参与，整体工作以济贫为重心。[②] 60 年代中期以后，随着澳门城市加速发展，单纯的济贫已无法应对纷繁的社会问题，社会福利需要也随之增加。1967 年，澳门政府在原来负责慈善工作的组织架构上设立了社会救济处；1980 年，社会救济处改组为社会工作司；1999 年，澳门社会工作司正式更名为社会工作局。自澳门回归以来，特区政府一直重视民生改善，《中华人民共和国澳门特别行政区政府 2019 年财政年度施政报告》也重点提及“坚持以多点支撑、多重覆盖为原则，以短中长期政策结合为基础，巩固社会保障安全网”[③]。目前，澳门的社会福利制度已经形成以社会援助和社会保险双线发展为主，辅以其他福利项目的制度体系。[④]

社会援助制度由澳门社会工作局下属社会援助处负责，主要形式为经济援助，向因失业、健康或家庭等问题，在一定时间内处于经济贫困的市民提供援助金，支持其基本生活需要，在缓解其经济困难的同时，也提升面对问题的抗逆能力，继而脱贫自立。援助金类型有三：一般援助金、偶发性援助金和特别援助金（目前包括单亲家庭的学习活动补助、护理补助及

---

① 岳经纶：《香港社会救助制度的发展及其对中国内地的借鉴》，《暨南学报》（哲学社会科学版）2017 年第 7 期。

② 甄炳亮：《澳门社会服务发展及其启示》，《中国民政》2012 年第 6 期。

③ 《中华人民共和国澳门特别行政区政府 2019 年财政年度施政报告》，https：//www. policyaddress. gov. mo/policy/download/cn2019_ policy. pdf。

④ 涂晓芳：《澳门社会保障政策评析》，《北京航空航天大学学报》（社会科学版）2005 年第 1 期。

残疾补助三种）。澳门社会援助制度与内地最低生活保障制度很大程度上具有一致性，社工局设有“最低维生指数”，并以此作为援助金申请的收入限额，以及援助金额的计算标准——也即相当于内地低保制度的“低保线”。但与“低保线”有所不同的是，澳门最低维生指数划分更为细致，不同人口数的家庭其最低维生指数也有所不同，而非按照人均确定，如 1 人家庭为 4350 澳门元，2 人家庭为 7990 澳门元，3 人家庭为 11020 澳门元等，以此递增。[①] 此外，针对部分特殊群体或特殊情况，澳门社工局也有着不同于内地的处理方式。例如，在医疗方面，65 岁以上长者、癌症患者、精神病患者、12 岁以下儿童的医疗费用规定由政府全额支付。如果出现澳门医疗水平无法解决的疑难杂症，符合资格的申请对象还会由政府送到香港等地进行治疗，在此过程中产生的治疗、护理等费用也全部由政府负责。除了经济援助之外，遵循“援助—使能—脱贫”的路径，澳门社工局还提供多种精准扶贫和脱贫计划，使援助金受益人能够通过依靠自己实现脱贫，重新就业。

社会保障制度由澳门社会文化司下属机构社会保障基金负责，现在已经形成了双层式社会保障制度。

第一层：社会保障制度。

澳门第 4/2010 号法律《社会保障制度》从 2011 年 1 月 1 日起生效，成为双层式社会保障制度的第一层，旨在为澳门居民提供基本的社会保障，尤其是养老保障。澳门第 12/2018 号法律《长者权益保障法律制度》从 2018 年 11 月 19 日起生效，以促进构建一个老有所养、老有所属和老有所为的共融社会。社会保障制度以社会保险原则运行，强调权利与义务相结合，是一项供款性的社会保障计划。由于该制度供款要求仅为合计每人每月 90 澳门元，其主要资金来源为博彩拨款，辅以政府总预算经常性收入的 1% 拨款和其他。社会保障制度的供款制度分为强制性制度和任意性制度（见表 1）。

---

① 澳门社会工作局：《经济援助》，http：//www. ias. gov. mo/ch/swb - services/individual - and - family - service/financial - assistance。

表1　澳门社会保障制度的供款制度

	强制性制度	任意性制度
适用对象	具有劳动关系的本地雇员及其雇主	符合法律规定的其他年满18岁的澳门居民
每月供款	• 长工供款:雇主60澳门元、雇员30澳门元(劳动关系开始或终止的月份提供工作少于15日,则该月无须进行供款),按季度缴纳 • 散工供款:当月工作满15日或以上,雇主60澳门元、雇员30澳门元;当月工作少于15日,雇主30澳门元、雇员15澳门元,于雇员工作翌月缴纳	• 自2017年1月1日起,每月90澳门元,个人按季度缴纳全份供款

资料来源:澳门社会保障基金局·社会保障制度·供款制度,https://www.fss.gov.mo/zh-hans/social/social-mandatory。

就该制度的主要给付项目而言,主要包括养老金、残疾金、失业津贴、疾病津贴、结婚津贴、出生津贴、丧葬津贴(见表2)。

表2　澳门社会保障制度的主要给付项目

类别	发放金额	申请条件
养老金	每月上限为3740澳门元	• 年满65岁,或年满60岁并经社会保障基金会诊委员会证实为明显早衰老 • 在澳门居住至少7年 • 已供款至少60个月
残疾金	每月3740澳门元	• 在澳门居住至少7年 • 已供款至少36个月 • 如因一般疾病、意外、职业病,经社会保障基金会诊委员会证明暂时或长期绝对丧失全部工作能力或谋生能力的受益人,视为处于残疾状况 • 须在取得受益人的资格后才出现上述残疾
失业津贴	每天150澳门元(每12个月最多享受90天)	• 处于非自愿失业状况 • 自于劳工事务局做出登记之日起至少15日内仍处于失业状况 • 在做出就业登记的季度前12个月中,至少有9个月以强制性制度受益人身份向社会保障制度供款 • 并未拒绝接受与其专业能力相符合的工作

续表

类别	发放金额	申请条件
疾病津贴	住院:每天150澳门元(不超过180天/年) 非住院:每天114澳门元(不超过30天/年)	• 在患病期开始的季度前的12个月,向社会保障制度供款至少9个月 • 在患病期间并未从事任何有报酬的工作
结婚津贴	2122澳门元(符合条件的配偶双方均可申领)	• 在结婚日/子女出生或收养事实所在季度前12个月中最少已向社会保障制度供款9个月 • 正在领取养老金或残疾金
出生津贴	5418澳门元/每名子女(符合条件的父母双方均可申领)	
丧葬津贴	2750澳门元(一次性发放)	• 死者须为登录于社会保障基金的受益人 • 申请人须为承担受益人丧葬费用者

资料来源：澳门社会保障基金局·社会保障制度·行政手续指南，https：//www.fss.gov.mo/uploads/media/dp/brochures/fss－dp－7－20200122.pdf。

第二层：非强制性中央公积金制度（下称“非强制央积金”）。

澳门第7/2017号法律《非强制性中央公积金制度》于2018年1月1日起生效，是双层式社会保障制度的第二层，旨在使澳门居民退休后获得更充裕的生活保障。该项目由居民自愿参加，资金来源主要是雇主和雇员的供款。所有年满18岁或未满18岁但已在社会保障制度登录的澳门居民都可以成为非强制央积金个人账户拥有人，而个人账户下三类子账户在非强制央积金运作中发挥重要作用（见图1）。

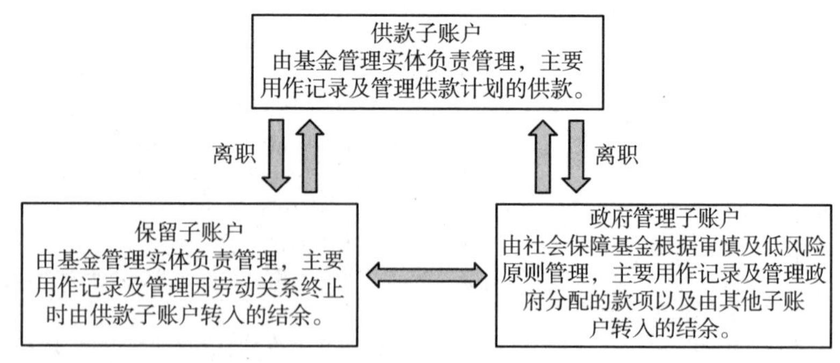

图1　非强制央积金运作概况

非强制央积金的供款制度又分为公积金共同计划和公积金个人计划（见表3）。非强制央积金的分配制度同样也分为两类：鼓励性基本款项和预算盈余特别分配。

表3　澳门非强制性中央公积金制度的供款制度

	公积金共同计划	公积金个人计划
适用对象	共同计划由雇主自愿设立，倘若雇员为非强制央积金个人账户拥有人，则可自愿参与	年满18岁，或未满18岁但已在社会保障制度登录的澳门居民，可以通过参与个人计划进行供款
供款计算基础	雇员每月的基本工资（上限为33280澳门元，下限为7007澳门元；如雇员基本工资低于最低工资，雇员可豁免供款，但雇主仍需供款）	每月供款金额为500澳门元，账户拥有人可以百元为单位缴纳更高金额，但以3300澳门元为上限
供款比率	雇主5%，雇员5%	
权益归属比率	根据雇员的供款时间，计算雇员在劳动关系终止时所获得雇主供款结余的百分比，如未满3年为0，3～4年为30%，10年或10年以上为100%	—

资料来源：澳门社会保障基金局·非强制性中央公积金制度，https：//www. fss. gov. mo/zh－hans/rpc/node－15。

由上可见，澳门已经形成了相对完善、内容丰富、水平较高的社会福利制度，覆盖养老、就业、医疗、婚姻等多个领域，切实保障了澳门居民的生存发展权，对满足社会需要、维护社会和谐稳定发挥了重要作用。但是，随着澳门经济形势和人口结构的不断变化，澳门的社会保障仍面临巨大挑战。不难看出，养老保障是当前澳门政府要解决的首要问题和最重视的领域之一，可是养老金支付金额的膨胀和制度中权利义务不对等（供款偏低而给付水平较高）的情况都为澳门社会保障制度可持续、高效发展带来巨大风险。

二　粤港澳大湾区社会福利制度协同的原则、路径及关键内容

（一）基本原则：推动大湾区社会福利一体化进程

嵌入性原则，即减少自发性、分散性，旨在提升港澳居民在珠三角工

作、生活的便利性、安全性。嵌入性原则的一个含义是，粤港澳社会福利制度协同要嵌入粤港澳大湾区建设的整体推进过程中，与经济政策、出入境政策等相配合。该原则的另一个含义则是在广东工作和生活的港澳居民需要在社会政策和福利制度的支持下，嵌入当地的社会经济环境中，不仅作为就业者参与经济活动，而且应像当地居民一样，享有各项社会福利和社会服务。只有这样，才能把大湾区打造成宜居、宜业、宜游的优质生活圈。

包容性原则，即减少排斥性，增强开放性，以包容心态和开放理念推进三地政府在社会政策与社会福利领域建立共识。任何国家与地区的社会福利政策都具有高度的空间性，适合于特定的空间范围，同时对非本地人具有排他性。粤港澳大湾区虽然存在着三种不同的社会福利制度，但都处于一个中国之下，而且往来密切，因此，有条件达成包容性的政策共识，推进社会福利制度协同。所谓包容性原则，一方面是指粤港澳三地政府在社会福利政策决策过程中要超越传统治理区域的局限，树立起跨境政策思维，从大湾区整体的角度进行政策设计；另一方面是指港澳两个特区政府以及珠三角九个城市政府超越狭隘的地方财政责任意识，主动地为在本地常住的、来自大湾区其他城市的人口提供福利保障。在包容性原则下，三地政府可以充分发挥主动性、自觉性和前瞻性，基于实际需要，在社会政策和社会福利制度方面进行政策协同与协作共治，推动社会福利和服务的合作生产，为有需要的居民提供及时、便利而平等的福利服务，确保民生福祉。同时，还要切实发挥市场配置资源的决定性作用，实现三地政府决策、市场资源、社会资源、政策机制的有机无缝衔接，开创三方互惠互利、合作共赢的良好局面。

可携性原则，即适应流动性，提升跨境性，确保三地劳动者社会保障权益的转移接续，以及居民福利待遇的跨境携带。一方面，港澳政府要确保港澳居民基本福利权利的跨境可携带性，让在广东工作和居住的港澳居民可以继续享有原来的基本福利；另一方面，三地政府要进行社会政策规则对接，不仅保障社会福利权益的转移接续，而且要以跨境思维共同制定可以满足大湾区内居民福利需要的社会政策。只有这样，才能逐步破除制约三地民生相关服务融合的制度壁垒，减少制度软环境落差，为港澳居民提供平等、高效、便捷的福利服务。

（二）实现路径：中央地方双层推动

从本质上讲，各国（地区）社会政策往往有清晰的空间边界，跨境开放度低，对非本地居民缺乏包容性；因此，跨境社会政策事务协调难度大，政策部门跨境信息共享难，社会保障权益跨境转移接续难度大。即使是珠三角内部的九大城市之间，社会政策领域也存在着严重的分割，难以适应流动的社会环境，这一切都给三地社会福利制度协同带来困难。尽管有难度，随着大湾区建设的全面推进，社会政策协同势在必行。党的十九大报告提出，要制定完善便利香港、澳门居民在内地发展的政策措施。为此，需要从中央和地方两个层面驱动粤港澳社会福利制度的协同发展。

中央层面，加强顶层设计，搭好主体框架。在港澳，基于“一国两制”原则，社会政策属于特区内部事务，由特区政府根据经济条件和社会需要自行制定其发展和改进的政策，不受中央政府干预。在内地，社会政策制定主要属于中央政府的职权，执行则属于地方政府的责任。因此，涉及政策原则、政策框架的工作，特别是与立法相关的工作，需要由中央政府出面进行推动和协商。当然，地方政府可以及时把实践中遇到的问题反映给中央。

港澳居民的社会福利需求及待遇问题多数涉及中央政策，并非仅仅依靠地方政府就能解决的。例如，在教育方面，应保障港澳居民在内地接受教育、享受奖学金的权利；对内地高校招收港澳学生和对港澳学生的教育教学、服务管理工作进行规范化建设，保证培养质量；加强学校对港澳学生在就业指导、成立社团、医疗保障等方面的指导，进一步保障港澳学生的权益。同时，鼓励并保障港澳毕业生在内地就业，为他们提供就业信息服务，开展对他们的就业指导。在劳动力市场政策方面，要促进内地与港澳服务业深度合作，不断开放就业领域。商务部与香港特区政府签署了《CEPA 经济技术合作协议》和《CEPA 投资协议》，提出要牵头内地有关部门与港澳特区政府和有关机构，在 CEPA 工作机制下不断扩大有关专业服务领域对港澳的开放程度，支持内地与港澳服务业深度合作。在出行生活方面，由中央统筹出台相关政策，如设立回乡证自助售票机，保证港澳居民的交通便利。

地方层面，加强湾区内地方政府间的合作，探索实现福利服务的一体化管理。现阶段，不仅广东与香港、澳门在社会福利制度方面存在着制度体制的差异，珠三角内部九个城市之间由于地方财政责任与社会保险统筹层次的制约，在社会福利的具体政策措施上也存在不少差异。因此，要在推动粤港澳社会福利制度协同的同时，强化珠三角内部九个城市之间社会福利制度的统筹和一体化建设。保障在粤港澳居民社会福利权益的关键在于，让港澳居民享受到与本地户籍居民，至少是本地常住居民同等的福利待遇。以广东省为例，作为改革开放的先头兵，广东省在推进与香港、澳门的互利合作，制定和完善便利港澳居民在广东发展的政策措施工作上已经取得一定成果，特别是广州和深圳两市，从政策层面来说，港澳居民已经能够享有与当地非本地户籍的内地居民同等的权利。① 随着粤港澳大湾区建设的推进，应从就学、就业、社保、就医、置业以及创业扶持各个方面为港澳居民在内地发展清除障碍，促进其社会福利水平的提升。随着港澳居民居住证的颁发，大湾区内珠三角九个城市之间要实行政策协同，统筹推进，让拥有居住证的港澳居民切实享受到社会保险、劳动就业、上学、就医等社会权利及基本公共服务，从而吸引更多港澳居民在珠三角工作、学习、生活。

（三）关键内容：保障湾区居民同等化待遇

长久以来，由于“一国两制”的特殊国情，内地居民和港澳居民所享受到的日常社会福利存在较大差异，这也导致在内地就业生活的港澳居民无法享受到与当地居民一致的福利待遇，其福利待遇总体上呈现出差别化的特征。具体表现为，在社会经济、教育文化、日常生活和政治领域，与内地居

---

① 黎熙元：《流动性：香港与内地之间人口跨境流动的社会学意义》，《北方民族大学学报》（哲学社会科学版）2011 年第 1 期。

民相比，港澳居民或者受到一些优待（甚至是超国民待遇），或者受到一些限制（非国民待遇）。

随着港澳居民来内地工作就业的人数不断增加，其在内地的基本福利待遇已然成为不可忽视的重要问题。由于各地港澳居民的人口规模不同，出台的福利保障措施和管理条例也有所不同。具体而言，建立针对港澳儿童的义务教育、港澳中青年的高等教育、创新就业以及港澳老人的内地养老服务、医疗保障等的社会福利保障制度，成为亟待解决的重要任务。

就全国范围而言，劳动就业、住房、教育以及通行等方面都已针对港澳居民出台了相应的保障措施，并主要表现为优待和限制两个方面。[①] 以就业为例，港澳居民在特殊职业执业、公务员招考、个体工商户经营等方面仍受到较多限制。按规定，用人单位在与港澳居民签订劳动合同时，须按照《社会保险费征缴暂行条例》相关规定缴纳社会保险费，但由于规定过于模糊且缺乏配套规定，实际工作中难以操作。更重要的是，香港、澳门本地的社会保险制度与内地仍无法完全衔接，在内地的港澳居民退休或者终止就业后无法在当地享受相应的社会保险待遇，退保时也只能领取个人账户中的余额，因而对于港澳居民而言，在内地参加社会保险的意义不大。在内地事业单位的港澳籍工作人员，如大学教师，他们作为事业单位工作人员的相关福利保障权益迟迟没有得到有效落实，长期不能享受住房公积金权益，社会保险权益还没有得到有效落实。需要指出的是，随着粤港澳大湾区建设的推进，针对在内地的港澳居民的福利政策正在逐步完善。2018 年 10 月，人力资源和社会保障部公布了《香港澳门台湾居民在内地（大陆）参加社会保险暂行办法（征求意见稿）》（以下简称《暂行办法》），公开征求社会各界的意见。该办法草案对社会保险经办相关事宜进行了明确，规定港澳台居民办理社会保险的各项业务流程与内地（大陆）居民一致。同时，考虑到港澳台人员的具体情况，《暂行办法》对办理社会保险登记、发放社会保障卡、离开内地（大陆）社会保险关系处理、跨省社会保险关系转移等问题

---

① 曹旭东、徐英：《港澳居民的内地待遇：问题及其解决路径》，《港澳研究》2018 年第 3 期。

做了具体规定。这些规定可以为在内地工作、学习和生活的港澳居民提供更多的便利和保障。

当前，粤港、粤澳合作呈现全方位、多领域、高层次的特征，特别是合作领域从改革开放初期的经贸领域扩展到经济、社会和文化等多个领域，合作层面上从过去的民间合作上升到政府间的制度化合作。[①] 港澳同胞在内地的教育、医疗、养老以及工作生活等相关问题备受关注，广东省为解决港澳居民的民生福利问题做出了诸多尝试，提供了较好的福利待遇与便利。如广东兴办港澳子弟教育机构，承接港澳的社会福利服务转移，有效地解决了港澳发展中棘手的民生问题。再如珠澳的养老问题，在珠澳同城化进程中，澳门居民越来越多地在珠海居住。据珠海市民政局的不完全统计，全市 5 家民营养老机构近 400 个床位，其中约六成都是澳门老人，越来越多的澳门人选择在珠海养老。

三　实现粤港澳大湾区社会福利制度协同的对策举措

（一）建立社会政策协商机制，平等开展合作协商

深入贯彻《粤港澳大湾区发展规划纲要》《深化粤港澳合作　推进大湾区建设框架协议》《关于深化泛珠三角区域合作的指导意见》等文件精神，根据粤港澳大湾区社会组织发展的实际情况与现实需要，创建社会政策协商机制，开展平等的合作协商。三地政府社会福利职能部门与社会福利服务联合会（协会）共同成立政策协商机构，如联席会议，并设立常设办公室，就跨境社会政策、社会组织管理以及大湾区社会服务合作等议题进行定期沟通协商，达成跨境政策创新共识。

建立社会组织事务对话协商机制，设立社会组织事务联席工作会议，促

① 谢宝剑：《“一国两制”背景下的粤港澳社会融合研究》，《中山大学学报》（社会科学版）2012 年第 5 期。

进粤港澳三地政府间、政府与商会及行业协会的常态化沟通，促进粤港澳社会组织政策逐步走向协同。在国家相关部门指导之下，由国家发展和改革委员会、广东省人民政府、香港特别行政区政府、澳门特别行政区政府确立三地社会组织发展的指导思想与基本原则，就三地社会组织的登记管理、资格认证、税收体系、资金往来等核心问题达成共识。进一步畅通三地社会组织信息互联互通渠道，探索三地社会组织资格互认、数据共享、信息实时更新的三地联动通报等方面工作。

（二）推进社会政策信息化建设，提升社会福利便携性

建立大湾区跨境社会福利政策与公共服务数据库，发展智能化福利服务递送体系，提升跨境家庭和个人获取社会福利服务的便利性。进一步畅通三地社会组织信息互联互通渠道，探索三地社会组织资格互认、数据共享、信息实时更新的三地联动通报等方面工作。同时，强化政府与商会、行业协会对接机制，尤其加强政策出台前的征询意见阶段、政策评估阶段的有效沟通。

建立粤港澳大湾区社会福利事务联席会议制度。广东省定期与港澳部门沟通协调有关粤港两地社会福利接续问题，提高粤港澳大湾区社会福利的区域可携性、便捷性和互通性。以养老福利为例，积极协助港澳特区政府开展“香港综援长者广东及福建省养老计划”，为回乡养老的香港老年人提供相关补贴，落实港澳高龄长者在粤能享受与港澳同等的服务津贴（高龄津贴、综援长者津贴等）。此外，可以借鉴香港大学深圳医院的相关经验，推广使用医疗券等方式解决港澳同胞在粤医疗保障问题，与港澳特别行政区政府共同探索开展政府购买在粤养老床位的方式解决香港老年人养老问题。

（三）成立社会福利政策研究联盟，联合开展合作研究

三地社会政策专家就重要的社会福利议题，发现政策问题，提出政策建议，进行政策倡导。可以建立粤港澳大湾区社会政策专家联席会议机制，举办粤港澳大湾区社会福利研讨年度论坛（峰会）。成立社会福利政策研究联

盟，联合开展合作研究，常态化沟通协调三地社会福利工作事务，推动人才聚集。开展粤港澳社会工作人才互动交流、高层次人才培训、专家督导团队共享、成果交流转化和项目合作，搭建共享社会工作信息平台，以港澳专业优势带动和提升粤港澳大湾区社会工作专业教育，促进社会工作教育合理分层和社会工作人才培养发展。

构建大湾区社工服务专业联盟，定期开展社会政策、社会服务方法及技术、社会服务评估的交流和培训，加强社会服务工作人员与服务机构能力建设，在此基础上推动社会工作专业资格互认。加强社会工作专业培训交流，与港澳特别行政区政府部门及相关培训机构建立人才交流和培训机制。与此同时，探索灵活多样的合作方式，加强政府对社会工作的全面规划和管理，为社会工作发展提供财政支持，并合理配置社会资源，提高资源的使用效率，促进大湾区社会工作机构的协调可持续发展。

（四）建立大湾区社服交易中心，拓展社会公益资源

建立大湾区社服交易中心和平台，由线下实体交易空间和线上社会服务网共同构成，为社会组织、资源方、市民提供资源对接和专业支持服务。建立粤港澳社会组织的合作资金保障机制，成立社会政策与社会服务基金，为社会组织提供公共空间、能力建设、项目跟进等支持性服务。推进三地相关配套财政资金衔接与异地支付，完善跨境购买服务相关的制度安排、政策设计、绩效评价与监管机制。重点探索内地政府购买香港（澳门）社会组织服务、香港（澳门）政府购买内地社会组织服务的新模式。梳理香港政府的“整笔拨款”资助模式，即资金使用权由社会组织决定、政府主要评估社会组织整体产出的制度安排，综合评估该项制度安排对提升社会福祉、降低政府监管成本、促进社会组织发展、延展服务使用者评估视角的影响。

面对新的社会需求，也可借助港澳经验，拓展社会公益资源供给形式，为社会力量参与社会服务提供渠道。一方面，积极与港澳社工开展合作。对于在大湾区粤九市开展的新型社会公益项目，特别是以社会工作服务的形式向受助人士供给资源的项目，应大胆与港澳相关专业社工组织开展合作，引

入港澳专业社工督导，甚至以政府购买的形式，直接引进港澳社工服务。支持港澳社会公益资金先行在港澳购买社工服务，并与内地社工合作对内地进行社工服务捐赠，减少资金周转成本，方便捐款在当地抵税；同时鼓励大湾区粤九市的社工组织积极参与港澳社工组织的慈善公益社工项目，学习先进理念与专业技能，同时将经验本地化，以便将来独立开展类似服务。另一方面，借鉴港澳慈善公益资源多样的供给形式，丰富大湾区广东地市社会救助方式。

（五）开展社区服务示范区试验，创新服务提供模式

粤港澳大湾区的建设会增强人口的流动性，出现外来人员较多的城乡社区。在社区层面可开展服务示范区的试验，为了保障子女的健康成长，大湾区居民在外出务工时应尽量携带未成年人共同生活，暂不具备条件的应委托有监护能力的亲属代为监护，并向居（村）委会报告。在社区层面引导家庭成员互帮互助，自觉履行赡养义务和承担照料老年人责任，关心留守老人、妇女、儿童。发扬邻里友爱、互惠互利的传统，尽量消除港澳居民的心理顾虑，促进社区心理融入。涉及外来人员利益的社区事务，应将外来人员纳入协商主体范围。鼓励本地居民与外来人员结对，开展互帮互助活动。引导外来人员融入居住地社区文化，增强对“第二故乡”的认同感。

推动建立多元化、补缺型、以实际需求为导向的社会服务互利共享新模式。支持和鼓励社会组织探索养老、家庭及儿童福利、康复、临床心理、青少年、医护服务以及社区发展、社会重返、防治赌博与药物依赖等直接与间接服务模式。推动粤港澳地区青少年社会组织的交流合作，将粤港澳青少年交流特色品牌项目延伸至粤港澳大湾区。鼓励粤港澳地区老年人服务组织开展业务交流、人员培训、港澳老人返乡旅游探视等方面的深层次合作。强化粤港澳地区行业协会、智库等机构的作用。

粤港澳大湾区社会福利制度协同研究，或者说社会政策协同研究是一个崭新的、具有挑战性的课题，也是一个具有重要理论和实践意义的课题。目前，关于大湾区社会福利制度协同的讨论主要集中在如何为在粤港澳居民及

其家庭提供福利服务，满足其福利需要。这是非常重要的政策议题。但是，不可忽视的是，内地居民在港澳的福利需要及其满足也值得进一步探讨和研究。由于现行的社会福利制度体系是“一国两制”下的框架安排，这种社会福利制度体系是以碎片化的社会身份（包括户籍身份、所有制身份、职业身份、行政身份等）而不是以统一的公民身份为基础建立起来的，因而在社会身份本位基础上发展起来的社会福利制度具有明显的“亲疏有别”特点。从更高的视角来看，大湾区社会福利制度协同实际上预示着一个更大的问题和挑战，即如何在“一国两制”原则下构建超越港澳居民身份与内地居民身份之上的统一的社会公民身份。

从这个意义上讲，对大湾区社会政策协同的研究应具有大视野，主张把社会福利权利的获得与公民身份相结合，并倡导在中国建立一个跨越城乡、区域而具有制度空间整合性的社会政策体系，其关键在于为公民提供完善的社会保护，建立以社会公民身份为基础、满足公民基本福利需要的社会福利制度。基于此，实现粤港澳大湾区社会福利制度的协同，应通过改变大湾区社会政策地方化与碎片化的福利地区格局，促进粤港澳三地构建统一公民身份的社会福利制度。

B.5

粤港澳大湾区建设国际金融中心的策略研究*

易行健**

摘　要： 本文对国际金融中心建设助推粤港澳大湾区建设进行研究，首先回顾了国际金融中心的相关国内外文献，然后在四大湾区比较的基础上对粤港澳大湾区国际金融中心建设存在的问题进行分析，最后提出粤港澳大湾区在金融合作和金融开放基础上加快推进国际金融中心建设的五点建议。

关键词： 粤港澳大湾区　国际金融中心　四大湾区　金融开放与合作

一　国际金融中心建设的理论回顾和历史经验

Gras（1922）指出一个城市的发展路径可以划分为四个阶段，即商业阶段、工业阶段、运输业阶段以及金融业阶段，金融业作为城市发展最高阶段的产物，其巨大的经济效应促使各国都致力于金融中心的建设，并依托全球化背景发展国际金融中心。Kindleberger（1974）认为国际金融中心从功能的角度出发可以界定为聚集着各种金融机构，并满足金融中介交易服务需求和发挥跨地区价值贮藏功能的中心区。饶余庆（1997）则认为国际金融中

* 本报告为广州市首批新型智库广州大学广州发展研究院委托研究成果。

** 易行健，广东外语外贸大学金融学院院长、广州华南财富管理中心研究基地主任，经济学博士（博士后）、金融学教授、博士生导师。主要研究方向为货币金融、宏观经济、家庭金融与应用数量经济学。

心是金融机构集聚和金融市场竞相发展的场所，是开展高效率金融活动的大都市。王力与黄育华（2004）认为虽然不同文献对国际金融中心的定义存在差异，但都存在一个核心的共同点，那就是国际金融中心是各种金融资源聚集、各种金融产品交易之所。

王巍与李明（2007）认为国际金融中心的形成是由金融中心的外部环境和内在特性所决定的，各种决定要素的交集度越高，形成国际金融中心的可能性就越大。国际金融中心的形成机制体现为以下四种：历史形成机制、区位选择机制、市场自发机制、政府引导机制。冯德连、葛文静（2004）认为历史因素是指战争导致国际货币体系发生分裂和动荡，导致金融资源重新分配，典型的例子便是美元在“二战”之后成了国际市场的主要货币，从而奠定了纽约发展成为世界金融中心的基础。区位选择机制是金融地理学的内容。Laulajainen（1998）认为不同区域的金融景观存在显著的异质性和不规则性，从而推断出国际金融中心的形成在某种程度上可能受地理区位选择的影响。Kaufman（2001）指出，金融中心城市的发展，在一定程度上与这些地方作为主要商贸中心、交通枢纽、首都或中央银行总部所在地的地位变迁有关，伦敦、纽约、东京、中国香港、新加坡等国际和地区性金融中心地位的变化，几乎都反映了上述特点。这些城市具有显著的时区优势，即在营业时间上与其他金融中心构成 24 小时全球金融交易时刻表，从而让国际金融市场能够持续运转，并且所处国家的经济迅速发展、政治环境稳定等（李成，郝俊香，2006；余秀荣，2011）。市场自发机制表现为：随着地区经济规模的扩大，国民经济体系将会产生对金融服务业更大的需求，这种需求增长会进一步刺激金融供给的增加，最终导致金融机构和金融市场的扩张。伴随着金融系统不断扩大，金融产业的规模经济效应便产生了。Kindleberg（1974）认为规模经济所产生的效应会不断地吸收新的金融资源进来，从而在原有基础上进一步扩大金融集聚规模。冯德连、葛文静（2004）也对规模经济进行了阐述，认为外部规模经济是指第二产业和第三产业在空间上的集聚效应，这种效应所产生的低成本和高经济效益，是进一步促成生产和经营单位空间聚集的主要动因。另外，金融机构集聚会带来激烈的市场竞争，而竞争会进一步降低交易成本，同时带来金融创新，金融创新则会丰富金融产品，从而使金融市场的活跃度提高，流动性增强，Rstio Laulajainen（1998）指出金融产品交易会更愿意在流动性强的金融中心进行。由于存在市场失灵，金融机构为了减少信息不对称所产生的信息成本，往往会选择在金融产业集聚度高的地区集中，进而获取可靠并且及时有效的信息（Bossone 等，2003；Clark，2005）。关于政府引导机制，孙国茂、范跃进（2013）认为政府引导形成模式针对的是实体经济与金融市场的规模都相对弱小的经济体，政府通过针对性的制度设计与政策扶持，达到地区金融聚集的效果，然后通过金融机构聚集状态的规模经济效益，进一步实现金融机构的空间集聚，这一“滚雪球”式的最终效果便是金融中心的形成。其中的政策制度包括法律制度（单豪杰、马龙官，2010；周仲飞、弓宇峰，2016）、税收制度（王宇、郭新强等，2014；白玉、樊丽明，2017）等。这种形成模式的成功案例代表便是新加坡。

国际金融中心具有很强的带动效应，表现为聚集效应、外部规模经济效应以及外部性影响。聚集效应体现在：①集中交易使交易效率得到了提高。杨小凯（1991）认为通过拉近人们的距离可以使得交易效率大大提升，因为交易的距离成本得到了降低，并且能够改善专业化分工，提高生产力水平。Kindleberger（1974）则认为跨地区支付效率与跨地区金融资源配置效率的提升表明了金融中心的聚集效益。②提供往来交流与沟通的便利。Vernon 等（1960）认为，城市吸引着较多以面对面接触和互动为必要条件的产业与服务业，行业之间的相互集聚减少了沟通的成本，使往来交流更加便捷。外部规模经济效益具体表现在：①减少周转资金成本，提供投融资便利。Kindleberger（1974）指出企业可以通过集中于金融中心，利用银行业高效的支付中介体系来减少周转资金成本。另外，金融集聚所带来的市场竞争会压低证券市场的发行、交易成本，从而为企业提供便宜的证券发行机会，同时为资金盈余者提供更广泛的投资对象。②提高市场流动性，降低融资成本和投资风险。潘英丽（2003）认为金融市场规模越大，金融交易越活跃，资金的流动性就越高。低流动性风险将会吸引更多的投融资者进入市场，从而压

低利率，这意味着借款人能够获取低成本资金，而贷款人能够参与更大规模的二级市场交易。③促进金融机构合作，同时促进辅助性产业的发展。大量的金融机构集聚提供了交叉业务合作的机会，这将导致外部的规模经济效应。另外，随着大批金融机构的集中和发展，与之关联的辅助性产业与服务中介也能分享中间收益，进而促进它们的发展；同时相互之间也会激励起创新的思想和行动。外部性影响方面，刘红（2008）研究发现金融集聚对周边地区的辐射效应存在两种机制：一是金融集聚规模本身在达到一定条件时会对周边地区产生经济效益；二是当金融集聚规模过大需要向周边地区扩散时，会促进周边地区技术进步、资本积累，从而增加投资，刺激经济增长。李延军、史笑迎、李海月（2018）在研究京津冀区域金融集聚对经济增长的空间溢出效应时也发现，金融集聚除了对本地区产生显著的经济效益外，对周边地区的经济发展会产生更为显著的促进作用。但有部分学者发现，金融集聚的溢出效应有限（李林等，2011；张浩然，2014），远离银行信贷中心会对信贷可得性产生负面影响（Alessandrini 等，2010；Cotugno 等，2013）。

国际金融中心建设的核心是依靠金融开放与金融合作“两驾马车”助推金融业快速发展。从金融开放的角度来说，首先，金融开放带来融资成本的降低，而融资成本的下降将吸引大批金融机构进驻，加速金融集聚的形成。McKinnon（1973）提出金融开放可以消除国内市场的金融压抑，使真实利率回归到竞争性均衡水平。而且，有学者发现资本管制会给经济层面带来显著的负面影响（Forbes，2007；魏尚进、张智威，2007）。其次，金融开放增加了宏观经济政策的纪律约束，宏观经济政策稳定是吸引境外金融机构入境的重要因素，也是维持国际金融中心建设平稳进行的重要措施。蔡洪滨和 Treisman（2005），Blouin、Ghosal 和 Mukand（2017）等学者都对此做了实证分析。从金融合作的角度来说，首先，金融合作和金融开放一样能够降低成本，Mundell（1961）认为区域货币金融合作能够降低汇兑、储备和支付成本。其次，金融合作可以产生规模效应，极大地减少交易成本，提高生产要素的配置效率（逯新红，2017）。再次，金融合作将带来市场竞争，从而助推金融产业创新发展。最后，金融合作能够在一定程度上抵御金融风险，从而保障国际金融中心体系不发生“断崖式”崩塌。王子先（2000）提出区域性金融合作安排对防护金融风险和危机冲击具有重大作用。

我们对国际金融中心建设、金融开放以及金融合作分别进行了简单的文献回顾，主要梳理了国际金融中心的概念以及经济效应，同时介绍了金融开放和金融合作在助推国际金融中心建设上的意义，为粤港澳大湾区国际金融中心建设提供了理论依据和历史经验。在过去的文献里，大多数学者都认为金融合作、金融开放和国际金融中心建设三者均是可以促进区域经济发展的，因此提升湾区金融合作、金融开放和国际金融中心建设水平是必要的。湾区的金融发展水平是全球化大背景下国家竞争力的体现，粤港澳大湾区建设作为上升至国家层面的发展战略，大力推动湾区金融中心建设将显得尤为重要，必须依靠金融对外开放和金融合作来推动大湾区国际金融中心建设，不断扩大金融集聚规模，发挥金融中心的规模经济效应、聚集效应以及辐射效应，带动湾区整体金融产业达到国际化水平。

二　四大湾区金融中心建设比较分析

（一）四大湾区基础经济实力的对比

四大湾区的基础数据如表 1 所示。首先，从 GDP 角度来看，粤港澳大湾区 2018 年的 GDP 为 1.64 万亿美元，东京湾区、旧金山湾区和纽约湾区的 GDP 分别为 1.77 万亿美元、0.78 万亿美元和 1.66 万亿美元，粤港澳大湾区的经济体量位于四大湾区第三名，已经进阶世界主要湾区的 GDP 水平。但是，从人均 GDP 而言，东京湾区、旧金山湾区和纽约湾区的人均 GDP 分别为 4.03 万美元、10.22 万美元和 8.20 万美元，而粤港澳大湾区的人均 GDP 仅有 2.33 万美元，远低于其他三大湾区的水平。其次，从第三产业占比来看，粤港澳大湾区 2018 年的第三产业占比为 66.38%，而东京湾区、旧金山湾区和纽约湾区的第三产业占比在 2017 年便已均超过 80%，粤港澳大湾区在产业结构上与世界著名湾区仍存在差距。最后，尽管在人均 GDP、第三产业占比和世界500强企业总部数量等指标上存在不足，粤港澳大湾区依然存在一定的优势，在占地面积、人口、国际机场数量、世界100强大学数量等指标上均处于领先地位。可见，粤港澳大湾区的总体经济发展水平相比世界一流湾区还存在一些差距，但具有较大的发展潜力。

表1　粤港澳大湾区与全球三大湾区对比（截至2018年底）

指标(单位)	粤港澳大湾区	东京湾区	旧金山湾区	纽约湾区
占地面积(万平方公里)	5.61	3.69	1.79	2.15
人口(万人)	7115.98	4400	770	2020
人口密度(人/平方公里)	1268.45	1192.41	430.17	939.53
人口全国占比(%)	5.07	34.65	2.35	6.18
GDP(万亿美元)①	1.64	1.77	0.78	1.66
人均GDP(万美元/人)	2.33	4.03	10.22	8.20
GDP全国占比(%)	11.69	35.61	3.81	8.10
第三产业占比(%)②	66.38	82.3	82.8	89.4
国际港口数量(个)	4	4	4	5
国际机场数量(座)	5	2	3	2
世界500强企业总部数量(家)	17	60	28	22
世界100强大学数量(所)	4	2	3	4
区域范围	香港、澳门和粤九市	东京都和周围7县	环绕旧金山湾的9郡	纽约、新泽西、纽瓦克和周围25郡
主要产业	金融、互联网、航运、电子信息	航运、装备制造、钢铁、化工	金融、互联网、生物	金融、航运
湾区特点	投资多元化、“一国两制”	产业湾区	科技湾区	金融湾区

注：①粤港澳大湾区数据来自作者收集估计测算，其中粤九市GDP来自广东省2018年统计年鉴，香港和澳门GDP来自世界银行；东京湾区、纽约湾区和旧金山湾区数据来自搜狐新闻报道，搜狐网站链接：https://m.sohu.com/a/296338727_124712#read。

②粤港澳大湾区数据来自作者收集估计测算，其中粤九市2018年第三产业增加值来自广东省统计年鉴，香港第三产业增加值根据香港贸易发展局2017年第三产业贡献率测算，澳门2018年第三产业增加值来自澳门统计暨普查局；东京湾区、纽约湾区和旧金山湾区数据来自《全球大湾区资本形成机制比较研究》（彭兴庭、卢晓珑、卢一宣、何瑜，《证券市场导报》，2019第3期）。

资料来源：国家统计局、世界银行和新闻资料整理，其中东京湾区、旧金山湾区和纽约湾区的第三产业占比为2017年数据。

（二）四大湾区主要城市的全球金融中心指数（GFCI）分析

全球金融中心指数（Global Financial Centers Index，GFCI）由英国智库Z/Yen集团和中国（深圳）综合开发研究院于2007年3月开始共同编制，是世界上最具权威性的金融中心指数，涉及全球范围的46个金融中心，每年发布最新结果。

图1整理了纽约湾区、旧金山湾区、东京湾区和粤港澳大湾区主要城市的GFCI变化情况。其中，深圳从2009年9月才加入GFCI排名。从图1可以看出，从2011年3月起，在四大湾区的全球金融中心中，六个城市的指数高低排名分别是纽约、香港、东京、旧金山和深圳。从金融中心的地位来说，纽约湾区处于领先的位置，其次是东京湾区和旧金山湾区。纽约、东京、旧金山的指数得分长期高于深圳，从这方面来看，世界三大湾区的金融优势是明显优于广东地区的。但是在四大湾区主要城市的比较中，香港的GFCI指数仅次于纽约，且在世界范围内也稳居第3、4名，因此，以香港国际金融中心的优势带动粤港澳大湾区的国际金融枢纽建设、加强湾区内的金融合作是具有积极意义的。

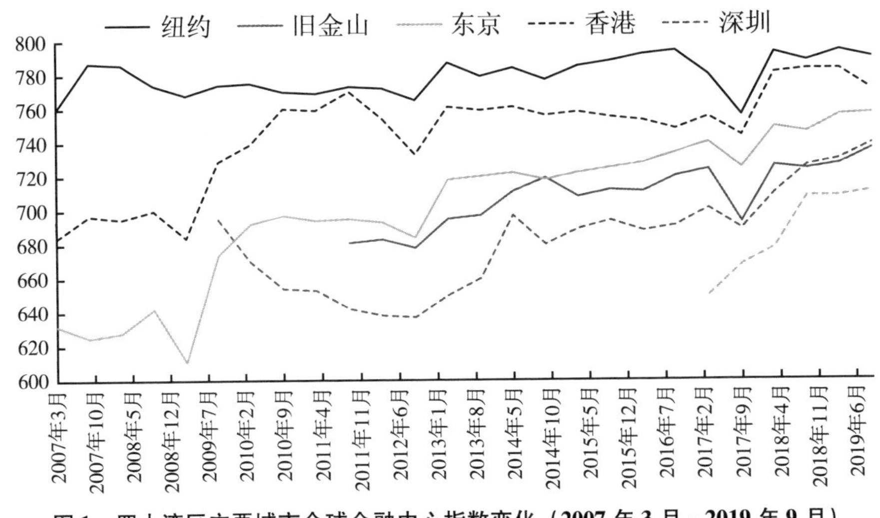

图1　四大湾区主要城市全球金融中心指数变化（2007年3月~2019年9月）

资料来源：金融信息统计网。

从全球金融中心排名情况来看，近年来，纽约、香港和东京的 GFCI 全球排名较为稳定。旧金山湾区以科技产业著称，金融业发展水平低于纽约湾区和东京湾区，旧金山全球金融中心排名的波动比纽约、东京和香港大，但是旧金山汇聚了全美的风险资本产业。同时，在目前四大湾区内的全球金融中心排名中，纽约湾区、东京湾区和旧金山湾区的排名远高于广东地区，只有香港在粤港澳大湾区中一枝独秀。但是，从排名的变化趋势来看，深圳和广州的排名近年来呈上升趋势。从这个角度来看，湾区内金融合作促进湾区金融发展的成效已经初步显现，粤港澳大湾区的建设对于提高国内金融中心的国际地位是有一定帮助的，而且预计将来随着粤港澳大湾区建设的推进，国内金融中心的国际地位将进一步上升。

（三）四大湾区全球金融中心的比较

1. 各金融中心主要城市的核心产业①

（1）三大湾区的全球金融中心主要城市的产业特色明显

东京："产业湾区 + 金融湾区"，钢铁冶金、石化机械、现代物流、电子等产业发达，正在筹划打造亚洲最大的金融中心。

纽约："金融湾区"，是世界金融的核心中枢，金融、航运、计算机业发达。

旧金山："科技湾区 + 风险资本湾区"，以环境优美、科技发达著称。核心产业有电子、互联网、生物等科技产业，并且汇聚全美支撑科技产业发展的风险资本。

（2）粤港澳大湾区金融中心主要城市分工明确、优势互补

广州市：石化产业、汽车制造业、电子产品制造业与高科技制造业、商贸流通业、金融业等。

① 本节内容参考媒体文章《世界四大湾区，粤港湾大湾区的重要性和深远意义》，网站链接：https：//www. sohu. com/a/242761672_ 100210862。

香港：贸易及物流业、金融服务业、专业及工商支援服务业、旅游业。

深圳市：高科技产业、金融、物流等。

从产业分布的情况来看，与其他世界级湾区相比，粤港澳大湾区具有天然的多样性。粤港澳大湾区具有鲜明的金融业、制造业和科技创新优势，这也决定了粤港澳大湾区是最具发展潜力的湾区。因此，如何整合湾区内部资源，发挥各城市的优势，进而推动湾区建设是值得各方注意的问题。

2. 各金融中心城市竞争力领域的比较

GFCI 的金融中心竞争力由五个方面组成，包括商业指标、人才环境、基础设施、金融市场发展程度和声誉综合。表 2 是根据 2019 年 9 月 GFCI 报告整理得出的四大湾区内各个金融中心主要城市竞争力领域的全球排名情况。GFCI 报告中只列出了每个领域的 Top15。深圳在之前的 GFCI 报告中曾出现在前 15 名中，但是在 2019 年 9 月的报告中，深圳和广州均未上榜。

从表 2 的竞争力领域比较中可以看出，纽约作为四大湾区中最大的国际金融中心，在 5 个领域均有明显的竞争优势。世界其他两大湾区的金融中心（东京和旧金山）在各领域中的竞争力均处于世界领先水平。而粤港澳大湾区的三个金融中心（香港、深圳和广州），除了香港地位的特殊性之外，深圳和广州的竞争优势远远低于其他湾区的金融中心。香港的金融中心地位已经位于世界前列，但是在商业环境和金融市场发展程度两方面均略次于纽约。粤港澳大湾区其他城市可以通过金融合作加强与香港的联系，利用香港优势发展湾区内的金融中心。与此同时，粤港澳大湾区由于产业的多样性，应该通过核心金融中心带动，多金融中心共同发展，并进一步增强粤港澳大湾区的金融市场联系程度，提高国内金融中心的竞争力，促进粤港澳大湾区进一步发展。

表2　2019年四大湾区主要城市全球金融中心竞争力领域比较

		纽约	旧金山	东京	香港	深圳	广州
竞争力领域排名	商业指标	1	14	13	3	—	—
	人才环境	1	7	6	2	—	—
	基础设施	1	8	6	2	—	—
	金融市场发展程度	1	8	6	3	—	—
	声誉和综合	1	6	8	2	—	—

资料来源：根据GFCI 2019年9月报告整理所得，GFCI 2019年9月报告里只有前15名的数据。

3. 国内金融中心城市竞争力领域的比较（基于CDI CFCI指数）

考虑到在全球金融中心指数中，国内城市的数据相对匮乏，我们从国内金融中心指数对粤港澳大湾区主要的内地城市的竞争力做一个补充分析。

中国金融中心指数（CDI CFCI）是一项衡量中国金融中心竞争力的多因素综合评价体系，旨在通过一系列客观指标评价中国内地城市的金融发展情况，并为我国金融中心提高竞争力提供借鉴线索。

如图2所示，2009~2019年国内金融中心的排序中，前四名每期都是上海、北京、深圳和广州，且从近几年的斜率来看，广州发展速度上已显著

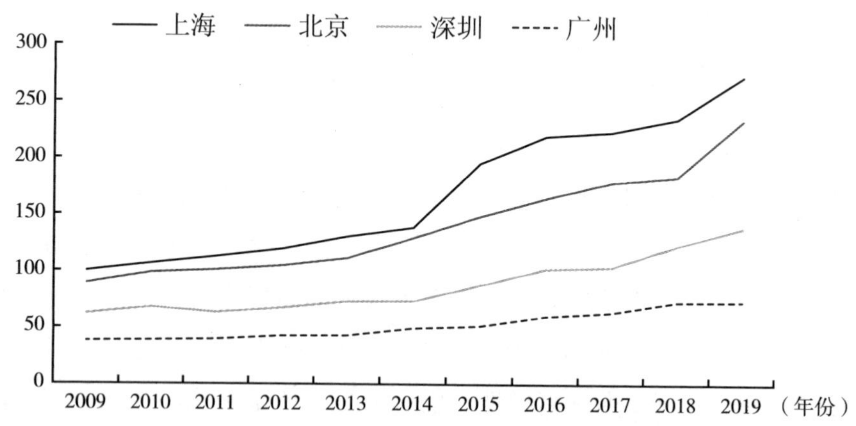

图2　国内主要城市金融中心指数（CDI CFCI）

资料来源：中国金融中心指数报告。

落后于北京、上海和深圳。从发展速度这个角度看，北京和上海的金融发展速度显现出了强者越强的马太效应，广州和深圳通过自身的金融业发展短期内难以赶超。那么通过扩大湾区的金融规模，促进湾区内的规模正效应，从而促进广州和深圳的金融业发展，将成为拉动粤港澳大湾区内整体金融建设的一个突破点。

从表3的数据中我们看到：①对比上海和北京，深圳和广州在四个指标上均存在差距，其中金融产业绩效和金融机构实力最为明显。②广州在金融市场规模上存在较大不足，评分仅为6.8分，甚至低于排在第5名的杭州。因此，通过粤港澳大湾区的集聚效应，吸引外部资金和人才，以及实力强大的金融机构进驻广州和深圳，从而促进大湾区国际金融中心的建设，将是带动广州、深圳甚至整个大湾区金融建设的一大重点。另外，借助港交所和深交所提高广州金融市场规模和金融活力，从而加强湾区内的金融合作，也是大湾区金融建设的一个关键点。

表3　2018年国内主要城市金融中心指数评价指标

城市	综合竞争力	金融产业绩效	金融机构实力	金融市场规模	金融生态环境
上海	234.4	166.27	249.19	363.66	147.25
北京	183.41	191.38	319.27	23.12	173.44
深圳	122.43	112.76	162.78	81.93	124.86
广州	73.03	84.25	78.27	6.8	126.97
杭州	58.02	77.06	58.28	7.45	92.59
成都	55.69	83.72	53.7	2.65	86.04
天津	55.65	75.02	58.53	2.19	89.59
南京	55.57	85.08	48.67	1.9	91.41

资料来源：第十期中国金融中心指数报告。

（四）四大湾区金融业贡献率比较（湾区金融增加值/湾区GDP）

从2009年至2016年四大湾区金融业贡献率来看，各大湾区的金融业贡献率相对平稳，金融业在各个湾区中均处于比较重要的地位。其中，纽约湾

区的金融增加值占湾区 GDP 的比例最高，近年来均贡献了湾区 GDP 的 15%左右。另外，粤港澳大湾区凭借香港的金融优势，年均金融业贡献率达到 9.86%，超过了东京湾区（年均 6.59%）。旧金山湾区的金融业贡献率最低，只有 5.21%。从金融业增加值占 GDP 比重来看，粤港澳大湾区已经具备与世界级大湾区对标的实力。

此外，从 2009 年至 2016 年粤港澳大湾区和粤九市金融业贡献率比较来看，粤九市的金融业贡献率（年均 7.79%）明显低于整个粤港澳大湾区（年均 9.86%），说明粤港澳地区仍然存在着一定的制度壁垒，金融业之间的联系仍不够紧密，粤港澳大湾区的金融优势很大程度上来自港澳。但是我们也观察到，从 2009 年起，粤九市的金融业贡献率呈现上升趋势，从 2009 年的 6.82% 提升至 2016 年的 9.04%，这说明港澳的加入对于大湾区内地城市金融行业的整体发展具有一定的拉动作用。因此，整合港澳和粤九市的金融资源，促进城市之间金融业的正向竞争，带动湾区内金融业生产效率的提升，避免恶性竞争带来的内部消耗，从而推动湾区内金融服务业的开放，对湾区的金融建设显得尤为重要。

三　粤港澳大湾区金融建设存在的问题分析

总结以上数据对比分析的结果可以得出，粤港澳地区作为新兴的湾区经济体，与国际三大湾区相比，金融业发展水平在一定程度上存在差距，表现在金融服务业占比不高、金融产业链不够成熟、金融中心竞争力评价指标未能达到国际化水准（除了香港）三个方面。这与大湾区内部“一个国家、两种制度、三个关税区、四个核心城市”的发展背景有关。

具体表现在：一是大湾区内部金融发展不平衡。2018 年广深和香港三地的金融业贡献值占大湾区金融业贡献值的 82.52%，其余八地占比不足 18%。二是具有竞争力的国际金融中心单一，辐射能力不强。除了香港在 2019 年全球金融中心竞争力的五个子领域“商业指标、人才环境、基础设施、金融市场发展程度、声誉与综合”上榜前 15 名，广州和深圳均位列 15

名之外。并且，香港对大湾区的金融辐射范围只有130公里左右，无法覆盖除广深以外的湾区城市。① 三是金融创新与服务实体经济能力不足。金融机构在利益的驱动下更多地进行通道和交易类的金融活动，使得资金脱实向虚，在金融业内空转，导致湾区内金融发展与实体经济发展脱节的问题比较突出。② 并且，从广东省2019年统计年鉴数据中发现，粤港澳大湾区科技金融服务滞后，具备上市条件的高新技术企业仅占企业数量的1%。四是金融开放度不够。从2019年9月发布的Kaopen金融开放指数中可以看出，中国内地的金融开放程度还远低于美国、日本、中国香港三个国家和地区，这意味着我国的金融开放空间还很大，进一步推进金融开放将会极大释放粤港澳大湾区金融发展的活力。

四　对粤港澳大湾区国际金融中心建设的对策建议

（一）坚持金融服务实体经济的原则，加强金融合作，守住金融风险底线

一方面，金融改革发展必须坚持服务实体经济的原则，把为实体经济服务作为出发点和落脚点，通过金融创新把更多金融资源配置到经济社会发展的重点领域和薄弱环节，更好地满足人们和实体经济多样化的金融需求。另一方面，发挥各地互补优势，加强各地金融合作，建立与粤港澳大湾区金融实践相适应的监管制度，在“一国两制”的框架下，借鉴香港金融发展的经验和金融监管体系，防止发生金融系统性风险。

（二）着力营造良好的商业环境，培养专业的金融人才，完善金融基础设施建设，促进金融体系的创新发展

利用大湾区拥有的充足资源和巨大发展潜力，推进金融体制和体系的创

① 何晓军：《对粤港澳大湾区金融发展的思考》，《北大金融评论》2019年第1期。

② 林柳琳：《粤港澳大湾区金融创新促进产业结构优化升级的路径分析》，《探求》2019年第3期。

新发展，通过借鉴三大世界级湾区的经验，利用国家赋予广东在绿色金融、自贸区、珠三角金融改革综合试验区等先行先试的政策优势，加快推进金融改革创新，不断改善金融营商环境，完善金融人才引进和培养政策，完善金融基础设施建设，提升金融服务质效。

（三）积极落实金融服务业开放的政策，鼓励金融服务业的有序竞合，建立具有全球影响力的财富管理中心

落实金融服务开放政策。响应2019年7月国务院金融委办公室宣布推出的涉及债券市场、银行保险市场和证券市场三个领域的11条金融业对外开放措施，大力吸引外资参股投资境内金融机构，放宽门槛准入条件，鼓励公平竞争。建立完善离岸在岸对接账户，进一步推进资本项目可兑换。① 设立特殊账户NRA（Non-Resident Account），联通在岸离岸市场，从而推动湾区金融平台构建和国际金融中心建设。推进人民币国际化进程，打造人民币资产业务中心。推进人民币利率、外汇衍生品市场建设，丰富人民币国债期货、利率与外汇期权等人民币衍生产品。同时，鼓励更多的外资机构进入中国资本市场，特别是债券市场，这对推进人民币国际化也是有力的措施。

建设财富管理中心。经过40年的改革开放和经济快速发展，中国居民家庭积累了200万亿元左右的资产财富，而中国目前居民消费占GDP的比重低于世界平均水平接近20个百分点②，并且私人部门快速上升的保险需求与养老需求成为我国进入老龄化阶段的痛点。因此，在粤港澳大湾区推进建设亚洲甚至全球财富管理中心存在极大的发展空间，近期内可以考虑加大对金融资产投资公司和理财公司的引入力度。

（四）扩大广州金融市场规模，提振广深金融产业绩效，促进多金融中心协同发展

首先，广州地区要提高整个地区金融活力，弥补广州金融市场规模不足

---

① 陈云贤：《推动粤港澳大湾区金融发展》，《中国金融》2018年第21期。

② 陈云贤：《国家金融学》，北京大学出版社，2018。

的劣势，推动城市金融中心发展。①根据《粤港澳大湾区发展规划纲要》的要求，继续完善现代金融服务体系，积极研究推进以碳排放为首个品种的创新型期货交易所、区域性私募股权交易市场、产权和大宗商品区域交易中心。②落实市委市政府关于广州建设华南财富管理中心的工作部署，将广州打造成与中国香港、新加坡三足鼎立的具有全球影响力的华南财富管理中心。③响应2019年《关于支持广州区域金融中心建设的若干规定（修订）》和《关于推进金融支持广州国际航空枢纽建设的实施意见》，吸引金融机构落户，鼓励银行机构加大对小微企业、绿色项目、“三农”的信贷支持力度，鼓励发行绿色债券或项目支持票据，拓展航空消费领域金融服务等。

其次，深圳地区要提高金融产业整体绩效，促进科技和金融协同创新发展。①围绕深圳证券交易中心进一步拓展本地区的资本市场。②在《中共中央国务院关于支持深圳建设中国特色社会主义先行示范区的意见》指导下，积极推动注册制改革，研究完善创业板发行上市、再融资和并购重组制度。③推动深圳与港澳在科技金融方面的合作，促进地区科技金融发展，以科技创新为动力，提升地区金融产业绩效。

最后，利用一个地区多个强大的金融中心形成的合力，吸引更多的人才、资金流入，形成功能互补的港深广多金融中心协同发展的区域性金融中心。

（五）打造以金融科技为亮点的金融创新高地①

一是建立高效率的跨境数字金融服务体系。在广东中小企业融资创新服务平台基础上，研究粤港澳三地金融信息互联互通机制，以跨境贸易融资为重点，推动海关、物流、资金等信息交叉验证，搭建粤港澳区块链贸易融资平台，使区域内中小企业享受便捷的金融服务。二是发展金融智能制造产业。深圳为高科技产业研究基地，并且依托深港金融合作提供国际化金融服务，这意味着大湾区金融科技发展有更强的“硬件基础”。三是以数字货币

① 何晓军：《对粤港澳大湾区金融发展的思考》，《北大金融评论》2019年第1期。

为契机输出金融科技服务。数字货币以其高效、低成本的金融服务模式成为目前金融科技追逐的目标。目前，广大发展中国家仍有大量人口因没有银行账号而不能享受金融服务，Facebook 提出组建 Libra 数字货币联盟，可以在一定程度上解决该问题。这启示我们可以通过建立一套可行的数字货币运行机制来实现大湾区内部的普惠金融目标，从而提升湾区内的国际金融中心竞争力。

参考文献

[1] 白玉、樊丽明：《国际金融中心建设的税收政策比较研究——国际金融中心形成模式视角的分析》，《税务研究》2017 年第 6 期。

[2] 陈云贤：《国家金融学》，北京大学出版社，2018。

[3] 陈云贤：《推动粤港澳大湾区金融发展》，《中国金融》2018 年第 21 期。

[4] 单豪杰、马龙官：《国际金融中心的形成机制——理论解释及一个新的分析框架》，《世界经济研究》2010 年第 10 期。

[5] 冯德连、葛文静：《国际金融中心成长机制新说：轮式模型》，《财贸研究》2004 年第 1 期。

[6] 何晓军：《对粤港澳大湾区金融发展的思考》，《北大金融评论》2019 年第 1 期。

[7] 李成、郝俊香：《金融中心发展的理论、总结与展望》，《上海金融》2006 年第 11 期。

[8] 李林、丁艺、刘志华：《金融集聚对区域经济增长溢出作用的空间计量分析》，《金融研究》2011 年第 3 期。

[9] 李延军、史笑迎、李海月：《京津冀区域金融集聚对经济增长的空间溢出效应研究》，《经济与管理》2018 年第 1 期。

[10] 逯新红：《粤港澳大湾区金融合作背景和战略意义》，《金融与经济》2017 年第 7 期。

[11] 刘红：《金融集聚对区域经济的增长效应和辐射效应研究》，《上海金融》2008 年第 6 期。

[12] 林柳琳：《粤港澳大湾区金融创新促进产业结构优化升级的路径分析》，《探求》2019 年第 3 期。

[13] 彭兴庭、卢晓珑、卢一宣、何瑜：《全球大湾区资本形成机制比较研究》，

《证券市场导报》2019 年第 3 期。
[14] 潘英丽：《论金融中心形成的微观基础》，《上海财经大学学报》2003 年第 2 期。
[15] 饶余庆：《香港——国际金融中心》，香港商务印书馆，1997。
[16] 孙国茂、范跃进：《金融中心的本质、功能与路径选择》，《管理世界》2013 年第 11 期。
[17] 王力、黄育华：《国际金融中心研究》，中国财政经济出版社，2004。
[18] 王巍、李明：《国际金融中心的形成机理及历史考评》，《广西社会科学》2007 年第 4 期。
[19] 王宇、郭新强、干春晖：《关于金融集聚与国际金融中心建设的理论研究——基于动态随机一般均衡系统和消息冲击的视角》，《经济学》（季刊）2014 年第 4 期。
[20] 王子先：《欧元与东亚区域金融合作》，《世界经济》2000 年第 3 期。
[21] 余秀荣：《国际金融中心历史变迁与功能演进》，中国金融出版社，2011。
[22] 张浩然：《空间溢出视角下的金融集聚与城市经济绩效》，《财贸经济》2014 年第 9 期。
[23] 周仲飞、弓宇峰：《法律在国际金融中心形成与发展中的作用》，《法学》2016 年第 4 期。
[24] Alessandrini, Pietro., Andrea Filippo Presbitero, and Alberto Zazzaro., 2010, "Bank Size or Distance: What Hampers Innovation Adoption by SMEs?", Journal of Economic Geography, Volume 10, Issue 6, 845 - 881.
[25] Blouin, Arthu., Sayantan Ghosal, and Sharun Mukand., 2017, "Globalization, State Capacity, and The (In) Disciplining of Nations", Unpublished Working Paper.
[26] Bossone, Biaggio., Sandeep Mahajan, and Farah Zahir., 2003, "Financial Infrastructure, Group Interests, and Capital Accumulation: Theory, Evidence, and Policy", IMF Working Papers, Volume 3, Issue 24, 105 - 114.
[27] Cai, Hongbin, and Treisman Daniel., 2005, "Does Competition for Capital Discipline Governments? Decentralization, Globalization, and Public Policy", American Economic Review, Volume 95, Issue 3, 817 - 830.
[28] Clark, Gordon L., 2005, "Money Flows Like Mercury: The Geography of Global Finance", Geografiska Annaler: Series B, Human Geography, Volume 87, Issue 2, 99 - 112.
[29] Matteo, Cotugno., Monferrà Stefano, and Sampagnaro Gabriele., 2013., "Relationship Lending, Hierarchical Distance and Credit Tightening: Evidence from The Financial Crisis", Journal of Banking and Finance, Volume 37, Issue 5, 1372 -

1385.

[30] Gras, N. S. B., 1922, "The Development of Metropolitan Economy in Europe and America", The American Historical Review, Volume 27, Issue 4, 695 - 708.

[31] Kaufman, and George G., 2001, "Emerging Economies and International Financial Centers", Review of Pacific Basin Financial Markets and Policies, Volume 4, Issue 4, 365 - 377.

[32] Kindleberger, Charles Poor., 1974, "The Formation of Financial Centers: A Study in Comparative Economic History", Princeton University Press.

[33] Forbes, Kristin J., 2007, "One Cost of The Chilean Capital Controls: Increased Financial Constraints for Smaller Traded Firms", Journal of International Economics, Volume 71, Issue 2, 294 - 323.

[34] Laulajainen, Rstio., 1998, "Financial Geography: A Banker's View", Gothenburg School of Economics and Commercial Law. Series B, Number 93.

[35] McKinnon, Ronand I., 1973, "Money and Capital in Economic Development", Brookings Institution Press.

[36] Mundell, Robert A., 1961, "A Theory of Optimum Currency Areas", American Economic Review, Volume 51, Issue 4, 657 - 665.

[37] Vernon, and Raymond., 1960, "Metropolis 1985: An Interpretation of The Findings of The New York Metropolitan Region Study", National Civic Review, Volume 50, Issue 2, 114 - 115.

[38] Wei, Shangjin., and Zhiwei Zhang., 2007, "Collateral Damage: Exchange Controls and International Trade", Journal of International Money and Finance, Volume 26, Issue 5, 841 - 863.

[39] Yang, Xiaokai., and Borland Jeff., 1991, "A Microeconomic Mechanism for Economic Growth". Journal of Political Economy, Volume 99, Issue 3, 460 - 482.

B.6

关于深化商事制度改革 优化粤港澳大湾区营商环境的研究*

陈 林 张家才**

摘 要： 优化营商环境是粤港澳大湾区经济发展取得新突破的重要抓手之一。作为深化商事制度改革、优化营商环境的典型样本，广州一直走在全国前列。本文基于对广州市深化商事制度改革进程与成效的深入研究，为推动广东省进一步深化商事制度改革、优化粤港澳大湾区营商环境、充分释放其国际一流湾区和世界级城市群的发展潜力提出了一系列对策建议。

关键词： 商事制度改革 营商环境 广州 粤港澳大湾区

2019年2月，中共中央、国务院印发的《粤港澳大湾区发展规划纲要》中明确强调，要“深化粤港澳合作，进一步优化珠三角九市投资和营商环境”，可见优化营商环境已成为粤港澳大湾区经济发展取得新突破的重要抓手之一。面对粤港澳大湾区发展的重大契机，面对日趋激烈的区域与国际竞争，广东如何继续保持营商环境的比较优势，补齐短板并助力粤港澳大湾区赶超世界一流湾区，进一步弘扬“千年商都”的粤商精神呢？广州市作为广东省省会、“大湾区时代的C位之城”，在商事制度改革、优化营商环境

---

* 本报告为广州市首批新型智库广州大学广州发展研究院委托研究成果。

** 陈林，暨南大学产业经济研究院教授、博士生导师，广东省珠江学者特聘教授；张家才，暨南大学产业经济研究院博士研究生。

方面一直走在全国前列。对广州市深化商事制度改革进行深入研究，并在此基础上探索粤港澳大湾区如何通过深化商事制度改革打造具有全球竞争力的营商环境，有着重要的现实价值。

一 广州通过商事制度改革优化营商环境的实践经验

广州是国家中心城市和综合性门户城市、国际商贸中心和综合交通枢纽，是粤港澳大湾区的核心引擎。作为广东省的省会，广州背靠珠三角，又面对港、澳，将内外两种资源进行对接是广州经济发展的重心所在，也与粤港澳大湾区的发展理念相契合。广州处在粤港澳大湾区 A 字形结构顶端和中部，是大湾区中当之无愧的 C 位之城，在粤港澳大湾区四大核心城市中面积最大、人口最多，腹地支撑广阔，内需潜力强劲；在营商环境、市场秩序、管理服务等办事规则方面成熟规范、与国际接轨，为高层次人才前来广州创业提供了良好的商业基础和广阔的市场环境。

（一）广州市商事登记制度改革进程与成效

自党的十八届三中全会以来，为贯彻落实中央精神，广州市从 2013 年 9 月起开展了工商注册制度试点工作。试点工作坚持边实践边探索边总结，形成了工商注册制度改革的广州模式。广州市通盘考虑全市经济社会发展状况，注重顶层设计，坚持从全市的角度推进改革。

一是坚持整体组织。早在 2013 年 4 月，广州市就成立了由 48 个单位组成的商事登记制度改革工作联席会议，设在市工商局，负责工商注册制度改革的组织协调。2019 年，广州市商事登记制度改革工作联席会议办公室推出企业开办全流程 2.5 天内办结等多项提升企业开办便利化水平的改革举措。全市上下统一思想认识，细化职责分工，形成工作合力，为改革工作扎实有序开展打下了坚实基础，为企业和群众提供了更贴心、更有温度的服务。

二是坚持整体规划。广州市先后出台《广州市商事登记制度改革方案》《广州市商事登记制度改革实施办法》《广州市商事主体信息平台运行管理规则》《广州市商事登记暂行办法》《广州市全程电子化商事登记实施办法》等诸多行政性规章制度，明确了全市工商登记制度改革的指导思想、原则目标、具体步骤、改革内容和配套措施，为改革提供了基础性的制度保障。实现了办理流程从“先证后照”到“先照后证”的转变，企业注册资本由“实缴制”改为“认缴制”，经营范围由“核准制”改为“备案制”，企业年度审查由“检验验照制”改为“报告公示制”，营业执照由“单一纸质”改为“无纸化”，在执照办理上更是推出了智能网上办理，并快速完成了从“一址一照”到“一址多照”“一照多址”的转变。

此外，广州在全国首创“人工智能 + 机器人”商事登记无人审批模式，实现即来即办，设立开办企业“快速通道”，并提出 8 个部分 43 项具体改革举措，探索“供地即开工”模式，税务部门亦推出优化税收营商环境 56 项举措，创造多个全国第一。显然，广州市深化商事制度改革已经不仅仅局限于商业、企业等领域，而且将深刻影响到广州市的长远发展，是广州市政府下一阶段的工作重心。同时，广州市的商事制度改革走在了全国前列，也为其他地区的商事制度改革提供了有益的参考和借鉴。

（二）广州市商事制度改革绩效

1. 降低市场准入门槛，增强市场活力

广州市的商事制度改革将企业资金从实缴制改为认缴制，并在整体的办理流程上进行了大幅度的精简，使注册公司的门槛大幅度降低，这一举措使广州市的市场活力得到快速激发。广州市自实施商事登记以来，各类市场主体数量呈现出快速增长，年均涨幅约 15%。尤其在实施商事登记制度改革的第一年（2014 年），广州市商事登记主体总量呈现“井喷式”增长。2014 年 1 ~ 12 月，全市新登记各类内资市场主体共计 18.51 万户，注册资本（金）总额达到 1784.83 亿元，与 2013 年同期相比，分别增长 19.72% 和 175.50%。截至 2019 年 12 月底，全市实有市场主体共计 232.91 万户，同比增长 13.24%，其中企业 127.71 万户，同比增长 21.76%，2017 ~ 2019 年每年企业数量增长均超过两成。高新技术企业突破 1 万家，外商投资企业达

3.4 万户，306 家世界 500 强企业扎根广州。

市场主体的大幅度增长也给监管机构以巨大压力，加上工商部门改革重组，市场监管力量被削弱，与此同时，部分执法队伍对于商事制度改革的精神未能完全领悟，在执法工作中仍然出现部分不当执法现象。另外，由于企业创设过快过多，并实行企业注册资本认缴制，管理机关就要严防空壳公司、僵尸公司的出现，广州市仍然要在事中事后监督环节中加大工作力度，综合运用各种手段加强监督。

2. 提高交易效率，降低交易成本

提高效率和保障安全是现代商事制度的两大目标。改革的目标一定程度上可以说是在保障安全的大前提下努力提高效率，促进竞争。在广州市实行商事登记制度改革之前，设立公司企业往往需要投入较多的资金和人力成本，不仅要有足够的实缴资本，而且需要完成烦琐的验资手续。需要到多个审批部门取得相关的行政许可方可申办营业执照，整个流程下来往往需要 30 个工作日甚至更长。实施商事登记制度改革之后，设立商事主体全程可以实现电子化操作，大大节省了时间等交易成本，提高了商事主体设立的效率。实行电子化也为信息查询提供了便利，为商事主体查询、办理业务提供了快速通道。

3. 信息公开水平大幅度提高，有效保障交易安全

经济社会中交易双方往往存在着信息不对称，交易的达成需要双方有一定的信任基础，但是在很短的时间内交易双方无法迅速地从陌生人转变为互相信任的朋友。广州市商事制度改革实行信息公开制度和企业经营异常名录，以此为交易双方企业提供一个信息沟通和交换的平台，由于信息源于法律赋予的公信力，所以保障了真实性，为交易双方提供了快速的信息来源，方便交易双方了解各方信息，不需要再寻求其他的渠道了解对方的信息，不仅节省了时间而且降低了成本，有力促进了交易的达成，同时在一定程度上降低了双方交易风险，提高了交易安全系数。构建商事主体信息公示平台也让参与市场经济的企业承担信用风险，不仅为公众提供了一个有效的监督手段，更加倒逼企业诚信、守法经营，让市场经济交易活动更加安全有效。

如上所述，信息公开制度和企业异常名录的建设对违规企业有一定的威慑力。但是，就监管机构与市场良好运行而言，此类制度威慑力仍然较小，企业经营异常名录中的绝大多数企业都存在企业年报逾期未上报的情况。一旦企业补充年报，即可申请从异常名录中移出。因此，此种制度对企业而言，经济成本太低、威慑力度弱，不能有效地发挥其制度价值。

（二）深化商事制度改革，优化广州营商环境的经验启示

1. 广州营商环境排名全国第一，开启营商环境3.0改革

2019年12月23日，中国社科院等发布的《中国营商环境与民营企业家评价调查报告》指出，2018年广州市营商环境综合评分在全国主要城市中排名第一。广州市在营商环境方面拿到全国冠军，并不是一朝一夕的功夫。如今的广州充满发展活力，机遇潜力十足。广州在粤港澳大湾区四大核心城市中面积最大、人口最多，腹地支撑广阔，内需潜力强劲；在营商环境、市场秩序、管理服务等办事规则方面成熟规范、与国际接轨，为高层次人才前来广州创业提供了良好的商业基础和市场环境。

2020年1月1日，广州正式启动营商环境3.0改革。相较于前两个版本，3.0改革的程度更深、范围更广。从1.0到3.0的改革“三部曲”，并非一蹴而就的，是通过在营商环境持续改革的不断探索中，借鉴了各部门和各区形成的全国领先的创新试点成果，并将这些成果推向全市，才带来了让人眼前一亮的3.0改革。在3.0改革中将进一步推进南沙粤港澳全面合作示范区建设，探索打造营商环境国际交流促进中心；推动广州高新区（黄埔区）高水平建设广东省营商环境改革创新实验区，加大对外开放力度，建设中新国际科技创新合作示范区。

2. 以点带面：借鉴广州商事制度改革经验，助力粤港澳大湾区打造具有全球竞争力的营商环境

自2018年起，广州市持续推进商事制度改革，从1.0改革的优化时间和流程，到2.0改革的并联审批，企业和群众在广州办事越来越便利。广州营商环境的改革经验远不止一项，黄埔区、广州开发区在全国推出了三大叫

得响、含金量高的改革创新品牌——“来了就办、一次搞掂”的行政审批服务、促进加强知识产权运用和保护、一门办结的政策兑现服务。广州市的改革实践经验得到认可，多项改革经验被复制推广。2019 年 12 月 9 日，广东省人民政府办公厅发布《关于做好优化营商环境改革举措复制推广借鉴工作的通知》，当中包括不少广州的改革经验。

作为深化商事制度改革、优化营商环境的典型样本，广州一直走在全国前列，充分发挥着先锋模范作用，成效卓著。粤港澳大湾区要跻身世界一流湾区，就要坚定不移地打造具有全球竞争力的营商环境，就要充分吸收、借鉴广州的改革经验，以点带面，层层推进，辐射带动大湾区其他城市发展，“广州 +”城市圈一起助力推动粤港澳大湾区营商环境建设。

二　深化商事制度改革，优化粤港澳大湾区营商环境的建议

基于广州市营商环境的现状与笔者对商事制度改革的相关研究，为推动广东省进一步深化商事制度改革，优化粤港澳大湾区营商环境，充分释放其国际一流湾区和世界级城市群的发展潜力，本文提出如下建议供参考。

（一）知己知彼，深入分析各类评价体系，摸查世界一流湾区在营商环境方面的比较优（劣）势

国内外各类研究机构出台的“营商环境评比”比比皆是。虽然其中部分研究结果在指标选取、权重配比、体系构建、专家打分等环节一定存在或多或少的偏误，但还是需要重视这些具有一定社会影响力、国际影响力的指标评价。要组织发改委、宣传部、统计局等相关职能机构，在各类营商环境指标出台前、产生社会影响前，对其评价体系进行深入研究，对其课题团队进行长期跟踪。

力争在各类营商环境评比中，做到知己知彼（包括课题组与竞争对手即世界三大一流湾区），做到为我所用，为我所益。

（二）用活侨校资源，吸引港澳、外籍学生回粤创新创业

在广东，暨南大学是全世界招募华侨学生（又以港澳为主）最多的一所大学。广东省应充分利用本地的侨校侨生资源，借助自贸区和开发区人才政策和创新环境，吸引港澳台及世界其他地区留学生在广东开展创新创业实践；借助广东房价收入比的比较优势，深入推进“百企千人”工作项目和“美玉 10 条”等人才项目，吸引人才、留住人才、用活人才。

（三）用好自贸区，打造“双自联动”，以贸易与审批便利化改善内外资企业营商环境

借助南沙、前海、横琴三大自贸区深入推进粤港澳服务贸易自由化，深化商事服务“跨境通”和国际贸易“单一窗口”建设，在做大做强“一带一路”沿线航运业务的同时，积极开辟欧美国际航线。“打铁还须自身硬”，作为粤港澳大湾区的核心门户，南沙港应加快补齐短板，推进南沙四期工程和“智慧口岸”建设，借助信息技术构建溯源实体中心，并加快南沙港铁路和仓储设施等港口基础设施建设，降低企业运输、仓储成本，进一步通过线上申报、快捷审价、创新海关监管和税收等方式切实降低口岸制度性成本，为企业提供更快捷高效的港口服务，切实改善内外资企业贸易环境，提升广东软环境指标。

（四）借力外部制度，打破地区性垄断，构建区域一体化的商事制度

广东拥有向香港学习的得天独厚的地理优势，可参考借鉴香港的商事制度，推进区域一体化建设，具体包括以下几个方面。

第一，推进区域市场一体化建设，取消歧视性准入条件与政策，营造统一公平的营商环境。深化行政管理体制改革，及时取消对产品和服务的限制条件，清除针对特定行业的不合理补贴政策，努力消除粤港澳地区间的政策

和市场壁垒，着力营造统一的政策与市场环境，逐步形成统一、开放、有序的区域一体化格局。

第二，深入推进粤港澳服务贸易自由化，推行商事服务“跨境通”。积极服务粤港澳大湾区建设，服务两岸经济社会发展，服务“一带一路”建设，依托“人工智能+机器人”全程电子化商事登记模式，为拟设立外商投资企业提供更加便利的商事登记服务。积极推动内地在《关于建立更紧密经贸关系的安排》框架下对港澳实现金融、法律、建筑、航运等多领域的全方位、深层次的开放。

第三，建立更加开放透明的市场准入管理模式。鼓励外国企业常驻代表机构转型为企业。引导拟从事营利性活动的外国（地区）企业常驻代表机构转型为外商投资合伙企业或有限公司，并实行内外资企业同步办理类型互转，允许企业经营范围自主表述。大幅度放宽市场准入条件，提高自贸试验区外商投资负面清单开放度和透明度，着力构建与负面清单管理方式相适应的事中事后监管制度。

第四，充分发挥自贸试验区全面推进内地同香港、澳门互利合作的示范引领带动作用，发挥区位优势，促进大湾区人才、技术的充分流动。进一步推动粤港澳职业资格互认试点工作，推动广东与港澳在科技金融、技术研发和转化、知识产权保护和运用、人才引进和培养、科技园建设和运营方面的交流与合作，充分尊重人才、尊重创造，打破区域性的技术与人才流动壁垒。

（五）对标国际最优商事规则，加快商事立法进程，强化知识产权保护

我国的商事制度改革还存在着诸多的法律问题亟待解决。与国际水平相比，我国的商事制度在法律法规完备性、执法理论与实践水平等诸多方面还存在着较大的差距。为促进我国商事制度向科学化、规范化、制度化方向发展，制定一部统一、现代、系统、科学的商事登记法是市场所急需的。

立法时应统一商事登记立法的内在动力，努力对标国际高水平，建立与

国际标准接轨的统一商事立法模式。这样不仅减少了法律资源浪费和法律内容冗繁复杂的弊端，增加法理一致性，而且遵循了市场经济和法治经济的客观发展规律和基本精神实质，与平等的市场经济运行模式相契合。同时，必须秉持开放、包容、以人为本的立法胸怀，尽量体现具体制度规定的原则性、统领性，制度理念的开放性和前瞻性，在立法过程中大胆借鉴国外经验。但是借鉴也不能盲目照抄照搬，与外国接轨并不意味着在所有方面都一致。因此，在吸收国际先进经验的同时，还应牢牢把握中国的实际、广东的实际。

注重知识产权保护，采取更为严格的知识产权保护制度。应同步推进内外资企业一致的知识产权保护制度，推进知识产权综合执法，加快建立完善跨部门、跨区域的知识产权案件移送、信息通报、联合调查等协作机制，多元化知识产权争端解决与维权援助机制，重点产业知识产权快速维权机制，公开透明的知识产权评估机制，专利导航产业发展工作机制，等等。

（六）整合监管资源，构建科学监管体系，完善企业信用约束机制

第一，合理调配资源，优化人事配置。在编力量要适度向窗口和基层倾斜，实现监管力量重心下移。在减少前置审批事项并提高办事效率的同时，强化服务意识，提高服务水平。由于大湾区内各城市的商事主体不一，在编力量压力大小不一，可以考虑增加政府雇员，引入现代化的办理模式，各城市之间进行流量通信，运用现代科学技术实现彼此之间的分流，并积极探索政务办一窗受理模式，在政务中心实现一窗受理，雇员在前台统一收集资料，在编力量在后台加紧处理。可以积极应用国家工商总局、广东省工商局和各市商事登记统一工作平台等信息网络资源，结合本地商事登记行政审批工作实际，整合信息资源，提升信息化管理水平。

第二，积极落实市场准入负面清单和行政权责清单制度。规范市场准入条件与厘清政府监管职责两者有效对接，可以有效防止监管疲惫和监管无力并存的现象。但负面清单的实施对政府的治理能力和国家治理体系提出了更高的要求。负面清单的“法无禁止则可为”的思想要求有更多的规范化、

制度化、程序化的市场监管制度，也要求有高素质、高水平的竞争执法队伍，这给市场监管机构带来较大挑战。这就要求政府部门积极完善相应的法律法规建设，为政府运用法治方式“问责”提供依据。同时，对市场准入主体特别是新兴事物的监管应依法依规，不应追溯由负面清单变化而引致的准入违规责任。

第三，科学构建日常抽查制度，提升信用监管方式的精细化水平，大力推广“双随机、一公开”监管。进一步规范后续监管链条，充分发挥市场主体、行业协会和社会公众的作用，着力构建“企业自治、行业自律、社会监督、政府监管”的协同共治格局。健全联合执法协调机制，实现审批、管理、处罚三者的有效衔接，推进协同执法的规范化、制度化和常态化。具体而言就是要做到：明确权责列表，加强配合监管；向服务型观念转变，加强执法监督；加强独立性和统一性，划分执法机构部门职能。

第四，进一步完善企业信用约束机制，构建企业信用公示体系。设置相应条款，逐步开放信用服务市场，支持企业信用信息跨行业、跨部门、跨地区的共享应用，建立健全跨行业、跨部门、跨地区协同监管和联合惩戒机制，使企业“一处失信、处处受限”。同时，打造企业“信用工程”体系。利用信息化电子平台，整合相关数据，推进社会诚信体系建设，打造无缝的信息对接与更新平台，降低信息查询成本，提高企业信用信息威慑力。激发企业自觉增强诚信意识和自身信用体系建设，营造良好的市场交易信用体系。

产业协同篇

Industrial Cooperation

B.7
深化三地“软对接”共建粤港澳大湾区的若干建议*

广东省人民政府参事室调研组**

摘　要： 本文认为，深化粤港澳合作，发挥港澳独特优势，共建粤港澳大湾区是国家所需。通过分析指出，目前粤港澳大湾区发展质量与世界先进湾区的差距主要源于三地间“软对接”的短板，湾区之间的比较要更注重质量及城市群、产业圈的资源配置能力。进而从急国家所需，扬港澳所长，尽广东所能角度出发，对深化粤港澳间“软对接”提出了努力深化思想

* 本报告系广州市首批新型智库广州大学广州发展研究院委托研究成果。

** 调研组成员：苏泽群，广东省政府参事，广州市原市委常委、常务副市长；陈鸿宇，广东省政府参事室特聘参事、省委党校原巡视员；梁琦，广东省政府参事、中山大学教授；刘佳，省政府参事室特聘参事、珠海市人大常委会党组副书记；王培楠，广东省政府原参事、南方报业传媒集团副总编。执笔人：陈鸿宇。

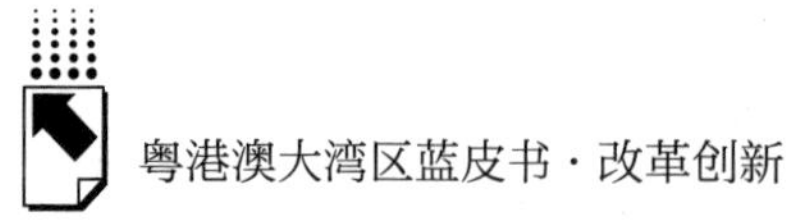

对接、机制对接、规则对接、信息对接、文化对接等五方面具体建议。

关键词： 软对接　粤港澳大湾区　合作共建

一　深化粤港澳合作共建粤港澳大湾区是国家所需

2017年3月5日，李克强总理在全国人大十二届第五次全体会议上所作的政府工作报告中指出：要推动内地与港澳深化合作，研究制定粤港澳大湾区城市群发展规划，发挥港澳独特优势，提升在国家经济发展和对外开放中的地位与功能。2017年7月1日香港回归祖国20周年之际，习近平主席出席了《深化粤港澳合作推进大湾区建设框架协议》的签署仪式。习近平主席在香港指出：中央政府将一如既往支持行政长官和特别行政区政府依法施政；支持香港发展经济、改善民生；支持香港在推进“一带一路”建设、粤港澳大湾区建设、人民币国际化等重大发展战略中发挥优势和作用。2018年10月，习近平总书记考察广东时强调，要把粤港澳大湾区建设作为广东改革开放的大机遇、大文章，抓紧抓实办好。

从国家视角看，通过深化粤港澳合作共建粤港澳大湾区城市群，发挥港澳独特优势，提升港澳在国家经济发展和对外开放中的地位与功能，是中央的重大战略部署，也是粤港澳大湾区迎来的重大发展历史机遇。《国家“十二五”规划纲要》《“一带一路”愿景与行动》《国家“十三五”规划纲要》都明确提出，要深化粤港澳合作，促进区域经济共同发展，建设粤港澳大湾区，打造更具综合竞争力的世界级城市群。2019年2月，中共中央、国务院印发的《粤港澳大湾区发展规划纲要》进一步明确阐述了建设粤港澳大湾区大湾区的重要意义，认为“打造粤港澳大湾区，建设世界级城市群，有利于丰富“一国两制”实践内涵，进一步密切内地与港澳交流合作，为港澳经济社会发展以及港澳同胞到内地发展提供更多机会，保持港澳长期繁荣稳定；有利于贯彻落实新发展理念，深入推进供给侧结构性改革，加快培育发展新动能、实现创新驱动发展，为我国经济创新力和竞争力不断增强提供支撑；有利于进一步深化改革、扩大开放，建立与国际接轨的开放型经济新体制，建设高水平参与国际经济合作新平台；有利于推进‘一带一路’建设，通过区域双向开放，构筑丝绸之路经济带和21世纪海上丝绸之路对接融汇的重要支撑区。”随着粤港澳大湾区城市群规划建设的展开，国家的区域总体发展“三大”战略（一带一路、京津冀一体化、长江经济带），就正式调整为加上粤港澳大湾区城市群战略的“四大”战略。

《国家“十三五”规划纲要》第十二篇“深化内地和港澳、大陆和台湾地区合作发展”中明确指出：“支持港澳巩固传统优势、培育发展新优势，拓宽两岸关系和平发展道路，更好实现经济互补互利、共同发展。”认识港澳的独特优势有两个基本出发点，一是国家所需、港澳所长；二是既要重视传统优势，又要拓展创新优势。习近平主席最近指出：“香港发展具有很多有利条件和独特优势。”一是香港经济高度自由开放，人员、货物、资金等要素自由流动，这是吸引国际资本、留住本地资本的重要因素。二是香港法律、会计、监管等制度同国际接轨，服务业完备，政府廉洁高效，营商环境便利，深得外来投资者信任。三是香港是重要的国际金融、航运、贸易中心，是内地和国际市场的重要连接中介，是国家“引进来”“走出去”的双向服务平台。目前香港仍是内地最大的外来直接投资来源地和境外融资平台，同时也已成为内地最大的境外投资目的地和全球最大的离岸人民币业务中心。更为重要的是，香港享有“一国两制”的制度优势，不仅能够分享内地的广阔市场和发展机遇，而且经常作为国家对外开放“先行先试”的试验场，占得发展先机。《国家“十三五”规划纲要》中也提出，支持澳门建设世界旅游休闲中心（“一个中心”）、中国与葡语国家商贸合作服务平台（“一个平台”），促进澳门经济适度多元可持续发展。因此，从国家所需的视角看，香港和澳门在“一国两制”特色之下，具有内地城市无法替代的重要功能，这些功能目前还存在着全面提升的空间。

二　粤港澳大湾区发展质量与世界先进湾区的差距主要源于三地间“软对接”的短板

（一）湾区间的比较不在于规模，而在于质量；不在于单体城市，而在于城市群和产业圈的要素配置能力

对标纽约、东京、旧金山等世界著名湾区，才能将粤港澳大湾区城市群建设成为世界一流湾区。经济全球化、信息化的大背景下，经济中心、经济腹地和经济网络的互动关系已经呈现出新的特征，大湾区城市群的比较标准也发生了新的变化：一是不同湾区经济间的比较不在于大，而在于强；不在于规模，而在于质量；不在于单体城市，而在于湾区城市群和产业圈的集聚和扩散能力。二是大湾区城市群必然表现为“多圈、多核、叠合、共生”的“大都市区”乃至“大都市连绵带”的形态，对更大区域的引领功能是通过城市群整体合作来实现的，而不仅仅靠单体城市来实现。三是决定大湾区城市群质量的因素，首先取决于要素集聚和流转的交通、市场、信息三层网络叠合的密度与厚度，湾区各核心城市必须充分开放，融入扁平化、多节点的网络结构；其次还取决于大湾区是否具有相对广阔的发展空间，即取决于自身经济腹地的大小，取决于与湾区周边的城市群或大都市圈的地理距离。

（二）粤港澳大湾区的差距在于经济增长质量有待提高

与其他世界级湾区比较，粤港澳大湾区在人口聚集、建成区规模、基础设施建设等“硬件”方面的差距不大，但在国际影响力、服务功能、创新能力、环境品质等“软件”方面还存在较大差距，主要表现为湾区经济增长质量较低。人均 GDP、地均 GDP、全球金融中心指数排名、全球创新指数排名、世界 100 强大学数量、世界 500 强企业总部数量 6 项指标均大幅落后（见表 1）。从表 1 还可以看到，珠三角内地 9 市的经济增长质量不平衡，拉低了粤港澳大湾区各项增长质量指标的总体水平。习近平主席指出的香港经济高度自由开放，人员、货物、资金等要素自由流动，法律、会计、监管

等制度同国际接轨，以及服务业完备、政府廉洁高效、营商环境便利等优势，正是广东的短板所在。从这个意义上讲，“港澳所长”正是“广东所短”。只有充分认识和补齐广东之所短，才能更好地扬港澳之所长。

表 1　粤港澳大湾区与其他世界级湾区经济质量指标的比较

指标(2015 年)	计量单位	东京湾区	旧金山湾区	纽约湾区	粤港澳大湾区			
					大湾区	内地 9 市	香港	澳门
GDP	万亿美元	1.8	0.8	1.4	1.36	0.99	0.32	0.05
人均 GDP	美元	4106	99150	67567	20390	16854	43776	76923
地均 GDP	亿美元/km^2	0.49	0.45	0.65	0.24	0.18	2.9	16.7
全球金融中心指数排名		5	6	2	—	22（深圳）	4	—
全球创新指数排名		16	4	4	—	—	14	—
世界 100 强大学数量	所	2	3	2	4	0	4	0
世界 500 强企业总部数量	家	60	28	22	16	9	7	0

（三）粤港澳之间“软对接”的缺陷，直接影响湾区的经济运行质量

与其他世界级湾区的进一步比较表明，当湾区经济发展走向一体化时，人力、资金、科技、信息等要素应该是全方位流动、全球化配置的。我们要发展好粤港澳大湾区，就必须要使整个湾区的“多核、多圈”聚合成更高能级的“新核心区”，使核心城市成为全球化配置资源的加速器、催化器和放大器，以谋取更大的整体利益。因此，完善粤港澳大湾区内部各个经济圈和城市集群间的“硬对接”（交通等基础设施、产业等“硬件”的对接）和“软对接”（制度、体制、机制、法律体系、规则、政策等“软件”的对接），就显得特别重要。目前粤港澳间“硬对接”的亮点不少，但有待完善；软对接是硬对接的前提和保证，目前却因开放式、扁平化、多节点的网

络结构没有形成，短板甚多。

首先是粤港澳间市场网络的碎片化。粤港澳合作内容和合作方式未能转型，港澳与内地间合作模式未能从“前店后厂”转为“前店后网”；三个相互独立的关税区的现实存在，导致粤港澳间要素自由流动困难；城市发展、产业发展、土地、海洋、环保规划无法对接；创新资源难以共享；区域发展严重失衡。

其次是粤港澳间交通网络的碎片化。三地间交通规划未能实现有效对接；交通（港口、空港、轨道交通等）和基础设施的协调对接机制不健全；交通枢纽功能不强，分布不平衡；湾区内外通道存在诸多梗阻，东西岸之间的连接有待进一步加强。

再次是粤港澳间信息网络的碎片化。制度差异造成了三地间的信息壁垒；三地间由于缺乏互通共享的大数据平台。严重阻碍大湾区营商环境、电子商务、电子政务、资质互认等方面的改善。

三　竭尽广东所能，深化粤港澳间“软对接”的政策建议

（一）努力深化粤港澳间的思想对接

造成粤港澳三地之间“软对接”诸多障碍的深层原因，主要来自思想观念的滞后。一是对国家所需，即对国家关于粤港澳共建大湾区城市群的战略尚未达致共识；二是对香港和澳门的独特优势和功能如何提升尚未达致共识；三是对粤港澳三地开放融合的前景尚未达致共识。对广东而言，建议组织全省深入学习领会习近平总书记关于粤港澳大湾区建设的重要指示精神，对标《粤港澳大湾区发展规划纲要》提出的大湾区到2035年的建设目标、内容和路径，深刻领会国家关于共建粤港澳大湾区城市群和发挥港澳独特优势的战略意义，努力在全社会形成“合作才能补齐广东短板，才能共同提升湾区发展质量”的共识。

（二）努力深化粤港澳间的机制对接

目前粤港澳合作中“两制”的差异较为突出，跨境执法依据、职业资格认证、金融保险规则、检验检疫标准等各异，成为三地合作障碍。

第一，建议根据《深化粤港澳合作推进大湾区建设框架协议》《粤港澳大湾区发展规划纲要》进一步细化中央政府与粤港澳三地政府间的协调机制和制度安排。在国家层面建立粤港澳大湾区合作领导机构和粤港澳大湾区城市群管理机构，下设基础设施互联互通、创新及科技发展、服务贸易自由化、通关便利化、生态环境保护等专责事务局。同时建议在粤港澳大湾区设立常设性的协调办事机构，负责处理日常事务。

第二，进一步梳理 CEPA 协议及各项补充协议的条款，逐条核对，整合简化后全面落实，以解决“大门开小门不开”等问题。

第三，全面推行港澳居民进入内地开展专业服务的负面清单管理，简化管控程序，优化审批流程。

第四，调整省内往返港澳的相关规定，支持粤港澳工商企业界、专业服务界、学术界等社会各界加强交流与合作。支持广东省政府智库和民间智库与港澳智库开展合作，共建粤港澳大湾区发展研究机构。

（三）努力深化粤港澳间的规则对接

第一，建议广东协同香港、澳门，共同争取国家赋予粤港澳大湾区城市群规划区改革创新先行先试的权限，设立粤港澳自由贸易试验区，作为国家与港澳深度合作示范区。目前可以先将规划区内地部分的“两特三自”（深圳、珠海两个经济特区及广东三个自贸试验片区）作为扩大广东自贸试验区范围的首选区域，允许获得与上海自贸片区相同的全部先行先试权限。条件成熟时，再推广复制到整个规划区。

第二，积极落实大湾区发展规划要求，探索三个独立关税区之间的通关、货物查验监管、人员往来方式便利化的具体实施办法，优化通关政策和安排，提升人流货流通关效率。

第三，为推进专业服务行业在体制及规管方面的对接，建议争取国家授权，由粤港澳三方政府牵头，组织行业公会、协会、商会共同制定区域行业规则，细化相应法律法规的实施细则，制定行业服务标准，承担资格认定事项。

（四）努力深化粤港澳间的信息对接

建议设立粤港澳大湾区信息化专门委员会（或大数据平台建设协调委员会），以切实消除信息壁垒。争取最近在以下几个重点领域取得突破。

一是建立粤港澳三地海关、进出口检疫检验、税务、食品药品安全、环保、民生等政府部门共享的政务大数据平台。

二是建立粤港澳三地政府科技部门、高校、研究院所、企业共享的科技创新信息、科研成果应用转化大数据平台。设立“广州—深圳—香港科技创新走廊”协调机构；鼓励港澳大学、研究机构联合海外研发团队，在大湾区建立产业研究院、孵化器，建立高效的技术转移机制；设立专项基金，引导支持港澳资金进入珠三角兴办创投、风投机构。

三是建立知识产权、资质互认、电子商务、公司和个人信用等全社会共享的大数据平台。

（五）努力深化粤港澳间的文化对接

深化粤港澳间的文化对接，就是通过建设以中华文化为主流、多元文化共存的一系列文化交流平台，努力提升粤港澳三地的国家认同感，努力促成三地间发展理念和核心价值观的融合。为此，建议在《深化粤港澳合作推进大湾区建设框架协议》《粤港澳大湾区发展规划纲要》的三地协调机制框架内，设立文化事务专责委员会，研究决定三地间文化事业、文化产业相互开放和合作发展的具体事宜。建议在三地政府的扶持下，将粤港澳大学联盟实体化，鼓励港澳大学与内地共享优质教育资源，鼓励内地大学到港澳设立教学和研究机构。建议粤港澳三方共同设立“一带一路”研究院，按国别重点研究共建“一带一路”国家的经济贸易、法律、文化情况，让港澳在中国经济走向“一带一路”中扮演更加重要的角色。

B.8

粤港澳大湾区发展区块链产业的建议*

广州市粤港澳大湾区（南沙）改革创新研究院课题组**

摘　要： 区块链是当前全球技术争夺的制高点之一，技术应用前景与产业发展趋势已越来越清晰。粤港澳大湾区当前已在区块链政策供给与技术应用方面走在全国前列，产业发展已初具规模，但在落地项目质量、资本投资规模等方面还存在明显短板，今后需要在战略规划引领、区域政策协调、资金与人才供给、安全监管体系构建等方面着重发力。从打造区块链应用的国家战略基地高度，统筹推进区块链技术在金融服务、数字货币、跨境贸易和民生领域的技术应用。

关键词： 粤港澳大湾区　区块链　技术应用

目前，区块链技术已被国内外公认为是继蒸汽机、电力、互联网之后，引发新一轮技术革命和产业革命的下一代颠覆性核心技术。区块链技术及其应用特点与《粤港澳大湾区发展规划纲要》提出的实现创新驱动发展、推动粤港澳市场互联互通的发展目标具有高度的一致性。粤港澳大湾区不仅在区块链技术创新和产业应用方面已具有全国性的领先优势，而且作为我国未

---

* 本报告是广州市首批新型智库广州大学广州发展研究院委托研究成果。

** 执笔：涂成林，广州大学二级研究员、博士生导师，广州市粤港澳大湾区（南沙）改革创新研究院执行院长，国家“万人计划”领军人才；喻欢，广州大学马克思主义学院硕士研究生；邱杰，博士，广州市粤港澳大湾区（南沙）改革创新研究院特约研究员；课题组成员：彭晓刚、谭苑芳、曾恒皋、周雨。

来发展的新增长点和引领示范区，理应在推动区块链技术研发和产业变革方面走在前列，承担起为全国各地区探索发展模式和积累经验的重大使命。

一　区块链技术的发展趋势与前景

（一）区块链技术应用领域越来越广泛

区块链无疑是当前全球技术争夺的制高点之一。2008 年，中本聪发表的《比特币：一种点对点的电子现金系统》及比特币 2009 年 1 月产生“创世区块”从而开始进入大众视野，标志着区块链技术的诞生，随后区块链便不断迭代创新、快速发展。目前，公有链的技术研究主要集中在性能扩展、隐私安全、智能合约支持等方面。比特币在 Layer 2 扩容方向提出了闪电网络，在性能扩展方向提出了 Schnorr 签名方案以及 Erlay 中继协议，并在智能合约方向提出了 Miniscript 语言。而以太坊则进行了 Ewasm 虚拟机、Casper 共识等的研发，并在 2019 年完成了君士坦丁堡、伊斯坦布尔和谬尔冰川三次升级。共识机制、零知识证明、智能合约的形式化验证、互操作性跨链技术等也是目前区块链技术发展研究的热点。

如今，区块链技术已在成功地运用到金融行业后，在其他各个行业展开了广泛的应用试点，这意味着产业区块链的“元年”已正式到来，联盟链也因此有了飞速发展。随着去中心化金融（DeFi）的兴起，Facebook 的虚拟加密货币 Libra 呼之欲出，联盟链在金融领域大放异彩；而著名的联盟链——超级账本（Hyperledger）也在跨行贸易金融服务、仓单质押融资、供应链金融、医疗保险、全球贸易平台、食品溯源、供应链管理、司法联盟链、技术转移平台等金融和非金融商业场景中有了标杆应用案例。在 2020 年初，超级账本也发布了其企业分布式账本（DLT）平台 Hyperledger Fabric 的 2.0 版本，更新为智能合约去中心化治理，实现了数据隐私功能，并提升了技术性能。

国内各大科技企业也纷纷推出 BaaS 平台，提供区块链基础服务网络，探索更多行业应用。当前在电子票证、供应链金融、版权保护、司法存证、政务民生、健康医疗等领域均有成功的运用案例。在2020年新冠肺炎疫情防控中，区块链技术在疫情监测预警、舆情信息管理、抗疫物资管理以及社区疫情防控等方面更是得到了广泛应用，并取得了较好的实践效果，使得我国的区块链技术应用前景与产业发展趋势更加清晰。其中，山东财经大学开发上线的区块链疫情采集监测系统和西安交通大学开发上线的免费在线健康咨询、问诊与新冠病毒风险筛查系统，是一种基于区块链技术打造的公开透明且保护隐私的防疫数据平台及医疗数据共享平台，为突发疫情的发现和预警提供了全面可靠的数据支撑，有效提升了疫情响应和防治的效率。广州市南沙区建立的疫情防控协同系统，优易数据联合电子科技大学、武汉大学等开发的疫情统计和应对信息区块链平台，是一种运用区块链技术打造出来的传播过程不可逆、可有效溯源追踪的有约束力的舆情系统，对于疫情信息的发布和传播起到了有效的监管作用，同时对垃圾信息、不实信息的产生和传播起到限制作用。支付宝推出的防疫物资信息服务平台，趣链科技联合海尔智家、中国雄安集团等企业推出的捐赠物资溯源平台，是一种运用区块链技术为医疗用品及防疫物资打造的全程溯源系统，管控整个供应链全节点数据安全，保证信息公开透明，有效确保了医疗物品及防疫物资的安全及有效派发。上海市开放上线的“智慧临小二”系统，是一种利用区块链零知识证明等隐私保护技术而搭建起来的社区防疫系统，在保护公民隐私前提下为社区人员流动登记、口罩预约购买、健康打卡等提供可靠的技术支撑，有效提升了社区防疫的效率。

总而言之，当前区块链的发展趋势，除了底层技术的稳步发展外，应用落地已不再局限于金融领域，目前正在非金融领域更广泛的行业进行细分应用场景的积极探索，可望为解决我国经济社会发展的实际问题贡献技术力量。

（二）区块链技术与产业发展具有广阔的前景

广泛的技术应用前期已使得区块链成为当前世界各国争相投资发展的重点科技产业领域。据零壹智库不完全统计，2012～2019年，全球区块链产业项目获得风险投资达1510次，融资总额约为778.18亿元。其中，美国区块链产业项目获得的风险投资为377项，总融资额332.5亿元，中国区块链产业项目获得的风险投资为673项，总融资额187.1亿元。截至2019年10月，参与申请区块链专利的国家已达35个，专利申请总量达到2.4万件。在知识产权产业媒体IPRdaily与incoPat创新指数研究中心联合发布的“2019年全球区块链企业发明专利排行榜”中，百强企业已涵盖10个国家和地区，其中中国和美国区块链企业发明专利数量占比分别为63%和19%。中美两国在区块链技术研发和产业发展方面已处于遥遥领先地位。

当前不仅是风投机构看好区块链产业，科技、金融、保险、电器、商贸、代加工、医药等行业的头部企业也纷纷加大投资区块链产业领域的力度。福布斯2019~2020年公布的两届全球区块链企业50强名单中，就包括了摩根大通、花旗银行、亚马逊、谷歌、Facebook、微软、宝马、通用电气、霍尼韦尔、IBM、LV、万事达卡、三星、沃尔玛等多个领域的国际巨头。中国上榜的企业中既有阿里巴巴、腾讯、百度这样的大型科技公司，也有中国建设银行、富士康、HTC这样的金融和工业企业。

同时，越来越多的国家开始采取积极措施抢占区块链技术与产业发展高地。例如，韩国、德国、澳大利亚等国家已明确将区块链产业发展纳入国家战略。韩国科学与ICT部早在2018年6月就出台了区块链发展战略，将牲畜产品溯源、个人清算、房地产交易等6个领域确定为发展重点，2019年4月，该部和韩国互联网与安全局合作，将重点进一步拓展到数字身份、能源、医疗健康、物流等12个领域。德国联邦政府在2019年9月发布了《德国联邦政府区块链战略》。澳大利亚于2019年3月发布了《国家区块链路线图》，并于2020年2月正式启动了澳大利亚国家区块链战略。荷兰、欧盟、美国、日本、新加坡等国家或地区也出台了相应扶持计划，加强了区块链技术研发与产业应用探索。

我国早在2016年出台的《“十三五”国家信息化规划》中就明确提出要加强区块链等技术基础研究和前沿布局。2019年更是我国区块链技术和产业发展的关键一年。2019年10月24日，中共中央政治局就区块链技术发展现状和趋势进行第十八次集体学习，习近平总书记发表重要讲话，提出把区块链作为核心技术自主创新的重要突破口，加快推动区块链技术和产业创新发展。全国各地积极响应习近平总书记的号召，高度关注区块链产业，不仅加大对区块链技术研发投入和实际运用的力度，而且制定支持区块链产业发展的政策，建设区块链监管平台，推进区块链应用落地，力争抢占发展先机，快速推动区块链产业创新发展。2020 年 1 月 17 日，国务院办公厅发布了《关于支持国家级新区深化改革创新加快推动高质量发展的指导意见》，其中明确指出要“加快推动区块链技术和产业创新发展，探索‘区块链 + ’模式，促进区块链和实体经济深度融合”。2020 年中央一号文件也明确提出要加快物联网、大数据、区块链等现代信息技术在农业领域的应用。

二　粤港澳大湾区发展区块链产业的现状分析

（一）粤港澳大湾区发展区块链产业的优势

1. 具有较为明显的政策供给优势

在国家政策层面，2018 年 5 月出台的《国务院关于印发进一步深化中国（广东）自由贸易试验区改革开放方案的通知》就明确支持广东自贸区大力发展金融科技，在依法合规前提下，加快区块链、大数据技术的研究和运用，推进进出口产品质量溯源体系建设，拓展可追溯商品种类。2019 年 8 月出台的《中共中央 国务院关于支持深圳建设中国特色社会主义先行示范区的意见》也明确支持在深圳开展数字货币研究与移动支付等创新应用，支持深圳建设粤港澳大湾区大数据中心，探索完善数据产权和隐私保护机制。由此可以看出，粤港澳大湾区发展区块链产业已获得国家政策上的明显支持。

在地方政策层面，当前在粤港澳大湾区 9 + 2 各城市中，深圳、广州、佛山、珠海、香港等城市已出台了专门的政策措施，着重从资金扶持、人才引进、技术应用、成果转化等方面支持区块链产业发展，力图抢占技术前沿和市场先机。例如，深圳市在2017年10月出台了《深圳市扶持金融业发展若干措施》，提出要重点奖励区块链、数字货币等应用领域的优秀项目，年度奖励额度最高可达600万元。广州市黄埔区2017年12月出台了《广州市黄埔区广州开发区促进区块链产业发展办法》，对产业培育、成长、应用以及技术、平台、金融等多个环节给予专项支持。佛山市南海区2018年5月也出台了《佛山市南海区人民政府关于推进“区块链+”金融科技产业发展的实施意见》，珠海横琴新区2018年10月发布了《横琴新区区块链产业发展扶持暂行办法》。香港在2018年8月公布的最新一期优秀人才入境计划（QMAS）名单中，特别增补了区块链人才，明确这类人才在申请移民香港时，有资格获得最高加分30分。

2. 具有较强的研发能力和成果积累

在粤港澳大湾区9+2各城市中，目前拥有逾百所高校，其中5所高校进入第14届QS世界大学排名榜百强。据了解，粤港澳大湾区不少高校都在2016~2018年连续设立区块链研究实验室（院）或开设研究课程。如广州的中山大学和华南理工大学、深圳的南方科技大学和深圳大学、香港的香港理工大学和香港科技大学、澳门的澳门科技大学等，都创建了区块链研究平台。另外，香港中文大学、北京大学还在深圳设立了区块链实验室。

如表1所示，目前粤港澳大湾区各高校、科研机构在开展区块链研究方面不仅起步早，而且已积累了较多的技术成果，技术研发和市场应用在国内也处于领先地位。据统计，目前深圳、广州、佛山、香港等城市共申请区块链发明专利1758件，占全国5439件的32.3%，粤港澳大湾区已名副其实地成为我国区块链技术研发的重要一极。

表1　粤港澳大湾区内已设立的区块链科研机构

区域	成立时间	机构名称
广州	2018年5月	四方精创-华南理工大学区块链联合实验室
	2018年7月	中山大学区块链课程

续表

区域	成立时间	机构名称
深圳	2016 年 12 月	南科大区块链研究院
	2018 年 2 月	信大区块链研究院
	2018 年 4 月	深圳大学区块链技术研究中心
	2018 年 5 月	腾讯 - 国税“智税”创新实验室
	/	香港中文大学(深圳)软件与区块链系统实验室
	2018 年	北京大学深圳市内容中心网络与区块链重点实验室
澳门	2018 年 8 月	澳门科技大学澳门区块链应用研究所
香港	2017 年 9 月	亚太区块链产业研究院
	2018 年 4 月	香港理工大学区块链研究实验室
	2018 年 8 月	香港科技大学区块链专责小组
	2018 年 9 月	中国区块链应用研究中心(香港)
东莞	2016 年 8 月	区块链工业应用研究中心

资料来源：互链脉搏研究院。

3. 区块链技术应用已走在全国前列

目前，粤港澳大湾区 9 + 2 各城市会集了腾讯、华为等互联网巨头，以及招商银行、平安银行等金融机构，在区块链技术研发和金融相关的应用落地上具有较大的优势。2017 年 11 月，腾讯区块链 BaaS 平台开始对外公测；2018 年 2 月，平安旗下科技公司金融壹账通正式推出区块链解决方案——壹账链；2018 年 2 月，广州仲裁委、微众银行、杭州亦笔科技共同研发出基于区块链的仲裁链，并基于仲裁链出具了业内首份裁决书；2018 年 4 月，华为正式推出《华为区块链白皮书》；2018 年 9 月，由中国人民银行、中国建设银行、招商银行、平安银行、渣打银行、深圳金融科技研究院和比亚迪联合打造的粤港澳大湾区贸易金融区块链平台在深圳正式上线试运行；2018 年 12 月，广州搭建起了全国首个电子发票区块链平台——税链，全国首张升级版区块链电子发票在广州黄埔华苑大酒店开出。在 2020 年新冠肺炎疫情防控中，广州市南沙区率先运用区块链等技术开发出疫情防控协同系统，该数据平台能精确快速汇

总整合疫情重点关注人员、最新疫情数据、资源调度等各类防疫信息，从而构建起一个高效统一的疫情防控指挥中心，可谓应用区块链技术进行疫情防控的优秀实践案例。凡此种种，说明粤港澳大湾区的区块链应用不仅已渗透到金融、物联网、溯源、法律、数据等各个领域，而且在国内已处于较为领先的地位。

4. 区块链产业发展已初具规模

随着区块链技术的广泛应用，粤港澳大湾区 9 +2 各城市也涌现出一大批与区块链技术相关的创新型企业，例如金丘链云科技、盈盛智创、路印协议、银链科技等，其中仅在广州市就有区块链企业 300 多家，其中还有 31 家企业入选国家网信办发布的区块链信息服务备案企业名录，在全国占比达 6.13%。广州市黄埔区还获得国家工信部批复创建全国首个以区块链为特色的中国软件名城示范区。2018 年 11 月，广州市区块链产业协会、香港区块链产业协会和澳门大学创新中心三方携手成立粤港澳大湾区区块链联盟。首批成员单位共 54 家，涵盖技术、基金、孵化、培训等众多区块链专业领域。《中国区块链发展报告（2019）》公布的最新数据显示，当前广东省区块链注册企业已达 16353 家，占全国区块链注册企业的 58.4%。可见，目前粤港澳大湾区的区块链产业版图不仅规模较大，而且相对全面，在全国乃至全世界也具有一定的竞争实力。

（二）粤港澳大湾区发展区块链产业存在的短板

如前所述，粤港澳大湾区 9 +2 各城市虽然在发展区块链产业的敏锐度、政策支持度、研发能力和产业化水平等各个方面都有一定的优势，在国内乃至全世界均有一定的竞争力，但与国际一流湾区、国内京津冀地区、长三角地区等相比，仍然存在明显的短板和差距，具体表现在区块链产业的项目落地、监管政策、资本投资、人才培养等多个方面。

第一，区块链产业的创业活跃度、落地项目的质量，依然落后于国内外其他先进地区。当前，粤港澳大湾区虽然是我国区块链创业活跃度较高的区域之一，但与京津冀城市群、长三角城市群相比，差距还是相当明显的。一个明显的例子是，在国家网信办发布的两批全国共506家境内区块链信息服务备案企业名单中，虽然深圳市区块链的创业活跃度仅次于北京市位居全国第二，但粤港澳大湾区各城市总体入选企业数量还远不如京津冀城市群和长三角城市群（见表2）。

表2　我国两批次境内区块链信息服务备案企业区域分布

单位：家，%

区域	城市	城市企业数量	区域企业总量	占全国比重
京津冀城市群	北京	150	157	31.0
	天津	7		
长三角城市群	上海	72	153	30.2
	杭州	55		
	南京	16		
	苏州	6		
	无锡	4		
粤港澳大湾区城市群	深圳	79	119	23.5
	广州	31		
	珠海	5		
	佛山	4		

与纽约湾区、旧金山湾区、东京湾区等相比，粤港澳大湾区迄今为止尚未产生具有国际知名度并被全球广泛接受的区块链产业项目，目前在粤港澳大湾区落地的区块链项目，其品质和成长的空间与国际知名企业相比仍有较大的差距，产业国际化程度和创新影响力仍有待提高。如，腾讯将区块链项目BaaS应用到电子发票领域，甚至开出了1000万张发票，但这仍然只是区块链技术在某个细分领域的一个小型应用，应用的广度和国际化程度仍然不足。相比而言，国外知名的公有链及联盟链则具有更高的影响力，也涌现出更多的全球知名项目，例如关注跨境支付的Ripple项目、关注物联网的IOTA项目等，都在国际上具有广泛的影响力（见表3）。

表3　四大湾区区块链相关公司与典型项目比较

区域	布局区块链项目的传统公司	典型区块链创业公司和项目
旧金山湾区	苹果、Google、Linkedin、Facebook、甲骨文、PayPal、英特尔、惠普、微软、思科、IBM、亚马逊、Uber	美国知名的100家区块链创业公司中有一半以上来自硅谷，如数字资产交易所Coinbase、跨境支付Ripple、跨链交易blockstream、金融区块链应用chain等
纽约湾区	摩根大通、奥本海默、美林、富国银行、花旗银行、高盛、纳斯达克、威瑞森、AIG	R3、DAH、LLC
东京湾区	Bitflyer、NTT DATA、GMO、丰田、索尼、软银、日立、富士通、乐天、丸红株式会社、伊藤忠、Remixpoint、日本电报电话公司、日本永旺	比特银行(Bitbank)、NEC、Money Partners、BitFlyer、GMOcoin、BTCBOX BitPoint、FISCO、Tokyo Bitcoin Exchange、Bit Arg Exchange Tokyo、Starbase
粤港澳大湾区	腾讯、迅雷、小米、华为、众安科技、平安、微众	路印协议、法大大、RCHAIN、迅雷链、壹账链、银链科技、金链盟

第二，区块链监管体系仍存在诸多不足。具体表现在：一是区块链技术上的不成熟本身就带来了许多新的监管难题。正如《2019年腾讯区块链白皮书》中指出的，“尽管区块链在金融方面有天然的结合优势，但在合规道路上仍面临诸多挑战，比如需要花费一定时间磨合技术、业务和监管之间在KYC（充分了解你的客户）、AML（反洗钱）和金融数据保密等方面的问题”。二是粤港澳“三地”在制度上不一致、重视程度上的不同步，也使得粤港澳大湾区内部至今没有形成一个统一的监管体系，从而增加了区域监管难度，需要加大“三地”共同探索和资源整合的力度。

第三，针对区块链产业发展的创业投资体系存在明显的短板。对于资本投资而言，粤港澳大湾区目前虽然已有专注于区块链领域投资的火币资本、连接资本等投资机构，但对比国外其他地区尤其是旧金山湾区，创新投资资源仍明显不足，对整个粤港澳大湾区的区块链技术创新生态的形成和创新企业的成长的贡献十分有限。

第四，区块链人才短缺，人才培养、培训体系亟待进一步加强与完善。在区块链人才培养方面，目前粤港澳大湾区各高校、各科研机构开设区块链课程及设立区块链研究平台的还相对较少，也缺乏相应的区块链专业培训机构，人才培育的速度明显跟不上区块链产业爆发性发展的实际需求，加快对区块链技术知识的普及和创新创业人才的培养，乃是当前工作的重点之一。

三　粤港澳大湾区发展区块链产业的若干建议

（一）加强区块链产业发展规划引领，打造独特产业优势

当前，全球区块链技术应用与产业发展尚处于萌芽阶段，还没有一个比较成熟的产业分类。不过从现有区块链产业领域创业公司的主营业务方向来看，区块链产业总体可以分为底层技术设施与服务、技术应用场景服务、行业相关服务三大基本产业类型。其中，底层技术设施与服务主要包括搭建公链、私链、联盟链、BaaS 平台等区块链产业基础设施类企业，从事加密算法、安全防护等区块链基础技术研发类企业。区块链技术应用场景服务主要包括金融服务、数字货币、溯源、数字身份认证等，而且随着区块链技术的不断发展和认识水平提高，技术应用领域还在加快拓展中。行业相关服务主要包括为区块链技术与产业发展提供相关服务的企业，如产业基金、专业研究机构、专业媒介等。从当前国内外区块链技术与产业发展的现状、趋势和竞争态势来看，粤港澳大湾区区块链产业发展必须根据自身战略目标和现实基础条件进行产业整体规划，9 +2 各城市联动打造出大湾区区块链产业的独特优势。

第一，从建设国际科技创新中心的战略高度，加快整合粤港澳“三地”科技资源，抢占技术新高地。从世界范围来看，区块链技术还是一项发展仅 10 年左右的新兴技术，相比现有的绝大部分技术，仍处于“婴幼儿”阶段。比如，区块链的技术框架本身仍不太成熟，DAG、DPOS 等共识机制以及经济激励模式也不够成熟，区块链程序和代码上的安全漏洞也比较多。因此，粤港澳大湾区作为先行先试示范区，要积极贯彻中央指示精神，从建设国际科技创新中心的战略高度率先推进区块链技术研发和区块链产业发展，通过整合三地以及国际创新资源率先实现技术突破，通过强化技术创新引领作用

来占领产业高地，通过技术研发和技术突破来保障区块链产业的安全。

第二，从规划打造区块链应用的国家战略基地的高度，统筹推进区块链技术在金融服务、数字货币、跨境贸易和民生领域的技术应用。党中央国务院在政策上已明确支持深圳和广东三大自贸易区发展基于区块链技术的数字货币和金融服务，而且在这两个应用领域粤港澳大湾区内已创建了较多的创业企业和开发项目，拥有较好的产业基础。大湾区有必要进一步集中资源加强在金融服务和数字货币领域的规划引领与产业布局，尽快形成区域比较优势。同时，经过40多年的改革开放，粤港澳大湾区已成为我国重要的制造业中心和对外贸易基地。《粤港澳大湾区发展规划纲要》明确提出，要充分利用现代信息技术，实现城市群智能管理，优先发展民生工程，提高大湾区民众生活便利水平，共建宜居宜业宜游的优质生活圈。区块链技术作为分布式数据储存的新型应用模式，在支付结算尤其是跨境结算中，有降低风险、提高效率、节省资源等方面的优势，在发展跨境贸易和推进民生领域的信息化方面具有重要的价值。因此，粤港澳大湾区在发展区块链产业时，应与其战略定位与发展目标充分结合，发挥粤港澳大湾区作为对外综合性门户的功能，重点发展区块链技术在跨境贸易领域中的产业应用。同时，要着重推动区块链技术在教育、就业、养老、医疗健康、食品安全、社会公益、信息服务等民生领域的实际落地应用，为粤港澳民众提供更加智能、便捷、优质的公共服务，加快促进宜居宜业宜游国际一流湾区目标的实现。

（二）加强资金扶持与区域政策协调，优化创新创业环境

区块链企业多数属于初创期的中小微企业，对政策和资金的需求较大，粤港澳大湾区要实现在区块链技术和产业领域的率先突破和集聚发展，就必须加大这两方面的扶持力度。其中在资金方面，一是建议粤港澳三地政府联合出资设立粤港澳大湾区“区块链创新专项资金”，主要用途其一是支持高校、科研机构加强对区块链的共性技术、关键性技术的科技攻关，特别是支持粤港澳三地高校、科研机构和企业开展协同技术攻关，为区块链应用发展提供安全可控的技术支撑；其二是用于企业、社会组织等开展区块链技术的

应用研究和技术平台建设的奖励资金。二是建议学习杭州余杭区政府、未来科技城管委会与杭州暾澜投资公司共同出资 100 亿元设立“雄岸全球区块链创新基金”的先进经验，由大湾区 9 +2 各城市政府和有实力的投资企业联合出资设立粤港澳大湾区“区块链产业发展基金”，主要用于产业投资和区块链优质项目引进扶持，并发挥种子基金作用，引导更多社会资本投入大湾区区块链产业领域。

在政策方面，目前虽然广州市黄埔区、佛山市南海区等地已出台了扶持区块链产业发展的政策措施，但这些扶持政策的层级相对较低，影响力有限，如果各地、各区都争相出台类似政策，很可能导致区块链产业的同质化竞争，带来区域产业重复发展的乱象。因此，一是建议在中央粤港澳大湾区建设领导小组的指导下，尽快制定出台粤港澳大湾区区块链产业发展规划和近期 9 +2 各城市共同行动计划，建立 9 +2 各城市区块链产业区域协调发展机制，引领深圳、广州、东莞、佛山、香港、澳门等城市充分发挥自身优势，实现区域协调与产业协同发展；二是用好用活拟设立的粤港澳大湾区“区块链创新专项资金”和“区块链产业发展基金”，支持粤港澳大湾区内的区块链龙头企业走向国际化，扶持中小型区块链科技企业发展壮大，加快区块链产业集群的聚集，使粤港澳大湾区成为区块链初创企业落地的第一选择，以期孵化和培养下一批腾讯、华为级别的超级独角兽企业。

（三）加强区块链专业人才供给和安全监管体系建设

第一，积极采用区块链创新人才定制模式，加快完善区块链人才培养体系。习近平总书记指出，打造多种形式的高层次人才培养平台，培育一批领军人物和高水平创新团队。随着区块链相关产业的发展，粤港澳大湾区内对区块链专业技术人才的需求将会日益增长。目前，在粤港澳大湾区各城市，设立区块链专业、开设区块链相关课程的高校不多，区块链人才培养培训的体系尚未建立，区块链专业人才缺口较大，远远不能满足企业和社会的需求，亟须采取系统的、有针对性的措施予以解决。因此，我们建议，粤港澳大湾区各城市政府要把培养足够、专业的区块链技术人才，纳入政府工作的议事日程，敦促和要求在地高校、科研机构设置专业，开设课程，建立区块链人才的教育培训体系；同时，引进和推广创新人才定制模式，推动企业与高校、专业培训机构间的深度合作，根据市场需求为企业订单式培育高素质的区块链技术人才、创业人才和管理人才；此外，还要根据区块链产业的发展特点优化人才引进政策，吸引更多国内外优秀区块链技术和产业领军人才、团队、项目和企业落地大湾区，共谋粤港澳大湾区的区块链产业发展大事业。

第二，尽快建立和完善区块链产业发展监管体系，确保区块链产业的规范化发展和产业安全。一方面，区块链的技术应用属于一个全新的领域，原有的政策制度和监管措施确实并不完全适用于区块链产业的发展需求；另一方面，当前我国区块链产业既在蓬勃发展，又滋生出了假借区块链之名进行金融诈骗、圈钱等各种乱象。据中央电视台《焦点访谈》栏目披露，在中国裁判文书网以区块链为关键词进行统计，截至 2019 年 11 月 15 日，全国涉及区块链的法律裁判文书共 566 件，其中有相当一部分涉及数字货币，这种现象值得注意。因此，我们建议，推进粤港澳大湾区区块链产业的快速发展和健康发展，必须未雨绸缪，抓紧进行相关政策法规和管理制度的专题研究，率先建立起适应区块链技术机制的安全保障体系，推动区块链产业安全有序发展；同时，粤港澳三地政府要明确主体责任，打通制度关节，尽快为区块链产业发展建章立制，为区块链产业发展创造出一个良好的发展环境，提升政府管理和服务能力。

B.9

推动“湾区制造”向“湾区智造”转变的路径研究

刘斌　黄琼*

摘　要： 建设具有全球影响力的国际科技创新中心是粤港澳大湾区的战略定位之一，要加速培育大湾区新的经济增长动力，抢占新一轮产业竞争制高点，推动“湾区制造”向“湾区智造”转变，必须提高认识，注重基础研究，聚焦重点领域突破，激发科技创新平台的创新活力，加快广东高等教育的学科建设步伐，提高科技资金使用效率，营造良好的制度和市场环境，积极探索与实践有效的经验和模式。

关键词： 粤港澳大湾区　智能制造　创新驱动

建设具有全球影响力的国际科技创新中心是粤港澳大湾区的战略定位之一，当前以智能制造为代表的新一轮产业变革迅猛发展，数字化、网络化、智能化日益成为制造业的主要趋势。要加速培育湾区新的经济增长动力，抢占新一轮产业竞争制高点，必须将智能制造作为主攻方向。

粤港澳大湾区是我国和全球的重要制造基地，但湾区的智能制造业存在着区域、行业、企业发展不平衡，发展智能制造面临关键技术装备受制于人，智能制造标准/软件/网络/信息安全基础薄弱，智能制造新模式推广尚

* 刘斌，教授，东莞理工学院社科处副处长；黄琼，副教授，东莞理工学院质量与品牌研究院副院长。

未起步，智能化集成应用缓慢等突出问题。而大力发展智能制造，关键在于激发企业积极性，注重基础与环境培育，促进科技、产业、金融和人才的有机融合，加强自主创新和开放合作，营造良好的市场环境，积极探索与实践有效的经验和模式，从而推动“湾区制造”向“湾区智造”转变，形成创新的核心竞争力，通过创新驱动、科技引领，带动粤港澳大湾区经济发展走向更高质量。

一　粤港澳大湾区智能制造的发展现状

（一）现代产业快速发展，为智能制造提供良好产业支撑和广阔市场空间

近年来，粤港澳大湾区现代产业保持较高速度增长。2018 年工业增加值已达到 3.2 万亿元，占大湾区 GDP 的 31%，占我国工业增加值的 11.3%，是我国工业经济重要的增长极。与此同时，粤港澳大湾区在智能制造领域涌现出一大批行业龙头企业和科技型成长企业，共同构成了粤港澳大湾区机器人百亿元级市场。各个产业纷纷进行“数字化、网络化和智能化”的转型升级，占据了全球数字化转型先机。《广东省深化“互联网 + 先进制造业”发展工业互联网的实施方案》里提到：目标到 2020 年，培育形成 20 家具备较强实力、国内领先的工业互联网平台，200 家技术和模式领先的工业互联网服务商；推动 1 万家工业企业运用工业互联网新技术、新模式，实施数字化、网络化、智能化升级，带动 20 万家企业“上云上平台”。到 2025 年，在全国率先建成具备国际竞争力的工业互联网基础设施和产业体系。

（二）创新成果密集涌现，关键领域取得一些重大突破

近年来广东创新形势喜人，大多集中在粤港澳大湾区 9 城市。2019 年共有 50 个项目（含专用项目 2 项）荣获 2019 年度国家科学技术奖，为近年来最好成绩，比 2018 年增长 11.11%。2017 年全省专利提质增量取得新突

破，有效发明专利拥有量突破20万件，连续8年居全国第一；2017年全省PCT国际专利申请量2.68万件，连续16年居全国第一；2017年广东获评第19届中国专利金奖6项、优秀奖208项，获奖数量居全国第一。在中美贸易摩擦的刺激下，大湾区城市企业创新进程加快，目前企业有效发明专利申请量和授权量占全省的70%以上，华为与中兴分别位居2018年全球PCT国际专利申请公布量排名的第一位和第五位，深圳大学和华南理工大学分别位居全球PCT国际专利高校申报公布量第三位和第四位。华为、腾讯、华大基因、广州数控、大疆创新、优必选等一批创新能力较强的骨干企业在数控机床、新一代通信技术、新型显示、基因测序、超材料、新能源汽车、无人机、移动终端等领域关键核心技术取得重大突破，领先优势进一步加强。

（三）传统制造企业的智能化改造初见成效，“两化”融合进一步加深

随着智能化技术在传统产业的广泛应用和渗透，“两化”融合的作用日益显现，有力地推动了粤港澳大湾区产业结构的优化调整和工业的转型升级。人口红利消失的影响和政府补贴政策的推动，“机器换人”速度加快，大部分集中于粤港澳大湾区9城市。2015年广东省支持100家重点企业实施“机器人应用”项目，带动全省超过500家企业应用工业机器人，2016年、2017年每年新增开展机器人应用项目的企业分别达到650家、750家。广东2018年工业机器人产量达3.21万台（套），同比增长55.1%，占全国产量的21.7%。

以做得较好的东莞市为例，该市从2014年至2016年连续三年财政安排2亿元资金用于推进“机器换人”项目，出现“三提升”“两下降”的良好态势：一提升是拉动工业技术改造投资增速，2015年全市技改完成投资额231.2亿元，同比增长85.6%，拉动全市工业固定资产投资增长26.8%；二提升是提升产业竞争力，项目完成后劳动生产率平均提高65.25%；三提升是产品质量明显提升，平均产品合格率从89.04%提高至94.44%；“两下降”是减少用工71253人，单位产品成本平均下降9.98%。

以华为和美的为代表的传统制造企业开始着手“互联网＋管理架构”

创新，推动组织模式“去中心化”变革。以互联网为核心的新一代信息技术加快推广普及，推动了企业以用户为导向、以需求为核心进行组织形式和经营策略变革，提升了企业的敏捷性和柔性化程度，大大提高了传统企业的管理效率。

（四）智能制造集聚发展态势明显，创新平台体系化建设加紧布局

近年来，粤港澳大湾区智能制造集聚发展态势明显，形成了以深圳和佛山为代表的智能装备制造基地、以广州为代表的数控系统及数控机床基地、以东莞和佛山为代表的工业机器人产业基地、以中山为代表的风电装备制造基地等。

大湾区还加快布局，积极推进创新平台体系化建设。目前为智能机器人产业发展提供创新动力和技术支撑的创新平台有东莞及佛山的机器人协同创新研究院；为装备制造业提供支撑和引领的重大科技创新平台和新型研发机构有佛山的广工大数控装备协同创新研究院、佛山市智能装备技术研究院、广州智能装备研究院、清华珠三角研究院、东莞北航研究院等。

（五）人才高地的打造渐见成效

一是加大了先进装备制造业人才的选拔培养力度。按照国家部署，遴选推荐政府特殊津贴人员和百千万人才工程人选。按照广东省部署，组织开展了粤港澳大湾区特支计划“杰出人才”“百千万工程领军人才”“百千万工程青年拔尖人才”的评审，积极鼓励制造业高层次人才申报，加强资助扶持。二是推动了高水平理工科大学建设。广东省教育厅与中山大学、华南理工大学、粤港澳大湾区工业大学、东莞理工学院、南方科技大学等高校签订协议，共建高水平理工科大学。同时还将推动全省一批高水平理工类学科的发展，到 2020 年全省理工类大学生占比将提高到 47%。三是支持设立了先进装备制造业方面的博士后平台。支持中山大学、华南理工大学以及粤港澳大湾区科达机电等 20 余家高校和企业设立博士后流动站（工作站）或创新实践基地，吸引和培养博士后青年人才。四是大力引进海外高层次人才。每

年来粤工作的境外专家主要集中于湾区，截至2018年底，每年来粤工作的境外专家超过15万人次，占全国1/6，居全国前列。累计引进海外人才5.8万人次，其中诺贝尔奖获得者、发达国家院士、终身教授等149人，评审引进六批省领军人才共122名。累计留学回国人员37万人，总量居全国前列。

二　粤港澳大湾区智能制造发展存在的问题

（一）关键技术及核心基础部件主要依赖进口，高端制造装备对外依存度高

粤港澳大湾区智能制造的生产能力强而设计能力弱、仿制能力强而自主研发能力弱、组装集成能力强而关键部件开发和制造能力弱等特点，反映出核心的科技创新能力不足。

1. 关键技术及核心基础部件主要依赖进口

构成智能制造装备或传统制造过程智能化的关键技术及核心基础部件大部分依赖进口，如新型传感器等感知和在线分析技术、典型控制系统与工业网络技术、高性能液压件与气动元件、高速精密轴承、高速精密制造工艺与技术、制造业基础软件、关键光电子和光电元器件等。许多重要装备和制造过程尚未掌握系统设计与核心制造技术，如精密工作母机设计制造技术（设计过程智能化技术）等还没有真正实现国产化。几乎所有高端装备的核心控制技术严重依赖进口。

2. 高端智能装备对外依存度较高

目前，粤港澳大湾区的智能装备还难以满足制造业发展的真正需要，工业机器人、集成电路芯片制造装备、汽车制造关键设备、重大工程的自动化成套控制系统、先进集约化农业装备等高端智能装备严重依赖进口，传感器等基础部件，精密测量技术、智能控制技术、智能化嵌入式软件等关键技术自给率低。

（二）企业创新活力不足

从创新主体看，湾区的创新活力还没有完全激发出来。一是科技型企业比例偏低，劳动密集型、技术粗放型企业仍占大部分。二是研发质量有待提高。2018 年规模以上工业企业设立研发机构占比达到 38%，但是研发质量有待提高，要注意源头创新，突破关键核心技术，解决“卡脖子”技术，要注意与高校和科研院所的合作。三是企业研发经费投入偏低。2018 年广东省研发经费占 GDP 的比重为 2.78%，全国第一，但仍低于发达国家3% ~ 10% 的水平。

（三）企业智能化升级的基础薄弱，升级改造压力大

1. 企业智能化升级的基础薄弱

湾区制造业存在体量大且不强的问题，产业集中在加工生产环节，处于产业链低端的特征仍然明显。大型外资企业往往“两头”在外，虽然设备自动化水平较高，部分也达到智能化水平，但技术“溢出”效应有限；大部分民营企业综合实力不强，很多企业的生产环节仍处于“2.0”“2.5”水平，仍处于向自动化升级改造的阶段，基础薄弱，离智能化水平有很大距离。

2. 企业升级改造压力大，信心不足

当前制造业市场低迷，经济虽然已经走出下行通道，但又受到中美贸易摩擦和新冠肺炎疫情的双重打击，企业经营的风险和压力很大，投资回收期长且风险难测，因此，在当前环境下，大部分企业自动化、智能化改造的信心和动力不足。

（四）产学研协同创新体系不健全，体制、机制亟待创新

1. 产学研协同创新的积极性不高

虽然各高校、研究所创新成果不断涌现，但专利所有权转让许可证使用率不高，科研与经济社会发展的需求脱节严重。一是受自上而下的考核评价

指标体系和教师晋升机制的影响，高校、科研院所普遍存在重纵向课题，轻横向合作和社会服务的思想，在分配激励制度的设计方面对技术创新、成果推广、产业化考虑较少。二是一些公共服务平台“等、靠、要”的思想严重，为企业提供技术服务的能力仍然较差，尚未形成核心服务功能和良好的运行机制，资金来源主要靠政府扶持，缺乏自我造血功能。

2. 产权不清晰，体制机制僵化

政府是科研院所投资的主体，对科研院所拥有产权；科研院所内部拥有可转让技术的个人既是科研院所的员工，也是科学技术的开发者。如果政府以投资主体的地位对科研院所的科研成果要求过多的产权和利益，对科研成果的转让指手画脚，必然影响科研院所转化科研成果的积极性；如果科研院所以领导和老板的身份对个人的科研成果要求过多的产权和利益，则必然影响个人转化科研成果的积极性。产权不清晰、僵化的体制机制是制约科研成果转化的最大阻力。

（五）科技资金使用效率有待提高

1. 科技资金管理效率有待提高

目前，各级政府涉及智能制造的资金名目繁多，部门之间既有职责交叉又有条块分割，缺乏有效的机制进行统筹协调。申报审批流程复杂、时间长，另外，企业重复申报问题严重，财政资金的浪费比较严重。

2. 科技资金配置结构性失衡

一是基础研究投入较少。2018 年，全国基础研究占全部 R&D 的 5.5%，而广东仅占 4.26%，既低于全国平均水平，更低于北京（14.8%）、上海（7.8%）等先进城市。由于基础研究薄弱，湾区的原始创新匮乏，核心技术攻关能力低，不能起到引领智能制造发展的作用。二是普惠性支持项目较少。各级政府偏向于通过科技项目支持企业技术创新，而技术创新固有的不确定性和市场的多元化需求往往导致这种扶持方式存在巨大的风险。此外，这种科技支持模式导致只有少数企业收益，众多企业难以受惠，不利于企业在公平的市场环境中创新发展。

（六）发展智能制造的软环境建设不足

1. 知识产权的保护力度不够

全社会在知识产权支撑科技创新的重要性上没有达成共识，推进知识产权工作的动力不足，不能营造公平的社会竞争环境。由于企业的智能制造创新成果得不到充分的保护，创新与企业效益提升的关联度不高，且仿造和抄袭的成本很低，直接导致智能制造企业的创新积极性不高。

2. 标准化体系建设落后，智能制造行业标准不统一

由于缺乏统一的标准，各地方、各企业各自为政，给技术共享、交换带来极大不便，制约了各自做大做强的空间，低水平重复开发、总体效率低下、标准化体系建设落后已成为行业发展的瓶颈。主要问题在于：行业、部门、地方、企业、团体标准不统一，有关标准尚未建立，技术标准政策法规滞后，技术标准研发投入严重不足，等等。

三　进一步推动“湾区制造”向“湾区智造”转变的对策建议

（一）充分认识到向智能制造转变的重要性，要有危机感

习近平总书记在2018年5月28日的中国科学院第十九次院士大会、中国工程院第十四次院士大会上强调，中国要强盛、要复兴，就一定要大力发展科学技术，努力成为世界主要科学中心和创新高地。

以数字制造、人工智能、工业机器人和互联网为核心的“第四次工业革命”正在全球范围内深入发展，技术、管理、制度和政策的全面协同变革终将带来工业组织结构、产业竞争范式和全球工业竞争格局的重大调整。综观全球，以美国、德国为代表的发达国家正在试图引领新一轮以智能制造为核心的产业革命。在全球化背景下，粤港澳大湾区不能仅享有全球化市场的红利，也必须迎接全球化竞争；我们不能沾沾自喜于粤港澳大湾区在中国

经济发展中已经取得的地位，而应该放眼全球，与世界强国积极开展竞争。粤港澳大湾区在低成本优势不再的前提下要想在全球竞争中保持优势，必须下定决心大力推动“粤港澳大湾区制造”向“粤港澳大湾区智造”转变，以期在未来全球的经济竞争中占有一席之地。

（二）加大省级投入力度，补齐基础前沿研究的短板，增强源头供给

“湾区智造”的推进不能只靠工业行业与企业自身的市场化行动，也应该由政府意志来积极引领和推进。对产业长远发展有重大影响的基础前沿和核心技术，必须通过政府长期持续的投入及政策支持，才能形成研发能力、技术积累和产业规模。例如，台湾新竹的芯片制造业，正是台湾当局十多年的一贯支持才具有今天的世界领先地位。美国政府则通过“先进制造业伙伴计划”仅 2013 财年就投入 22 亿美元用于以创新制造工艺、尖端工业材料制造以及机器人制造为主的先进制造领域的研发。

习近平总书记在 2018 年 5 月 28 日的院士大会上提出：我们着力推进基础研究和应用基础研究，我们着力推进面向国家重大需求的战略高技术研究，我们着力引领产业向中高端迈进；并讲到在关键领域、“卡脖子”的地方下大功夫，集合精锐力量，做出战略性安排，尽早取得突破。

粤港澳大湾区在一些重大关键领域的科技攻关，遇到的掣肘很多就是因为基础研究的不足。基础前沿研究的复杂性和高度综合性使其不可能在市级层面组织完成，必须由省政府出钱，加大投入力度，以高水平的高校和科研院所为依托，补齐粤港澳大湾区基础前沿研究的短板，增强源头供给能力，力争在重要科技领域实现跨越发展，跟上甚至引领世界科技发展新方向，掌握新一轮全球科技竞争的战略主动权。

要从省级层面进行统筹规划，由广东省政府积极组织财政预算进行基础前瞻布局，加强先进传感、控制和平台系统（ASCPM），可视化、信息化和数字化制造（VIDM），先进材料制造（AMM）等智能制造基础前沿和核心领域的研发，为智能制造注入强大的政府驱动力。可通过项目的形式进行委

托攻关，委托省内高校和科研院所联合国内、国际顶尖大学和研究机构，以攻关的形式开展研究。

（三）实施智能制造领域重大科技专项，实现重点跨越

在智能制造领域发展存在的一些薄弱环节和长远发展的重点领域部署一批重大科技专项。适时调整智能制造领域重大科技专项实施内容和方向，按照“建链、补链、强链”的要求，在先进智能制造领域择优安排一批重大重点项目，支撑龙头、骨干企业加速发展，从而带动产业转型和升级。同时，将改善和解决产业配套环境、健全创新体系、推进产城融合和发展产业集群等作为工作重点，发挥产业的优势互补作用，避免趋同发展。

（四）创造宽松的环境，激发科技创新的活力和成果推向市场的动力

目前粤港澳大湾区已经初步构建了智能制造区域创新体系，组建了一批与智能制造相关的创新平台和新型研发机构，它们的健康发展，是关系到智能制造发展的根本大计。

要理顺政府、平台、科研人员的关系，明晰科研成果转化的产权关系，增加平台和个人在科研成果转化中的利润分成，激发平台和科研人员成果转化的积极性。对区域创新平台的扶持应由直接拨款转为给予税收、人才引进等方面优惠政策的形式，已有经费支持的平台应将所拨经费与服务地方业绩直接挂钩，经费拨款应逐年递减，最终将区域创新平台推向市场，以市场化运作激发其活力。

（五）加快高水平理工科大学和理工类学科的建设步伐

高级人才和前瞻性科研水平的缺乏是制约粤港澳大湾区经济结构战略性调整和产业转型升级的重要瓶颈。没有高级人才和前瞻性科学研究的创新只能是海市蜃楼，要在更高水平上再造“粤港澳大湾区模式”，进一步推动“粤港澳大湾区制造”向“粤港澳大湾区智造”转变，必须在人才培养、学科建设和科研成果的研发推广上深化改革，推动超常规发展。

高水平理工科大学和理工类学科要全面推行扁平化管理，提高内部治理的效率；加强基础研究，追求学术卓越，组建跨学科、综合交叉的科研团队，形成一批优势学科集群和高水平科技创新基地，增强原始创新能力；积极利用外部力量来获得跨越式发展，通过与国内及国际顶尖大学合作共建学科的方式提高学科建设水平，为粤港澳大湾区智能制造发展提供强有力的人才、智力和科技支撑；提高服务经济社会发展的能力，加强与高、新、强企业的协同创新，开展包括科研、人才培养等领域的合作，推动产学研全面发展。

（六）提高科技资金的使用效率，充分发挥引领作用

1. 明确企业的创新主体地位

政府职能要加强服务，明确在应用性研究上企业的创新主体地位，加强市场导向，减少干预：在科技指南的设计上应结合本地区产业发展的需要，邀请产业界代表、专家和政府主管部门进行充分论证，以明确大方向为主，杜绝对具体参数的限定，以增加科技创新的自由度，降低腐败发生的概率；放开智能制造发展领域的准入限制，提升智能制造发展领域的竞争度；大力推进以企业为主的产学研合作，加大产学研联合申报的科技项目比例。

2. 提高财政性科技资金配置效率

减少对企业科技补贴资金的竞争性分配比例，增加普惠性的分配比例，减少部门自由裁量权的使用。梳理企业的税费总负担和普惠性税收优惠政策，把减轻智能制造领域企业的税费负担落到实处。

优化科技项目管理和专项设置，开展流程优化与再造，加大力度解决科技项目审批流程时间过长的问题。广泛开展政府间合作、部门间合作，提高财政性科技资金的统筹协调能力。建立覆盖科技、经信、发改等掌握财政科技经费的相关职能部门的信息共享平台，通过整合政府信息管理系统，解决孤立的信息系统无法有效提供完全信息，以形成有价值的决策支持的问题。同时，要厘清各科技资金管理部门的职责，实行科技资金归口管理，明确划分各部门权限，杜绝政出多门的现象。

（七）加强智能制造软环境的建设

在切实减轻企业负担、提升企业利润空间的基础上，加强智能制造软环境的建设，为智能制造营造良好的市场环境。

1. 加大知识产权保护力度，营造公平的市场环境

充分认识到知识产权是关系到企业及地区智能制造长远发展的战略选择问题，认识到知识产权的保护事关公平的创新环境建设，事关企业创新积极性的打造，事关智能制造科技创新的可持续性发展。要加大知识产权执法力度，建立健全预警、维权和争端解决机制，为创新创造提供法律支撑。要建立覆盖企业知识产权信息的信用档案，对有知识产权违法行为的企业取消其获得任何政府资助及优惠的资格。支持和鼓励企业转变经营模式，走自主创新之路，努力提高企业的科技竞争力，提升专利申请和商标申请的数量和质量。加强重点领域关键核心技术的知识产权储备和全球化战略布局，鼓励和支持专利高端运营和跨国知识产权许可，推进解密国防知识产权市场化运用。

2. 加快智能制造标准化体系建设

以规范智能制造企业行为、提高智能制造质量水平为核心，加快智能制造各领域标准的制（修）订，扩大智能制造标准化覆盖范围。加强共建“一带一路”重点国家大宗商品标准比对分析研究，推进智能制造重点领域采用或参照国际标准。推动粤港澳大湾区智能制造企业参与或主导研制智能制造重点领域的国家标准和行业标准。

3. 加大智能制造人才的引进力度

对智能制造人才开放户口，以留住人才，提高粤港澳大湾区对全国优秀智能制造人才的吸引力。增加引进智能制造团队的比例。随着科技的发展、专业分工的细化、竞争的加剧，新的科学发现和重大进展靠单兵作战和简单合作已很难实现，团队攻关已成为现代社会生产条件下科学技术研究活动的内在要求，引进创新团队对提升和推进智能制造的竞争力有着非常重要的意义。

B.10
粤港澳大湾区新能源汽车产业创新发展报告

张瑞锋　田文颖　李　罡　凌和平　李　军*

摘　要： 树立引领新能源汽车技术创新的新思路，积极打造大湾区汽车零部件产业链长板优势，有利于促进粤港澳大湾区保持经济和科技发展的领先地位。本文分析了大湾区新能源汽车及零部件"卡脖子"技术和产业发展现状，根据发展新能源汽车面临的问题，有针对性地提出了发展新能源汽车技术和产业的具体对策建议。

关键词： 粤港澳大湾区　新能源汽车　汽车零部件

汽车产业是推动新一轮科技革命和产业变革的重要力量，是建设制造强国的重要支撑，是国民经济的重要支柱，具有巨大的社会价值和战略意义。新能源汽车是当今全球汽车产业发展的战略方向，世界汽车领先国家为保持汽车产业竞争优势，通过完善创新网络、打造跨界创新平台等方式加速技术创新，进一步增强汽车产业竞争力。

发展新能源汽车是推动粤港澳大湾区经济产业发展的重要抓手，也是拉

* 张瑞锋，深圳汽航院科技有限公司工程师，博士后，研究方向为新能源汽车；田文颖，广东省科技厅主任科员，博士，研究方向为新能源汽车、科技政策；李罡，广州汽车集团股份有限公司高级工程师，博士，研究方向为新能源汽车；凌和平，比亚迪汽车工业有限公司汽车工程研究院副院长，研究方向为新能源汽车；李军，中山大学副研究员，博士，研究方向为电池技术。

动技术创新发展的重要抓手。发展新能源汽车的关键材料和部件有助于完善上下游的产业链体系，打造湾区产业长板优势。因此，深入分析研究湾区新能源汽车发展现状，找到“卡脖子”技术和产业发展难点，为汽车产业的持续发展提出有针对性且又切实可行的建议和对策尤为必要。

一 粤港澳大湾区新能源汽车产业、技术与政策现状

（一）新能源汽车产业总体情况

2019 年，我国汽车产销分别完成 2572.1 万辆和 2576.9 万辆，大湾区内地 9 市轿车销售量超过 170 万辆，占全国汽车销售量的 6.5%。湾区新能源汽车产业主要集中在动力电池、驱动电机、电控系统、充电基础设施、系统检测和整车等领域，呈现规模高速增长、集聚效应初步显现的特点，其中动力电池及原材料领域产值超过 1000 亿元；驱动电机及电控系统领域产值超过 200 亿元；充电基础设施、系统检测等领域产值超过 500 亿元，汽车产业产值超过 7000 亿元。

（二）整车产业发展情况

大湾区内已形成深圳、广州、佛山新能源汽车核心集聚区，东莞、珠海、中山、惠州、肇庆等地区则重点发展关键零部件及新材料配套项目区。大湾区已具备了纯电动、燃料电池、插电式、增程式等动力类型的乘用车、客车、物流车、专用车等车型的生产能力。大湾区内目前拥有具备新能源汽车生产资质的企业 16 家，具备动力电池自主生产研发能力的新能源汽车生产企业 5 家。在整车领域有广汽集团、比亚迪等湾区龙头企业，五洲龙、飞驰汽车、银隆新能源等地区龙头企业，广汽比亚迪、广汽时代、小鹏汽车等新兴企业。

（三）汽车关键零部件产业发展情况

大湾区新能源汽车关键零部件已涵盖了电池、电机、电控、电子和通信

等领域。电池方面包括动力电池正极材料、负极材料、电解液和隔膜、燃料电池催化剂、质子交换膜、电堆、氢气循环泵、空压机等关键材料、零部件；电机方面包括变频器、减速器、永磁同步电机等关键部件；电控方面包括电池管理系统、电机控制系统、智能车身控制系统、整车控制系统以及电空调、电转向、电制动等关键系统和部件；电子方面包括电子芯片、车载视觉、激光雷达、毫米波雷达和车窗控制器、尾门控制器、灯光控制器等关键部件和控制器；通信技术方面包括车载以太网络、通信模块等关键部件；车载娱乐方面包括汽车娱乐系统、汽车虚拟仪表、信息显示模块、智能驾驶座舱信息系统等关键部件和产品。关键材料、核心零部件和系统集成技术处于国内领先水平，可基本满足大湾区新能源汽车产业发展需求。

（四）创新型龙头骨干企业情况

粤港澳大湾区动力电池、驱动电机、整车控制等关键领域的总体技术水平国内领先，部分技术达到国际一流，产业化、市场化发展势头良好，涌现出一批行业领先的新能源汽车企业和零部件配套及研发企业。大湾区有广汽集团、比亚迪等整车龙头企业，有鹏辉能源、迈科新能源、力柏电池、钜威新能源、德尔能新能源、艾尔电子、大地和电气、长河动力、汇川技术、蓝海华腾、航盛电子、欣锐科技等动力电池、电池管理系统、驱动电机、动力总成控制系统等关键零部件领域龙头企业，有奥特迅设备、科陆电子、巴斯巴等配套充电设备领域龙头企业；有星源材质、德方纳米、新宙邦、贝特瑞、惠程电气等关键材料领域龙头公司，有深圳汽航院等整车及零部件研发方面的创新型企业，基本形成了以龙头企业带动、关键零部件与配套企业积极参与的良好态势。

（五）创新能力建设情况

目前粤港澳大湾区已经建成了电动车辆、动力电池、电机系统等领域的国家工程实验室、重点实验室、省级工程实验室、工程技术中心、国家质量监督检验中心等创新平台、技术服务平台和公共测试平台，在新能源汽车整车、动力电池及管理系统、驱动电机及控制系统、激光雷达、无线充电、柔性充电、双向充电等关键零部件方面的技术水平与研发能力居全国领先地位，初步形成了一个多层次、多领域的技术创新体系。

（六）政策环境

《粤港澳大湾区发展规划纲要》《广东省人民政府关于加快新能源汽车产业创新发展的意见》等顶层设计政策明确提出要加强关键核心技术研发，比如整车，动力电池、电机、电控和智能终端等关键零部件，燃料电池系统和核心部件，以及动力电池电解质、正负极材料等关键材料；要推动在新能源汽车电池、氢能源电池、智能网联技术上取得突破，要培育壮大新能源、节能环保、汽车等产业，加快建设新能源汽车产业集群。

珠三角九市亦相继出台了推广应用意见、实施意见、产业振兴规划、产业发展政策、发展工作方案、资金管理办法等一系列产业扶持政策，在动力电池及原材料、驱动电机及电控系统、充电基础设施、系统检测和整车等领域进行扶持布局。

二　粤港澳大湾区新能源汽车产业与技术发展存在的问题

（一）整车企业数量较少，产业联动作用有待加强

整车企业包括广汽集团、比亚迪、五洲龙、开沃汽车、深圳东风、长安标致雪铁龙等，但仅广汽集团、比亚迪规模较大。比亚迪采用垂直整合的生产制造模式，对产业链上下游企业协同带动作用不明显，产业集聚发展效应需进一步优化提升。现在供应链的参与主体发生了很大变化，从传统汽车以机械类供应商为主转变为电化学、电子、半导体、通信、软件等多类型供应商并存，零部件产业链企业须适应车规级产品设计研发和生产制造的要求。

（二）动力电池核心技术水平发展不均衡，部分指标差距明显

汽车动力电池以锂电池为主，当前面临的主要问题有电池质量比能量低、比功率低、生产成本高等。动力电池核心技术水平发展不均衡、集成工艺水平与国际一流水平尚有差距，湾区动力电池企业在整体产品一致性、制造工艺、生产线自动化、数字化及部分性能指标方面差距明显。

（三）驱动电机领域骨干企业少，核心专利技术缺失

当前比亚迪、大地和电气等电机产品的峰值功率密度与国际一流水平相比尚存在一定差距，而且核心材料技术缺乏自主专利，如烧结钕铁硼永磁材料的制造专利技术被日立金属垄断，湾区企业只能高价外购相关产品。

（四）电控系统领域缺乏品牌，国际市场有待拓展

大地和电气、汇川技术、欣锐科技、蓝海华腾、威迈斯等企业在电力电子集成方面取得较大突破，部分电机控制器实现了与 DC/DC 集成，达到国内领先水平。但由于品牌影响力、产品认证和关键专利技术受制于国外企业等因素，导致国际市场尚未开拓。

（五）车规级芯片几乎处于空白，产业链受制于人

车规级芯片如 MCU、IGBT 等方案设计、制造难度大，投资成本大。目前全球 IGBT 市场主要竞争者为英飞凌、三菱、富士电机、安森美等，中国中高端 IGBT 90% 以上依赖进口。湾区生产车用 IGBT 的公司只有比亚迪等少数几家，技术、规模和成本都与国外存在差距。湾区内尚没有可以达到安全可靠、满足供应链品质管理标准的产品。

（六）电子电气架构尚未建立标准，未能主导开发

当前汽车车载传感器数量多、系统架构复杂，软件代码行数超过 2 亿行、数据吞吐量大，导致电子电气架构高度复杂、汽车构造复杂、成本高、

安全性低。整车对算力、电力、动力和传感器资源的争夺会更加激烈，现有的电子电气架构早已不堪重负。德尔福将汽车电子电气架构分为车身与便利域、信息娱乐系统域、底盘与安全域、动力总成域、高级辅助驾驶系统域，Model 3 划分了中央计算模块、左车身控制模块、右车身控制模块三大域，当前湾区车企尚未主导汽车域的划分标准及域控制器的开发。

（七）整车及安全领域零部件依赖外商，存在安全风险

整车安全涉及主动安全、被动安全、事故后安全、生态安全和自身安全等问题；新能源汽车中的动力电池、高压线缆、高压连接器、熔断器等零部件与安全密切相关；智能汽车中的硬件系统、电子电气架构、部件间通信、车辆与外界接口、云端数据库等零部件与功能安全、信息安全和网络安全密切相关。一线车企对这些安全领域供应商的产品设计、检测和生产要求非常高，目前主要供应商大部分还是外资品牌。

（八）氢能基础设施布局落后，充电基础设施国际市场开拓不足

加氢站等氢能基础设施发展缓慢、布局落后的主要因素是氢气能源属性尚未界定、制氢成本高、补贴力度小、核心技术弱、审批难度大，已经成为制约大湾区氢燃料电池汽车发展的关键因素之一。开拓国际市场需投入大量的人力、物力、财力，更需要提高科技研发水平，增加企业运营成本。湾区科士达、奥特迅等企业在国际市场开拓方面，相比特斯拉、西门子等国际领军企业，经验和实力有待进一步加强。

（九）缺少高端平台，第三方综合性汽车国际研究院力量不足

汽车产业涉及面广、产业链长、系统性强、体制机制复杂，湾区当前缺少像天津中国汽车技术研究中心、重庆中国汽车工程研究院等能够提供创新战略咨询的一个跨学科、跨领域、跨产业的高端智库平台、技术创新平台、产品开发平台、测试服务平台，导致创新链不完整，现有创新要素和平台投入分散、缺少协同，与国外汽车国际研究院相比还存在显著差距。

（十）政策引导发展，对政策依赖性大

新能源汽车的发展受政策影响较大，新能源汽车的发展与政策的支持息息相关。2016 年以前保持了较高的补贴水准，新能源汽车高速发展；2017 年开始对新能源企业的补贴逐年下降，新能源汽车减速发展；2020 年深圳已经取消了新能源汽车的地补政策，预计新能源汽车可能负增长。

三　打造世界级新能源汽车产业集群与创新策源地的建议

粤港澳大湾区作为国家科技创新的前沿重地，需以更大力度的开放，努力构建全球创新生态体系；不断提升企业的市场控制力，构建更加安全的全球产业供应链体系；创新育才引才机制，提升科技创新潜力；打通科技成果转化的各个环节，打造全球科技创新高地；既要努力解决“卡脖子”技术短板问题，也要建立全而强的产业链“长板”优势。

（一）构建以人才、企业、产业和市场需求为出发点的创新体系

1. 以人才为中心，打造湾区人才“生态圈”

建立国际化、跨领域的人才培养体系。借鉴欧美等国际顶尖高校的教育评价机制，重建大湾区内人才培养体系、评价体系。利用新的评价体系给予经费支持、倒逼改革、升华思想，建立以交叉学科与新兴学科为特色的学科群，建成国家新能源汽车重大科学技术研究人才、拔尖创新创业人才和社会职业技能人才的重要培养基地。

建立信息化、多类型的人才支撑体系。利用市场机制建设国际人才大数据平台、社交平台、网络平台，补齐人才市场结构不完整的短板，构建引进海外人才的技术支撑体系。加强人才生活和发展环境建设，在法律规定基础上制定技术移民相关宏观调控、筛选评估、权益保障等政策。

建立高水平、多层次的人才引进体系。通过技术移民制度引进湾区需要

的高水平和紧缺人才；建立系统和公开透明的人才引进法规；重视吸引留学生，并将其作为人才引进的重要途径；建立健全更多的柔性引才平台、多样人才流动站，增强创新创业配套水平；建立健全人才引进的知识产权评估管理机制。

建立高效果、全方位的人才服务体系。探索大湾区汽车人才归化政策，加快高层次外国人才身份转换；制订实施粤港澳三地人才多样式多渠道的人才交流计划，畅通人才服务衔接渠道。

2. 以企业为主导，大力促进产学研用合作

支持龙头企业增加研发投入，加强基础研发能力建设。如支持广汽研究院、比亚迪等汽车研发机构建设，大力吸纳国际汽车人才，加大新能源汽车自主创新力度，通过“产学研用”相结合的方式，围绕新能源汽车及零部件“卡脖子”关键技术和核心部件，实施科技攻关，掌握核心技术，降低生产成本。

支持中小微企业创新发展，发挥灵活创新优势。占湾区企业绝大多数的中小微企业，富有创新精神，更具有潜在的创新优势。充分认识并发挥出中小微企业所独有的创新优势，支持研究关键共性技术，促进产学研用合作，推动湾区经济社会发展走上创新驱动的道路。

3. 以产业为导向，重点支持应用基础研发

建立产业科学问题库，开展前瞻性基础研究。建立以产业需求为导向的项目形成机制，围绕企业提出的受制于人、“卡脖子”的重大技术需求，建立产业目标导向科学问题库，开展应用导向的基础研究，实现科学理论和前瞻性基础研究突破。

成立产业基金项目，投向应用基础研发。实施粤港澳大湾区、省际、省企等联合基金、开放型科学基金、博士后科创产业基金项目，引导企业研发机构开展应用基础研发，实现引领性原创成果突破，形成产业链“长板”优势。

4. 以市场为导向，驱动技术与产品创新

满足市场需求，研发新技术。通过与市场需求良性互动，形成依托市场实现新能源汽车产业持续发展的动力，有针对性地研发新技术，突破电池的

续航里程、整车安全性能、关键零部件研发等技术问题。

锁定市场目标，开发新产品。准确把握当今目标消费群体的消费特征，制定产品定位和营销策略，探索市场化发展道路，加快以市场需求为导向的产品创新驱动，实现新能源汽车产业的可持续发展。

（二）超前谋划新能源汽车产业生态集群

1. 谋划新能源汽车产业集群

抓住国际车企巨头全球布局的机遇，进一步优化产业用房、产业用地、知识产权保护等方面的扶持政策。规划新能源汽车产业基地，保障引入的国内外汽车企业产业用地；成立新能源汽车产业专项招商组，制定实施招商引资方案，积极引进跨国企业落户湾区；积极引进国际知名整车企业，形成龙头整车企业带动的产业集群格局；组织举办国际性新能源汽车产业展会及论坛，提升产业影响力。

2. 构建全球供应链合作生态体系

在湾区建立一“批国际供”应链组织，积极参与全球新能源汽车供应链，千方百计“请进来”“挤出去”“插进去”，与全球最优秀的企业、院校合作，与全球最优秀的人才合作，积极参与全球技术贸易、供应链合作，形成“犬牙交错，共同发展”的格局。建立新能源汽车的全产业链，尤其是关键材料、组件、系统和终端产品，形成湾区“长板”核心优势。

3. 促进整车企业与零部件企业联合发展

倡导如广汽、比亚迪、宁德时代等企业成立广汽比亚迪新能源汽车客车有限公司、广汽时代动力电池系统有限公司等，促进整车企业与零部件企业联合发展。充分利用湾区整车企业的品牌建设、渠道管理的经验和零部件企业的技术优势，实现强强联合、强弱互补，为湾区的新能源汽车发展探索出新思路。

4. 强化产业链关键零部件配套能力

重点增强新能源汽车领域动力电池正极材料、单体及电池系统，驱动电机及控制器，电控系统和燃料电池电堆及空压机、氢气循环泵等零部件，高压储氢等方面的研发生产能力。提升智能网联汽车环境感知部件及集成、专用芯片、决策系统等方面的研发生产能力。

5. 成立技术创新联盟，推进产学研用协同创新

组建一批粤港澳大湾区协同创新联盟（中心），如新能源汽车、动力电池、氢能燃料电池、电机、车规级芯片、车载信息服务系统等技术创新联盟组织或建设汽车国际研究院，通过搭建联盟信息交流平台和第三方研究院，实现产学研用协同创新，促进产业信息的交流与沟通，建立行业共享的新能源汽车产品开发数据库，集中优势力量，解决涉及新能源汽车及零部件产业持续健康发展的战略性问题，全面提升新能源汽车工业自主开发能力和整体技术水平。

（三）全面构建新能源汽车安全体系

1. 保障新能源汽车安全

加强对新能源汽车电池、电气、电磁、信息、机械、充电和应用安全等科学问题研究和工程技术问题攻关，建立起保证高压电安全、乘客安全、行人安全和信息安全的新能源汽车安全矩阵，全面保障新能源汽车安全。

2. 保护智能汽车安全

推进汽车安全感知、汽车入侵监测、病毒暴发预测等网络安全体系建设，通过构建攻击渗透体系、安全防御体系、安全管控体系，以及相对应的安全组织和安全产品来保护联网汽车的网络安全，构筑智能网联汽车网络安全壁垒。

3. 保证汽车交通安全

建设与发展智能网联汽车相关的交通系统，研究公路设计、交通流、信号灯、队列控制技术，支持感知模块、融合预测模块、规划模块和控制模块等关键技术研究，提高道路交通效率，保证汽车交通安全。

（四）全方位建设新能源汽车基础设施

1. 多方共建新能源汽车动力充电、氢能加注基础设施

加大大功率充电、智能充电、加氢站等新能源汽车动力充电、加注等基

础设施建设投资力度，积极鼓励电动汽车生产企业、电网企业、石油企业、民间资本等多方共同参与新能源汽车充电、氢能加注服务供给，支持鼓励便利店、商场、公共停车场等加入新能源汽车充电服务领域，不断满足日渐多元化的能源需求。

2. 加速安装智能网联汽车路边基础设施

在街道、桥梁、十字路口、标志、信号等路边单元上加速安装用于智能网联汽车的基础设施，通过车路协同、车车协同、人车交互、车网交互等技术，综合实现碰撞预警、安全预防及通报、辅助驾驶等多种应用，实现列队跟驰、道路危险状况提示、交叉口通行引导、紧急车辆避让、突发恶劣天气提醒、绿波通行、禁行预警、前撞预警、弯道车速预警、盲点提醒、违反信号或停车标志警告、交叉口辅助驾驶、匝道控制等功能。

3. 超前规划设计无人驾驶汽车专用道路和区域

探索在广深沿江高速、广深高速、深汕高速、深中通道、港珠澳大桥公路铺设专用无人驾驶车道，建设深圳大铲湾港、盐田港、广州黄埔港等港口码头在封闭环境下的无人驾驶区域，建立基于交通基础设施的完全自动驾驶。

（五）全流程建立测试评价及质量监督制度

1. 梳理技术标准，构建中国新能源汽车标准体系

重点制定大功率充电、无线充电、氢燃料电池、关键系统、信息安全防护、智能汽车基础地图、云控制基础平台、智能化基础设施等技术规范，以及“人车路云”系统协同的车用无线通信技术标准和设备接口规范。建立新能源汽车等级划分及评估准则，制定新能源汽车产品认证、自动驾驶、运行安全测试标准，完善仿真场景、封闭场地、半开放场地、公共道路测试方法。制定人车交互、车路交互、车车交互及事件记录、车辆事故产品缺陷调查等标准。

2. 建立健全企业自评估，推动建设认证认可机制

建立健全新能源智能汽车企业自评估、报备和第三方技术检验相结合的

认证认可机制，构建覆盖全生命周期的综合认证服务体系。开展关键软硬件功能性、可靠性、安全性认证，制定面向不同等级智能汽车的认证规范及规则。推动测试示范区评价能力和体系建设。

3. 建立全流程的质量监管，保护消费者权益

加强新能源智能汽车整车、关键材料、关键部件、系统及基础设施产品的全流程质量监管，保证产品质量安全，保护消费者使用权益。加大监管执法和产权保护力度，推进社会信用体系建设，使市场竞争更加公平有序。

（六）构筑具有国际影响力的创新创业高地

1. 构筑全球创新创业高地

不以名气论英雄，对接地气、有能力进行创新创业的人才和团队加大支持力度，加强粤港澳合作，构建主体多元、服务专业、全链条覆盖、具有国际技术力量的创新创业体系，激活湾区青年人才双创力量。培育既懂新能源智能汽车技术又懂市场的科技企业家人才，以及一批既懂成果转化又具备法律、财务、市场等专业知识的复合型人才。

2. 培育有影响力的湾区品牌

通过政策引导方式加大对自主品牌新能源汽车企业的扶持力度。积极发展自主配套产业链，支持本地企业通过与国外设计机构联合开发等方式尽快实现新能源汽车整车、关键零部件开发，以自主品牌新能源汽车整车发展为契机，积极扶持和引导本地零部件企业上水平、上规模，促进零部件生产格局朝着单一种类、系列化、专业化的模式发展。支持本地新能源汽车研发机构布局搭建海外研发平台，推进自主品牌汽车国际化，打造有国际影响力的新能源汽车品牌。

3. 鼓励参与国际市场竞争

鼓励湾区企业参与国际市场竞争，拓展与美国、日本、欧洲、韩国等地新能源汽车领域优势企业或研究机构的交流与合作，推动湾区新能源汽车的国际化进程；加大对企业市场拓展、出口渠道建设、海外营销网络建设等方

面的支持力度，对企业参加各种国际展会及在相关国家或地区进行商标注册和专利申请、摊位费、宣传费等方面给予大力支持。

（七）发挥政策法规服务性功能

1. 发挥政策法规引领作用，完善汽车科技产业政策

在产业政策方面。打破地方保护主义，形成公平竞争的市场氛围，推进整车及零部件技术提升和规模化生产，从而扩大整个新能源智能汽车产业的市场规模。

在配套政策方面。完善新能源汽车研究开发、人才培养、技术标准、检测认证、市场准入、税收减免、产业扶持、政府优先采购、购买补贴、充电优惠、停车优惠等方面的配套政策和法规。

在科研项目方面。实施“悬赏揭榜制”、“项目专员制”、“经费包干制”和“首功奖励制”等政策，激励科技人才担当奉献。对做出突出贡献的科技人员，优先推荐申报国家级人才计划和科研项目，优先提名科技功臣奖、科学技术奖、杰出贡献奖等各类奖项。

在企业支持方面。大力推进落实高新技术企业培育支持、研发经费后补助、企业研发机构建设支持等政策措施，推动企业不断加大研发投入力度，提高自主创新能力。设立产业技术重大专题，大力实施一批重大研发创新项目，促进重点产业领域成果转化和产业化。

2. 加强技术标准体系建设，推动产业高质量发展

在技术标准体系建设方面。加强产业相关技术标准体系建设工作，加强技术标准的研究和规划，引导、鼓励企业参与国家、国际标准制定，大力提升湾区新能源汽车核心技术水平，解决新能源汽车行业标准体系认证过程中程序繁杂、耗时较长、费用较高等问题。

在产业推广应用方面。加快出台国际认证补贴政策，根据企业国际化发展需求，制定科学、合理的产品国际认证补贴政策体系。加快制定充电服务费指导标准，适时完善新能源汽车指标管理，解除车主后顾之忧。加大使用环节支持力度，研究制定减免新能源汽车停车费、高速公路通行费及允许借

道公交车道等鼓励措施。

3. 进一步优化营商环境，支持企业参与国际化竞争

深化互联网政务服务，优化创业营商环境。深入推进湾区政务信息系统整合共享，推动各地区运用信息化、信息共享等手段切实提升企业获得感。加大对民营企业、科研人员参与国际事务的培训、指导和资源支持力度。

持续放宽市场准入，放开投资及贸易限制。列出汽车领域市场对外开放路线图、时间表，鼓励外资、民间投资进入研发和制造体系，推动湾区产业与世界融合。在湾区复制和推广自贸试验区改革试点经验，在知识产权、市场准入等方面给予外资全方位的政策支持。同时，深入开展国外技术壁垒和技术性贸易措施的应对研究工作，为新能源汽车相关企业顺利"走出去"提供技术保障。

建立健全评价机制，支持企业参与国际化竞争。引入第三方专业机构，借鉴国际经验做法，构建健全的湾区特色评价机制、国际可比的营商环境评价指标；从国家和自身战略安全角度，给本土供应商提供更多的应用机会，从而实现产品在实际应用中迭代，不断提高产品技术水平，支持企业参与国际化竞争。

B.11

粤港澳大湾区发展冷链物流的对策研究

左连村*

摘　要： 本文围绕冷链物流发展与粤港澳大湾区优质生活圈建设展开分析。首先分析了冷链物流对粤港澳大湾区优质生活圈建设的重要意义。其次分析了粤港澳大湾区发展冷链物流的有利条件和不利条件。最后提出粤港澳大湾区发展冷链物流的对策措施，包括加强粤港澳大湾区冷链物流一体化建设、注重粤港澳大湾区冷链物流空间合理布局、加强粤港澳大湾区冷链物流基础设施设备建设、加强粤港澳大湾区冷链物流标准化建设、促进粤港澳大湾区冷链物流信息技术发展、加快粤港澳大湾区冷链物流人才培养等。

关键词： 冷链物流　粤港澳大湾区　优质生活圈

一　发展冷链物流是建设粤港澳大湾区优质生活圈的必然要求

《粤港澳大湾区发展规划纲要》提出把建设宜居宜业宜游的优质生活圈作为粤港澳大湾区建设的战略定位之一，同时指出要提高大湾区民众生活便利水平，提升居民生活质量，为港澳居民在内地学习、就业、创业、生活提供更加便利的条件，加强多元文化交流融合，建设生态安全、环境优美、

---

* 左连村，广东外语外贸大学南国商学院，教授。

社会安定、文化繁荣的美丽湾区。这里所说的提高大湾区居民的生活便利水平和生活质量，主要体现为居民的衣、食、住、行、娱、学习、工作等方面的便利、高效和安全。其中与吃这一环节密切相关的就是冷链物流。优质生活圈首先对饮食提出高质量的要求，即要吃得丰富和高质量，吃得安全，吃得便利。而保证生鲜类的产品在仓储、运输、流通加工、配送等各个流通环节的质量与速度，正是冷链物流的主要功能。大湾区要打造居民优质生活圈，冷链物流是其中非常重要的一环，也是必然的发展要求，因为它直接影响着居民的生活质量与便利程度。冷链物流在大湾区内是否得到很好的快速发展，是大湾区优质生活圈是否形成的重要标志之一。

冷链物流是指冷藏冷冻品从生产、贮藏运输、销售到消费前的各个环节始终处于低温环境下，以保证产品质量，减少物品损耗的系统工程。冷链物流适用于肉禽蛋、果蔬、水产品、速冻食品、乳制品、花卉产品、快餐原料、包装食品、特殊商品、药品等，所以它比一般常温物流系统的要求更高、更复杂，建设投资也要大很多，是一个庞大的系统工程。

近年来，我国居民收入水平稳步提高，对食品、医药等消费品的需求稳步提升；同时，在互联网消费、配送方式升级支持下的生鲜电商迅速成长。这些因素都在推动冷链物流及冷库需求持续走高。未来我国冷链物流系统将加速完善，冷链流通率及运输率有望逐步向发达国家水平靠拢，冷链配送服务及装备产业将迎来快速扩容的机遇。数据显示，我国的冷藏冷冻食品总量以每年10%的速度增长，冷藏冷冻食品的销售量已占食品销售总量的10%左右。初级农产品、各类水产品、速冻食品、包装熟食、奶制品的产量和流通量逐年增加，相关的冷链物流运作越来越受到关注。此外，随着生活水平日益提高，人们的食品安全意识、食品质量意识进一步提高，全社会对生鲜食品的安全和品质提出了更高的要求。

2018年6月11日，智慧物流研究院联合京东物流发布的《改革开放40年——粤港澳大湾区电商物流发展洞察》指出，粤港澳大湾区城市居民消费观念在过去三年里发生了重大改变，以传统消费方式为主的食品生鲜类产品逐渐转变为频繁的线上消费，“食品酒类生鲜特产”消费排名前三的城市分别为广州、深圳、东莞，另外惠州、江门等珠三角区域几个城市这类产品的消费订单和金额也成倍增长。这些商品都属于冷链物流运输的范畴，说明冷链物流企业的发展对粤港澳大湾区的发展尤其重要，已经成为大湾区经济增长的重要促进因素。

冷链物流链的发展对粤港澳大湾区优质生活圈建设的积极促进作用主要表现在以下方面。

第一，冷链物流产业的发展壮大，能为来自粤港澳大湾区内外和国内外的生鲜农产品、水产品、医药产品等提供全程冷链物流，从而确保将品质优良和品种齐全的生鲜农产品、水产品、医药产品等供给粤港澳大湾区居民，有助于提升粤港澳大湾区居民的生活质量，有利于粤港澳大湾区优质生活圈的建设。

第二，冷链物流的发展可以促进粤港澳大湾区冷链物流标准化建设，促进食品检验检疫标准、食品质量安全标准以及冷链物流标准的统一，打造大湾区全程温控冷链物流服务体系，实现全程可追溯，从而有效避免生鲜产品运输过程中衍生的食品安全事件。

第三，冷链物流的发展有利于促进冷冻工艺技术的提高和冷链物流操作效率，从而降低冷链产品损耗，有利于减少企业运营成本，增加企业收益。以农业为例，农产品冷链物流大发展，可以减少农产品产后损失，并可以带动农产品跨季节均衡销售，促进农民稳定增收。

第四，冷链物流产业的发展壮大，能使更多企业进入冷链物流行业提供冷链运输、冷链配送、冷藏、冷链物流信息共享等服务。冷链物流企业的专业化和规模化，将直接为粤港澳大湾区居民提供更多的就业岗位，有助于推动粤港澳大湾区在经济、文化、社会等各领域的融合发展，有助于将粤港澳大湾区建设成宜居宜业的优质生活圈，对整个经济社会秩序的稳定都将起到很好的作用。

第五，冷链物流产业的发展壮大，有利于促进粤港澳大湾区国际贸易的发展，有利于引进国际大湾区的先进生活理念，进而促进粤港澳优质生活圈的建设。在开放的环境下，特别是在电商迅速发展的大环境下，冷链物流的发展必然具有国际性。粤港澳大湾区的特点之一就是开放性。在“一带一路”倡议的推进下，在广东自由贸易区建设的拉动下，粤港澳大湾区的冷链物流国际化发展的规模将会越来越大，对大湾区优质生活圈建设的影响也将会越来越明显。

二　粤港澳大湾区冷链物流发展的条件分析

粤港澳大湾区冷链物流发展面临良好的发展机遇，具有许多有利的条件，但同时也存在一些不利的发展条件，面临着不小的挑战。

（一）粤港澳大湾区冷链物流发展的有利条件

《粤港澳大湾区发展规划纲要》的实施、CEPA 政策的实施、“一带一路”倡议的带动、广东自由贸易区的建立以及国内创新驱动战略的推进，是区域内发展冷链物流的多重机遇。面临这些良好发展机遇，加上湾区内自身具有的良好基础，粤港澳大湾区发展冷链物流具有许多有利条件。

1. 政策的叠加效应为粤港澳大湾区冷链物流发展创造了有利的政策环境

CEPA 的实施为粤港澳大湾区冷链物流发展提供了通关便利，促进了冷链物流进出口业务量的增加。口岸部门的监管互认、信息互换和执行互动，使通关效率得到很大的提高，进而提高了冷链物流效率，促进了大湾区冷链货物流动。同时也有利于内地与港澳冷链物流企业相互渗透，加速粤港澳大湾区冷链物流行业的有效融合，提升粤港澳大湾区冷链物流行业的国际竞争力。

中国—东盟自由贸易区的建立，使粤港澳大湾区进出口贸易不断增强，特别是在农产品、能源和橡胶方面。粤港澳大湾区每年出口生鲜农产品数量的不断增加，也为粤港澳大湾区冷链物流发展带来了难得的机遇。粤港澳大湾区冷链物流建设应借助这些自由贸易协定和安排所带来的双向开放市场，加强与周边东盟国家的设施“硬联通”和机制“软联通”，促进区域冷链物流生产要素流动，挖掘区域经济合作潜力，拓宽发展空间。“一带一路”倡议的推进，使得跨境冷链业务日益频繁，而移动互联网的崛起，又催生了生鲜电商、冷链宅配的兴起，这些无疑将是冷链物流发展面临的新主题、新机遇。“一带一路”倡议的实施，完善了物流基础设施，打通了国际物流通道，有利于国际贸易规模扩大，促使冷链物流融入国际市场，加快冷链物流的发展，也有利于国际合作交流，提升冷链物流服务水平。

国家实施的创新驱动战略以及广东自由贸易区的建立和运行，促进了国家创新机制的形成和创新成果的不断涌现，对外贸易和国际交流不断扩大，这对大湾区冷链物流的发展有着直接的促进意义。

《粤港澳大湾区发展规划纲要》（以下简称“纲要”）的颁布和实行，为大湾区冷链物流的发展提供了直接的操作指引和政策依据。“交通”作为关键词在《粤港澳大湾区发展规划纲要》中出现了 28 次，“物流”作为关键词出现了 15 次，“运输”作为关键词出现了 9 次，“食品安全”作为关键词出现了 7 次，“农产品”作为关键词出现了 4 次，“供应链”作为关键词出现了 3 次。除此之外，该纲要还提出，要推进粤港澳物流合作发展，大力发展第三方物流和冷链物流，提高供应链管理水平，建设国际物流枢纽。

2. 活跃的经济发展环境是冷链物流发展的重要基础

粤港澳大湾区在中国甚至在世界都属于经济发展的增长极。粤港澳大湾区经济发展水平全国领先，产业体系完备，集群优势明显，经济互补性强，香港、澳门服务业高度发达，珠三角九市已初步形成以战略性新兴产业为先导、先进制造业和现代服务业为主体的产业结构。随着粤港澳大湾区经济的发展，湾区内居民消费能力不断提升，消费结构随之升级，湾区内生鲜易腐类商品的需求在逐渐加大，粤港澳大湾区冷链物流行业迎来了发展机遇。

3. 现代化的综合交通网络是大湾区冷链物流发展的有利条件

交通是经济发展的先行官，正所谓要想富先修路。《粤港澳大湾区发展规划纲要》多次提到交通互联互通建设，提出构建现代化的综合交通运输体系，包括提升珠三角港口群国际竞争力、建设世界级机场群、畅通对外综合运输通道、构筑大湾区快速交通网络、提升客货运输服务水平。目前，粤港澳大湾区已初步形成以广州、香港（深圳）、澳门（珠海）为枢纽，其他城市为节点的多核放射线与环线结合的现代综合交通网络，粤港澳大湾区的高速公路、轨道交通、港口和机场无论是总体能力还是总体交通量，都在世界各大主要湾区中名列前茅，已达到世界先进国家水平，基本达到现代化水平。这些基础设施在粤港澳大湾区互联互通的建设过程中，有助于冷链物流运输大通道的形成，从而冷链物流行业将直接受益。

4. 国际化发展优势成为粤港澳大湾区冷链物流发展的有利条件

香港、澳门、珠三角九市的国际化发展为冷链物流的发展带来了良好发展机遇。《粤港澳大湾区发展规划纲要》提出多项鼓励措施，强调一致对外，加强对外开放合作，如提出以“一带一路”建设为重点，构建开放型经济新体制，加快培育国际合作和竞争新优势，以及强调支持横琴与澳门联手打造中拉经贸合作平台，搭建内地与共建“一带一路”国家和地区的国际贸易通道，推动跨境交付、境外消费、自然人移动、商业存在等服务贸易模式创新。支持横琴为澳门发展跨境电商产业提供支撑，推动葡语国家产品经澳门更加便捷地进入内地市场。这众多的举措意味着国家要将粤港澳大湾区建设成世界一流湾区，向国际市场进发。冷链物流产业也将随着大湾区建设脚步，走向国际市场。粤港澳大湾区各项规划的逐步实施，将为冷链物流企业带来重大机遇。

（二）粤港澳大湾区冷链物流发展的不利条件

在当前的形势下，粤港澳大湾区冷链物流的发展也面临一些不可回避的难题。能否有效破解这些难题，成为影响大湾区冷链物流未来发展的重要因素。

1. 大湾区内部存在的社会制度差异对冷链物流大发展带来一定的不利影响

在发挥“一国两制”优势的同时，社会制度差异也给粤港澳在经济贸易融合方面带来一定困难。粤港澳大湾区与世界上其他湾区相比最大的特点表现为“一个国家、两种制度、三个法域和关税区、流通三种货币”，这在世界上也是首例，对粤港澳大湾区来说既是优势也是挑战，具体表现在经济贸易领域主要为经济自由度、市场开放程度、营商便利度及社会福利水平方面的差异，这些差异将对珠三角九市与港澳在经济贸易融合方面造成一些障碍。比如，与内地相比，香港是一个市场开放程度很高的城市，经济也比较自由，吸引众多的资源进入香港市场，但广东在这方面限制就很多，习惯香港那种自由环境的企业可能不太愿意进驻广东或与其合作，这样粤港澳大湾区的市场互联互通水平就很难提升，生产要素高效便捷流动的局面也很难形成。粤港澳大湾区冷链物流要想在这种差异化的社会制度下做大做强，面临着不小的挑战。

2. 物流管理体制差异形成不利条件

内地和香港在物流管理体制方面是有差异的，内地从中央到地方均没有专门负责物流规划和管理的机构或部门，而是由发改委牵头，交通运输、国土资源、商务、工业与信息化等多部门联合协作，表现出多方管制、程序烦琐的特点。香港的物流管理方式正好相反，没有多头管理，而是由特区政府成立了物流发展督导委员会和物流发展局两个新机构，分别由财政司司长和经济发展及劳工局局长出任主席。内地与香港在物流管理体制上的差异势必增加物流企业间的合作难度。

3. 基础设施有待完善

虽然国家出台了相关政策，构建粤港澳大湾区交通一体化体系，但这毕竟是一项庞大的工程，不是一朝一夕能完成的。第一，在短期内管理体制差异导致协作困难。在湾区内存在五种管理体制，分别是“香港体制”“澳门体制”“特区体制”“自贸区体制”“国内通用体制”。这五种体制无论是管理理念还是基本机制都存在很大差异。第二，基础设施互联互通不足，难以形成一体化的出行网络。这在一定程度上阻碍了湾区内经济的发展。第三，交通基础设施软硬件匹配失衡。粤港澳大湾区交通硬件条件基本不缺，但软件方面还有很大的不足，如制度、规则及软环境等。第四，地区交通管理水平差距较大。第五，各地区间的通道仍不通畅，“瓶颈路”“断头路”等经常存在。

粤港澳大湾区冷链物流企业数量虽多，但成规模企业较少，多为供方和需方自己提供物流服务，外包给第三方物流企业的比例不高，导致冷链物流企业资源分散，市场化、社会化程度不高。部分地区重复建设严重，资源利用率不高，导致冷链物流产业形成不了规模效应，无法摊销冷链物流的高成本。粤港澳大湾区冷链物流行业的小规模企业运作模式，导致行业集中度非常低，据了解，我国排名前10的冷链物流企业市场占有率仅为1%，排名前100的市场占有率仅为10%，缺乏具有整合冷链物流能力的大规模企业，市场散乱无法形成规模效应，行业运营成本高、盈利低，成为冷链物流行业发展的短板。

湾区内冷链物流企业协作水平不高，竞争多于合作。粤九市、香港、澳门冷链物流服务水平差距较大，具体表现在冷链物流服务人员素质、服务质量水平、服务品牌战略、服务流程、服务时效、服务态度等方面的差异。这种服务水平的差异以及粤港澳三地不同制度法律致使湾区内冷链物流企业间协作不佳，而且竞争多于合作，即使在深圳和广州之间，也存在缺少合作的问题，各企业都以自己的利益为上而令行动难以协调。

4. 缺乏大数据平台支撑，冷链物流标准化尚未建立

随着社会的高速发展和日益增长的健康需求，未来的粤港澳大湾区冷链物流必将向着智慧、可视化方向发展。智慧冷链以信息化为依托，广泛应用大数据、云计算、物联网等新一代信息技术与手段。信息共享和大数据支撑是粤港澳大湾区打造智慧冷链的关键所在，其中大数据系统关系着信息的真实性、实用性和可靠性。而当前湾区内大数据系统和信息平台的缺失使大量冷链物流信息缺乏衔接机制，导致大量冷链物流资源不能得到合理配置，从而影响冷链物流行业整体效率的提升。另外，粤港澳大湾区冷链物流技术标准不统一，也会降低冷链物流效率。

5. 冷链物流管理人才缺乏

冷链物流发展离不开冷链物流专业人才，而在国内，专业冷链物流人才十分缺乏。粤港澳大湾区也面临着同样的情况：冷链物流人才供给不足，冷链物流人才创新能力不足，冷链物流人才培养质量有待提高。人才的产生主要依靠学校培养，但国内只有少量院校开设了冷链物流相关专业，培养的人才远远满足不了冷链物流行业发展的需求。吸收和引进人才也存在一个人才

融合的问题。

《粤港澳大湾区发展规划纲要》无论是在吸引国外人才，还是在鼓励港澳人才到内地就业创业方面都提出了相关的举措，但实施起来还有很大的困难。例如，从香港吸引人才的难点，首先就是税制带来的障碍，香港薪俸税较低，仅有4个级别，最低税额2%，最高仅为17%，并有众多免税项目，例如已婚人士免税额、子女免税额、单亲免税额等。但内地的税率就高很多，并且按累进税率计算，最高可以达到45%。虽然从2019年开始国家进行了税费的改革，但与港澳相比税额仍然较高。更不用说还有出入境、医疗保险、住房、社会福利等方面的障碍，所以湾区内人才的聚集以及流动都有一定的难度。海外人才回国后国籍问题也是一个障碍，香港允许双国籍，内地则不允许。此外，科研经费的出入境手续也比较烦琐。

三　促进粤港澳大湾区冷链物流发展的对策建议

（一）加强粤港澳大湾区冷链物流一体化建设

加强粤港澳大湾区冷链物流一体化建设，应重点加强冷链物流管理体制的协同创新，推动粤港澳大湾区港口群一体化建设，推动粤港澳大湾区机场群一体化建设，加快通关一体化建设。

理顺粤港澳大湾区内部的物流管理体制，第一，建立统一的协调机构；第二，构建物流“一站式”办公模式；第三，借鉴国外发达国家物流管理体制。推动粤港澳大湾区港口群一体化建设，第一，探索更高效便捷的协调机制，多种合作模式协同发展；第二，构建现代港口交通体系，建设粤港澳三地更便捷的交通网络；第三，推进多式联运服务发展，提高港口辐射范围，增强港口与腹地联动功能；第四，推动港口冷链物流化转型，延伸港口服务功能，提升冷链物流效率；第五，强化粤港澳大湾区港口航运高端服务业，提升湾区港口群国际航运中心地位，使湾区整体上向国际价值链中高端迈进。要推动粤港澳大湾区机场群一体化建设，第一，明确各机场功能定位，机场群之间协同发展；第二，实现机场群交通网络一体化，夯实航空冷链物流发展基础；第三，加强机场群冷链运营一体化，共同开拓冷链业务市场，共同提高冷链综合服务能力，优化冷链通关环境，构建冷链运营信息共享平台，推进机场冷链多式联运服务等。要加快通关一体化建设，则可从口岸基础设施互联互通、创新通关模式，建立鲜活产品“绿色通道”，优化通关流程与作业方式、创新冷链监管模式，优化冷链监管流程四个方面实现通关一体化，助力湾区冷链物流快速发展。

（二）注重粤港澳大湾区冷链物流空间合理布局

广东省冷链物流总体上呈比较好的发展态势，但也存在很多问题。第一，冷链物流区域发展不平衡，冷链发展偏于销地，产地物流中心以及预冷站的建设投入不足，容易导致大量生鲜产品在产地的浪费。此外，部分需求量较大的城市，如东莞、中山和珠海，其冷链物流配送中心数量较少。第二，冷链设施结构不合理，低温库所占比例较高，保鲜冷库占比较低，即肉类冷库较多，而果蔬和药品的冷库较少。第三，生鲜产品在产地缺乏相应的预冷设施，大大降低了生鲜产品的质量、缩短了保质期。第四，冷链物流园区建设滞后，缺乏以政府为主导的大型的多功能冷链物流园区，从而限制了很多中小生鲜零售企业和中小冷链物流企业的发展。第五，空港冷链物流中心建设不够，使得对时效性要求比较高的生鲜产品的跨国运输受限。

因此，应不断促进大湾区的冷链物流空间布局合理化。第一，政府要鼓励企业加大对高温冷库建设的投入力度，以满足消费者对生鲜果蔬类产品的需求，大力推广生鲜产品的共同配送。第二，根据供给、需求和进出口的情况对大湾区冷链物流布局进行优化。第三，对于广州、深圳和佛山等城市来说，应将优化重点放在冷库种类和数量上，并在考虑未来冷库需求增长的基础上进一步扩大冷库的规模。第四，就冷链物流的集散而言，应在广州、深圳、香港和澳门这四大中心城市建设大型的冷链物流枢纽站，承担冷链物流产品的集中与分散功能。第五，政府要支持进出口贸易发展冷链物流，投资建设综合型的冷链物流园区，并鼓励冷链物流企业入驻。

（三）加强粤港澳冷链物流基础设施设备建设

冷链物流的基本功能有二，一个是冷链运输，另一个是冷链储藏，而冷库是冷链储藏的载体，是实现冷链储藏的基本保障。加强粤港澳冷链物流基础设施设备建设，总体上说，第一，要转变思想，树立共建共享意识。第二，建立粤港澳大湾区统筹协调机构。第三，柔性处理体制问题对交通一体化建设的约束。第四，有效整合三地现有交通资源，打造现代交通运输体系，优化交通结构，完善配套服务体系。第五，搭建粤港澳大湾区交通公共信息平台。重点应加强粤港澳大湾区交通的互联互通、冷链运输设施设备建设和冷链物流仓储设施设备建设。

加快粤港澳大湾区冷链运输设施设备建设，第一，要加快冷藏车建设，优化冷藏车市场结构。第二，要加大冷藏车市场监管力度，提升冷藏车品质。第三，细分冷藏车市场，使冷藏车行业向专业化、多样化发展。第四，加大冷藏运输设备信息化投入力度，实现运输全程“可视化”。第五，培养专业化冷链运输设备人才，通过与校企合作，推动冷链运输设备专业教育和职业培训，形成多层次的教育、培训体系，大力培养市场需要的专业化人才。同时借鉴港澳人才培养经验，与港澳共享冷链物流相关人才，增加粤港澳大湾区冷链运输设备人才，以满足粤港澳大湾区对冷链运输设备人才的需要。

（四）加强粤港澳大湾区冷链物流标准化建设

加强粤港澳大湾区冷链物流标准化建设，第一，要加强市场和消费者对冷链物流标准化的认识，使消费者能够理解冷链物流标准化的意义，促使消费者在消费时能够倾向于选择执行冷链物流标准的产品，为标准化买单，提高企业推行标准化的积极性。第二，要重构大湾区冷链物流标准体系。重构应遵循统筹优化、简化通用、系统归并、衔接兼容等原则，对通用规范、专项规范和特定导则等内容进行重构。第三，政府部门为标准化推广提供引导和支持。第四，建立全程冷链物流可追溯系统。通过建立冷链物流全程质量检查与监督机制，严密监管产品在冷链物流各环节中的运行状况，从而掌握企业冷链物流标准化执行状况，为完善冷链物流系统提供有力的保障。第五，加强对冷链物流标准化的监督。第六，大湾区冷链物流标准应注意与国际标准对接。

（五）促进粤港澳大湾区冷链物流信息技术发展

信息技术的发展对粤港澳大湾区冷链物流的发展至关重要，粤港澳大湾区冷链信息技术的发展应以国家冷链物流的发展方向和方针为指导，结合粤港澳大湾区发展的实际情况进行研究。冷链物流信息技术的发展离不开物流行业信息技术的发展，粤港澳大湾区冷链物流信息技术的发展依然要以冷链物流行业的信息技术发展为依托。

第一，加强冷链物流理念与技术研究。冷链物流理念和技术的深层次研究直接关系着粤港澳大湾区冷链物流的发展，应该加大在这方面的投入力度，适当增加对粤港澳大湾区冷链物流相关企业、相关高校专业的研发投入，只有这样才能促进粤港澳大湾区冷链物流的高效发展。第二，加快冷链物流装备与技术升级。随着大数据、人工智能的发展，冷链物流装备技术也应该与时俱进，进行升级换代，主要包括仓储管理装备与技术、运输管理装备与技术。第三，加快粤港澳大湾区冷链物流技术创新和冷链物流企业经营创新。第四，加快粤港澳大湾区冷链物流信息化水平建设，并把信息化水平建设作为粤港澳大湾区冷链物流建设的重点。从当前冷链物流运输发展现状来看，在冷链物流运输过程中应积极加强对各种新技术的应用，包括射频技术、3S 技术及冷链物流信息化技术等。同时要重构信息标准化体系，加强信息技术的标准化建设。

（六）加快粤港澳大湾区冷链物流人才培养

冷链物流的发展离不开专业人才。冷链物流标准化技术、服务标准、管理方法等相当复杂，对从业人员职业素质提出了很高要求。因此，要加强对冷链物流人才的培养。第一，利用粤港澳大湾区高校众多的优势，鼓励高校加快冷链物流人才的培养。包括通过增设大学冷链物流专业，优化物流管理专业人才培养方案，对冷链物流管理专业进行课程改革，加强物流管理专业冷链物流实验室建设，培养能在粤港澳大湾区物流企业从事冷链物流管理的应用型、复合型、技能型人才。第二，以校企合作为依托，发挥企业在冷链物流管理人才培养中的作用。第三，发挥政府、行业协会和企业在培养人才中的作用，联合培养人才。第四，完善适合粤港澳大湾区的冷链物流人才管理机制，推进湾区内冷链物流人才一体化建设。第五，全方位建设湾区人才高地，大力引进高层次冷链物流人才，形成培养和引进相结合的人才形成机制。

参考文献

［1］彭丽霞：《我国冷链物流发展现状及对策研究》，河北工程大学硕士学位论文，2011。

［2］刘海东、崔亚慧：《我国冷链物流业发展现状及对策研究》，《湖北生态工程职业技术学院学报》2012 年第 3 期。

［3］谢庆裕、周人果：《粤港澳大湾区：建设宜居宜业宜游的优质生活圈》，南方网，2019 年 2 月 21 日。

［4］冷链物流，百度百科，https：//baike. baidu. com/item。

［5］辛均庆等：《代表委员热议粤港澳大湾区建设：打造宜居宜业优质生活圈》，南方网，2018 年 1 月 28 日。

［6］严紫翎：《分析食品冷链物流对生活的重要性》，《商业故事》2016 年第 4 期。

［7］昌道励、江珊：《粤港澳大湾区应共建优质生活圈》，《南方日报》2018 年 12 月 8 日。

［8］吴婷、左连村：《粤港澳农产品冷链物流发展可行性分析》，《交通金融管理》2015 年第 3 期。

［9］陈晓曦：《大湾区物流供应链发展提速——解读〈粤港澳大湾区发展规划纲要〉》，《物流时代》2019 年第 4 期。

B.12
粤港澳大湾区创新跨境电商产业生态模式的研究

刘 珍 彭雷清*

摘 要： 本文从产业生态模式的角度对粤港澳大湾区跨境电商发展的背景、路径进行分析。同时通过与跨境电商另外一种生态模式——环杭州湾平台生态模式进行比较，进一步分析粤港澳大湾区跨境电商存在的优势和不足，并据此对大湾区跨境电商生态模式发展完善提出建议。

关键词： 粤港澳大湾区 跨境电商 产业生态模式

粤港澳大湾区人口占全国人口比重不到7%①，经济总量却约占全国的1/8，它与美国纽约湾区、美国旧金山湾区、日本东京湾区并称为世界四大湾区，是国内综合经济实力最强、产业融合最成熟的世界级湾区。大湾区产业体系完整，集群优势明显，产业结构和资源禀赋互补性强。它在先进制造业、国际贸易等方面发挥着主导作用，市场化程度和区域合作赶超国际领先水平。

产业集群式发展是粤港澳大湾区跨境电商发展的特征，依托传统的产业和外贸能力，粤港澳大湾区积累了跨境电商产业生态模式的先发优势。同

---

* 刘珍，广东省商业职业技术学校讲师，广东省商业经济学会副秘书长；彭雷清，广东财经大学国际商学院教授，硕士生导师，广东财经大学商贸物流与电子商务研究中心主任。

① 根据国家统计局2018年数据，中国总人口约13.95亿人，粤港澳大湾区8500万人占比约6.09%。

时，依托跨境电商带来的新需求、新渠道和新模式，跨境电商也驱动大湾区产业从原来微笑曲线底部的“三来一补”贸易加工，朝着创新驱动、品牌打造以及品质取胜的曲线两端向上移动。粤港澳大湾区跨境电商既是产业提升的结果，同时也是驱动产业升级转型的推动力。

一　粤港澳大湾区跨境电商产业的现状与特点

跨境电商产业链包含产品制造方、销售方、物流配送方、电商平台方以及最终消费者五大环节。粤港澳大湾区跨境电商产业生态模式具有如下四大显著特征：消费者较早接触国外商品且能够开展产品出口，跨境商品消费意愿充分且消费能力强；民营经济发达，制造业遍地开花，产业完整、产能强大；湾区文化崇尚经商，很多商家有着优良的经商传统，从线下一直延伸到线上；美中不足的是湾区企业品牌意识和平台打造能力还有待加强。

（一）跨境电商产业基础雄厚

大湾区“9＋2”城市群有9个城市位于广东省①，下面我们以广东省为例来看看大湾区的跨境电商规模。广东省2019年跨境电商进出口总值超千亿元，高达1107.9亿元，同比增长45.8%，占中国内地跨境电商总值（1862.1亿元）的59.5%。

这几年广东的跨境电商进出口规模一直保持全国第一。广东跨境电商连续数年高位增长，离不开这里深厚的发展基础，广东省完整的产业结构、强大的制造业基础，可以为全世界供应物美价廉的各种商品，为跨境出口提供了产品基础。《中国电子商务发展指数报告》显示，多年来，广东省电子商务发展指数与支撑指数均居全国榜首，可见广东省在

① 粤港澳大湾区世界级城市群由“9＋2”城市组成，即由广州、佛山、肇庆、深圳、东莞、惠州、珠海、中山、江门9市和香港、澳门2个特别行政区组成。

基础环境、物流环境及人力资本环境等多方面都具备良好的跨境电子商务基础。广东省跨境电商发展的良好基础和领先地位，也证实了大湾区跨境电商发展的雄厚产业实力。

（二）跨境电商行业品类丰富

在大湾区跨境电子商务发展中，行业的产品结构呈现多元化发展。在品类上，3C 电子产品、服装服饰等消费品一直是全球跨境电商平台最畅销的品类，家居园艺、户外用品等需求也在攀升。2018 年出口跨境电商卖家品类分布上，3C 电子产品卖家占比为 18.5%，服装服饰店家占比为 12.4%（见图 1）。进口跨境电商品类包括美妆护理、鞋服、饰品箱包、母婴用品、家居用品、运动户外、食品、数码家电、生鲜水果、保健品等，其中美妆个人护理用品以及母婴产品是消费占比最高的品类，发展最快。

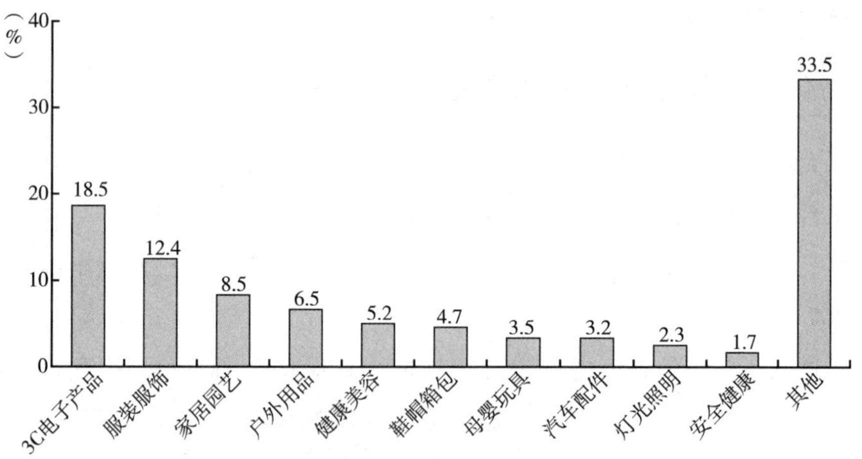

图 1　2018 年全国跨境电商出口卖家品类分布

资料来源：由前瞻产业研究院整理。

大湾区的跨境电子商务市场分布广泛，出口主要流向美国和欧洲等成熟市场的消费者群体。此外，俄罗斯和巴西等新兴市场正呈现快速发展趋势。

鉴于欧洲、美国和日本等发达经济体通过量化宽松等刺激政策稳步恢复经济增长，预计未来大湾区制造业的出口优势将继续保持。

（三）各城市跨境业务高度互补

在大湾区，广州是整体龙头，香港是国际金融、航运和贸易中心，澳门是世界旅游休闲中心，深圳是科技产业中心，东莞、佛山、惠州等地都有发达的制造业。产业分工和城市功能定位清晰，不同城市之间的协调合作为大湾区跨境电子商务的发展提供了联动效应。广州和深圳是发展跨境电子商务的领头羊，珠海和东莞是后来者。随着港珠澳大桥的连接，珠海在海湾地区的地理位置优势越来越突出。首先，它可以承担香港和澳门的仓储和配送功能。其次，它可以吸引葡语国家的企业参与跨境电子商务产业链。澳门在这方面有很多的进口资源，可以顺利承接到珠海。东莞是跨境电子商务的后起之秀，以手机及零部件、塑料制品、五金制品、服装鞋帽等优势产业为主，目前全球网购产品中有 1/3 产自东莞，东莞牢牢把握产业货源优势，开展有针对性的招商引资，瞄准阿里巴巴菜鸟网络、网易等优质平台企业，搭建龙头企业与制造业对接平台，以销带产、以产促销，有效促进了跨境电商出口放量式增长。综上所述，大湾区各城市跨境电子商务的发展各有特点，互补性很强。

（四）自贸区、跨境电商综试区多政策便利

深圳前海、广州南沙、珠海横琴等广东自贸区依托特殊海关监管区域优惠政策，利用电子港口平台优势和数据共享机制，积极开展跨境电商进口业务。截至 2018 年底，广东自贸区内累计新设企业 25 万余家，实际利用外资 186 亿美元，年均增长 28.3%，进出口规模达 9026.7 亿元，占全省的 12.6%，并形成了跨境电商平台、仓储、物流、支付等相关产业链。另外还有多个投资额 5000 万元以上的建成或在建跨境电商园区（不含电子商务园区），以及 O2O 体验店、跨境商品直购体验中心、进口直购消费展等新型跨境电商模式。

大湾区内跨境电子商务综合试验区逐步增多，截至 2019 年 12 月，广

州、深圳、珠海、东莞、汕头、佛山6市获批设立跨境电子商务综合试验区，通过制度创新、管理创新、服务创新和协同发展，打造跨境电子商务完整的产业链和生态链，逐步形成一套适应和引领全球跨境电子商务发展的管理制度和规则，为推动中国跨境电子商务健康发展提供了可复制、可推广的经验。以广东东莞为例，该市借助获批国家第三批跨境电子商务综合试验区这一契机，打通跨境电商全产业链生态圈，打造粤港澳大湾区跨境电子商务进出口基地，促进跨境电商蓬勃发展，为“东莞制造”插上飞向全球市场的翅膀。2018年，东莞市跨境电商进出口额为370.1亿元，排名全国第一。2019年1～8月，东莞邮政发出国际小包5619.1万件，日均27.1万件。

依托广东自贸区和跨境电子商务综合试验区的政策优势，大湾区在融入全球经济、服务贸易自由化、产业协作、平台建设、创新创业等方面实现了更高水平的开放。自由贸易区和贸易港的建设，带动了高端资源的“引进来”，促进了自主创新成果的“走出去”，为大湾区跨境电子商务发展中的要素流动和服务贸易提供了优势和便利，对促进大湾区跨境电子商务健康发展和推动贸易高质量发展具有重要意义。

二　粤港澳大湾区发展跨境电商产业存在的问题

（一）大型跨境电商平台缺乏

在环杭州湾，天猫国际、网易考拉及小红书等拥有超千万活跃用户的大型跨境电子商务平台，凭借其强大的平台营销能力和大型终端流量，可以整合上下游资源，促进区域产业发展，聚集行业人才。在粤港澳大湾区跨境电商产业生态模式发展的过程中，大型跨境电商平台可以起到支撑平台、促进产业发展的关键作用。

受区域定位、文化传统、商业氛围和管理方式等因素的影响，虽然粤港澳大湾区的网上购物销售额已经位居全国第一，但大湾区缺乏有号召力的大型电子商务平台。尽管大湾区跨境电子商务是一种产业驱动模式，但在通过产业推动跨境电子商务发展的过程中，也应积极引进和培育大型跨境电子商务平台，形成产业推动和平台加持双轮驱动的良好发展态势。目前，全国70%的跨境电子商务在广东，超过50%的跨境电商在大湾区。然而，国内12个超大型跨境电子商务平台中只有唯品会总部位于广州，华东地区坐拥8个超大型跨境电子商务平台。相比之下，粤港澳建设大湾区跨境电商强而平台弱的问题还十分突出（见表1）。

表1　大型跨境电商平台生态模式及总部所在地对照

平台名	进口/出口跨境电商	商业模式	总部所在地
天猫国际	进口跨境电商	B2C	杭州
唯品会全球特卖	进口跨境电商	B2C	广州
网易考拉	进口跨境电商	B2C	杭州
京东全球购	进口跨境电商	B2C	北京
小红书	进口跨境电商	社区电商	上海
宝贝格子	进口跨境电商	母婴细分行业	北京
洋码头	进口跨境电商	买手模式	上海
淘宝全球购	进口跨境电商	B2C	杭州
苏宁海外购	进口跨境电商	B2C	南京
速卖通	出口跨境电商	B2C	杭州
跨境通	出口跨境电商	B2C	上海

资料来源：网络公开资料整理。

（二）供应链管理体系不够完善

面对多元化的消费结构、各地独特的法律制度、复杂的市场结构和产业链结构以及差异较大的基础设施环境，跨境电商在供应链管理等方面存在诸多难题，亟待破解。随着竞争的加速，以及消费者更加重视海外产品的高品质和购物体验，竞争开始转向比拼供应链。调查显示，用户在选择跨境电商平台时关注点集中在“正品保障”、“知名度”、“品类齐全程度”、“品牌覆盖”、“新品更新速度”以及“物流配送”和“售后服务水平”。可见，跨境电商抢占消费者市场的核心问题就在于资源供应商与物流体系服务的争夺战。

粤港澳大湾区从事跨境电商的企业主要是中小企业，海外订单分散。由于财力有限，大多数中小企业无法通过搭建自有的供应链体系来实现对境外客户的本地配送，货物主要通过跨境物流运输。跨境供应链体系不完善、物流成本高、速度慢，严重阻碍了中小企业产品在价格和便利性方面的优势发挥，阻碍了大湾区跨境电子商务的快速发展。

（三）跨境电商行业人才不足

跨境电商是集互联网、电子商务和外贸于一体的新型商业模式。它结合了外贸、语言、物流、电商等多方面的理论与实践，需要一系列复合型跨境电商人才。随着跨境电商的高速发展，跨境电商人才供不应求的问题也日渐凸显。《2019 中国进口发展报告》指出，当前信息通信技术供给速度、物流成本、人才缺口等因素制约着中国跨境进口电商发展，中国跨境电商人才缺口已达 450 万，并以每年 30% 的增速增加，缺口持续拉大。

从跨境电商的运营技能来看，与传统电商相比，跨境电商对人才需求更高。跨境电商运营人才需要的技能包括优秀的在线营销能力、熟练的交易平台操作能力、跨境电商网站运营能力、物流和供应链管理能力、小语种沟通能力等。大湾区跨境电商生态要进一步发展和丰富，行业人才缺乏是主要瓶颈之一。

（四）对政务服务效率依赖性大

2016 年 3 月，财政部会同海关总署和国家税务总局发布了《关于跨境电子商务零售进口税收政策的通知》，于 2016 年 4 月 8 日起执行，又称“4 月 8 日新政”。该政策经过三次延期，并于 2019 年 1 月 1 日起延续实施跨境电商零售进口现行监管政策。跨境电子商务的零售进口政策对行业发展起着决定性的作用。“4 月 8 日新政”首次宣布取消跨境产品税免税额，这导致近 4 个月进口跨境电商交易额“断崖式”下跌。从这一事件中可以看出，宏观政策和行业规范是影响跨境电商发展的重要潜在因素。不过可以预见的是，随着宏观政策和行业自律规范的不断完善，后续的宏观政策对跨境电商的影响会越来越小。

2019 年 7 月 3 日，国务院总理李克强主持召开国务院常务会议，对跨境电商零售出口落实“无票免税”政策，出台更加便利的企业所得税核定征收办法。为解决大部分跨境电商卖家没有进项增值税发票的问题，实现跨境电商零售出口商品阳光化报关，完善跨境电商统计体系，“无票免税”能够有力解决跨境电商税票难题，宏观政策的规范和便利将极大地推动跨境电商向高水平迈进。

从大湾区地方政府服务体系方面来看，跨境电商整个过程中涉及保税区及产业园规划、产品报关、检验检疫、关税优惠、结售汇外汇管制、离岸公司注册等商检税费政府服务的方方面面，政府能否在政务服务方面提供高效的支持，是影响跨境电商发展的关键因素之一。同时，随着大湾区一体化规划的发布和深化，大湾区内跨境电商企业的业务往来和商业合作也将不断增多，大湾区内各行政单位之间的政府服务能否互通互办，也将是制约粤港澳大湾区成为全球跨境电子商务中心的关键因素。

三　粤港澳大湾区创新跨境电商产业生态模式的建议

（一）积极培育大型跨境电商平台

1. 加强产业集聚园区载体建设

政府牵头建立跨境电子商务产业园，为产业链提供前提条件，突破有形市场的地理空间限制，促进相关产业发展。以跨境电商产业集群和跨境电商生态链企业为客户群体，强调政府、开发商和入驻企业应按照契约关系促进跨境电商相关资源的整合和集约化，充分发挥市场在优化资源配置中的作用，为建设大型跨境电商平台奠定坚实的硬件基础。

以东莞为例，2019 年以来，作为“世界工厂”的东莞，跨境电商业务呈现出“多点开花”态势，虎门港综合保税区跨境电商业务爆发式增长就是一个缩影。东莞在建设跨境电商综试区过程中，着力打造各类园区载体，在重点推进跨境电商中心园区建设的同时，搭建起全域跨境电商园区载体网络，全力打造领跑全国的“园区仓储 + 公共平台 + 智能核放”跨境电商“东莞模式”。2018 年，园区平均每天报关检验出口货车达 30 辆，国际小包累计出口 7652 万件，为外贸出口带来了新的增长点。同时，一个集办公、在线交易、仓储物流、保税仓、人才培训等于一体的综合性服务平台已现雏形。园区还依托口岸功能优势，与深圳湾、广州机场、“一带一路”中欧班列东莞石龙站以及香港等口岸联动，形成了内外联动、优势互补的口岸经济格局。

依托电子商务共享技术，构建跨境电子商务产业链，整合大湾区制造、营销和研发的网络能力。政府率先围绕跨境进出口业务建设园区综合服务平台，提供物流数据、支付渠道、人员培训和政府服务。政府为进出口企业、国际物流企业、跨境电子商务企业、第三方服务提供商等提供服务，整合跨境电子商务相关资源，为建设大型跨境电子商务平台提供软件支持。

2. 引进和培育跨境电子商务主体

广州、深圳和珠海先后出台了跨境电子商务实体引进和培育的扶持政策。从加大对引进跨境电子商务交易平台的激励力度，到支持独立品牌跨境电子商务实体，再到有针对性地支持有语言优势的跨境龙头企业，大湾区内各地政府因地制宜、力度空前。

广州重点引进跨境电子商务交易平台、物流供应链、支付结算、海外仓储等服务企业。根据该政策，向在广州设立综合、功能或区域总部的跨境电子商务企业提供补贴。深圳支持一批具有自主品牌，知名度高、市场拓展能力强的跨境电子商务经营主体做大做强，着力打造分领域跨境电子商务行业领军企业，推动一批垂直跨境电子商务交易平台大规模发展，吸引国内外知名跨境电子商务企业落户深圳。珠海致力于建设粤港澳海湾地区重要的一流跨境电子商务实体、辐射粤西地区的跨境电子商务服务基地、中国和葡语国家的电子商务配套产业园，引进和培育一批龙头企业。

（二）升级整合供应链管理体系

1. 搭建立体多层次供应链物流体系

（1）打造世界级湾区物流平台

2018 年 11 月 27 日，大湾区首个智慧物流平台运易通在深圳蛇口向公众发布。以大湾区为立足点，建设全国范围的公共物流服务、可视化全程物流服务、数字服务和网上科技服务体系。从客户对订舱、陆运、报关、保险、物流和金融的多样化需求出发，大湾区开辟了独特的出口运输模式，出口报关等待时间减少了一天以上，进口报关时间减少了七天以上。

进一步推进粤港澳基础设施、产业布局和公共政策的整合与协调，打破行政区划壁垒，实现粤港澳供应链产业物流要素的整合和自由流动。通过建设共享的智能物流平台，为大湾区企业提供简单、便捷、经济、高效的全程物流体验，大大降低进出口企业的物流成本，帮助企业快速拓展进出口业务，在市场竞争中占据领先地位，从而在大湾区打造绿色、节能、高效的世界级供应链。

（2）积极建设保税仓和海外仓

保税仓库的配送模式大大加快了商品配送的速度。与海外直邮不同，在网上购物保税模式下，跨境电子商务企业先在保税仓库存储货物，客户下单后直接从国内保税仓库发货。整个配送过程与国内电子商务几乎相同，大大缩短了跨境配送时间。保税仓库发货模式也降低了物流成本。如果使用海外直邮，单一商品的配送成本较高。在网上购物保税模式下，国际物流环节分批运输，大大降低了单个商品的物流成本。通过跨境电子商务渠道购买的海外货物，如果通过保税区运输，可以享受免税和优惠，比一般进口贸易的税费更低。

大湾区内的南沙、前海、横琴等保税区建有大量保税仓库，为大湾区跨境电子商务的发展提供了良好的物流支持。依托保税仓库实现跨境购物，享受国内物流速度的巨大优势，湾区企业应全面规划保税仓库，积极推进保税仓库建设，进一步发挥保税仓库发货快、快速配送等优势，提升跨境电子商

务客户的购物体验。同时，做好湾区的仓库规划，尽量避免单一商品在不同保税仓库重复进货造成的不必要的货物损失和仓库资源浪费。

不少有实力的跨境电商平台会自建供应链，依托海外仓自己进行精准高效配送。以国内最早布局海外业务的大湾区电商平台唯品会为例，当前已建成包括德国仓、英国仓、法国仓、澳大利亚仓、美国仓等在内的数十个海外仓，基本覆盖了以时尚和品质著称的国家和地区。京东、天猫等跨境电商平台纷纷在海外设立采购中心，其目的在于提升商品品控，降低海购综合成本，在供应链端巩固现有全球购与海外品牌商家之间的合作关系，同时开发新的业务合作伙伴。

跨境电子商务企业通过建设海外仓搭建海外供应链，实现了跨境直邮全过程的封闭性和连续性，降低了供应链风险，控制了货物供应，减少了中间环节，保证了产品质量，大大提高了交易效率。然而，海外仓也存在一些问题，如仓储成本高、海外收储滞销风险高、缺乏熟悉海外业务的人才等。因此，大湾区跨境电商海外仓的发展，应在综合评估国家政策等因素的前提下，由政府主导完善跨境电商相关的法律、税收等公共服务平台建设，并依托互联网技术搭建在线供应链平台，将世界各国电商、平台和跨境物流连接起来，构建在线海外供应链以服务中小跨境商家，然后根据业务规模协助企业稳步推进海外仓建设，从而稳步推进大湾区跨境电商供应链体系的层级化、立体化发展。

2. 提高供应链信息化水平

随着人工智能、大数据、物联网的发展和应用，信息化已经渗透到跨境电商供应链管理的各个方面，主要从两个方面进行：一是利用大数据实现供应链上、中、下游的深度互联；二是着眼于人工智能，将其应用到供应链的建设当中。

信息化是供应链发展的必然趋势，并且将引领大湾区供应链从区域供应链到全球供应链的蜕变，促进大湾区跨境电商从“中国货通全球”升级到“全球货通全球”。大湾区信息化供应链首先源于数字化的识别，包括从原材料至产品描述的全链路动态数字化和产品生产到流通的数字化；然后制定标准化规则和共享化机制；在形成全域互联的基础上，通过前端匹配进行需求预判。未来大湾区应更多引入信息化技术进行跨境电商供应链的效率创新和优化升级。

（三）各方合力培养跨境产业人才

粤港澳大湾区有150多所大学，为了吸引和留住人才，应在大湾区建立一种特殊区域管理方式，实行一致的商业法规和相关公共管理政策，为人才提供优质的工作生活环境。应建立一个全面的人才引进、保留和使用制度，创造条件，发挥吸引人才的优势，让人才愿意到大湾区来，当他们来了以后可以在大湾区生活和工作，充分发挥他们的才能，发挥粤港澳大湾区人才集聚效应，为大湾区跨境电商发展提供动力。

跨境电商对复合型人才的要求，需要大湾区高校打破以往专业之间各自为政的局面，构建以市场需求为导向、行业为纽带、企业为主体、高校为支撑的全方位复合型人才培养模式。各方分工合作，包括政府积极制定引进政策、资金和标准，高校结合现状整合理论知识，加快培训基地建设，企业合作提供实际岗位，有经验的教师和行业协会合作，有效整合行业资源，提供行业指导，从而促进跨境电子商务人才与跨境电子商务企业无缝对接，进一步深化跨境复合型人才培养模式，提升跨境应用型人才培养质量。

（四）构建优质高效的政务服务体系

1. 完善跨境电商配套政策

大湾区内的东莞建设了“跨境贸易电子商务公共服务平台”，将跨境电商监管服务延伸到线上，实现在线申报、监管、物流、支付等全流程跟踪功能，提供通关、结汇、退税等便捷服务。截至2019年8月底，东莞企业共通过该平台申报业务2.6亿票，涉及货值258亿元。

大湾区应协调地方行政单位，构建共享跨境电子商务公共服务平台的消费者身份信息认证平台，完善公共服务平台的企业接入功能模块。通过便利通关检查、融资、结汇和退税，引导中小企业进入公共服务平台。同时，继续深化海关稽查、税务等相关业务的数据互联，实现跨境电子商务数据的共享和协同管理。

搭建跨境电子商务综合服务平台，实现跨境电子商务“单一窗口”功能，推进跨境电子商务领域“信息交流、监管互认、执法互助”，推进粤港澳认证及相关测试业务互认系统登陆跨境电子商务领域，实现“一次认证、一次检测、三地通行”①。

2. 促进政务服务一体化建设

2019 年 2 月，“粤港澳大湾区广州琶洲政务服务中心”在广州市政务服务中心琶洲分中心正式挂牌。这是广东省首家为粤港澳居民和企业提供服务的大湾区政务服务中心。据悉，服务中心在 24 小时“不打烊”服务区部署了大湾区政务通自助服务终端和智税平台，启动粤港澳大湾区“9 +2”城市群“互联网 + 政务服务”模式，为大湾区珠三角 9 市居民提供民生、交通、住房、纳税、社保、气象六大类别跨城通办便民服务。广州南沙区也正式上线了“湾区通办，政务先行——市民之窗”自动终端服务，可实现粤港澳大湾区珠三角 9 市便民服务通办。

要深化大数据、人工智能等研发应用。当下，云计算、物联网、人工智能等技术飞速发展，并且在政务的“智能化”上发挥着日益重要的作用，要建设服务型政府，政务的“智能化”是必然方向。“互联网 + 政务服务”解决了信息采集、传输、监控等问题，能够促进各部门间数据共享，让群众和企业少跑腿、好办事、不添堵。

对粤港澳大湾区而言，要促进湾区珠三角 9 市一体化，让人员和生产要素的流动更便捷，深化“互联网 + 政务服务”，推动政务流程简化必不可少。而未来，要让粤港澳大湾区珠三角 9 市进一步协同发展，就需要智慧型政府，用人工智能等先进的技术，更好地洞悉企业和居民的需要，提供更精

---

① 国务院 2015 年 4 月 8 日发布的《中国（广东）自由贸易试验区总体方案》明确提出，在广东自贸试验区内试行粤港澳认证及相关检测业务互认制度。

准、便捷的服务，进一步加强粤港澳大湾区要素互联互通，营造更优质的国际化营商环境，吸引更多港澳人才前来创新创业。

结　语

依托大湾区多城联动、相互补位的超强产业优势，积极采取培育和激励措施，引进和培育大型跨境电子商务平台。协调粤港澳海、陆、空运输安排，整合粤港澳大中小城市运输系统，建立多层次仓储体系，为跨境电子商务发展提供全方位仓储和物流支持，升级整合供应链体系，助推大湾区跨境电商发展。充分激活大湾区对人才的虹吸效应，多方合力加强跨境电商复合型产业人才培养，为跨境电子商务发展奠定坚实的人才基础。就政府而言，应加强制度创新，遵循粤港澳营商规则，与国际高标准经贸规则体系接轨，实现粤港澳政务服务一体化。跨境电商是粤港澳大湾区面临的新机遇，同时也是激活经济转型升级的新挑战，政企学研各方应抓住历史机遇，在跨境电商“产业生态模式”发展上勠力同心，进一步完善大湾区跨境电子商务“产业生态模式”，实现大湾区跨境电子商务由大到强的跨越式发展，为大湾区发展注入新动能。

参考文献

[1] 刘慧廷：《粤港澳大湾区跨境电商发展对策研究——基于企业视角》，《商场现代化》2019 年第 3 期。

[2] 余萍、江佩怡：《广东省跨境电商的发展现状及对策》，《北方经贸》2018 年第 4 期。

[3] 向彩芬：《粤港澳大湾区背景下中小企业跨境电商发展机遇分析》，《湖北开放职业学院学报》2019 年第 7 期。

[4] 向晓梅、杨娟：《粤港澳大湾区产业协同发展的机制和模式》，《华南师范大学学报》（社会科学版）2018 年第 2 期。

[5] 刘云刚、侯璐璐、许志桦：《粤港澳大湾区跨境区域协调：现状、问题与展

望》，《城市观察》2018 年第 1 期。

［6］冯然、陈万灵：《广州建设成为跨境电子商务中心城市的思考》，《广东经济》2017 年第 7 期。

［7］罗谷松：《广州打造中国跨境电子商务中心的对策研究》，《当代经济》2017 年第 34 期。

B.13 粤港澳大湾区网红直播电商行业的发展对策研究*

王先庆　矫　萍　杨雅玲**

摘　要： 粤港澳大湾区是全国网红直播最发达的区域之一，具有靠近产地、原创设计、货品丰富等优势，尤其是在纺织服装、家居建材、珠宝玉石三大行业发展迅速并形成流花模式、沙河模式、汇美模式、厂家直播模式等独具特色的网红直播模式。作为一种新兴产业，粤港澳大湾区宜从人才、资本等领域大力扶持，同时从内容、形式等方面不断推动其创新发展。

关键词： 网红直播　电商平台　体验经济

一　引言

网红直播是数字化经济浪潮中产生的一个标志性现象，是互联网经济、平台经济、体验经济、在线经济、定制经济等多种新经济形态融合发展的产物，它是第三代互联网工具即短视频（前二代为 QQ、微信）大规模应用的

* 本报告是广州市首批新型智库广州大学广州发展研究院委托研究成果。

** 王先庆，广东财经大学商贸流通研究院院长、教授，广东省区域发展蓝皮书研究会副会长，广州市粤港澳大湾区（南沙）改革创新研究院高级研究员；矫萍，广东财经大学商贸流通研究院教授，广东财经大学商贸物流与电子商务研究中心研究员；杨雅玲，广东省商业经济学会研究助理。

结果，是电子商务发展到新阶段的一种业态升级。以它为起点，我国正在开始一个新的经济时代，即全民直播时代。未来经济社会的各个领域，从生产到消费、从设计到交易、从管理到服务、从教育到社交等，和电子商务迅速发展一样，都将广泛地被直播经济渗透和覆盖。

网红是指在现实或者网络中由于某个事件引起网民注意，引发一定社会关注度的人。直播电商则是指网红通过电子设备实时分享画面和发布信息，对商品、品牌、活动进行宣传，与粉丝进行实时互动的行为。粉丝可以发放弹幕，送虚拟礼物打赏，点击网红分享的信息进行跳转如购买商品、领取折扣券。在此类直播中，主播为了吸引流量，大多商品会有折扣或优惠，从而使消费者从互动中获取更多的精神和物质收益。

直播成为线下与线上、商家与消费者互动的新消费方式。直播起源于互联网平台上的秀场、游戏等，与电子商务融合创新后，形成了一种新的渠道模式和商贸业态，并在智能通信、短视频等新技术广泛应用背景下，呈现加速发展的大趋势。2018 年，淘宝直播、快手直播、抖音直播等直播平台带动的销售额，在 1000 亿元以上。随后，腾讯、京东、苏宁等都纷纷进入直播电商领域，培养和孵化自己的网红团队。① 广东省电子商务行业协会发布的 2019 年度广东省电子商务企业前十强（唯品会、环球易购、洋葱 OMALL、林氏木业等）基本上都在布局网红直播带货业务。

直播电商孕育了大量新的概念和观念，如工厂直播间、渠道引流、主播 IP、粉丝互动、电商带货等，同时还创造了一种新的互联网创业和就业生态体系，更主要的是，还能够创造大量的 5G、物联网、区块链等新技术的应用场景和市场需求。数据显示，截至 2019 年，中国移动电商用户规模将突破 7 亿人，② 其中 55.1% 的女性直播平台用户都有观看明星或者网红电商直

---

① 《李佳琦、薇娅、辛巴，网红创业者们如何引爆直播电商?》，腾讯深网，2019 年 11 月 14 日，https://tech.qq.com/a/20191114/001653.htm。

② 《2019 中国电商行业发展现状、用户调查及未来趋势分析》，艾媒网，2019 年 8 月 17 日，https://www.iimedia.cn/c1020/65755.html。

播的经历，同时，49%的男性用户也间或观看明星或者网红的电商直播。随着互联网普及率的不断提高，尤其是5G通信、智能配送、在线平台的发展，电商直播将迎来全新的发展格局，它不仅刺激消费者购买、创造新的需求，而且创新了传统的生产流程、价值评价体系、商贸流通方式、市场营销模式等，具有特殊的划时代意义。

总之，直播电商在中国的快速发展是一场迅猛的商业变革。一方面，它进一步培育了世界上最大的消费互联网应用群体，扩大了以电子商务、第三方支付、快递配送为核心的互联网市场基础；另一方面，进一步加速经济实现数字化转型，从而能够使中国互联网经济和数字经济进一步领先世界，为5G、人工智能等新技术应用提供更多的新动能。那么，在这样的背景下，粤港澳大湾区网红直播发展的现状如何、存在哪些问题、发展趋势如何、如何促进其发展是政府、协会、学界和企业都必须共同关心的话题。

二　粤港澳大湾区直播电商发展的基础条件与现状

直播电商是从电子商务和平台经济演化而来，它要求有相对成熟和发达的电子商务体系作为支撑，而粤港澳大湾区无论是电子商务，还是平台经济都十分发达，因此，直播电商起步早、分布广、影响大，从而处于全国领先地位，尤其是广州，2020年提出要打造全国著名的“直播电商之都”。

（一）基础条件

影响直播电商发展的主要因素涉及产业、市场、技术、人才等多方面。粤港澳大湾区的九个内地城市（深圳、东莞、惠州、广州、佛山、肇庆、珠海、中山、江门），尽管在城市定位、产业结构等方面各有分工、各有侧重，但总体来看，都具有较好的发展网红直播电商的有利条件。

1. 上下游供应链完备，产业配套完善

直播离不开实体经济的支撑，没有强大的产业链和供应链资源，就难以形成直播电商的产业基础和市场基础。如果缺少现场的样品展示、生产过程呈现、时尚设计支撑等基础条件，直播电商就缺少了生命力。直播追求现场感、专业化和性价比，有给粉丝多样化的款式选择，有性价比优越的货品来源，有强大的创意设计能力，有快速敏捷的供应链体系。从“以产定销”走向“以销定产”，需要保证有足够的货源和快速反应的能力。

粤港澳大湾区拥有300多个各具特色的产业集群，这些产业集群的产业链和供应链体系十分发达，产业配套齐全，是直播品类电商的理想基地。例如，仅仅纺织服装类，粤港澳大湾区内就有近20个产业集群，包括东莞虎门（女装）、惠州（男装）、中山沙溪（休闲服）、南海盐步（内衣）、中山小榄（内衣）、佛山禅城区（童装）、增城新塘（牛仔）、顺德均安（牛仔）、中山大涌（牛仔）、东莞大朗、佛山张槎（针织）、南海里水（袜子）、佛山市南海区（面料）等地。

由于靠近产地，再加上这些产业集群和生产基地的流程、渠道、营销、运营等各个环节都十分成熟，数字化、互联网化和智能化水平高，因此，与直播电商相配套的产品来源就十分丰富，产品成本更具有竞争力，从而使电商企业有更大的盈利空间，消费者可以买到物美价廉的商品，网红在直播中获得更多的个人收益。正因为如此，类似广州的纺织服装产业，佛山的家具建材产业、肇庆的玉器宝石产业等，都成为网红直播电商的有利条件。

2. 人口密度大，年龄结构较为年轻，电商网红的人数逐步增加

研究表明，“90后”“00后”等人群是网红直播行业的就业和消费主力。他们以女性居多，以大学生、白领为主。粤港澳大湾区人口总规模占全国的5%，人口集聚的经济效益十分显著。人口在年龄结构上较为年轻，劳动力人口比重高，更具发展活力，人们也乐意尝试新鲜事物。同时年轻群体受大环境影响，创业意识强，越来越多的年轻创业者进入直播电商领域，越来越多的消费者因为网红的个人影响和商品的优惠等而买单，网红经济市场

规模以及变现能力也随之增强。现实表明，直播电商的前期用户大多聚集在湾区内。强大的用户基数以及流量变现能力，为直播电商的发育成长提供了市场基础。

3. 互联网等新技术应用环境优越

粤港澳大湾区是国际科技创新中心，区域内不仅有腾讯、网易、唯品会、欢聚时代等各类互联网平台，而且互联网、大数据、人工智能和实体经济基本上实现了深度融合，以5G为代表的新一代信息技术等正在推动新一轮产业变革。广州和深圳作为粤港澳大湾区内最重要的两个科技创新城市，不仅在人工智能、大数据、云计算、VR、5G以及移动支付技术等方面居于全国领先地位，而且都积极主动地推动网红直播行业的布局和发展，从而形成一种导致直播电商迅速普及和大规模推广的市场环境。例如，广州欢聚时代集团打造的YY直播购，无论是想要逛街、逛店，还是想要休闲娱乐、放松自己，总有主播与你在平台互动，商家也在平台上找到适合的网红主播进行推广。网红、消费者、商家都能满足自己的需求。

（二）基本现状

粤港澳大湾区的直播电商已经覆盖农业生产、工业制造、商贸流通、休闲娱乐、旅游度假、会展博览、生活服务等各个领域，并正在向教育、文化、研发、设计等领域延伸。据初步统计，湾区内拥有各类大小直播平台30多个，网红5万多人，直播基地500多个，以直播为主要营销方式的工商企业近万家，主要分布在服装、家具、珠宝、商贸等领域，以广州、深圳、佛山、东莞、肇庆等城市最为集中。

粤港澳大湾区的直播电商发展呈现“四多”的特点。

1. 直播平台多

据了解，目前在国内提供互联网直播平台服务的企业超过300家，大部分都在区域内设立了直播基地和合作厂商。这些直播基地、直播供应链基地、专业直播电商机构形成集聚效应，直播的前期培育（“种草”）、引流、品牌塑造、供应链重建等各环节，正合力形成一个完整的产业链和生态体系，为商家和平台聚拢流量以及进行业态、模式创新提供了有力的支撑（见表1）。

表1　粤港澳大湾区部分网红直播基地

	基地名称	依托载体	主营产品	说明
1	四会珠宝玉器淘宝直播基地	四会万兴隆翡翠城	翡翠玉器	直播从业人员超5万人，占四会翡翠玉石产业从业者的30%以上；日直播销售额超3000万元
2	HiMall淘宝直播基地	正佳广场	服装	正佳广场是全国第一个AAAA级景区购物中心，网红打卡成为其聚集人气的特色方式之一
3	番禺珠宝行业淘宝直播基地	番禺勤艺银泰珠宝城	珠宝首饰	番禺是全球最大的珠宝生产基地之一，汇聚了2000多家相关企业，从而为网红直播提供条件
4	客市客（中山）淘宝直播基地	中山沙溪镇	服装	已签约近百个网红主播，并与378家中山工厂达成合作
5	星典（华南）直播与内容电商基地	广州白马服装商城	服装服饰	首期1000平方米基地落户广州白马网红直播基地
6	新塘网红直播基地	新塘服装商贸城	服装	新塘是“中国牛仔名镇”，也是中国十大淘宝镇之一，聚集网红电商5000多家
7	万佳直播中心	广州万佳服装批发市场	服装服饰	广州沙河商圈的龙头企业之一
8	尚链惠直播供应链基地	白云区石井广大皮具服装城	服装、皮具	石井是广州一个以服装和皮具为主要特色的商圈，拥有相关商户20多家

资料来源：本表数据来源于企业内部资料以及网络，由作者整理。

2. 直播人数多

一方面，无论是商场、工厂，还是市场、农场，近年来，各类专职或兼职的直播人员正以每年50%以上的速度增长；另一方面，涌现了一批全国最优秀的直播网红。例如，被称作“淘宝第一女主播”的薇娅曾在2018年“双十一”当天两小时内卖货2.67亿元，全天达到3.3亿元，2018年全年创造了27亿元交易额的“奇迹”；2019年“双十一”当天薇娅直播间观看人数达到4315.36万，而薇娅的直播基地主要就在广州。直播电商的崛起，不仅带动了大量女性、农民就业，还为各行各业创造了人人可参与的新就业模式。以薇娅为代表的一线“网红”凭借着强大的流量效应，吸引越来越多的网红、明星、KOL、时尚达人加入主播行业。

3. 网红产品多

粤港澳大湾区是全球的“生产车间”，具有强大的生产能力和设计能力，同时也是各类电子商务平台的主要网货基地。近年来，随着产业转型升级和品牌意识增强，大量以为国际知名商家“贴牌”和“代工”为主的企业，开始与国内电商共同打造新品牌，其中，部分网红产品、网红品牌、网红店就源于此。例如，新兴崛起的服装品牌“茵曼”，就是始于广州的原创网红品牌。此外，还有大量的服装、家电、家具、建材、玉石、美妆、日用品等商品，也涌现了不少网红品牌。

4. 直播服务多

直播电商比普通电子商务以及商贸服务的要求更高，环节更多，也更复杂。它不仅要求直播平台的技术保障稳定、网络顺畅、直播效果好，而且要求内容丰富、画面美观、语言及形象有魅力等。因此，它涉及策划推广、平台构建、环境营造、商品展示、内容提供等方面的服务。2015 年以来，以广州、深圳为核心的粤港澳大湾区，依托成熟的市场体系和强大的技术支撑，基本形成直播电商各环节的服务条件，一大批专门为直播电商服务的运营、软件、数据、信息、培训、推广等专业机构正在迅速发展。目前，仅广州就有相关服务企业近 1000 家。

（三）主要问题

直播电商既是一个新兴行业，也是一种新现象、新事物，整体上还处于起步状态和发展的初级阶段。因此，从现状来看，目前直播电商存在着模式不清晰、运营方式粗放等一系列问题。

1. 直播电商的价值还有待进一步挖掘

直播电商的意义在于直接联通生产厂家、商家与消费者，网红实际上兼具导购、代理、品牌形象传播、产品展示服务等多重功能。其特色是通过直播，可以从用户角度更多地直接介绍商品功能、特点，让消费者更直

接地看到商品的方方面面，甚至可以根据粉丝要求进行多种搭配、展示、答疑，直接查看效果以及演示使用方法和过程，以有效激起消费者购买欲望。它与传统销售方式不同的是，网红主播实时的语言和情绪、观众现场的即时反馈相比于纯粹的图片和短视频会让商品显得更加真实，进而降低信任成本，同时网红直播可以直接跟粉丝互动，产生高黏度的社交关系。然而，除了带动销售和消费外，直播电商如何推动时尚设计、引导生产制造、推动供应链重构等，都还有待进一步深化和探讨，从而创造更大的价值。

2. 基础设施发展不完善，不能完全满足需求

目前的网红电商直播行业由公司运营和或者个人操作。对于个人来说，只能在有限的场地进行直播，而后期的商品也需要进行拍摄、修图、描述。每一环节都需要相应的配套设施，个人设施有限造成售卖效果不好，商品出货率少。这就需要产业功能齐全、服务体系完善的直播电商园区或更大的基地。但目前来看，这样的园区和基地仍然不能满足行业发展的需求，基础设施布局从规模到质量都有非常大的发展空间。

3. 行业管理还处于无序状态

网红直播电商行业属于低频次、要求高、周期服务长的行业，它是以网络平台为基础的一种互动方式。但目前由于大多数网红直播以小商家为主，缺乏质量把关的制度和标准，产品质量问题频发，影响回购率。同时网红大多以个体创业方式存在，缺少团队包装和流程规范，导致盈利模式同质化现象严重。例如，广州较多主播是在档口走播的，盈利方式主要是货品的利润分成，容易出现随意加价的现象。并且在同个专业市场进行直播，粉丝多有重合，主播之间容易发生冲突。同时，对于各直播平台来说，优质主播不多，流量短缺，信息化数据化能力较低。① 此外，网红直播电商行业服务商与生产商各自为政，管理混乱，标准不成体系，服务质量缺少保证，监管缺

① 《站前路 16 号：从批发市场到网红打卡地》，时代在线，2020 年 1 月 13 日，http：//www.time - weekly. com/index. php？ a = show&c = index&catid = 73&id = 265812&m = content。

失，严重影响用户体验。

另外，直播电商行业还存在着一系列的不良经营行为，例如，直播间会有“水军”配合主播演戏，烘托氛围；直播“实时互动 + 视频”的呈现，使得主播很轻易就能“种草”，营造紧迫感推动促销，通过视觉刺激等手段，使得用户激动下单；[①] 主播与货主联手“套路”用户或者主播双向收费；主播的专业性不够，对于翡翠玉石等商品的判断有一定偏差；在代购主播处购买翡翠玉石的售后退款权利难以保障。

三　粤港澳大湾区直播电商发展的主要模式与发展前景

由于各个地方的基础条件、资源能力等差异很大，直播电商行业的发育、成长水平也不一致，进而其商业模式也不同。例如，以经营纺织服装为主要对象的直播电商，与经营农产品尤其是水果的直播电商，由于其客户群和消费方式的不同，其商业模式也必然各有不同。在服装产业发达的广州，网红主播主要对服装进行带货，一般是服装店铺聘请网红在店内试穿衣物进行解说直播带货。讲解衣服的细节、搭配方式，以及适合人群的身高、体重。肇庆四会以玉石闻名，带货网红需要了解关于玉石的专业知识，直播时偶尔穿插对玉石进行鉴定等有趣的环节。

直播离不开实体经济的支撑，特别是专业市场和产业集群的支撑。粤港澳大湾区直播电商就是在纺织服装、家居建材、珠宝玉石等产业传统电子商务行业基础上发展起来的。因为这些产业的商品时尚性强，消费者的体验性需求强烈，特别是“90 后”“00 后”等新一代消费群体，最需要现场互动，其时尚潮流的特性需要得到其他人的肯定。其中，纺织服装类直播电商尤其集中和突出。粤港澳大湾区内的广州、深圳、东莞、佛山正好是中国时尚的主要策源地，更是全国纺织服装产业链和供应链最完善的区域，其服装年产

---

① 《直播电商的现状、优劣势及发展趋势是什么?》，人人都是产品经理，2020 年 3 月 6 日，http：//www. woshipm. com/it/3474128. html。

量、出口量、创汇量均处于全国前列，总体生产技术水平、生产规模、产品质量甚至处于国际领先地位，是全球各主要纺织服装品牌的代工生产基地。与此相对应，粤港澳大湾区的直播电商主要有五种模式，即流花模式、沙河模式、汇美模式、厂家直播模式、小镇直播模式。

广州是全国纺织服装类直播电商最发达的城市，主要原因是其相关的专业市场品类齐全、数量众多。据统计，广州目前有超过180家纺织服装专业市场，有流花、沙河、十三行、石井、新塘等10多个服装商圈，这些商圈及市场有一半以上的商家都在进行直播带货，并形成了五种模式。

（一）流花模式：以白马服装市场为代表

流花模式以白马服装市场为代表，是一种驻场模式，即市场经营方利用自身的市场条件和发布平台，主动培育一批优质的网红常年进行直播，并将早期一些游动式的松散型优质网红签约到市场经营体系中来。2019年，广州白马服装市场全面启动直播电商业务，用一年时间培育100个网红品牌、1000个主播，并通过淘宝直播等平台，打通商品供应链、联动商家、孵化主播，与商家一道，融合线上线下渠道，初步实现了日均带货10000件。广州白马服装市场还举办了“原创广州服饰直播节”，活动当天集聚全国15位优质网红主播，吸引粉丝破百万，成交额近千万元，60秒清空毛衣3000件，轻奢风衣2小时卖1000单，展现了直播电商与专业批发市场融合发展的强劲势头。①

（二）沙河模式：以广州万佳服装批发市场为代表

沙河模式以广州万佳服装批发市场为代表，是一种以灵活多样的直播方式发展起来的直播电商模式。目前，沙河商圈已成为全国最大的淘宝直播基地之一。万佳服装批发市场的网红主播们可以分成三大种类：有的依托自身档口进行直播卖货，如卡卡；有的与专业直播培训孵化公司签约，公司作为

---

① 《广州市大力发展直播经济　推动经济高质量发展》，广州市商务局，2020年1月20日。

平台提供流量扶持和技术指导，主播销售的货源来自公司合作档口；有的则不固定在某个档口，而是在多个档口之间流动走播，或通过固定拍摄某位已有一定粉丝量和知名度的大主播，在其档口拿货售卖，赚取出厂价和直播间价之间的价格差。

（三）汇美模式：以广州市汇美时尚集团股份有限公司为代表

“汇美”以及旗下的“茵曼”是国内领军的互联网时尚品牌。汇美公司于 2016 年开发了魔范电商平台，主要是进行网红孵化。至今，魔范电商已孵化 10 个网红品牌，以女装类目为主，已扩充鞋包配饰、美妆，并向母婴等品类延伸。① 其主要策略是与拥有流量的成熟网红合作，推出合作款，以市场营销的方式推广自身“茵曼”品牌。经过四年的探索创新，汇美直播电商不断走向成长和成熟，并从 2019 年开始实施广泛的“网红品牌化”策略，以品牌化运作的方式进行，用团队力量取代个人推动品牌发展。

汇美模式的主要经验启示在于，相较于实体店、传统电商店，人流量较少，而直播具有爆发性，在主流的直播平台进行直播，同一时间观看人数成千上万。如果是款式较好或主播名气较大，三四个小时就可卖出上万件商品。网红直播电商解决了直观体验的信息差问题，主播会提前给出自己的身高、体重等信息，对服装进行试穿并给出穿搭建议、衣服质量等信息，通过弹幕看到粉丝的意见及时反馈。粉丝可以直观地看到效果，动态直观展示服装产品效果。直播也避免了后期的修图做假，缩短消费者决策时间，可以在较短的时间内展示多款商品，通过不同的搭配方式提高消费者的购买率。实时互动提升了粉丝体验，降低了粉丝在电商购物中的不确定性，受到直播间其他粉丝购买的影响容易冲动消费，提高了转化率。

---

① 《汇美集团：我会副会长单位汇美集团孵化“魔范电商”获数千万融资　验证品牌打开网红经济的正确姿态》，广东省电子商务协会官网，2017 年 8 月 24 日，https：//www. gd - eca. org. cn/newsinfo/2024992. html。

（四）厂家直播模式：以索菲亚为代表

在传统的商贸流通体系中，家居建材是很难在网上实施销售的，因为家居建材类商品大多体积庞大，不方便运输，并且往往需要现场测量以及送货到家后安装等步骤，这些特性制约了它的发展。截至2019年，家居建材市场线上渗透率仍不足10%。然而，随着直播电商的出现，通过直播的方式，消费者可以更好地了解产品相关材质和实际效果，并通过一些技术辅助手段，突破传统模式的缺陷，增强体验感，实施购买行为。

广州索菲亚集团公司是一家以时尚家具定制为核心业务的企业。它主要依托淘宝、天猫等电商平台开展直播业务。自2018年开通抖音官方账号以来，其包含淘宝、天猫等渠道的全网月销售额逐渐上升，维持在5000万元至2亿元的区间内，在2019年11月更是达到接近6亿元的线上销售额。值得关注的是，在当前疫情背景下，结合电商线上趋势，索菲亚于2020年2月14日情人节推出线上直播促销活动，同时在线人数达到近80万人的高峰。①

此外，广州另一家时尚家具定制企业——尚品宅配，近年来，通过运营抖音、快手两个直播/短视频内容平台的账号，将线上流量有效转化为销售额，使销售额得到快速提升。2020年2月22日尚品宅配进行了5小时的直播狂欢，观看量770万人次，成交订单数1.39万笔，预计销售额4亿元。②

（五）小镇直播模式：以四会玉器特色小镇为例

粤港澳大湾区有一大批专业镇以及特色产业小镇，其中，肇庆四会玉器特色小镇的直播行业在全国具有非常高的地位，因为它是国内最早的网红直播行业探索者之一。这种模式的最大特点就是地方政府和行业协会共同推动

---

① 庄帅：《五大品类在直播电商中表现如何?》，搜狐网，2020年3月9日，https://www.sohu.com/a/378762076_116132。

② 《王炸！尚品宅配一场直播13919单，销售4亿元!》，搜狐网，2020年2月25日，https://www.sohu.com/a/375594308_744121。

直播电商在区域内的发展。

和家具一样，在传统电商销售模式下，珠宝玉石很难获得消费者的信任和认同，因为无法获得直观的体验感。然而，直播可以更直观地感受珠宝玉石的品质，使消费者在挑选珠宝玉石时可以横向对比，选择性价比最高的产品。① 真正的珠宝玉石直播，是替客户看玉、砍价，免去了中间环节产生的费用。粉丝可以通过直播看到主播在缅甸或者中缅边境的翡翠玉石市场里挑选的过程，相当于对产品进行了溯源。越接近源头，珠宝玉石的价格就越有竞争力。2016 年四会市政府以及珠宝玉石专业市场引入了珠宝玉石直播销售模式。2017 年开始快速发展。目前，四会翡翠玉石直播平台覆盖淘宝等主流直播平台，直播从业人员超 5 万人，占四会珠宝玉石产业从业人员的 30% 以上；日直播销售超 3000 万元。②

和四会玉石产业有异曲同工之处的是中山市沙溪镇的直播电商发展布局，它们都是在政府推动下小镇获得发展的模式。该镇由政府引导，以企业为主体，首批设立 18 个直播间，已签约上百个网红主播，并与 378 家本土工厂确立了合作，工厂包括中山地区沙溪休闲服饰、大涌牛仔衣、小榄内衣等中山传统生产行业。③ 网红主播在直播过程中向粉丝展示商品，通过限时促销，提高了效率，节省了成本，同时也提高了商品周转率，快速实现库存尾货变现。商家和主播通过精确的数据分析，对消费者偏好进行测算，更好地预测选品，实现按需生产。网红直播电商为传统生产制造注入新动能，有效推动其转型升级。

（六）模式小结及前景分析

目前，粤港澳大湾区的直播电商行业发展尽管非常迅速，成长性也

---

① 中国珠宝玉石首饰行业协会：《2018 中国翡翠行业网络消费白皮书》。

② 《四会翡翠玉石成网络直播“网红”！一起来看看 TA 的“成名之路”！》，肇庆发布，2018 年 9 月 4 日，http：//dy. 163. com/v2/article/detail/DQSTPCDD0514CSR1. html。

③ 《广东中山设立网红直播基地　推动传统产业升级》，央广网，2019 年 9 月 19 日，http：//www. cnr. cn/gd/jjzx/20190929/t20190929_ 524798824. shtml。

很好，但毕竟刚刚起步，存在许多萌芽期难免的缺陷和不足，因此，有必要在总结各模式经验的基础上，进一步研究和探索直播电商的中长期发展战略，它与互联网等新技术如何更好地融合，如何更好地发挥传统产业优势，商业模式如何进一步优化和清晰化等，都需要进一步深入探讨。

有一点需要特别强调的是，直播电商既是电商发展的高级阶段，也是数字经济、体验经济、平台经济等新经济形态发展的共同产物，如同2003年前后电子商务刚刚起步时一样，它将是新一代信息技术与互联网经济融合发展的新起点，因而具有广阔的产业前景和市场前景。

四 粤港澳大湾区网红直播电商发展对策建议

自2009年广州、深圳分别提出打造国际"时尚之都"、"定制之都"以来，粤港澳大湾区的网红直播电商行业发展进入一个新的发展阶段，尤其是2020年3月，广州市商务局出台《广州市直播电商发展行动方案（2020～2022年）》，从五个方面提出16条政策措施，大力发展直播电商，助力广州加快推进国际商贸中心建设，这更使直播电商进入政府决策和规划编制层面，从而使直播电商可以从更大格局、更高层面上进行战略设计和资源投入。从对策角度而言，主要有以下四个方面。

1. 大力发展数字经济为直播电商提供发展条件

传统制造业和服务业的数字化、智能化、定制化转型是互联网背景下产业变革的基本方向。其中，数字商业更是连接生产与消费的重要纽带，因此，以直播电商为切入点和突破口，推动传统产业集群实施数字化变革，将为产业转型升级和现代化体系建设提供一条新的路径。

从这次疫情暴发后各重点商贸企业所展示的核心竞争力看，数字商业及数字化经营是最大的亮色。以互联网、大数据、人工智能等为核心的新技术应用于商贸的各个领域，从口罩等重点商品的全球性分布及精准的数量动态追踪，到用户缺货、消费动向等，数字商业基本消除了市场供求双方信息不对称的"数字鸿沟"。另外，基于智慧供应链管理的快递物流，体现出了强大的快速响应需求能力并做到精准配送。在疫情环境下，机器人已经开始在医院内将外卖、药品等直接精准配送到医生和患者手中，实现了"无接触配送"。

对此，粤港澳大湾区努力打造国家级的数字经济试验区。因此，建设有利于传统产业退出和实现数字化转型的载体，是当务之急。我们建议，未来3~5年，粤港澳大湾区宜打造10个以上示范性数字商业产业园区，将大量中小型企业引入新建或改造的数字商业产业园区，供应链、渠道、中间商、采购商、专业服务商、物流服务、会展服务、餐饮、商品定制等相关的中小企业和商家，都可以是这类园区的客户来源。这些数字商业产业园区（以商贸为主但包括旅游、文化、教育等功能的时尚创意园区），不仅可以承接传统市场和商圈的商业转移，而且能够为直播电商提供强有力的技术支撑、平台服务和人才保障。

这种数字商业产业园区可以比照早期的工业园区进行布局，分为省、市、区（县、镇）三级。2019年，粤港澳大湾区广东省内九个城市，可打造9个以上的示范性数字商业产业园区。其中，广州琶洲国家级数字经济与人工智能试验区已经正式列入相关规划并开始实施，深圳、珠海、佛山、东莞等地市至少打造一个类似的园区。对于这些园区，政府应该比照类似高新技术开发区的政策，给予扶持。

2. 打造100个以上示范性网红直播基地

网红直播带货是商业体验化的产物，目前刚刚起步。目前，国内最主要的网红集中在浙江杭州。粤港澳大湾区已经有广州创投小镇、肇庆四会玉器城等一批知名的网红直播基地。但相对而言，这些网红直播基地大多还处于探索阶段，从业态到模式还需要进一步"固化"。

面对疫情冲击，无论是生产商，还是消费者，都需要重新建立"商业链接"，显然，网红将比传统商贸企业具有更大的影响力。更主要的是，越来越多的"90后""00后"选择个体性的商贸创业，引入网红直播机制。同时，越来越多的商贸企业、工业企业也开始构建自己的网红直播中心或基地。因此，我们建议，粤港澳大湾区范围内未来1～2年内，至少可以打造100个以上的网红直播基地，平均每个地级市在10个以上，每个区、县或中心镇至少有一个，或者每个主要的产业集群尽量有一个。这些网红直播基地，既可以由传统批发市场或商圈转型升级而来，也可以由传统的工业区、大型厂区改造而来，也可以新建。对此，建议各级政府部门给予一定的经费扶持。

3. 制定和完善相关的政策体系

目前，国家和地方都在关注直播电商的发展。例如，《广东省电子商务中长期发展规划纲要（2016～2025年）》提出提高电商行业渗透率，到2025年，全省电商交易额年均增长12%以上，其中跨境电商交易额年均增长20%以上，农产品电商交易额年均增长25%以上。广东省农业农村厅主动向"网红"们抛出橄榄枝，以进一步提升"粤字号"农产品的影响力和知名度，助力特色产品上线销售，鼓励视频直播团队申报。①

广州市于2019年1月出台了《关于推动电子商务跨越式发展的若干措施》，全力支持以直播电商为代表的电子商务新业态发展；指导市电子商务行业协会成立直播分会，形成政府引导、市场主导、行业协会"搭桥"的政企联动局面，大力促进线下商家利用各种网络平台，通过明星、网红、素人等以视频、音频、图片等多种方式销售，引领直播经济，推动广州市经济高质量发展，为实现老城市新活力、"四个出新出彩"贡献电商力量。②2020年3月出台的《广州市直播电商发展行动方案（2020～2022年）》，更是十分详细地指出具体的目标和任务。

从广东省出台的规划和文件，到广州市的相关经验和模式，都有必要进一步从政策上进行深化和完善，将直播电商的规划布局上升到更高层次，从而能够在新经济条件下引领新一代电商发展走在全国前列。

① 许悦：《网红们看过来　广东省农业农村厅喊你来合作啦》，金羊网，2019年4月5日，http：//news. ycwb. com/2019－04/05/content_ 30234176. htm。

② 《广州市大力发展直播经济　推动经济高质量发展》，广州市商务局，2020年1月20日，http：//www. xxsb. com/content/2020－01/01/content_ 79722. html。

4. 建立行业协会，规划行业发展

粤港澳大湾区目前的直播电商还未形成规模，零零散散。2019 年 1 月，我国《电子商务法》开始实施，针对网络视频直播的管理标准尚未出台，并没有专门的准入及资格限定。[①] 在此背景下，粤港澳大湾区应该在直播电商领域获得更多的规划制定权和话语权。

同时，通过行业协会，协调政府和企业以及学界的合作，进行广泛交流，推动高校布局一批网红和直播专业，组织一些有用的培训，促进主播、企业、网红基地进一步完善发展，同时促进传统产业借助直播电商，加速转型升级。

参考文献

[1] 翟小可：《直播网红的电商模式与营销策略分析》，《现代营销》（下旬刊）2017 年第 8 期。

[2] 史可欣：《网红经济的营销模式分析》，《科技传播》2018 年第 10 期。

[3] 袁琦：《基于市场上网络直播平台的电商营销策略研究》，《技术与市场》2019 年第 3 期。

[4] 雷云霄：《试论网络直播的现状与发展动力》，南京艺术学院硕士学位论文，2018。

[5] 李宙星：《网络直播平台发展的机遇与挑战》，《科技传播》2017 年第 9 期。

[6] 王建彦：《网络直播平台的运营策略研究》，《湖南大众传媒职业技术学院学报》2018 年第 4 期。

[7] 刘都雅、周子璇：《浅谈网红经济的现况及未来发展趋势》，《环渤海经济瞭望》2018 年第 9 期。

[8] 王先庆：《广州打造国际时尚之都的战略与对策》，《城市观察》2019 年第 4 期。

① 赵敏：《服装行业直播营销浅析》，《商讯》2019 年第 28 期，第 177、190 页。

区域发展篇

Regional Development

B.14
广州在粤港澳大湾区中资源集聚和辐射效应研究*

董小麟**

摘　要： 粤港澳大湾区世界级城市群是在核心城市极点带动下实现发展的。在大湾区四大核心引擎中，广州作为国家中心城市和综合性门户枢纽城市，以其门户功能、综合交通枢纽、丰富的产业门类、国际商贸中心优势、人才培养与供给水平、文化的包容性和国际交流合作平台的打造，构造了在大湾区集聚国际化资源并实现区域及国际辐射力影响力的良好条件。从前瞻视角看，广州可以在对外传播力、企业创新力和特色

* 本报告为广州市首批新型智库广州大学广州发展研究院委托研究成果。

** 董小麟，广东外语外贸大学教授，中国《资本论》研究会副会长，全国科技名词审定委员会经济学名词审定委员、经贸名词审定委员，广州国际商贸中心重点研究基地兼职研究员，粤港澳大湾区广州智库学术委员。研究方向为宏观经济与区域及城市经济。

吸引力方面继续加强，以进一步增强其实现极点带动功能的质量和水平。同时，从经济、科技、教育和环境四大要素的研判中，可以预期广州将持续提升其在粤港澳大湾区中引领发展的核心枢纽作用。

关键词： 粤港澳大湾区　广州　资源集聚　极点带动

极点带动是区域发展和城市群构建的普遍规律。粤港澳大湾区作为我国第一个体现湾区范畴的世界级城市群，坚持极点带动，是《粤港澳大湾区发展规划纲要》关于大湾区空间布局的首要考量。

《粤港澳大湾区发展规划纲要》明确广州是粤港澳大湾区发展空间布局的四大核心引擎之一，深入认识和充分发挥广州在粤港澳大湾区中的资源集聚与辐射功能，是广州在新时代实现新发展的必然要求，是广州对粤港澳大湾区世界级城市群建设发挥重要的带动与支撑作用的使命所在。

一　粤港澳大湾区发展的极点带动格局

（一）实施极点带动的必要性

在区域发展中，由于资源集聚条件的差异，区域范围各空间节点难以实现齐头并进的发展，资源在某些具有相对或绝对优势的空间节点高度集聚，形成增长极、发展极，有利于资源整合，形成更强的系统性和辐射带动效能；而如果经济发展资源在区域内分散均等化分布，则不仅造成发展成本（代价）的高昂，更无法高效实现系统合力，严重影响产出绩效。区域空间越大，这一规律的表现越充分。所以无论是市场配置资源抑或政府发挥一定的资源配置主导作用，都必然也应该令资源集聚效能实现最大化，使区域发展通过拥有高质量高水平资源集聚所形成的极点，带动并实现区域的整体发展。

《粤港澳大湾区发展规划纲要》明确：粤港澳大湾区以香港、澳门、广州、深圳四大中心城市为区域发展的核心引擎。四大核心引擎即体现四个极点带动的“四驱”功能，这在全球各主要湾区经济中是很特殊的现象。纽约湾区是以纽约市一极带动，东京湾区也以东京都一极带动。在旧金山湾区中，旧金山具有商贸与文化中心的地位，圣何塞居硅谷中心，奥克兰则拥有美国第二大集装箱港口，三大城市具有互补性。同时，由于旧金山不像纽约和东京在各自湾区中一极独大，其未能在该湾区经济总量中占绝对比重，因此旧金山湾区在北美常常被简称为“湾区”，而不强调旧金山市的概念。

粤港澳大湾区多极带动的格局，与纽约或东京湾区的一极为主状态非常不同，与旧金山湾区三个主要引领性城市体现较大功能差异性带来的互补状态亦不尽相同。粤港澳大湾区四个核心城市，既有综合功能强的，也有部分优势领先的，更包括在国际上排位靠前的 3 个全球城市（按 GaWC 发布的世界级城市榜单，香港、广州和深圳都被列入 Alpha 大类的城市）①，香港、广州、深圳 2019 年的经济总量分别为 2.53 万亿元、2.36 万亿元、2.69 万亿元，② 同属 2.5 万亿元左右数量级的国际性大都市，这三大经济核心引擎，加上澳门与葡语经济体的历史渊源，使粤港澳大湾区极点带动发挥的效能将是世界各湾区中前所未有的。

（二）粤港澳大湾区四大发展引擎的功能定位及其关系

思考广州在粤港澳大湾区中发挥资源集聚与辐射的极点带动功能，必须考虑该区域发展具有多极点带动的特点，从多极点的格局态势中加以判定。目前，我们从《粤港澳大湾区发展规划纲要》确定的四大核心城市的定位看，四大发展极之间存在差异性，彼此又有交叉性或互补性。

香港的极点功能定义为“巩固和提升国际金融、航运、贸易中心和国

① 其中香港为 Alpha +，广州为 Alpha，深圳为 Alpha -；香港、广州排名前于旧金山（旧金山被列为 Alpha -）。

② 根据各市公布的统计数据。

际航空枢纽地位，强化全球离岸人民币业务枢纽地位、国际资产管理中心及风险管理中心功能，推动金融、商贸、物流、专业服务等向高端高增值方向发展，大力发展创新及科技事业，培育新兴产业，建设亚太区国际法律及争议解决服务中心，打造更具竞争力的国际大都会”。[①] 其最显著的突出功能是强大的服务经济能量和一定的科技创新作用。

澳门的极点功能定义为“建设世界旅游休闲中心、中国与葡语国家商贸合作服务平台，促进经济适度多元发展，打造以中华文化为主流、多元文化共存的交流合作基地”。其最显著的特色功能是旅游休闲和特定的文化功能。

深圳的极点功能定义为“发挥作为经济特区、全国性经济中心城市和国家创新型城市的引领作用，加快建成现代化国际化城市，努力成为具有世界影响力的创新创意之都”。其突出显示的是国家创新型城市和建设世界创新创意之都。

再看广州的极点功能的定义：“充分发挥国家中心城市和综合性门户城市引领作用，全面增强国际商贸中心、综合交通枢纽功能，培育提升科技教育文化中心功能，着力建设国际大都市。”相较于其他三个核心枢纽，广州的定位被描述得更综合、全面和高远。其作为国家中心城市、综合性门户城市、综合交通枢纽的功能定位所体现的内涵是华南地区唯一的；而建设科技教育文化中心的条件所体现的城市基础和发展内涵也是领先大湾区的；至于广州的国际商贸中心，不仅可以与香港较强的商贸功能相互呼应，同时又具有更强的历史沿革和对内地市场的链接与辐射条件。因此，广州在粤港澳大湾区中作为发展极之一的核心枢纽，更具综合性和全面性，广州的资源集聚与辐射效应发挥的状况，对粤港澳大湾区的影响程度也必然是更为显著的。

（三）着力形成极点带动的交叉辐射效应

粤港澳大湾区四大核心引擎，客观上需要形成发展极的合力，以更好地

① 本文在此摘录的粤港澳大湾区四大核心引擎的功能定位，均引自中共中央、国务院印发的《粤港澳大湾区发展规划纲要》，全文见《人民日报》2019 年 2 月 19 日。

配置资源和发挥协同辐射作用。

作为区域经济的一种特殊形态，湾区经济崛起的外部因素是经济全球化格局的演进。从 19 世纪最后几十年，到“一战”至“二战”期间，世界经济发展重心在大西洋两岸，纽约湾区依靠与欧洲联系紧密的大西洋贸易通道成为世界级湾区，并进一步发展为全球金融中心。“二战”后，随着亚太地区经济的加快发展和第三次科技革命的兴起，旧金山湾区成为世界级湾区，并以“硅谷”闻名于世，随后发展的生物医药产业群也具有世界级影响。20 世纪下半叶，太平洋西岸北起日韩、南到东南亚，成为世界经济繁荣的领跑地带，东京湾凭借科技制造实力成为世界级湾区，其先进制造业及技术型生产性服务业优势突出。

进入 21 世纪，全球经济大格局形成了两个重大发展变化。一是世界城市化率在 2008 年跨越了 50% 的重要节点，从而国与国之间的合作与竞争，更多地表现为各国主要城市及主要城市群站到前台的竞争。而在世纪之交对世界城市化贡献最大的国家是中国。二是亚太地区巩固了全球经济发展最快区域的地位，特别是地处亚太中心位置的中国。这两个格局性的变化，使处于亚太中心地带的中国若干主要城市及城市群，特别是位居国际经贸活动重要口岸地带的湾区城市群，具有成为代表国家参与全球竞争的“种子选手”的能力，并且开始在经济全球化进程中发挥出愈益增大的竞争力、影响力。

因此，粤港澳大湾区成为中国和世界新兴经济体当中第一个可以比肩世界级大湾区的以“湾区”范畴崛起的区域。在这样的背景下，粤港澳大湾区四大核心城市发挥资源集聚与辐射功能的路径与方式必然在交叉融合中发生。其中，广州将以大湾区中产业体系最为丰富、人才培养体系最为完备的条件和国际国内充分对接的立体化综合交通体系，深圳将着重以企业创新力与高端人才吸引力，香港以国际先进的营商环境和综合性商务服务及航空航运国际化条件，澳门以连接葡语国家桥梁等优势，一道发挥交叉协同的支撑、引领大湾区发展的极点带动作用。在这个过程中，四大核心城市是彼此学习、彼此借鉴、彼此交互合作的，这是我们考虑广州在大湾区中的地位作用时不应忽略的。特别是深圳以先进产业体系立市、以企业为创新主体的经验，香港领先国际的营商环境建设和国际化金融体系及先进的技术型服务业发展的经验，澳门构建和谐包容的城市文化的经验，等等，是广州在更好发挥资源集聚与辐射作用中应予借鉴的。

二 广州在大湾区中集聚资源的基础条件

广州在粤港澳大湾区的建设发展中，具有独特且较强的资源集聚条件，构成了发挥极点带动作用的客观依据。这些条件既来自其在大湾区中历史积淀最丰富的优势，也来自改革开放以来积极的作为。

（一）综合性门户中心

综合性门户的功能，对于发挥广州配置全球资源能力的提升，具有关键性的支撑作用。

广州的综合性门户功能源远流长，源于海上丝绸之路枢纽港的形成，因此可以把广州看成我国历史上第一个正式的门户城市。广州今日之综合性门户城市功能被肯定，更多的是基于改革开放以来特别是近年来广州建设全球资源配置中心和国际大都市的成果。其间，广州在空港、海港、陆港的口岸建设上有全面提升，并在对接国际、境外的人流、商流、物流等方面具有较强配套优势，如货物的空铁联运、海陆联运条件等均领先本湾区各市。截至2019年末，广州已拥有外国驻穗领事馆（含总领事馆）65家，领事馆数量居中国内地城市第2位（仅次于上海），这充分反映了广州作为国家综合性门户城市定位的国际认可度。

（二）综合性交通枢纽

广州打造的空运、航运和陆运综合交通枢纽，是广州资源集聚和辐射能力居华南之首的有力支撑。

白云机场作为广州空港，航线网络已覆盖全球 220 多个通航点。2019 年旅客吞吐量达到 7330 多万人次，货邮吞吐量达到 191.99 万吨，飞机起降 49 万多架次，均居中国内地第 3 位，且以上三项指标的年度增幅在三大机场中居首位。除货邮量外，2019 年白云机场旅客吞吐量和飞机起降架次均超过香港机场，且上述三项指标增幅均大幅高于香港。白云机场旅客吞吐量在 2018 年位居全球第 13 位的基础上，2019 年上半年已升至第 12 位;[①] 加上白云机场后续扩建规划，今后数年按照旅客吞吐量计算可望进入全球前 10 位。同时，白云机场作为重要的口岸，于 2019 年 5 月 1 日起，正式实施 144 小时过境免签政策，对境外旅客的吸引力今后将持续增加；加之空港保税区已经初具发展规模，是广州国家级跨境电商综合试验区的核心功能区，区内已全面复制推广广东自贸试验区的相关先行先试监管政策，其物流仓储能力、进出口能力迅速提升，必然也同步拉动货邮吞吐量在国际机场中的排序继续提升。在白云机场不断加强资源集聚与配置能力的同时，考虑到广州第二机场规划的开启，广州作为国内及我国对外重要航空枢纽的地位将更加巩固，在广州综合交通枢纽中形成更强大的支柱功能。

广州港是华南最大的综合性主枢纽港和重要的集装箱干线港，是华南连接世界的主要门户，是广州建设国际航运枢纽的核心资源。广州港海运通达 100 多个国家和地区的 400 多个港口，成为全球物流链中重要的一环，货物吞吐量和集装箱吞吐量稳居世界前列。2019 年，广州港完成货物吞吐量 6.25 亿吨，同比增幅达 12.3%；集装箱全年吞吐量 2322.3 万标准箱，同比增长 5.9%。二者均居世界港口第 5 位。2019 年新增美东和北欧航线，航线总数达到 156 条，其中外贸航线 111 条。在 2019 年新华·波罗的海国际航

---

① 数据参见中国民用航空局《2019 年民航机场生产统计公报》及民航资源网等。由于全球主要机场旅客吞吐量 2019 年全年数据未见发表，白云机场最新的全球排序暂按 2019 年上半年计算，当时香港机场排位在广州之前；但香港在 2019 年下半年机场客流量明显下降，全年旅客吞吐量降至 7150 万人次，广州白云机场该项指标同年的全球排序预期将升至第 11 位。

运中心发展指数中，广州国际航运中心排名由2015年的全球第28位上升至2019年的第16位。[①]

广州的陆路交通包括铁路（含普通铁路、高铁、城轨、地铁）与公路交通枢纽。广州南站是华南最大的高铁枢纽站，客流量持续快速增长，2019年发送旅客1.49亿人次，日均51.8万人次，已成为目前国内客流量和到发车次最多的高铁枢纽。南站地区不仅包括4条高铁的交会，还包括3条城际轨道、4条地铁和2条有轨电车及目前开通的20多条公交线路，相关基础设施配套不断完善，为南站在广州综合交通枢纽中打造更强大的功能创造了更优越的条件。广州地铁建设仍在继续，目前已是国内客流强度最大的地铁系统。在公路交通方面，依托广东省高速公路通车里程领跑全国的条件，广州也成为华南最大的公路交通枢纽。

（三）国际商贸中心

商贸中心城市以其强大的商品货物及商务服务的资源集聚与分流辐射功能，依托市场的互联互通，拓展城市的流通枢纽功能。而在市场经济条件下，市场导向的生产，亦增强了城市以商贸带动生产能力的提升和技术的进步。因此，国际商贸中心作为广州一大优势特色，也是广州成为粤港澳大湾区重要增长极的基本支撑条件。

从秦汉以来，广州作为我国乃至世界主要国际商埠的地位，绵延两千多年。海上丝绸之路发展的历史中，广州作为枢纽型门户和交易中心的地位持续历史最长。中华人民共和国成立后，为打破当时西方国家对华经济贸易的制约，国家在广州设立中国出口商品交易会（于2007年起增设进口业务，转型为中国进出口商品交易会），广州成为改革开放前中国发展对外贸易的窗口与中心城市。改革开放后，广州引进了第一个中外合作项目，并于1985年1月在全国率先建立“外经一条街”，即广州市对外经济贸易实务总汇，就是基于便利外商投资而先行的营商环境改革举措，让投资者的有关手

① 数据来自广州港集团和2019年12月27日的《南方日报》。

续可以“在一个屋顶下”办妥，广州市营商环境由此在改革开放中一直走在全国前列。2016 年，国家明确把广州确定为国际商贸中心［《国务院关于〈广州市城市总体规划（2011～2020 年）〉的批复》，并在中共中央国务院 2019 年颁布的《粤港澳大湾区发展规划纲要》中加以重申］，这些来自国家层面的考量，为广州以更高层次、更大力度、更强效益做强国际商贸中心提供了重要的政策依据和实施空间。

（四）人才培养条件

习近平同志指出“人才是第一资源”①，中心城市的极点带动作用的发挥，固然需要多种资源的集约优化，但人才作为第一资源的核心意义是最为关键的。广州的优势在于人才的培养条件及其带来的人才供给的丰富。

广州市是我国在校大学生数量最多的城市。截至 2019 年，广东省的 154 所高校中，布局广州的有 82 所，占全省高校数量的 53.25%，占珠三角 9 市 127 所高校的 64.57%，且基本包含迄今为止的广东省内全部的国家“双一流”建设高校；这一布局使广州市在校大学生（含专科以上）数量排在全国城市之首位，高质量毕业生供给能力也绝对领先全省。2018 年，广州市在校大学生 118.75 万人，居全国第 1 位，占当年广州市常住人口的 8.8%，高于北京的 4.3% 和上海的 2.8%。这不仅有利于不断改善城市人口结构，且高校数量多、学科丰富的特色也为广州便捷地用好高校教师的研发、咨询优势，以及吸引大学毕业生就业提供了非常有利的条件。根据广东省教育厅发布的《2018 年广东省高校毕业生就业质量年度报告》，广州市吸收的该年度省内大学毕业生有 16.93 万人，居全省之首，占当年广东省毕业生就业总规模 57.21 万人的 29.6%；再加上外地高校毕业生到广州就业的，广州市的人才供求态势非常积极。需要指出的是，在广州就业的大学毕业人

---

① 习近平参加十三届全国人大一次会议广东代表团审议时的重要讲话，见《人民日报》2018 年 3 月 8 日。

才，其服务范围和服务对象大多不限于广州市行政区域，其发挥着辐射珠江三角洲和全省乃至全国的作用。

（五）城市文化的多元包容性

作为发展极的城市，创新活力是必然要素，而城市的创新往往与多元文化的包容相关。广州自古以来就是文化包容性很强的城市，古代东南亚、南亚、中东的商贾很早就到广州经商，有的就此定居。从佛教禅宗祖师达摩西来以广州为中国首站，到伊斯兰教在华首建寺庙光塔寺，以及后来遗存的中国境内最大的天主教堂，等等，各种文化得以长期和谐共存，受惠于包容的广州。

改革开放以来，广州以其文化包容的特性，引发了“东西南北中，发财到广东”顺口溜在内地的一度流行。从广州各级政府、学校、企业等的人力资源结构的演化可见，省外籍贯的人士比例不断提升。同时，因经商、求学和投靠亲友等原因来广州定居的外国人也逐渐增多，据广州市公安部门2019年发布的数据，广州全市共有在住外国人约8.34万人，常住（居住半年以上）外国人5.5万人，均呈增长态势。如果结合流动性境外人口的流量，广州2018年入境人次达到900.6万人次，居内地城市第2位（次于深圳，深圳的香港旅客来往流量特别大），而广州获得的旅游外汇收入也居内地城市第2位（次于北京）。

广州的包容性既有利于吸纳人才和资本、技术等要素，也有利于通过这种人口多元化结构拓展广州的营商网络，同时还有利于市场的繁荣和供给侧结构的优化。城市文化的多元活力还促进了广州文化产业的发展，2018年广州市文化产业增加值已占GDP的5.5%。作为一种“软实力”，广州既有自身岭南文化特色，又有包容外地和海外文化的能力，无疑反映了广州拥有较厚实的基于文化的引领区域发展的可持续能力。

（六）产业体系的丰富

经济发展需要产业带动，产业门类的丰富程度直接制约着城市经济向外

辐射带动的领域，也影响着来自不同领域的经济资源的吸纳。在科技进步不断加速的年代，产业结构如果不够丰富，面临的产业生命周期带来的风险可能会比较集中；而一个扮演强大发展极的枢纽城市，必然需要具备较多元的产业结构，体现供给侧抗风险的可持续引领能力。

广州作为华南地区制造业和服务业最发达、门类最全的城市，全国 41 个工业行业类别中，广州有 35 个；[①] 而服务业占比超过 70%，涵盖从生产性服务业到生活性服务业基本齐全的门类，因而成为我国首批服务外包示范城市之一。完备产业体系所支持的产业生产能力，是新的产业链快速形成和发展衍生出新产业的理想沃土，也是向城市外部延伸产业链和拓展辐射范围的良好基础。广州近年通过实施 IAB（新一代信息技术、人工智能、生物医药）和 NEM（新能源、新材料）产业行动计划、建设十大价值创新园区、整治提升村级工业园、招引新动能等系列行动，持续推动制造业发展质量变革、效率变革、动力变革，以实现产业结构的加快优化升级。在国家印发《粤港澳大湾区发展规划纲要》后，广州市积极谋划出台了《广州市协同构建粤港澳大湾区具有国际竞争力的现代产业体系行动计划》，实施开展先进制造业高质量发展、战略性新兴产业引领壮大等九大行动，发挥广州作为大湾区经济发展极的作用，推动粤港澳大湾区城市间产业高质量集群集聚发展。

（七）国际交流合作及区域合作平台的构建

构建高质量高影响力的国际交流合作平台，是广州市进入 21 世纪以来特别是“十三五”期间着力提升广州全球资源配置力的重要抓手。依托这些覆盖经济、科技、文化、社会等多领域的平台建设，广州的国际对话交流水平及其层次和质量不断提高。国际国内话语地位的上升，促进了广州城市作为区域增长极点或枢纽效能的显示度。其中国际会议会展和一定的节事活动是国际交流合作平台的一个主体部分（见表 1）。

---

① 参见南方网，http：//gz. southcn. com/content/2019 - 05/13/content_ 187356665. htm。

表1　2016～2019年在广州举办的国际会议会展与节事活动[①]

类别	名称	主办者	备注
经贸类	中国进出口商品交易会	商务部和广东省	每年春秋各一届
	中国国际中小企业博览会	国家多部委与广东省	每年一届
	世界经济论坛商业圆桌会议	论坛理事会	2016年11月
	国际金融论坛	中国等多国及国际组织	2017年起永久落户广州
	中国(广州)国际汽车展览会	广州市	每年一届
	2017广州《财富》全球论坛	《财富》杂志	2017年12月
	中国广州国际投资年会	广州市	每年一届
	世界航线发展大会	广东省/英国博闻集团	2018年9月
	"构建21世纪金融体系"中美研讨会	中国发展研究基金会/哈佛大学法学院	2018年6月
	广州国际购物节	广州市	每年一届
	广州国际城市商业论坛	广州市	双年举办
	第12届中国生物产业大会	中国生物工程学会等	2019年6月
	21世纪海上丝绸之路国际博览会主题论坛[②]	广东省贸促会等	每年一届
	广州国际旅游展览会	广州市	每年一届
	中国(广州)国际金融交易博览会	组委会/中国金融出版社	每年一届
	中国邮轮产业发展大会暨国际邮轮博览会	中国交通运输协会	2019年11月
	世界港口大会	国际港口协会	2019年5月
科技类	2018国际显示技术会议	广州(开发区)	2018年4月
	中国海外人才交流大会暨中国留学人员广州科技交流会	国家多部委与广州市	每年一届
	CNBC全球科技大会	CNBC	2018年11月
	广州国际城市创新大会	广州市/世界大都市协会等	双年举办
	广州国际创新节	广州市	每年一届
	妇女儿童健康国际学术研讨会	《自然》杂志	2018年3月
	官洲生命科学圆桌会议	广州市	近三年每年一届
	世界生态大会(首届及第二届)	广州市(永久会址)	2018年12月/2019年12月
	全球移动开发者大会暨人工智能高峰论坛	国际数据集团IDG	每年一届
	粤港澳大湾区知识产权交易博览会[③]	广州市等	2019年11月
	亚太青年领导力与创新创业论坛	联合国开发计划署	2019年11月

续表

类别	名称	主办者	备注
文化传播类	国际财经媒体论坛	广州市	2018 年 9 月
	2018 广州城市形象国际传播年	广州市	国内外多地推介会
	中国国际版权博览会	国家知识产权局	2016 年 11 月
	亚欧互联互通媒体对话会	外交部/国务院新闻办/广州市	2016 年 5 月
	广州国际艺术博览会	中国美术家协会/广州市	每年一届
	广府庙会	广州市	每年春节期间
	广州国际美食节	广州市/中国烹饪协会	每年一届
	广州国际灯光节	广州市	每年一届
	中国国际漫画节	国家新闻出版广电总局/广东省	每年一届
	中国(广州)国际纪录片节	国家新闻出版广电总局/广东省	每年一届
	广州文化产业交易季(文交会)④	广州市	2017 年起每年举办
政治与综合类	2018 全球治理高层政策论坛	中国国际经济交流中心/联合国开发计划署	2018 年 4 月
	从都国际论坛	中国人民对外友好协会/澳中友好协会等	每年一场
	全球市长论坛	中国人民对外友好协会等	2018 年 12 月
	“读懂中国”广州国际会议	国家创新与发展战略研究会等	2019 年 10 月
	首届华侨华人粤港澳大湾区大会	广东省/国务院侨办	2019 年 11 月

注：①此表列入 2016～2019 年在广州市举办的较为重要的国际会议会展与节事项目，办会主体有国际机构、中央部委、广东省和广州市；有的会议会展或节事在此前已经周期性地在广州举办，也有的是“十三五”期间创办的，包括常设、轮值举办；还附上个别不一定属于国际性的但涉及粤港澳大湾区的会议会展。

② 2019 年“海丝博览会”移师广州，不再限于主题论坛。

③该博览会是在 2017 年、2018 年连续成功举办两届广东省知识产权交易博览会的基础上，更名扩展的。

④“广州文化产业交易季”（简称“广州文交会”），对此前已经开办的中国（广州）国际演艺交易会、广州艺术节（戏剧节）、羊城国际粤剧节、中国国际漫画节、中国（广州）国际纪录片节、中国国际儿童电影节、广州大学生电影节、中国音乐金钟奖（该项自第三届至第十一届在广州举办，2019 年被移师成都）、广州国际艺术博览会等国际性、全国性和持续性的大型文化活动平台（节事）进行整合营销推广，至 2019 年，广州文交会已经连续举办三年。

此外，设于广州市的一批国家级、国际性或粤港澳大湾区的机构，也为广州发挥枢纽城市与区域发展极功能打造了优良的平台，如最高人民法院国际海事司法广州基地、国家发改委国际合作中心“一带一路”研究院、中国科学院南海生态环境工程创新研究院、南方（南沙）国际产能和技术合作中心、中国贸促会南沙服务中心、广州超算中心、广州国际人工智能产业研究院、广东股权交易中心、亚洲金融合作协会金融智库、世界大都市协会亚太办公室、香港“一带一路”总商会大湾区总部等。

三　提升广州资源集聚与辐射力需要强化的核心因素分析

（一）城市传播力

粤港澳大湾区的一个基本特色是其区域发展的外向型带动。因此，作为大湾区的核心枢纽，在发挥极点带动作用中，必须有较强的国际化传播能力。

广州城市国际传播力因历史原因而形成一定困扰。在 20 世纪中期以前的一千多年里，世界对广州的认知是以 Canton 为名称的。直至今天，国际航空界等业界仍以 Canton 的缩略语 CAN 代表广州。① 20 世纪中叶以后，广州的英文译名 Canton 一度被 Kuangchow② 取代，最后在 20 世纪 80 年代被统一为汉语拼音：Guangzhou。虽然汉语称谓不变，广州在英语以及依据英语转译的西方语言中，已三易其名！这个现象对于国内的人们而言，是容易接受的，毕竟自己不是受众；但对于国外的人们，则是不清楚的，他们最初见到 Guangzhou 这个概念，不会自然地把它和他们习惯认知的包括西方千百年文献里的 Canton 画等号。因此，在 20 世纪 80 年代以后的数十年

① 所有运往广州的航空行李标签上均印上目的地 CAN，在 20 世纪 80 年代以后，因为中国统一以汉语拼音作为地名翻译的标准，国际民航界才在寄达广州的行李上以较大字体标注 CAN 的下方，用括号及较小字体加注 Guangzhou。

② 这个译法系按威妥玛拼音。

里，国外很多人士遇到从广州出访的人，大多会发问："Guangzhou 在哪儿?"如果我们告诉他们是靠近香港的，他们会知道大概方位；但如果我们告诉他们就是过去的 Canton，则更多人会恍然大悟，特别是那些较有文化的阶层。

事实上，广州名称外文翻译方式的变化，对外国人来说就是广州的"更名"。因此，在采用汉语拼音翻译广州名称以后的数十年，我们大部分出访国外的领导干部和学术界人士，都从海外得到这样的印象：海外知道深圳的远多于知道广州。[①] 其实广州被更名为 Guangzhou 恰是与深圳（Shenzhen）崭露头角基本同时的，而正因为广州没有及时把更名情况广泛地向世界传播，使广州的国际影响力一度受挫。

近年来，由于广州开始发力国际传播工作，广州的国际知名度从低谷上扬，世界开始重新认识广州。但与此同时，在某些广州的历史文化古迹或近年的标志性游览点，仍可以也应该保留一定范围的 Canton 称谓，这与地名翻译的规则不矛盾，而且有利于让所有对广州特别是广州历史文化有兴趣的外国友人体会到 Guangzhou 是从 Canton 一路走来的，历史的广州与今日的广州是割不断的，这对广州的国际传播有百利而无一弊，因为我们要传播的不是碎片化的广州，而是有两千多年悠久历史的广州。

除了城市大名更改因素外，当今广州的对外传播也仍缺乏更全面的动员。一个基本的现象是，在广州市的 11 个区中，只有 4 个区的官网有外文页面，占 36. 36%；上海 16 个区中有 14 个区的政府官网设有外文页面，占比 87. 5%；深圳 9 区及大鹏新区的政府官网，已全部建成"简体 + 繁体 + 英语"的网站。广州与上海、深圳等前沿城市基于互联网的对外官方信息传播的状况存在很大距离，需要加快弥补，进一步增强城市基于互联网的对外传播引导能力。

---

① 这个事实是笔者多次出访时所遇到的，在为广州市局处级干部培训班授课时，调研发现学员出访时也有此感触。

（二）企业创新力

《粤港澳大湾区发展规划纲要》把创新驱动列为发展规划的第一项基本原则，并且把建设具有全球影响力的国际科技创新中心作为粤港澳大湾区发展五大战略定位之一。因此，极点带动的区域发展，要求核心枢纽在科技创新领域领先该城市群，就如该规划纲要提出的“推进‘广州—深圳—香港—澳门’科技创新走廊建设”，广州应肩负重要的增强创新力及其引领力的责任。

我国的科技创新力在近10年的时间里有非常显著的发展，特别是以企业为创新主体的发展成效突出。近年来广东省已经是国内第一专利大省，广东企业对研发创新的重视也明显提升。从国家第四次经济普查的数据（2018年度资料，时间节点为当年12月31日）看，广东省开展R&D活动的规模以上工业企业法人单位16570个，比2013年增长191.2%，占全部规模以上工业企业法人单位的32.8%。而第三次经济普查（按2013年数据）时，广东该项比例仅为13.8%，落后于全国当年14.8%的水平。这一转变体现了广东省的企业对研发的重视程度比五年前有巨大飞跃，从研发机构在企业设立的比例低于全国1个百分点转为高于全国4.8个百分点，实现在全国领先（全国第四次经济普查反映，2018年全国开展R&D活动的规模以上工业企业法人单位104820个，比2013年增长91.2%，占全部规模以上工业企业法人单位的28.0%）。[①]

由于广州市第四次经济普查数据在本文完成时尚未公布，我们按照第三次普查的数据看，2013年广州规模以上工业企业开展R&D活动的比例为15.1%，仅比全国平均水平高出0.3个百分点；在规模以上工业企业法人单位中开展R&D活动的企业法人单位仅725个，比2008年增长67.4%，增幅也比同期全国增长率的101%低了33.6个百分点。

---

① 本部分内容引用数据均采自国家和相关省市统计局公布的经济普查资料，部分相对值数据是作者依据普查数据计算所得。

深圳是全国居首的企业创新活动领先的城市，但由于其改革开放前没有什么工业基础，所以也没有多少传统产业的创新改造压力，因此与广州这样的具有大量传统产业基数的老城市缺乏按照相对数比较的可比性。但广州的企业研发活动可以与在粤港澳大湾区中构成“广州—佛山”发展轴的佛山比较，佛山也是近代工业在广东领先发端的老工业城市。在全国第三次经济普查中，佛山 2013 年开展 R&D 活动的规模以上工业企业法人单位 1194 个，比 2008 年增长 4.4 倍，占全部规模以上工业企业法人单位的 19.4%。佛山有研发活动的企业占比在当时不仅领先全国 4.6 个百分点，也领先广州 4.3 个百分点。根据佛山已经公布的第四次经济普查数据，2018 年开展 R&D 活动的规模以上工业企业法人单位 2881 个，比 2013 年增长 141.3%；已占全部规模以上工业企业法人单位的 43.5%，该比例领先全省 10 个百分点以上。因此，广州仍需在加强广佛一体化进程中，通过协同创新，在高精尖技术已经有相对领先优势的基础上，进一步引导更大比例的规模以上工业企业开展研发创新活动，以身示范，更好发挥在大湾区创新驱动中的引领作用。

（三）特色吸引力

城市的资源集聚力在一定程度上与其特色吸引力具有相关性。这种特色除了交通便利、经济发展水平与产业体系结构等资源配置的基础性因素外，还往往与区位、环境、文化等特色有关。粤港澳大湾区的区位优势在于其处于当今世界经济发展中心地带的地理中心圈，环境因素在于珠江三角洲生态质量总体处于中国东部三大城市群（长三角、环渤海、珠三角）中的最优地位。因此，文化特色的吸引力可能成为广州在粤港澳大湾区中需要加强的一个因素。

广州作为古代海上丝绸之路的重要门户枢纽，其“人气”与“财气”的集聚力早已有国际影响力。在唐代就已经有许多阿拉伯人、波斯人和东南亚人进入广州，并在此定居，与广州对外贸易的频繁密切相关。当时从广州外销的产品不仅有丝绸、瓷器等大宗商品，还有象牙制品和外销画等艺术品。因此，当时的广州，不仅是商贸枢纽，也是艺术之都、时尚之都，用今天的话来说，可谓文化创意之都。可见，广州在粤港澳大湾区城市群中，具有历史文化素材非常丰厚的特征和优势。从历史维度看，从古代的南越文化到绵延两千年的海丝文化，再到开放包容的多元文化，乃至红色文化、开放改革文化，形成了独特的岭南文脉之心；从品类的维度看，广州在戏曲、音乐、绘画、设计、产品制造、工艺品、饮食、建筑、节庆和待人接物的风俗等许多领域，都有独特的品种、制作技艺及供给方法。这些文化特色因素应该在大湾区内外广泛传播，使之发挥增强城市魅力的作用，以其“精、气、神”夯实作为大湾区发展核心引擎的人文基础，体现“老城市新活力”的独到竞争力、影响力，以助力城市资源集聚与辐射力的加强。

四　广州发挥资源集聚与辐射力的趋势研判

《粤港澳大湾区发展规划纲要》在2019年2月发布，标志着酝酿多年的粤港澳大湾区世界级城市群的建设方案正式落地实施。广州基于其发挥资源集聚与辐射力的条件进一步完善，其核心引擎的极点带动效果会进一步趋于显著，并可从以下经济、科技、教育与环境四个角度加以研判。

（一）经济

改革开放以来直至2016年各地国民经济和社会发展统计公报发布时，广州一直是广东省城市经济总量排序首位的城市。2017年12月，广东省统计局根据国家统计方式改革的安排，发布《关于改革研发支出核算方法修订地区生产总值核算数据的公告》，调整了2016年起的GDP数据，宣布深圳市的GDP已在2016年超过了广州。这一改革主要借鉴国外发达经济体的普遍做法，把研发支出列入CDP，而非以往的仅作为生产过程的中间消耗。由于深圳以企业为主体的创新活动突出，R&D 支出额与占 GDP 比重领先全国，一旦把研发支出从中间消耗转为按固定资本形成的方式加入 GDP，深圳此前与广州经济总量差距逐步缩小的情况，迅速转化为经济总量高于广州的状态。这种态势并非不可逆，对广州而言，仍存在客观条件与机遇，使广州基于经济实力的资源集聚与辐射力持续向好。

首先，广州的产业体系完整性在国内名列前茅，在粤港澳大湾区首屈一指，这决定了广州的产业风险不会过于集中，广州经济发展的韧性比较强，实力不会出现明显下滑。2019 年广州市的经济增幅为 6.8%，虽然相对深圳 6.7% 的增幅，只领先 0.1 个百分点，但也体现二者差距不会出现持续拉大的状况。广州市经济增长的稳健还表现为三大产业的增长更趋均衡，其 2019 年三大产业增速分别为 3.9%、5.5% 和 7.5%，三大产业彼此间的最大增速差距从上年的 4.1 个百分点缩窄至 3.6 个百分点，体现了三大产业发展呈现更趋均衡、协调的态势，这对于广州这样的产业结构丰富程度在世界范围内也属少见的超大城市而言，有利于保持经济发展的繁荣局面。

其次，广州当前已经明确把建设先进制造业强市作为增强城市经济实力的重要举措。中共广东省委全面深化改革委员会 2019 年批准出台的《关于印发广州市推动“四个出新出彩”行动方案的通知》及其附件提出，广州实施协同构建粤港澳大湾区现代产业体系行动计划，建设穗港智造特别合作区；与深圳加强上下游产业链合作，与佛山共建万亿级产业集群；融入珠江东西岸高端电子信息和先进装备制造产业带，壮大新一代信息技术、人工智能、生物医药、新能源、新材料、高端装备、绿色低碳、海洋经济等战略性新兴产业；培育新能源汽车、超高清显示屏及新型显示等世界级先进制造业集群；推动工业互联网、大数据、人工智能和传统产业深度融合，打造国家服务型制造示范城市和全球定制之都。这些举措必将给广州这个老城市带来新的增长活力。2018 年 10 月，习近平总书记考察广州的高技术企业，给广州高技术产业的发展以极大鼓舞。2019 年，广州高技术制造业增加值增幅达21%，该增速是全市整体工业增加值增速5.1%的4.1倍，也是广东全省该项增速7.3%的近3倍，体现广州经济发展在结构性优化提质中呈现良好的发展趋向。

最后，广州的总部经济居省内之首。广州总部经济发展能力仅次于北京、上海，居全国第3位。截至2018年底，在广州的世界500强企业达301家，共在广州投资1017个项目，其中超过120家世界500强企业把总部或地区总部设在广州。随着广州立体化综合性交通枢纽的继续完善，以及国际国内权威机构评审的多年保持，广州总部经济的数量将继续增加，对广州经济实力的巩固提升效能将持续释放。

（二）科技

近年来，广州在吸引创新创业方面的条件更趋充分，后劲逐渐增强。基于广州的人才培养供给条件领先华南，以及大量高科技机构和国家“双一流”建设高校及国家、省重点实验室等布局广州的优势，广州集结了全省97%的国家重点学科、70%的科技人员和95%的博士；各级重点实验室数量均居全省第1；科技创新获国家、省科技奖励占全省过半；并建成华南规模最大的科技企业孵化器集群。根据科技部公布的2019年度国家级科技企业孵化器名单，广州市有10家孵化器获得认定，认定数量居全国城市第1，累计全市国家级孵化器数量从26家增加到36家，国家级孵化器数量从此前列全国第8位提升到第6位。同时，根据广州、深圳统计局的数据，2019年，高技术制造业增加值的同比增幅，广州为21.0%，深圳为5.9%，广州增速领先优势非常明显，这是因为广州高技术制造业涵盖的领域比深圳宽，回旋空间大，增长的支撑面也就更宽厚。

专利申请与授权情况对科技创新力具有较强显示度。2015～2018年，广州企业发明专利申请量占比逐年提高，分别为43.8%、50.7%、56.3%、63.4%，体现了企业已成为广州地区发明专利申请的最大主体，专利申请与生产力发展需求的结合不断加强。同时，从专利申请的总量看，广州近年的增幅也一度加快，2018年全市专利申请量同比增长46.3%，其中发明专利

申请同比增长35.8%；同期深圳的相应指标分别为29.08%和16.12%。[①]但毋庸置疑，深圳目前在PCT国际专利的申请与获授权量、累计有效发明专利量、每万人口发明专利拥有量等指标上遥遥领先于国内一线城市，所以广州的城市创新水平在转向加速提升中还必须与深圳协同发展，按照粤港澳大湾区规划，建好“广州—深圳—香港—澳门”科技创新走廊。2019年，随着中央关于支持深圳建设中国特色社会主义先行示范区的文件出台，广州配合广东省的部署，表态积极支持深圳示范区建设和实施具体的支持与合作的举措，这对广州联手深圳共同发挥粤港澳大湾区核心引擎作用具有重大的战略意义。

（三）教育

教育影响城市集聚资源能力的提升趋向，一方面是从民生角度，通过优质基础教育资源的获得性影响城市人才引进；另一方面是从人才培养与供给的角度，影响产业升级和产业布局。

就第一方面的情况看，21世纪第二个10年中，广州市先后出台多个文件，推出系列政策，提供更优条件解决引进高层次人才对子女获得良好基础教育的需求。就第二方面的情况看，广州近年来进一步吸引优质境内外高校办学，在集聚高比例的省内高校的同时，强化高质量办学的落地。

广州市在其行政辖区内继续加大支持高等教育发展的力度，是基于广东省至今高等教育发展的若干不足。一是广东省高等教育毛入学率未能达到全国平均水平，2018年广东高等教育毛入学率为42.43%，比全国当年达到的48.1%低了约5.67个百分点，差距较大，所以仍存在较大的提升空间；二是广东普通高校在本专科结构上不甚合理，2018年普通本专科在校生的比例，广东为1.366∶1，低于全国平均水平的1.497∶1，[②]在同属东部地区的北京、上海、天津、福建、江苏、浙江、山东之间，仅高于山东，而低于东

① 数据来源于广州市科技局、深圳市科创委。

② 根据教育部相关数据计算。

部其他地区，考虑到广东经济社会发展水平不断提升的趋势，加大本科比重，特别是优质本科教育的规模，是必然的趋势；三是广东理工科在校生占比低于全国水平，与广东工业大省不相符，与“广东制造”向“广东创造”转变中对研发创新人才的需求不适应，广州市立足建设制造业强市，对理工科高质量人才的需求进行属地化培养显得更为紧迫。因此，广州市在《粤港澳大湾区发展规划纲要》提出的支持粤港澳高校合作办学、支持大湾区建设国际教育示范区、引进世界知名大学和特色学院、推进世界一流大学和一流学科建设等举措的指引下，已通过广州大学参与合作的方式，引入香港科技大学广州校区，同时着力支持华南理工大学建设国际校区等，进一步加强广州地区在高质量人才供给能力上对本市发展和整个粤港澳大湾区发展发挥引擎功能。

（四）环境

宜居宜业环境是维持资源集聚能力可持续提升的条件。广州的环境质量发展态势趋佳，一则表现在营商环境，二则体现在生态环境领域。

广州营商环境近年屡获国际国内相关权威评价的好评。中国社会科学院及其科研局、社会学研究所和社会科学文献出版社在2019年12月发布《中国营商环境与民营企业家评价调查报告》，根据其调查结果得出2018年全国主要城市营商环境综合评分排名前10位的城市依次是：广州、深圳、上海、北京、南京、杭州、济南、宁波、武汉和成都。广州总分位列第一。该报告从政务环境、市场经营环境、社会环境、法治环境、开放环境五个方面对全国34个主要城市进行了评价，广州是唯一一个在五项指标中均排名前3的城市。而在此前，在《福布斯》发布的中国大陆最佳商业城市排行榜中，广州连续多年位居榜首；并据华南美国商会发布的《2018年中国营商环境白皮书》，广州是2018年中国最受欢迎的投资城市。

由于营商环境的优良，广州市场主体保持快速增长，已吸引130多个国家和地区的投资者前来投资兴业。而且，优良的营商环境对高新技术企业的布局及成长极为有利。2016～2018年，广州的国家高新技术企业数量连续三年快速增长，实现年均增速88.5%、总增长5倍的“广州速度”，2018年总量1.1万多家，数量列全国城市第3位；2018年国家科技型中小企业评价入库企业8377家，更居全国城市首位；2019年上半年入库企业6476家，几乎占全省的半壁江山（47%）。[①]

在生态环境方面，根据中国社会科学院公布的《中国生态城市建设发展报告（2018）》，广州列全国生态城市及环境友好型城市第2位。在中国工程院生态文明建设重大咨询研究项目组发布的《生态文明建设若干战略问题研究》（二期）报告中，广州生态文明指数位列厦门、杭州、珠海之后，位居第4，但人口增量超过前三位。广州吸纳外地人口的速度快，与一系列生态与人文环境因素带来的宜居性有关。近年来，广州先后获得国家文明城市、国家卫生城市、国家园林城市、中国最佳旅游城市、国家森林城市等荣誉称号。广州科技、教育、医疗、卫生、文化基础雄厚，城市生产生活综合成本合理。根据联合国开发计划署2015年、2016年发布的《中国城市可持续发展报告：衡量生态投入与人类发展》，广州人类发展指数连续两年居被测评的全国35个城市之首。这个报告除考察经济、社会和环境等可持续发展的三大支柱之外，还将政府治理列为可持续发展的关键因素。在一个超大城市中能够创造和保有这一系列宜居环境条件，体现城市治理能力的提升，必将对广州集聚优质资源，在粤港澳大湾区发展中发挥极点带动效应产生持久的利好作用。

参考文献

中共中央、国务院：《粤港澳大湾区发展规划纲要》，《人民日报》2019年2月19日。

广东省委、省人民政府：《关于贯彻落实〈粤港澳大湾区发展规划纲要〉的实施意见》，《南方日报》2019年7月5日。

① 数据来源于广州市科技局。

中国社会科学院（财经院）、联合国人居署：《全球城市竞争力报告（2019～2020）：跨入城市的世界 300 年变局》，http：//gucp. cssn. cn/zjwl/hzhb/201911/t20191118_5044016. shtml。

中国社会科学院、经济日报社：《中国城市竞争力第 17 次报告》，http：//district. ce. cn/zt/zbzt/19csbg/。

乔尔·科特金（JOEL KOTKIN）：《全球城市史》（修订版），社会科学文献出版社，2010。

曾伟玉、吴业春主编《粤港澳大湾区建设与广州发展报告（2018）》，社会科学文献出版社，2019。

曾伟玉主编《转型与跨越——广州改革开放四十年》（上册），广州出版社，2018。

谭锐：《广州在粤港澳大湾区建设中的城市发展战略》，《城市观察》2018 年第 2 期。

B.15
粤港澳大湾区视野下的深圳创新经济研究

唐杰　张猛*

摘　要： 创新是引领发展的第一动力。在城市与城市群视角下，一个城市集聚优势表现为高端专业化创新人才聚集的优势和分工创新的优势；从粤港澳大湾区视角看，深圳的创新经济经历了从产业升级到创新引领的发展历程，其内因是深圳有效市场、有为政府和活力社会，其外因离不开粤港澳大湾区的协同创新。今后深圳将继续走科学与产业结合的可持续创新发展道路。

关键词： 粤港澳大湾区　深圳　城市　创新经济

一　城市与城市群视角下的产业结构变迁

在一定的空间上，专业化生产与技术升级的内生性包括技术的专业化与人的专业化，很自然地，创新可以被解释为，差异化的专业人才进行了技术或商业变革。在产品不能充分替代的条件下，众多消费者只能使用同款同型产品，一种产品就可以实现很大的生产规模，企业由此获得规模收益，这是大机器生产工业时代最为典型的经济现象。多种大规模生产的制造业行业聚

* 唐杰，哈尔滨工业大学（深圳）经济管理学院教授、博士生导师；张猛，经济学博士，哈尔滨工业大学（深圳）经济管理学院讲师。

集到一个城市，构成空间的聚集经济，这也是现代工业城市的起源。随着经济资源（收入和劳动供给）的积累，现有品种专业化生产中潜在的规模经济将被充分发挥。分工的扩展又为新产品开辟了报酬递增的空间。在资源（收入和劳动供给）有限的情况下，消费者偏好的多样化及厂商对生产差别化产品规模经济的追求，会将现有资源分配于一定种类产品的生产上，从而既能实现专业化生产带来的规模经济效益，又能通过分工水平满足多样化消费需求，最终提高社会福利水平。

当相互关联的生产加工环节集中在同一空间时，生产过程的总交通成本会降至最低，显然这是城市集聚经济最基本的源泉。

工业化与城市化历史上最为突出的现象是从单一城市走向多极城市，从多极城市走向城市群，在一个城市群中出现具有密切联系的城市规模等级体系、城市职能体系和城市空间结构体系。

相对于传统的农业社会，工业化最大的成就就是大大提高了单位土地的产出规模，工业高度集聚于城市创造出了人类历史上最快的经济增长。但是与工业化共生的城市化过程，在产业集聚与城市规模扩张中间契入了一个重要变量，即城市人口规模，其扩大速度超越了工业化速度。城市土地使用类型出现分化，出现居民用地、交通用地、公用基础设施用地、商业用地、教育及城市绿化用地等不同类型，结果是城市土地规模扩张速度会超过工业用地的扩张速度。满足人的生活需要和对更美好生活的向往替代了简单的工业化过程，成为城市发展的主轴。城市空间上产业与人口共生造成了城市拥挤，带来了集聚成本上升。当集聚成本超过集聚收益的时候，城市就会开始产业扩散过程，集聚与扩散就构成了城市化过程持续的动态演化。

工业时代集聚收益和集聚成本的循环累积关系，在新一轮科技逐渐展开的过程中开始为创新集聚所取代。基于创新事件的不断产生，知识技术扩散表现为高成长产业在空间上的高度聚集，这种聚集过程不再表现为传统的中间产品与前后向物质投入的联系，而是更突出地表现为技术创新的相互依赖，构成了新型的产业集聚和创新集聚之间的相互关系。联合国知识产权组织关于2017年全球创新指数报告中最重要的信息是：全球大都市是创新的主体，创新活动是跨地域大空间范围的行为。

比如，2011～2015年，深圳—香港是全球排第2名的创新中心城市，其中约12%的国际专利合作者来自北京。北京作为全球第7名的国际专利申请者，有12.2%的专利是与旧金山湾区合作的。

空间合作密度最高的区域发生在日本的东京—横滨与大阪—京都两大城市群，其中名古屋承担重要的桥梁作用。东京—横滨与大阪—京都互为最大的专利合作者，其中东京—横滨国际专利中约23%是与大阪—京都合作的。大阪—京都国际专利申请中50%以上是与东京—横滨合作的。名古屋与东京—横滨国际专利申请的合作密度也超过了40%。

一个更为突出的发现是旧金山湾区是与全球专利合作最多的城市群。在排名前100的国际创新中心城市中，有24个城市主要专利的合作者是旧金山湾区。

以上的情况表明，跨越了工业文明的知识经济时代，大城市聚集优势不再是大规模的物质产品分工制造过程，而是知识产品的协同创造过程。在此过程中，企业之间知识、信息和专利技术的联系开始超越物质投入的联系。一个城市集聚优势开始表现为高端专业化创新人才聚集的优势和分工创新的优势。

总之，20世纪80年代以来，大城市去制造化与高度服务业化已经成为普遍趋势，在传统的金融保险业、地产业和城市管理业之后，信息技术、数字技术、通信技术和计算机技术正在成为大城市快速成长的新一代主导产业。

二　从粤港澳大湾区视角看深圳的创新经济

中国正在从高速增长向高质量增长转型，建设现代化经济体系，推动供给侧结构性改革需要以创新为驱动力。然而创新经济的确立是一个复杂的过程，任何单维度的理论和实践都无法完整阐释和复制创新经济的确立。回顾深圳经济特区发展史，世界上没有一座城市能够如深圳这样，在40年时间里，发生这样的沧桑巨变，历经多次连续性产业升级，实现由农业经济向知识信息经济的跳跃，成为世界重要的创新中心城市。

（一）历程：从产业升级到创新引领

“深圳”被认为是高速增长的代名词，这掩盖了深圳发展的阶段性特征，以及发展中曾面临的困难。40 年来，深圳经济增长率总体上呈现随着总量不断扩大而分阶段下行，从远高于全国平均增速（早期曾达到 50%）到现在与沿海地区趋同，这一趋势与一般经济增长规律相符，但差异有二：一是时间跨度被高度压缩，世界上与深圳发展速度类似的城市仅有迪拜；二是产业升级连续完成，迪拜并没有实现工业化的中间过程。

深圳经济所经历过的几次重要转型，第一次大致发生在 1985 年大衰退之后。深圳开始了“以外商投资为主、生产以加工装配为主、产品以出口为主”的劳动密集型增长，以廉价土地和劳动力为基础形成与香港“前店后厂”的关系。加工装配业也催生了早期的深圳品牌，深圳的电器、服装、钟表等与民众生活密切相关的产品打开了深圳的国内知名度。

1995 年深圳遭遇第二次衰退和大调整。经济特区政策取消与港深穗高速公路通车，是重要的外部因素。大量的产业向劳动力和土地成本更低的东莞迁移，东莞在三五年内就取代深圳成为全国最大的台商和港商聚集地。深圳经济失去了“三来一补”产业而大幅下滑，被迫走向模仿制造。随后的十余年，深圳经济从加工贸易转向模仿性创新时代。深圳在全国形成了新的“山寨”城市的印象（山寨的拼音字头是“SZ”，与深圳相同）。“山寨”是没有核心研发竞争力，凭借模仿形成大规模生产能力的初级工业化过程。当然，自工业革命以来，除了英国之外的发达国家都经历过不同程度的模仿时代。华为、腾讯等一大批今天的高科技企业在这一阶段开始真正起步。

2003 年前后，深圳经济再次遇到困难。随着全国对外开放的范围扩大，不乏一些知名企业因深圳的成本上升或区位格局原因，被其他地区吸引。在一片充满了危机意识和忧患意识的社会反思中，深圳悄然完成了从深圳装配向深圳制造的转型，“Made in Shenzhen”开始有了世界性声誉。一批优秀核心企业完成了从远远地在后面跟跑到逐渐向领先者靠拢的竞争性学习的转变。一大批优秀的创新型中小企业开始成为国际化分工细分领域的佼佼者。

2010年前后，深圳开始了新的创新驱动转型。公共研究开发平台、公共信息平台、公共创新服务平台等有效公共产品供给增长很快，与日益强大的企业创新能力相结合，深圳开始走向全球创新的前沿，从世界著名的copycat成长为著名的创新温室。进入创新时代，深圳形成了以市场需求为导向、产学研一体化的自主创新模式，利用互联网平台、云计算、大数据模型等新技术，依托科技型龙头企业，组建了45个产学研联盟，培育了70家集基础研究、应用研究和产业化于一体的新型研发机构。知识和思想创造、基础科学与产业创新结合越来越紧密，人力资本和新技术、新产业、新思想、新创意替代物质资本投入成为经济增长的主要源泉。深圳经济发展的前20年，全社会固定资产投资率的平均水平超过50%，2010年以来已经稳定下降到25%。新一代无线通信技术、基因测序分析与装备制造、新材料、新能源汽车、显示技术等领域形成了居世界前列的创新能力。按照五年累计国际专利申请量排名，2016年深圳—香港已经成为仅次于日本东京—横滨的世界级区域创新集群。其间，深圳经济增幅虽有所下降，但仍然坚持方向不变、步伐不停、力度不减，坚持腾笼换鸟式的产业升级过程，加快了深圳经济发展从速度型向质量型、从低价要素投入型向创新驱动型的转变。

（二）内因：有效市场，有为政府，活力社会

如何解释深圳的创新发展，不同的学科都可以对深圳现象做出不同的解读。深圳现象一定有着内在的可以复制的规律性，一定不是简单化的一靠特殊政策、二靠香港这么简单。结合经济学和社会学交叉论证深圳市场经济的形成过程，深圳是改革开放伊始建立的移民城市，社会成员从各自原有的社会关系中“脱嵌”，且任何一种旧文化都难以取得主导地位，在

改革家、企业家引导下和市场激励机制的共同作用下，特区建立初期就快速建构出市场经济的社会范式。此后，深圳在高校较少、人才匮乏的不利条件下，实现经济连续转型，初步成长为世界级创新城市，这是由于社会分层被打破，不同技能移民得以融合，更好地实现了智力资源的自由流动。

深圳有个著名的口号，“来了就是深圳人”。这一口号的含义是社会成员的脱嵌与重组，显示了深圳的文化包容性，说明移民城市有利于创新发展。改革开放四十多年，五亿农民进城，可以说中国每一座大城市都是移民城市，但为什么只有深圳出现了明显的移民城市效应？重要的区别在于深圳没有固有的主导文化，能顺利导入完整的市场经济社会体系。移民城市最重要的特质是打破了原有的分层，推动了更加广泛的思想碰撞与交流。不同社会层级代表的是不同思想、不同知识体系，老城市的社会范式阻碍创新，不同社会层级很难在一起交流碰撞，也就很难建立新观念。经济内生于社会，经济活动是全部社会活动的一部分，社会如何组织和运行很大程度上决定了生存于该社会的企业如何组织与运行，进而决定了一个城市的经济发展质量和水平。深圳的移民环境、人口结构等因素为创新提供了富有活力的社会条件。

在创新发展中，理顺市场和政府的关系尤为重要。深圳政府最积极也比较擅长的就是研究产业链，但不以行政权力指定谁是产业链上优胜者，而是鼓励支持企业围绕重点关键环节进行竞争。2013 年深圳悬停式无人机行业异军突起，形成产出规模近 600 亿元的新兴产业，成为举世瞩目的“无人机之都”。截至 2018 年底，深圳全市的无人机企业 360 家，消费级无人机占全球 70% 的市场份额，工业级无人机占国内市场的 60% 。无人机产业需要产业链的支持，尤其是碳纤维、铝合金、特种塑料、磁性材料、伺服电机，以及软件/AI 技术的支持。珠三角有碳纤维钓鱼竿、自行车的产业基础，也可以满足手机生产体系中对铝合金、塑料的需求，但磁性材料和伺服电机是匮乏的。深圳市政府早在 2009 年就明确支持机器人产业中关键环节伺服电机的发展，并对磁性材料的基础研

究给予特别关注，2013 年后伺服电机和磁性材料研究一直是深圳科技创新委员会支持的研究项目。按照业界人士介绍，深圳科创委在此领域先后资助 5000 多万元，填补无人机产业链的关键短板，最终成就了这个行业的崛起。

经济增长方式转变中的市场与政府关系。政府要在推动和支持产业升级方面发挥积极作用，关键在于实现“有形的手”与“无形的手”之间的有机结合，这样才能达到 1 +1 >2 的效果。在深圳转型升级过程中，有两个口号是值得关注的，一个是支持非共识创新，另一个是创造湿地效应。

自 2006 年以来，深圳持续耐心细致地探索建立鼓励创新的环境，制定合理有效的支持创新的政策和规则，创造了一个科学家与创新企业家双向依赖的评估体系。在深圳，一个重大的产业创新项目要获得政府支持，需要经过系统的评估程序，其中，要说清楚五个内容，即重大创新的科学原理是什么，重大创新最早来自哪所大学的基础研究，曾经有哪家企业做过类似的研究开发，本团队的技术路线有何不同，本团队可能成功的条件是什么。在创新发展的道路上，没人能够确保成功，但要获得成功，从科学发展规律上看，往往离不开这五个条件。

湿地是自然界最具活力的生态系统，湿地的外在条件是要 3‰的盐分，低了或是高了都会导致湿地的消亡。至于湿地系统内是鸟吃鱼还是鱼吃虾、虾吃虫，决定于物种竞争选择。政府责任就是保证 3‰的盐分，建立公平、公正、公开的市场竞争环境，但这并不意味政府对经济活动的放任。按照科学方法，探讨科技革命引发产业发展方向，规划产业链的关键环节，推动要素空间集聚与分工，部署新一轮的产业升级是政府应当做，也能够积累经验，在不断的学习中可能做得更好的工作。2010 年深圳提出了“深圳质量”的转型发展理念，制定了更加严格的限制性产业发展目录，实施了更加积极的集约性发展政策，产业结构调整中企业快速外迁，是个成功的案例。有效的产业政策可以加快弥补产业发展过程中的关键性短板，但不能违反竞争性获得资源的市场原则。

从整体上看，深圳的经济转型过程坚持充分发挥市场机制在资源配置中的基础性作用，更好地发挥政府的作用。以市场为主导，以企业为主体，以法治为基础，以政府为保障，构建出富有活力的创新环境。

（三）空间：粤港澳大湾区协同创新

市场、政府、社会和空间构成了资源配置的四种基本机制，优化空间格局对资源的合理配置，让创新发展能在适宜的条件下充分开展尤为重要。大城市的集聚效应有利于创新活动的产生，全球化发展到今天，不应孤立地以一个城市的视角来看待创新与产业的问题，分工与创新是大都市、湾区（城市群）的根本特征。以美国的旧金山湾区为例，专利的生产需要不同区域的合作。世界上的创新城市并非孤立地从事研发和创新，而是存在空间与产业的协同效应。在全球 25 个创新城市中，有很多横向的联系，例如深圳—香港的最大合作伙伴是北京，而北京的创新存在着与旧金山湾区的紧密合作。深圳需要与创新资源更为充裕的广州、香港等城市加强密切联系，也需要让低边际土地产出的关联产业以合理的距离分布在深圳内外，这就需要充分利用建设粤港澳大湾区的契机，优化创新经济的空间布局。2017 年粤港澳大湾区上升为国家战略，2019 年 2 月《粤港澳大湾区发展规划纲要》出台，2019 年 8 月中共中央、国务院发布《关于支持深圳建设中国特色社会主义先行示范区的意见》，为深圳的创新发展提供了全新的指引。

城市的土地资源永远都是有限的，与国内其他大城市相比，深圳的土地资源尤为稀缺，但与国际城市相比，深圳并不算小，关键是如何调整视角来审视。当前的行政管理和绩效评价体系不利于城市间的合作，导致创新的所有环节，以及与创新活动密切相关的生产、制造和销售尽量在一个城市内实现，这是造成城市规模无限扩张、城市间同质化竞争的原因。粤港澳大湾区在一国范围内，集两种制度、三种货币，有市场经济的共识，拥有创新发展所需的多元化的人才、知识、技能，分布在不同成本结构的空间，当前最需要做的是减少行政壁垒，增强交融合作。

审视深圳在粤港澳大湾区中的功能定位，结合深圳资源禀赋、产业分工、科技水平，在粤港澳大湾区科技产业布局中既能够不断壮大现有科技产业，也能够不断培育新兴科技产业，同时能够带动湾区其他城市相关配套产业、科技服务等的发展，从而有利于粤港澳大湾区整体经济持续发展。目前，深圳在湾区建设中不仅居于经济发展、技术创新的领先地位，而且位于连接港澳与内地的区域核心位置。深圳改革开放四十多年来所取得的经济成就为世界所瞩目，是中国对外开放的重要窗口，在粤港澳大湾区建设中仍然可以一如既往地发挥对外开放的重要引领作用。

（四）可持续的创新：科学与产业结合

深圳走出“山寨”模仿向自有技术的创新制造转变，完成了从所谓“工匠城市”向“爱迪生式城市”转变，下一步是“巴斯德式城市”。巴斯德不同于爱迪生利用既有科学成果推动工业技术发展，他开创了微生物学科，将产业技术抬升到科学前沿，成为以科学引领的产业创新代表。未来，提升大学与科研机构培养科学人才、探索科学发现的能力，发挥产业创新引领者和推动者的作用，是深圳乃至我国经济增长方式转变、走向创新驱动的基础。深圳需要建设更多的大学和科研机构，以补齐短板。

历史说明，真正实现科技引领的国家都产生过深刻的思想。科技社会学（STS）理论认为，科学的突破是新旧范式的更迭。和产业升级类似，任何范式下的科学研究都会经历收益递减的规律制约，要实现科技创新的可持续，就需要具备源头创新的能力，通过更换源头确立新的发展轨道，而源头创新不仅在于科学能力，更在于社会的思想能力。先有让比空气重的物体飞起来的思想，才会有飞机的发明。当深圳创新之路的前方没有可跟随的目标时，就需要强大的思想能力进行引领导航。深圳也需要人文社会科学的突破性发展。

为解决我国基础研究缺少“从0到1”原创性成果的问题，科技部、国家发展改革委、教育部、中科院、自然科学基金委近日印发《加强“从0到1”基础研究工作方案》，全面加强基础科学研究，并确定深圳正式成为综合性国家科学中心。当前，深圳创新活动高度集中于企业，加强产学研结合是科技自主创新的重要路径。深圳将进一步完善科技创新生态体系，探索政产学研用协同创新模式，撬动高校、科研机构、企业、社会资本多方发力，实现创新资源的有效整合与合作共赢。

三　结论与思考

（一）数字革命时代，创新引领制造

新技术革命下，生产方式出现根本性变化，传统的产业划分方式无法描述经济结构与运行质量，数据成为生产的内容也是生产的手段，创新引领的制造业与传统意义上的工业生产差异很大，需要深刻研究和理解。

（二）特大城市、国际化大都市的功能:科学创新中心、总部经济、文化中心、金融中心、全球资源配置中心

城市的存在在工业时代的目的是提高生产效率。在今天交通日益便捷高效、城市成本日益上升的情况下，大城市的功能是集合价值链中具有更高产出的环节，因此出现了各种功能中心和资源配置中心。工业中心城市越来越难以在特大城市中占据主流。

（三）城市群要形成合理的规模分布，结构协调，分工合作

城市群以少数核心城市为中心，只有按照一定的空间分布规则布局，协同分工，才能产生有机的生态网络。

（四）制造业是低边际土地收益产业，以核心大都市为基点，随距离延伸地价递减，制造业密度增长

纽约、东京、伦敦等大城市制造业一般都在5%以下，但环绕这些大城市的是该国各自的工业圈。制造业以大城市为中心，可以获得其辐射力，同时又不受制于高昂的地租。

（五）特大城市、国际化大都市的结构合理性决定于其辐射范围内的城市的产业竞争力

大城市的竞争力在于其丰富的核心要素聚集和产业结构引领，能够在一定空间内配置产业链。大城市的成本都是贵的，旧金山不会与得克萨斯州去拼成本，但依然保持更大的吸引力。

（六）2000年以来，我国核心大城市已经开启了去制造业化过程，经济增长主体来自非制造部门

21 世纪，中国第三产业的快速发展是一种补偿性增长，同时也是成本结构发生变化的市场反应，是传统制造业对要素价格的变化所做出的调整。

（七）信息时代，数字生产处理传输是最重要的高成长性生产部门，是智慧城市的物质基础

先进产业已经成为一个新的门类，无论是生物技术、DNA，还是电子通信、移动互联网，它的发展是基于信息的，这是未来智慧城市的基础活动，数字即物质。

（八）制造业发展决定于城市的创新能力和聚集成本

只有创新型先进制造业在大都市生存，才能与服务业中以互联网技术为基础的数字生产运用构成统一的高度融合的全球创新产业。传统制造业未来将有很大的变化，核心大城市将不是传统制造业的载体，创新产业和先进制造业依赖城市创新生态而存在。

（九）深圳的未来发展不在于将大规模制造业留在深圳，而在于在50～100公里范围内培育巨大的制造业集群

若不能培育巨大的制造业集群，深圳将失去成为世界大都市的历史机

遇。深圳应该以建设粤港澳大湾区为契机，与其他城市差异定位，做好产业布局。深圳不一定要像广州那样发展造船、汽车、钢铁产业，而应向空间发展，掌握创新引领，向腹地辐射发展。

（十）培育勇于创新的企业家群体和高端创新人才队伍

深圳走向创新之巅不是要大规模制造，而是从跟跑并跑到领跑的大规模原始创新，依赖于勇于创新的企业家群体，依赖于完善的、法治化的、高度竞争的市场经济环境以及分工细密、不断聚集、规模庞大的高端创新人才队伍。

设立制造业比例红线作为一种思维定式体现的是孤立城市格局下的现有经济发展思想，有其合理性的一面。深圳是中国改革开放的排头兵，在创新驱动、绿色发展方面走在前列，深圳发展的动力来自市场。在新经济大背景下，深圳应该进一步促进市场的发育，让创新群体和企业家脱颖而出，引领发展。

参考文献

［1］念沛豪、程楠：《美国推进“先进产业”发展的做法及启示》，《工业经济论坛》2017 年第 4 期。

［2］唐杰：《深圳转型：创新发展的历史与未来》，《经济导刊》2019 年第 10 期。

［3］唐杰：《“新常态”增长的路径和支撑——深圳转型升级的经验》，《开放导报》2014 年第 6 期。

［4］胡彩梅、郭万达：《深圳转型升级和创新驱动：分析与借鉴》，《开放导报》2015 年第 5 期。

B.16
中山市推进珠江东西两岸融合发展的策略研究*

中山市经济研究院课题组**

摘　要： 推进大湾区珠江东西两岸融合发展是粤港澳区域一体化发展的内在要求。中山位于连接珠江东西两岸的枢纽节点，应提早谋划，落实省委赋予的战略定位，奋力建设成为珠江东西两岸融合发展的支撑点，为建设世界级城市群贡献中山力量。本报告通过分析珠江东西两岸融合发展的现状，立足珠江东西两岸融合发展的趋势和中山的定位，提出了粤港澳大湾区背景下中山市推进珠江东西两岸融合发展策略。

关键词： 粤港澳大湾区　珠江东西两岸　融合发展

长期以来，珠江两岸的融合发展一直在广东的经济和地理格局中占据重要位置。随着粤港澳大湾区规划的发布，它又被赋予了新的内涵，香港和澳门也被纳入其中。以珠江口为界划分东西两岸城市群，主要由香港、深圳、惠州、广州、东莞等城市组成了东岸城市群，由澳门、江门、中山、珠海、佛山、肇庆等城市组成西岸城市群。《粤港澳大湾区发展规划纲要》提出，

---

* 本报告为广州市首批新型智库广州大学广州发展研究院委托研究成果。

** 执笔人：梁士伦，电子科技大学中山学院教授、中山市经济研究院院长、广东省区域发展蓝皮书研究会副会长、广州市粤港澳大湾区（南沙）改革创新研究院高级研究员；丘书俊，中山市经济研究院经济研究所所长。

通过利用香港、澳门、广州和深圳的创新研究与发展能力，发挥运营总部密集以及中山地区产业链齐全的优势，加强大湾区的产业联系，提高发展合作水平。珠江东岸金融、科技创新、商务服务等高端要素与珠江西岸的先进制造业的融合发展，必定能带来新的经济张力。中山位于珠江三角洲广珠澳主轴中间，隔海东临深圳和香港，南临珠海和澳门，西临江门，北接广佛。省委战略定位赋予中山更高的位置，中山必须抓住粤港澳大湾区建设的重大历史机遇，在珠江两岸融合发展、大湾区和区域经济一体化战略中发挥积极的推动作用。

一　珠江东西两岸融合发展现状

（一）珠江东西两岸融合发展的总体情况

珠江东西两岸在融合发展的过程中取得了初步成效，主要体现在基础设施、要素流动和产业发展等方面。东西两岸城市间空间距离，由于基础设施的互联互通而有所缩短。随着港珠澳大桥正式建成和开通，国家高速公路网已把香港列入，“1 小时经济圈”基本实现，一个以公路、铁路和水路为基础的综合运输网由此形成。珠江两岸城市各种要素和人员自由流动，资本运作、技术交流和产业合作机会大大增加。建设国家自主创新示范区，创新平台和工业园区，极大地促进了珠江东西两岸创新一体化进程。产业布局和城市间分工也进一步优化，在产业升级和产业转移作用下，初步形成了东岸以金融、现代服务业和电子信息产业为主，西岸以装备制造产业为主的产业发展格局。

（二）珠江东西两岸融合发展存在的问题

统筹协调不足给区域经济发展质量造成了一定的阻碍。实际上，湾区东岸的发展速度比西岸要快得多，这些年来珠三角东西两岸的差距呈现持续扩大态势。东部大海岸的垂直城市轴线是金融、物流、科学技术和信息发展的重要组成部分，2019 年东岸城市在大湾区经济总量中的占比是西岸的 3.4 倍（见表 1）。

表 1　2019 年珠江东西两岸 GDP 情况

城市	2019 年 GDP(亿元)	占比(%)
广州	23628.6	20.4
深圳	26927.09	23.2
珠海	3435.89	3.0
佛山	10751.02	9.3
惠州	4177.41	3.6
东莞	9482.5	8.2
中山	3101.1	2.7
江门	3146.64	2.7
肇庆	2248.8	1.9
香港	25250.73	21.8
澳门	3715.54	3.2
珠江东岸	89466.33	77.2
珠江西岸	26398.99	22.8
粤港澳大湾区	115865.32	100.0

资料来源：粤九市数据来源于广东省统计局网站；香港数据来源于香港特别行政区政府统计处，澳门数据来源于澳门特别行政区政府统计暨普查局，按照 2019 年平均汇率折算。

珠江两岸的城市由于现行体制框架和行政层次的束缚，缺乏“龙头城市”而无法形成真正意义上的有效联动发展，也难以实现要素充分自由流动的市场一体化格局。行政区各自为政的管理模式严重阻碍了跨行政区联动发展格局的形成，对区域资源的有效流动和配置优化造成了障碍，使区域的总体竞争力难以发挥，无法实现市场高度融合。当前珠江东西两岸城市间的一体化体制机制还远未形成，合作体制机制不健全、推进不系统、协调不够、执行力不强，亟待加以完善。区域间交通资源的共享合作难度较大，基础设施建设高效衔接亟待进一步加强，东西两岸快速交通连接严重不足。此外，部分城市领导仍然对区域一体化心存疑虑，担心虹吸效应会加剧珠江西岸要素资源、人力资源的流失，对一体化的目标认识尚存在差异。

二　珠江东西两岸融合发展趋势分析

（一）珠江口经济圈价值凸显

从世界经济结构的角度来看，湾区往往是一个极好的经济增长空间，海湾的一些主要地区正在成为世界经济的支撑。大湾区沿岸周边有香港、东莞、广州、珠海、中山、深圳和澳门，构成大湾区的基石和核心，形成珠江口经济圈。这个经济圈主要集中辐射香港、广州、深圳三大中心，并向两侧呈扇状覆盖，辐射更为广大的粤东、粤北、粤西地区以及邻近省份，为区域协调发展提供强大助力。

（二）都市圈经济加速形成

从珠江三角洲“广佛肇”“深莞惠”“珠中江”发展格局，转向更为广阔的都市圈经济，成为粤港澳大湾区城市群发展的一个重要形态。地理空间因素对于经济发展和城市发展的意义日益凸显，“集聚效应”对于区域经济发展产生巨大的推动作用。粤港澳大湾区都市圈的形成，将实现从“行政区经济”向“经济区经济”过渡，改变过去城市之间单打独斗的局面。区域一体化的实现，有利于资源分配效率和区域总体竞争力的提高，重点关注城市群进行国际竞争的参与。

（三）全方位深度融合态势显现

区域协同性和制度的融合是大湾区协同的重要战略使命，大湾区拥有两大特别行政区、三大国家级自贸试验区，理顺关系是重中之重。香港和深圳、广州金融产业各有优势，联合打造为全球性金融中心，为创新创业提供资金支持。海湾地区资源的一体化，建立了世界级的国际航运物流中心，进而建立空间载体和管理中心，促进全球资产和资本的集中，扩大市场。产业链生态创造，技术创新共同开展，引领产业现代化，建立全球创新中心、全球综合产业中心、全球制造业高端平台。加强交通基础设施建设，实现“一小时生活圈”，创造更好的发展和生活空间。

三　国际知名湾区融合发展经验借鉴

（一）国际知名湾区融合发展的经验

根据国际经验，著名的海湾地区不仅是经济中心，也是创新中心、金融中心、海事中心、教育中心、医疗中心和旅游中心，是人员流动、物流、资金流动和信息流动的重要汇合点。形成湾区经济的重要因素包括发达的港口城市、特殊的地理条件、高效的运输系统、工业辐射集中、强有力的创新体系、合理的分工、良好的生活环境和更好的协调机制。纽约湾区、旧金山湾区和东京湾区的成熟地区已从单一城市转变为城市群，城市的行政边界相对模糊，形成一个不可分割和平衡的生态系统。就东京湾区而言，东京湾区通过合理的生产要素空间和工业分配，优化和调整了其周围城市的功能定位和工业空间规划，从而形成了以东京为中心的城市社区，与邻近的次中心城市之间建立了有效和协调的联系，具有强大的辐射强度和更大的外向性。

川崎市位于东京湾区，其地理优势与中山在粤港澳大湾区的地理优势相似，经济规模和发展轨迹也相似。川崎市临海地区有许多大型制造工厂，在东京市区和京滨工业区之间的劳动分工制度下，发挥着工业机械和原材料加工的作用。川崎市通过与东京和横滨的产业互动，在新的制造技术及信息和通信技术等领域享有巨大优势，促使其形成“产业加研发”模式。在这一模式下，川崎市企业开发的新产品在东京大田试验后，在川崎市小规模生产，然后在东京的试验市场上进行投资以获得反馈，之后在日本和国外的工厂生产大量的产品。川崎港是世界主要港口之一，位于日本最大的消费区——首都经济圈的中心。与东京和横滨两个港口相连，这两个港口主要进口石油和天然气，主要出口工业产品，是能源供应基地，不仅能支持工业发展，对市民的生活也起到支持作用。川崎市向东有东京湾跨海高速，与海对岸的城市相连，并做好与跨海高速的路网衔接，实现东京湾区东西两岸高效互联互通。川崎没有机场，但充分利用邻近机场重大枢纽的特征，加强交通设施对接连通，形成能级高、可达性强的物流枢纽，通过与东京、横滨的融合、协同发展，促进了自身的繁荣。

（二）借鉴启示

湾区城市群是全球高端要素的集聚配置区，大量高端要素如顶尖科技企业、大学和研究机构、实验室、风险与创业投资公司、基金等高度集聚，寻求要素资源的优化配置。中山应立足自身交通区位、经济产业基础、宜居环境、对外交往等方面的优势，积极参与粤港澳大湾区分工合作，明确在粤港澳大湾区城市群中的战略定位，依托日趋完善便捷的区域交通枢纽引领作用，整合优势资源，在错位发展推动下，实现商流、资金流、科技流、物流、信息流等的高效对接与连通，形成融合发展的强大合力。

四　中山市推进珠江东西两岸融合发展策略

（一）总体思路

抢抓粤港澳大湾区和深圳中国特色社会主义先行示范区建设“双区驱动”、深中通道建设的重大机遇，立足省委赋予的“三个定位”，以连通珠江东西两岸和粤西及贯通南北的综合交通枢纽建设为支撑，以翠亨新区、岐江新城、火炬高新区、民众创新园等平台建设为载体，以参与建设粤港澳世界级产业群为依托，以大格局谋划大发展、大平台引育大产业，推动交通基础设施高效对接与互联互通，加强重点产业、重大平台、重大项目、重大战略等的合作，促进珠江东西两岸融合发展，区域内要素合理流动，资源有效配置，市场深度整合，共建产业高端、营商便利、宜居宜业宜游、文化融通的世界级湾区。

（二）对策建议

1. 打造协同发展现代产业体系

充分利用珠江东岸强大的金融服务能力、珠江西岸制造业中心的优势，加快推进产业升级转型，发展若干特色产业集群，走出一条“世界科技+湾区智造+全球市场”的创新发展之路，提高全球竞争力。加快建设东部环湾创新发展带、西部优势产业升级带。以翠亨新区、火炬开发区、民众园、三角园和南朗镇华南现代中医药城为主要载体，抓住5G商用、人工智能、区块链等新一轮技术革命机遇，主动对接广深港澳科技创新资源，大力发展新一代信息技术、高端装备制造、生物医药等新兴产业和金融、科技研发服务、创意设计等现代服务业，打造高品质战略性新兴产业发展带及广深港澳科技创新走廊重要承载区。以小榄园、古镇园、板芙园、坦洲园等为重要节点，充分发挥沿线专业镇特色产业集群优势，深入挖掘与周边城市产业、创新的契合点，推动家电、五金、灯饰等传统优势产业价值链延伸和智能化升级，联合珠海、江门共建珠江口西岸高端产业集聚发展区。

2. 构建开放型区域创新网络

基于中山的区域优势，谋划建设深中创新轴，吸引香港、澳门、广州、深圳等核心城市高端创新资源，将珠江东岸知识密集型工业带与西岸技术密集型工业带连接起来，融合创新，促进创新成果高效转化，搭建“东联”产业创新桥梁、“西拓”桥头堡和创新成果转化高地。向东承接广深港澳科技创新走廊溢出效应，向西推动珠江西岸一体化创新走廊发展，加强与广州、深圳、香港等城市在技术、资本、人才等创新因素上的互动，促进珠江两岸在重大技术研究领域的深入融合，共建协同创新平台，促进珠江西岸产业创新发展，助推粤港澳大湾区创新要素集中从“廊带”分布迈向“环状”分布新格局，形成产业链闭环生态圈。

3. 推进交通设施互联互通

强化湾区高快速公路网对接互通，主动对接广州、深圳等湾区核心城市，构建南北向、东西向两大高速战略走廊带，加快推进中开高速、东部外环高速、西环高速等高速公路建设，积极配合推进深中通道沉管、伶仃洋大桥等关键性工程建设，实现大湾区核心城市“半小时交通圈”。抓紧建设翠亨新区港澳码头，开通往返香港、澳门、深圳的快速水上交通线。加强与南沙港合作发展，推进航线等航运资源共享。重点推动深茂铁路、南沙港铁路、广中珠澳高铁等战略通道建设，促进中山融入京粤澳通道。加快谋划和推动广州地铁 18 号线、深圳地铁 33 号线等延伸至中山核心区。加快启动城市地铁建设，积极谋划推进珠中江地铁网建设。强化与周边城市公交互联，谋划研究开通深中通道城际公交，打造联通珠江东西两岸、多方式畅通融合发展的一体化综合交通枢纽。

4. 共建宜居宜业宜游优质生活圈

规划新城的综合建设，以密切整合空间的城市和产业功能，推动高端要素资源集聚。为香港和澳门青年建设创业创新基地、创意创业工业园区等，为珠江东西两岸的年轻人提供更好的发展空间。加强粤港澳大湾区旅游资源合作，联合开发新线路、新产品，将孙中山故里旅游区、孙中山史迹、中山历史文化资源与广州城的文化遗产、深圳改革开放的历史遗迹、香港的文物径、澳门的世界遗产建筑和历史城区进行有效串联，打造文化旅游品牌之城。共同实施城市交通绿色走廊建设和升级项目、生态水系走廊和公共绿地建设项目，加强市政道路绿化美化和滨水绿色廊道建设，共建生态湾区。

5. 构筑大湾区人文共同体

粤港澳大湾区城市群融合发展的根基和灵魂是人文价值链的共性，建议充分发挥文化的“黏合力”带动区域的“整合力”，将文化同根同源的优势转化成文化认同、文化主张，建设“文化湾区”。以岭南、珠江文化为主导，讲述好大湾区的城市文化故事。发挥良好的文化立足点作用，构建岭南文化与中国海外文化的文化 IP，使孙中山文化成为广东、香港、澳门的重要文化品牌，以孙中山精神为核心和引导，凝聚文化共识，建设大湾区人文共同体。

6. 提升营商环境一体化水平

以“服务也是生产力”理念为指引，以促进要素高效便捷流动为抓手，提高投资贸易便利化水平，促进大湾区营商环境向国际一流迈进。加强统筹协调和规划衔接，做实做优基础设施建设、产业转移承接、重大平台打造等重大事项，确保体制机制顺畅、空间布局协调、时序安排统一，着力消除区域行政障碍，吸收港澳经验、自贸试验区先行先试制度创新成果，加快推广符合国际标准的质量、技术、安全、环境和知识产权标准，提高适应高水平国际标准和规范的能力。鼓励核心城市通过一园多区、“飞地”科技园、联合创新中心/联合孵化器等方式，共建一批产业协作示范园区、协同创新示范基地，以一体化的营商环境促进重大项目对接合作，辐射带动珠江西岸发展。

参考文献

［1］曾志敏：《打造全球科技创新高地：粤港澳大湾区融合发展的战略思路与路线图》，《城市观察》2018 年第 2 期。

［2］毛艳华、荣健欣：《粤港澳大湾区的战略定位与协同发展》，《华南师范大学学报》（社会科学版）2018 年第 4 期。

［3］王枫云、任亚萍：《粤港澳大湾区世界级城市群建设中的城市定位》，《上海城市管理》2018 年第 2 期。

［4］向晓梅、杨娟：《粤港澳大湾区产业协同发展的机制和模式》，《华南师范大学学报》（社会科学版）2018 年第 2 期。

［5］孔维宏：《粤港澳大湾区城市群陆路交通一体化的问题与对策》，《城市观察》2018 年第 2 期。

［6］瞿莉莉：《珠江东西两岸产业集群转型升级比较研究》，广东省社会科学院硕士学位论文，2014。

［7］刘德平：《大珠江三角洲城市群协调发展研究》，华中农业大学博士学位论文，2006。

B.17
湛江打造粤港澳大湾区特别拓展区的对策研究*

廖　东**

摘　要： 湛江是全国14个首批开放的沿海城市之一，习近平总书记要求湛江成为建设现代化沿海经济带的“重要发展极”，广东省委赋予湛江“省域副中心”的战略定位。本报告从阐明争取成为粤港澳大湾区特别拓展区的必要性入手，客观分析了湛江的有利条件，并站在湛江长远发展的战略高度，经过深入的调研和分析思考，从湛江的实际出发，提出了积极融入粤港澳大湾区建设做好“五个对接”、以“飞地”模式为抓手、确立打造粤港澳大湾区特别拓展区战略目标、争取广东省自贸区政策和确立“海洋产业”发展方向，努力争取成为共建粤港澳海洋产业合作试点平台的具体路径和建议。

关键词： 特别拓展区　共建合作试点平台　粤港澳大湾区　湛江

粤港澳大湾区建设的主要目标就是把粤港澳大湾区打造成国际一流湾区和世界级城市群，成为我国参与国际竞争的重要发展载体。把建设粤港澳大湾区作为一个大机遇、大文章抓紧抓实办好，是习近平总书记对广东的殷切

---

* 本报告为广州市首批新型智库广州大学广州发展研究院委托研究成果。

** 廖东，广东省区域发展蓝皮书研究会副会长，广州市粤港澳大湾区（南沙）改革创新研究院研究员，湛江市哲学政治经济学学会会长，曾任国家级湛江经济技术开发区管委会副主任。

希望和要求，广东正举全省之力在抓落实。湛江是全国14个首批开放的沿海城市之一，习近平总书记要求湛江成为建设现代化沿海经济带的“重要发展极”，广东省委赋予湛江“省域副中心”的战略定位，在落实粤港澳大湾区重大战略中要有所作为。湛江地处粤港澳大湾区9+2区域的周边，积极创造条件，争取成为粤港澳大湾区的特别拓展区，本文就其必要性、有利条件及争取的路径做粗浅的探讨。

一　湛江争取成为粤港澳大湾区特别拓展区的必要性

（一）落实习近平总书记的要求，积极打造“重要发展极”

2018年10月，习近平总书记视察广东时，多次提到湛江，要求把“汕头、湛江作为重要发展极串珠成链，打造现代化沿海经济带”。习近平总书记对湛江的要求，赋予湛江很高的战略定位。重要发展极的作用，最重要的就是发挥辐射、引领和龙头、标杆作用。而要发挥这样的作用，目前湛江的发展水平和能量还远远不足。除自身要努力打造之外，也需要强有力的政策扶持。湛江成为粤港澳大湾区特别拓展区，就能更好地融入粤港澳大湾区。一方面，可以享受到大湾区的政策扶持；另一方面，可以直接参与粤港澳大湾区建设，特别是纳入大湾区的总体规划，直接参与大湾区海岸线的分工和产业对接，包括具有优势的工业、现代农业、金融业和服务业等，全面融入粤港澳大湾区。湛江要快速增强自身的经济实力和发展动能，在建设现代化沿海经济带的进程中真正发挥重要发展极的功能。

（二）建设省域副中心，落实广东区域协调发展战略的需要

经济发展不平衡是广东长期以来的一个突出矛盾。湛江市是广东省的欠发达地区。人口大市、经济小市的矛盾较为突出。以2018年为例，虽然全市GDP突破了3000亿元，排全省地级市的第8位，但人均GDP仅是广东省

人均水平的48.9%。广东省委提出“一核一带一区”的区域协调发展战略，赋予湛江省域副中心的战略定位，就是要湛江加快发展，赶上全省的发展步伐。但就目前湛江的发展态势分析，光靠自身的力量难度相当大，必须努力争取上级的政策扶持。湛江只有成为粤港澳大湾区的特别拓展区，才能够直接融入粤港澳大湾区，分享大湾区的优惠政策，更好地承接珠三角经济发达地区的辐射功能，加快经济发展，赶上全省的发展速度和水平，落实好省委提出的区域协调发展战略。

（三）打造北部湾城市群中心城市，发挥“一带一路”倡议支点城市功能的需要

2017年1月，国务院正式批准了北部湾城市群发展规划，湛江与南宁、海口两个省会城市并列被列为中心城市。目前，湛江的外资利用、进出口贸易等主要指标没有突出的优势，还没有凸显中心城市的功能，“一带一路”倡议支点城市的功能发挥也不明显。因此，湛江必须通过积极争取成为粤港澳大湾区的特别拓展区，直接融入粤港澳大湾区，分享大湾区的政策效应，特别是借助珠三角的科技创新优势，加强产业合作，引入大型的科技项目，把湛江做大做强。在开放的领域、开放的层次等方面进一步提升水平，全方位增强湛江经济实力。这样才能在北部湾城市群的交通对接、信息共享、产业互通、机制联动等方面更好地发挥中心城市的引领和辐射功能，更好地发挥“一带一路”倡议支点城市的功能。

二　将湛江打造成粤港澳大湾区特别拓展区的主要有利条件

（一）后发之势明显增强

习近平总书记提出把汕头、湛江作为重要发展极，打造现代化沿海经济带。这体现了党中央对湛江的战略定位十分重视，使湛江的发展后劲大增。

同时，湛江具有定位的优势，发展机遇良好。湛江在国家层面被列为“一带一路”海上合作战略支点城市、首批全国海洋经济创新发展示范城市、北部湾城市群中心城市和全国性的综合交通枢纽，在广东省层面被列为省域副中心城市。湛江目前已初步形成具有区域特色的钢铁、石化、近海油气开发、电力、造纸、农海产品加工、饲料、纺织、电器机械等九大支柱产业。随着钢铁三号高炉的启动、中科炼化项目的竣工投产和巴斯夫项目的全面动工，湛江迎来了良好的发展势头，承接珠三角产业转移的条件越来越好，更具发展后劲。

（二）南方大港实力提升

港口资源是湛江最重要的优势资源，港口众多，建港条件优越。目前，湛江港拥有生产性泊位 120 个，其中万吨级以上的泊位 36 个，拥有华南地区最深的 30 万吨级航道，正在建设 40 万吨级航道。2018 年完成的港口货物吞吐量突破了 3 亿吨大关，集装箱突破 100 万标准箱，居全省第 2 位、全国沿海港口第 11 位，是华南沿海地区通航条件和原油铁矿石接卸条件最好的港口。具有区域辐射能力的大宗商品交易中心，将形成矿石、石油、煤炭、粮食、木材、钢材、化肥、硫黄等大型物流集散基地和分销中心，将建成区域性的国际物流中心。湛江港的明显优势与粤港澳大湾区的港口群形成互补，能更有效地促进港、湾联动，从而推动粤港澳大湾区的建设发展。

（三）三省区交会的独特区位

湛江是广东、广西、海南三省区的交会点，内连“三南”，外连“五洲”，为大西南、华南、海南的交通枢纽。港口是全国主枢纽港，铁路为广东四大铁路枢纽，公路是 45 个区纽枢纽之一，拥有粤西唯一的民航机场，形成了发达的海陆空和管道运输立体交通网络。湛江是我国重要的出海口，处于承东启西、沟通南北、连接海内外的重要战略位置，向内经济腹地广阔，向外纵横通达，拥有广阔的发展空间。同时，正处在泛珠三角经济圈、大西南经济圈和东盟经济圈三大经济圈的中心位置，具有打造成区域性中心城市的良好区位条件，对粤港澳大湾区与海南自贸区（港）、北部湾城市群协同发展，更好地对接大西南经济圈和东盟经济圈，具有不可替代的作用。

（四）开放型经济资源丰富

湛江拥有发展开放型经济的丰富资源。湛江是海洋大市，三面环海，海岸线长达2023.6公里，具有丰富的农业、海产、矿产、油气、旅游及科技人才资源。蓝色滨海与海洋旅游资源、绿色生态与农业旅游资源、红土风情与历史文化资源，构成了“蓝、绿、红”三大湛江特色资源。湛江拥有多所高校，众多科研机构和各类专业技术人员，构成了开放型经济所需的技术和人力资源。湛江丰富的特色资源可扩大粤港澳大湾区的发展空间。

（五）生态型海湾城市宜居宜业宜游

湛江是全国47个环境保护重点城市之一、全国基础设施40优城市之一、国家级生态示范城市，在生态环境部公布的100个城市优良环境综合质量考评中名列第3位，常年的空气质量排名居广东省的前两位，具备最佳的投资创业和人居环境。随着城市建设的加快和管理水平的提高，已形成南国热带园林城市的风貌，被评为“国家园林城市”。优越的生态环境和“五岛一湾”的滨海旅游是湛江亮丽的名片，既可吸引人才居住生活，也可适度发展临港产业，这也完全符合打造粤港澳大湾区宜居宜业宜游优质生活圈的要求。

三　将湛江打造成粤港澳大湾区特别拓展区的对策建议

（一）主动融入粤港澳大湾区建设，做好“五个对接”

一是合作交流对接。湛江要积极地与深圳、佛山、珠海等大湾区重要城市的高层建立合作对接交流机制。实行“脑袋”的对接和思路的对接，在

决策方面跟上大湾区区域的发展步伐。二是规划对接。重点是海岸线规划的对接，参与大湾区海岸线的分工，突出湛江的独有优势，不搞同质化恶性竞争。要错位发展，形成良性循环。三是交通对接。要统筹海、陆、空基础设施建设，大力推动互联互通，形成畅通大湾区的区域中心交通枢纽。当前重点是解决进入粤港澳大湾区“两小时经济圈”的问题。要积极推动交通设施建设，尽快开通时速350公里的广湛客专。四是产业对接。湛江在工业、现代农业、金融业、滨海旅游业等产业与粤港澳大湾区有许多优势互补、合作发展的空间，要加强对接，推动发展。例如，湛江至广州的动车开通以后，台山、开平、中山、顺德等地有很多人都来湛江品尝海鲜，也带动了湛江的旅游业。五是项目对接。坚持以项目推动合作，重点是深化与大湾区中心城市的创新合作，充分发挥湛江的钢铁、石油化工和造纸的产业优势，把大湾区的高新科技项目引进来，打造北部湾城市群科技创新高地，发挥北部湾城市群中心城市的辐射和引领功能。

（二）以“飞地”模式争取成为粤港澳大湾区的特别拓展区

2019年3月全国“两会”期间，湛江市人大代表曾向全国人大提出了要把湛江、汕头纳入粤港澳大湾区拓展区的议案。此议案得到了国家有关部门和省委、省政府的高度重视。2019年4～5月，省政府曾两次派出调研组到湛江调研并形成调研报告上交省政府，报告认为应抓住机遇，乘势而上，积极争取。首先，要以建设“飞地”为抓手，争取将湛江纳入粤港澳大湾区拓展区。之所以称湛江为“飞地”，是因为粤港澳大湾区9+2（粤九市加上香港、澳门两个特别行政区）全域5.6万平方公里，没有直接与湛江市接壤。这块没有接壤的“飞地”就成了粤港澳大湾区的特别拓展区，这是必须确立的指导思想。其次，湛江要成为粤港澳大湾区的特别拓展区，必须积极争取纳入广东省大湾区的实施计划。要主动出击，积极在国家层面争取。建议组织专家团队深入研究融入粤港澳大湾区发展的领域以及融入的可行性，并积极地开展产业选择和政策选择方面的研究。在取得省委、省政府大力支持的前提下，积极在国家层面争取。最后，要组织政府有关部门和专家团队围绕设立“飞地”的可行性开展充分的论证，包括确定“飞地”的具体地点和面积的大小。建议组成一个专门的机构，形成合力，积极推进。

（三）大胆谋划，确立打造粤港澳合作试点平台的战略目标

习近平总书记要求广东把粤港澳大湾区作为一个大机遇、大文章，要抓紧抓实办好。湛江作为全国14个首批开放的沿海城市之一，在落实粤港澳大湾区战略中要有所作为。一方面要做好相关对接，积极地融入粤港澳大湾区的建设；另一方面也要努力创造条件，争取成为粤港澳大湾区的特别拓展区。除以“飞地”的模式为抓手积极争取之外，还要创造条件另辟蹊径。经过深入调查研究，本报告认为，湛江可以选择一条快捷通道，争取成为粤港澳大湾区的特别拓展区。2019年2月18日，党中央和国务院正式颁布了《粤港澳大湾区发展规划纲要》，强调了要积极推动七项重点工作的落实。其中第七项就是共建粤港澳合作试点平台。现在三个合作试点平台都在广东自贸区的三个片区范围内推开：深圳前海自贸片区是打造粤港澳现代服务业的合作试点平台，广州南沙自贸片区是打造粤港澳全面合作的试点平台，珠海横琴自贸片区是打造粤港澳深度合作的试点平台。湛江若能争取成为广东自贸区的新片区，就可以选择具有突出优势的重点领域和重点产业，创造条件，打造粤港澳合作试点平台。因此，建议湛江市委、市政府从湛江未来发展的战略考虑，大胆谋划，确立打造粤港澳合作试点平台的战略目标。

（四）争取早日成为广东自贸区新片区，为打造粤港澳合作试点平台奠定基础

自贸区全称自由贸易试验区，是指在贸易和投资等方面以比世贸组织有关规定更加优惠的贸易安排，在主权国家或地区的关境以外，划出特定的区域，准许外国商品豁免关税自由进出。2013年9月至2019年8月，中国已经分多批次批准了18个自贸试验区，形成了东西南北中协调、陆海统筹的开放态势，推动形成了我国新一轮全面开放格局。2019年上半年，自贸试验区吸收外资实现高速增长，自贸试验区实际使用外资同比增长20.1%。

自由贸易试验区最大的优势就是容错免责的机制和负面清单管理的制度。所以，粤港澳大湾区的粤港澳合作试点平台，都选择建立在自贸区内。湛江要争取成为粤港澳合作试点平台，就必须首先争取成为广东自贸区的新片区，享受到相关政策。

目前，湛江在争取自贸区政策方面有两个非常好的机遇和条件。一是习近平总书记视察广东发表重要讲话时，要求湛江抓住海南建设自贸区的机遇，加强与海南的对接合作，相向而行。但目前湛江与海南相向而行的最大难题就是政策不对等。比如建邮轮母港，海南自贸区有针对56个国家的落地免签政策，湛江没有，游客到了湛江无法上岸。政策不对等成了相向而行的最大障碍，这也给湛江争取与海南对等的自贸区政策提供了非常有利的条件。二是2019年全国“两会”期间，李克强总理在政府工作报告中强调要扩大开放的面，增加开放的点，重点强调了自贸区的扩区。但扩区有两个门槛：一个是必须落户在国家级经济技术开发区；另一个是必须落户在国家级高新技术产业区。这两个条件湛江经济技术开发区都具备了。因此，湛江争取成为广东自贸区的片区理由十分充分。现广东自贸区已有了深圳前海、广州南沙和珠海横琴三个片区，汕头也即将获批为第四个片区，所以，湛江要抓住机遇，以国家级湛江经济技术开发区为载体，努力争取成为广东自贸区的第五个片区，为打造粤港澳大湾区的粤港澳合作试点平台奠定基础。

（五）确立“海洋产业”发展方向，努力争取成为共建粤港澳海洋产业合作试点平台

共建粤港澳合作试点平台，是落实《粤港澳大湾区发展规划纲要》七项重点任务之一，其主要目的就是选择某一重点领域，在试点平台当中先行先试，待取得成功经验后，在粤港澳大湾区的5.6万平方公里范围内推广实施，然后引领全国的发展。湛江市地处南海之滨，是海洋大市。全市大小岛屿104个，海岸线达2023.6公里，占了广东省的46%，海洋资源优势明显，海洋产业基础良好，2018年底又获批国家级海洋经济发展示范区。因此，湛江可选择海洋产业为发展方向，积极申报“共建粤港澳海洋产业合作试

点平台”。关于选择海洋产业为发展方向，主要基于三方面功能的发挥。

一是共建粤港澳海洋产业合作试点平台，可以融合粤港澳的创新资源，进一步创新临港钢铁和临港石化循环经济发展模式，更好地探索产、学、研一体化的体制机制。既可使湛江更好地完成国家级海洋经济发展示范区的主要任务，又能更好地促进粤港澳大湾区钢铁和石化产业的联动发展。湛江国家级海洋经济发展示范区以湛江经济技术开发区为载体，近年来海洋经济总量不断提升，示范区内海洋主导产业产值从2018年的440亿元发展到2019年的700亿元，2020年发展目标为1100亿元，海洋产业取得超常规跨越式的发展（见表1）。

表1　湛江国家级海洋经济发展示范区海洋主导产业发展水平及目标

项目	2018年	2019年	2020年目标
海洋主导产业产值(亿元)	440	700	1100
海洋主导产业产值增速(%)	57	59	57
主导产业龙头企业从业人员数量(万人)	0.79	0.81	0.82
主导产业龙头企业主营业务收入(亿元)	135.12	148.15	167.05

二是共建粤港澳海洋产业合作试点平台，可以更好地整合粤港澳的港口资源，促进港、湾联动。既可以更好地发挥湛江港通往东南亚、非洲、欧洲、大洋洲最短航程的重要港口和南方主枢纽港的功能，促进现代化沿海经济带重要发展极的形成，带动沿海经济带的蓬勃发展；又可以促进港口的产业对接，使湛江丰富的海洋产业资源与粤港澳大湾区的政策优势、体制机制优势和规模经济优势有机结合，联动发展，相得益彰，加快广东省区域协调发展战略的落实，从而推动粤港澳大湾区的整体发展。

三是共建粤港澳海洋产业合作试点平台，可以更好地整合粤港澳海洋教育、研究力量，提升大湾区海洋创新能力，使海水综合利用、海洋能利用、海洋工程、海洋生物医药、海洋科技教育综合服务、海洋信息服务、海洋环境保护等新兴产业加快发展。目前，湛江海洋科技资源集聚形成了良好的态势。湛江是广东省高校及科研院所最密集的地区之一，是广东省涉海科研半台和涉海人才集聚的高地，集聚了大量海洋高科技人才，形成了促进海洋产业，特别是海洋战略性新兴产业发展的良好机制，能够为共建粤港澳海洋产业合作试点平台提供人才支撑及教育、科研基地（见表2）。

表2　湛江市高校和科研院所的典型代表

类别	名称
高校	广东海洋大学 广东医科大学 岭南师范学院 广东海洋大学寸金学院(独立学院) 广东文理职业学院
研究所	中国热带农业科学院南亚热带作物研究所 中国热带农业科学院农产品加工研究所 中国热带农业科学院农业机械研究所 中国热带农业科学院湛江实验站 国家林业局桉树研究开发中心
涉海新型研发机构	上海交大国家重点实验室海洋新材料研究中心在湛江设立分中心 中山大学在湛江设立海洋生物资源科技创新中心 北京工业大学在湛江设立湛江工业研究院 武汉科技大学在湛江设立国际钢铁研究院 中国水产总公司在湛江设立极地资源开发研究院 中冶集团在湛江设立海洋工程研究院 广东海洋大学正在筹建广东海洋研究院 广东医科大学正在筹建广东海洋医药研究院
涉海大型单位与机构	南海舰队 南海西部石油公司 湛江港集团股份有限公司 中国水产总公司湛江渔业公司

坐落在湛江市的广东海洋大学与广州南沙区政府签订合作协议，在人才培养、产业集聚、创新平台、成果转化和高端论坛等五个方面开展全方位合作，推动南沙海洋经济的快速发展，就是最好的实证。

湛江若能早日成为广东自贸区第五个片区，就可以在这个基础上，按照《粤港澳大湾区发展规划纲要》的要求，积极申请共建粤港澳海洋产业合作试点平台。若能成为粤港澳海洋产业合作试点平台，湛江就不是“飞地”

模式一般意义上的拓展区，而是马上就能成为先行点，成为粤港澳大湾区的特别拓展区。共建海洋产业合作试点平台取得成功后，就能引领整个大湾区乃至全国的发展，其推动和引领功能更加强大，湛江在全国的地位就会更加凸显。因此，湛江市委、市政府应抓住机遇，及早决策部署，并成立专门的申报机构，组织政府有关部门和专家团队形成课题专家组，对此开展专题研究，尽快形成专题申请报告和可行性研究报告，积极争取，合力推动。

参考文献

[1]《粤港澳大湾区发展规划纲要》，2019。

[2] 国世平：《粤港澳大湾区规划和全球定位》，广东人民出版社，2018。

[3] 白福臣等：《湛江海洋经济史》，海洋出版社，2014。

[4]《湛江市人民政府工作报告》，2019。

[5] 湛江市发展和改革局：《湛江市国民经济和社会发展第十三个五年规划纲要》，2017。

[6] 湛江经济技术开发区：《湛江国家级经济海洋经济发展示范区建设总体方案》，2019。

科技创新篇

Technological Innovations

B.18

粤港澳大湾区发展数字经济提升区域创新能力的研究*

徐印州　龚思颖**

摘　要：　数字经济代表了全球经济创新发展的新动向，成为粤港澳大湾区经济发展的新引擎，但“数据壁垒”与数字教育资源不足仍是粤港澳大湾区发展数字经济的短板。当前，数字技术已成为粤港澳大湾区产业创新与升级的重要驱动力，数字技术在市场需求的推动下进一步与湾区产业深度融合，营造大数据共享生态体系。在数字技术引领下，数字贸易成为粤港澳大湾区数字经济的重要组成部分，强化了粤港澳大湾区的国际市场地位，数字贸易将激发大湾区创新发展更大的活力。

---

* 本报告为广州市首批新型智库广州大学广州发展研究院委托研究成果。

** 徐印州，广东财经大学原副校长，广东财经大学流通研究院教授；龚思颖，广东财经大学文化创意与旅游学院教师。

关键词： 粤港澳大湾区　创新发展　数字经济　数字技术　数字贸易

在方兴未艾的新一轮科技革命推动之下，数字技术的广泛应用使全球经济发生了根本性变革，数字技术创造的效益和效率前所未有，形成数字经济，并且渗透到社会生活的各个领域。2018 年，中国数字经济规模达到了 31.3 万亿元，占国内生产总值的 34.8%，2018 年数字经济对 GDP 增长贡献率达到 67.9%。[①] 数字经济成为中国经济增长的新引擎，粤港澳大湾区成为承载数字经济发展的最适合主体。“具有全球影响力的国际科技创新中心”是《粤港澳大湾区规划纲要》给大湾区发展的重要定位之一，为实现这一定位目标，大湾区高度重视借助数字技术，数字经济显著强化了粤港澳大湾区创新发展动力。

一　数字经济在全球的发展态势

全球知名信息技术咨询公司 IDC 的预测数据显示，截至 2021 年底，数字技术将全面覆盖各个产业，实现融合与创新，全球至少一半以上的经济规模将通过数字化模式实现。[②] 数字经济促进产业创新与升级，为粤港澳大湾区高质量发展开辟了新的有效路径。

（一）数字经济代表全球经济创新发展的新动向

20 世纪 90 年代经济合作与发展组织（OECD）最早提出“数字经济”概念，目前数字经济已经成为主要发达国家经济发展的重点。在 21 世纪第一个十年，数字经济使全球走出了金融危机的泥沼。随之，不断加强的数字技术创新，又为全球经济创新发展带来新的机遇。进入 21 世纪第二个十年，

---

① 中国网络空间研究院：《中国互联网发展报告（2019）》，2019 年 10 月。

② IDC：《2018 中国企业数字化发展报告》，2018 年 8 月。

数字经济逐步成为中国经济提质增效、转型升级的新引擎。但是全球数字经济发展不平衡，在高度数字化的国家，互联网渗透率普遍高于80%，而在一些数字化程度较低的国家，互联网渗透率却低于20%，彼此之间的数字鸿沟明显。美国和中国数字经济实力在全球数字经济发展中遥遥领先于世界其他国家和地区，全球数字经济创造的财富增长高度集中在美国和中国。主要体现在以下几个方面。

第一，美国和中国占据75%的全球公有云市场，拥有75%的区块链及其相关技术专利，占据50%的全球物联网资金投入。在全球70个最大的数字化平台中，美国和中国的企业占总市值的90%，其中，七大互联网巨头——微软、苹果、亚马逊、谷歌、脸书、腾讯、阿里巴巴就占据了总市值的2/3，而欧洲仅占4%，非洲和拉丁美洲仅占1%。①

第二，从数字经济企业竞争力来看，苹果、亚马逊、微软等美国数字企业位居前列，华为、腾讯、阿里巴巴、拼多多等中国数字企业竞争力持续提升，表明中国数字经济已经进入快速增长期。

第三，从数字经济城市竞争力来看，美国有5座城市跻身“全球主要城市数字经济竞争力总体排名”榜单前10名，较其他国家的城市处于显著领先地位，中国有北京、上海2座城市位于榜单前15名。②

第四，当前中美经贸摩擦在一定程度上反映了两国对数字经济主导地位的追求，但是两国间数字经济实力的差距正逐年缩小。越来越多的国家注重和参与“数字丝绸之路”的建设，数字经济为“一带一路”加力。

（二）各国数字经济竞争力存在明显差异

全球主要国家数字经济整体呈现快速上升趋势，但各国的数字经济竞争力存在明显差异，主要体现在数字产业、数字创新、数字设施、数字治理四个分项指标上。在2018年全球数字经济竞争力排名前20的国家中，欧洲国

① 联合国：《2019年数字经济报告》，2019年9月。

② 上海社会科学院：《全球数字经济竞争力发展报告（2019）》，2019年12月。

家占11席，亚洲国家占5席。整体而言，数字竞争力较强的国家主要分布在东亚和西欧，而非洲、拉丁美洲国家数字竞争力较弱。其中，美国以75.94分的总分位居全球数字经济竞争力榜首，且连续三年位居第1名，是无可争议的领导者。[①] 中国的数字产业竞争力、新加坡的数字创新竞争力、美国的数字设施竞争力和数字治理竞争力名列前茅。欧洲方面，英国在数字创新和数字治理方面表现出色，芬兰次之。非洲和拉美国家在各分项指标上乏善可陈。

二　粤港澳大湾区数字经济发展现状——优势与短板

（一）数字经济是粤港澳大湾区经济创新发展的新引擎

近年来，全国各省（区、市）数字经济增速普遍保持两位数，珠三角[②]、京津冀、长三角成为中国数字经济发展的三大增长极。《粤港澳大湾区发展规划纲要》将珠三角、香港、澳门纳入世界级湾区建设的规划之中，大湾区数字经济发展水平更在全国居于引领地位。根据中国电子信息产业发展研究院2019年10月发布的报告，2018年，广东省数字经济规模超过4万亿元，占全省GDP比重40%以上，位居全国榜首。全国各省（区、市）数字经济发展指数平均值为32.0，而广东省以总指标69.3位居全国第一。[③] 建设具有全球影响力的国际科技创新中心是粤港澳大湾区建设的重要战略定位和主要发展目标，根据中国电子信息产业发展研究院《2019年中国数字经济发展指数报告》披露的资料，新一代信息技术、电子制造、互联网等战略性新兴产业和现代服务业，正成为大湾区经济发展的核心主导产业，集基础研发、数字技术和应用创新于一体的数字经济成为粤港澳大湾区最鲜明

① 上海社会科学院：《全球数字经济竞争力发展报告（2019）》，2019年12月。

② “珠三角”指由珠江沿岸广州、深圳、佛山、珠海、东莞、中山、惠州、江门、肇庆9个城市组成的区域。

③ 中国电子信息产业发展研究院：《2019年中国数字经济发展指数报告》，2019年10月。

的特色。

粤港澳大湾区数字基础设施建设成就突出，传统数字基础设施发展成熟，新型数字基础设施水平领先全球。大湾区打造支撑数字经济发展的坚实基础，网络覆盖率居全球前列，数字化营商环境进一步优化。湾区 IPv4（互联网协议第四版）总量占全国 10%，[①] 网络基础设施居全国前列。随着 IPv6（互联网协议第六版）战略化部署的推进，粤港澳大湾区数字经济将依托服务质量更好、数据传输效率更高、网络管理更安全便捷的网络基础设施服务得到进一步发展。2018 年，广东省数字经济发展总指数、新型数字基础设施建设和数据中心的数量和质量均位居全国各省的前列。[②] 香港是重要的电信枢纽和数据“高速入口”，更是连接内地和世界的重要门户。香港数字化转型就绪程度高，网络就绪指数（NRI）排名亚洲前 3、世界第 12；[③] 香港的国际互联网频宽、4G 移动网络覆盖率等也居于全球前列，信息和通信技术发展指数（ICT）全球排名第 6、亚洲排名第 2。澳门 ICT 指数位居全球第 26 名，信息和通信技术发展处于全球较高水平，其传统网络基础设施已经成熟，2020 年澳门将完成对 5G 网络的部署。[④]

（二）主要由广—深—港引领的粤港澳大湾区科技创新能力日益上升

科技部和中国科学技术信息研究所于 2019 年 12 月 29 日首次公开公布国家创新调查系列报告之《国家创新型城市创新能力评价报告 2019》，该报告对 72 个国家创新型城市的创新能力做了分析比较，广州在 72 个城市中排名第 3。广州还被列为“科教资源富集型城市”，并在 8 个科教资源富集型城市中位居第 2。在这份报告中，位于大湾区的深圳、佛山和东莞，均被列为创新型城市。广州、深圳等大湾区城市的创新资源丰富，创新生态卓越，

---

① 广东省社会科学院：《粤港澳大湾区建设报告（2019）》，2019 年 12 月。

② 中国电子信息产业发展研究院：《2019 年中国数字经济发展指数报告》，2019 年 10 月。

③ 世界经济论坛：《2016 年全球信息技术报告——数字经济时代推进创新》，2016 年 7 月。

④ 国际电信联盟（ITU）：《衡量信息社会报告（2017）》，2018 年 3 月。

科技创新能力成为引领城市发展的第一动力，数字经济得到科技创新的强力支撑。

据调查，广州已初步形成资源富集、协同集聚、各有侧重的工业互联网供给资源体系。广州市积极布局发展5G网络，已建成5G基站逾1.2万座，57个项目列入省级首批5G融合应用项目，约500家工业企业开展工业互联网成熟度测评，16家企业入选珠三角服务型制造示范区企业（平台）。广州还出台30多项配套产业政策，在新一代信息技术、人工智能、机器人及智能装备等领域推进数字经济发展，加快数字化转型。广州加大物联网产业基地建设力度，加速构建NB-IoT网络基础设施，扩大基站建设规模，建设新一代信息网络基础设施和应用开放平台，打造面向5G技术的物联网，并且开启5G规模组网建设，加快实现连续覆盖复杂城区及室内环境的5G网络。

深圳数字技术企业林立，行业龙头众多，深圳PCT国际专利申请量连续15年居全国大中城市第1名。通信技术、人工智能、集成电路、无人机等领域部分核心技术水平跻身世界前列，华为、中兴、腾讯、大疆等一批数字技术企业凭借技术创新优势，已在全球市场上占有一席之地。

在世界知识产权组织（WIPO）和美国康奈尔大学等机构发布的《2019年全球创新指数》报告中，中国香港的全球创新指数（GII）位列全球第13，在东南亚、东亚和大洋洲经济体中排名第3。大湾区城市集群已成为仅次于“东京—横滨集群”的世界第二大科技集群，成为亚洲的一个战略性商业平台及科技交易市场。

香港数字科技创新型初创企业所需的基础设施投资及资金支援均有明显增加，企业数量稳定增长，2018年较上年增加18%，雇员数量增加51%，业务范围主要集中在通信技术、人工智能、大数据、云计算、物联网、沉浸式技术（VR、AR、MR）等研究领域，以及智慧金融、智慧城市、智能家居、大数据等应用领域。①

---

① 世界知识产权组织（WIPO）、康奈尔大学、欧洲工商学院：《2019年全球创新指数》，2019年7月24日。

知识产权和发明专利均为衡量科技创新能力的重要指标。在包含粤港澳大湾区在内的全球四大湾区前 20 名发明专利申请机构中，华为、中兴、腾讯等 11 家粤港澳大湾区的机构上榜。①

（三）数字人才汇聚为粤港澳大湾区建设注入强大活力

粤港澳大湾区数字人才荟萃。从年龄分布看，整体呈现年轻化趋势，主要分布在 25 ~ 34 岁，人才发展潜力巨大。从教育程度来看，超过 30% 的人具有硕士及以上学位，超过 25% 的人具有海外学习经历，其学科背景大多与经济管理、计算机科学、电子与电气工程等相关，为湾区信息与通信技术的发展提供了必需的人才储备。从空间分布来看，拥有学士及以上学位的人才主要集中于深圳、香港和广州。深圳是数字人才密度最高、最具吸引力的城市。从空间分布来看，湾区内的高水平人才和数字人才主要集中在深圳、广州和香港三大城市。在大湾区，深圳拥有大湾区 34.78% 的数字人才，是数字人才密度最高、最具人才吸引力的城市，香港占 24.78%，广州占 22.93%。从人才流动来看，高水平人才和数字人才处于净流入状态，为粤港澳大湾区建设注入强大活力。②

（四）大数据壁垒与数字教育资源不足是大湾区数字经济的短板

大数据是数字经济的关键要素和赖以存在的基础，是发展数字经济的切入点。数字经济的大数据不仅仅是传统意义上的数据仓库、数据建模和抽样，还包括数据采集、数据存储、数据清洗、数据挖掘、数据可视化等主要内容。数据的全量采集、过滤、分析、集合是大数据的硬核，大数据分析需要通过全量采集、全量计算和人工智能，从数字信息流中提取有用的信息。目前在大湾区内外、港澳与珠三角之间，以及珠三角各城市之间，

① 世界知识产权组织（WIPO）、康奈尔大学、欧洲工商学院：《2019 年全球创新指数》，2019 年 7 月 24 日。

② 清华大学经济管理学院、互联网发展与治理研究中心：《数字经济与人才发展报告》，2019 年 2 月。

还存在某种程度的数据壁垒，导致大数据规模不足且缺乏完整性。具有完整而系统的数据资源的产业还不够多，尤其是缺乏跨产业领域的数据集。政府、社会和企业所掌握的数据资源的开放与共享也亟待改善，而且尚未形成覆盖整个大湾区的大数据治理体系。数据壁垒在很大程度上限制了数字技术在产业创新与升级中的应用，克服数据壁垒是数字经济得以发展的关键。在“一国两制三税区”特殊条件下的数据壁垒，目前仍是尚未克服的一块短板。

粤港澳大湾区尽管具有相当的人才优势，但是数字教育资源与数字经济发展的需求并不完全适应，与“具有全球影响力的国际科技创新中心”定位的要求还有一定的差距。就广州的数字教育资源来说，在珠三角、环渤海和长三角三大经济圈中，珠三角的数字教育资源相对薄弱。粤港澳高校联盟中有 11 所成员大学在广州，尽管它们都是广东省的顶级大学，但是从数字经济发展的要求来看，无论是与数字教育密切相关的大学数量，还是专业与课程的设置，整体上不尽如人意。广州和香港的数字教育在大湾区内最强势，但是放在粤港澳大湾区范围外就有所稀释。粤港澳大湾区高校研究人才在高校研究人才和企业研发人才的总和之中的占比为 11.25%，低于旧金山湾区（13.36%）。① 数字教育滞后、数字经济人才后备不足，是大湾区数字经济发展的另一块短板。大湾区需要站在数字经济发展的战略高度强化数字教育，既要提高现有大学培养数字经济人才的数量和质量，又要根据长远需要及早谋划创办新的大学和设置新的专业，加快培养世界一流的数字经济人才。

三　数字经济对强化粤港澳大湾区创新发展的现实意义

（一）数字经济为粤港澳大湾区创新发展带来新机遇

数字经济的重要意义在于，通过引导市场资源优化配置与快速再生，进

① 中国电子信息产业发展研究院：《2019 年中国数字经济发展指数报告》，2019 年 10 月。

而实现高质量发展。数字经济要求供给侧和消费侧彼此间建立更加密切的联系和更能动的协调，大幅提高产业组织化程度，以及生产过程中的柔性和集成性，使产业体系朝着去中心化和集体协作的方向推进。大湾区的资源禀赋优良，经济发展原本具有坚实的基础与良好的发展势头，而数字经济则进一步激发大湾区经济创新发展的潜在优势。

数字经济是一种新的经济形态和新的资源配置方式，可以更广泛地覆盖各种类型的市场资源，优化供应链管理、拓宽供应链组合方式、完善供应链组合机制，因而从总体上扩展了大湾区经济创新发展的空间。作为创新发展主流模式的数字经济，必将为大湾区带来更多更新的发展机遇。

（二）数字经济为大湾区创新发展提供强有力的战略支撑

《粤港澳大湾区发展规划纲要》明确提出，各自具有较强科技创新优势的珠三角和香港等地，要通过大湾区的建设而聚合成为具有全球影响力的国际科技创新中心。实现这一宏大的定位目标，必须有强大的战略支撑。作为新科技革命产物的数字经济，因其基于互联网而具有共享特性，在“一国两制三税区”的特殊环境下，可以通过互联网的互联互通功能，使数字经济的数字化、虚拟化、智能化技术贯穿大湾区经济体系的方方面面，为实现国际科技创新中心这一战略目标提供强有力的战略支撑。

大湾区承载着建设中国—东盟信息港和初步建成“网上丝绸之路”的历史重任。必须在数字技术和产品、数字贸易和互联网服务等领域增强国际竞争力，使大湾区数字经济的形态更高级、结构更合理、分工更优化，以国际科技创新中心的地位，走在全球数字经济发展的前列，引领全球数字经济的发展方向。

（三）数字经济推动大湾区产业结构优化升级

粤港澳大湾区产业结构虽然具有相当的优势，但是从整体上对标世界三大湾区，其产业结构仍然存在许多不均衡，既有产业和行业的不均衡，也有空间分布的不均衡。不均衡会严重影响大湾区合作共赢生态系统的整体效益，而数字经济全球化、网络化、平台化的产业组织方式及其开放与共享的特性，则有利于打破上述不均衡状态，深度优化产业结构。

数字经济从两个方面促进大湾区产业结构优化升级。一方面，数字技术可以赋能传统产业，推动传统产业转型升级，提高劳动生产率，促进大湾区既有的产业数字化。产业数字化可以使企业更容易地通过数字技术准确快速采集和分析市场信息，从而做出正确的市场决策；还可通过大数据分析，将所有的程序性业务分由计算机承担，并通过数据分析对业务流程进行系统监督，从而极大地降低生产过程中的失误率。另一方面，数字经济更有利于商业模式创新、市场创新、产品创新、管理模式创新，以及技术和工艺创新，从而衍生以数据为生产要素的新型业态。这些数字经济新业态通过大数据处理、挖掘和分析，为产业、行业以及企业提供数字化转型的服务和产品，从而成为大湾区重要的经济增长点。数字经济新业态萌发与成长壮大，逐渐形成新的产业即数字产业化。

四　数字技术成为粤港澳大湾区产业创新与升级的重要驱动力

粤港澳大湾区肩负重大历史使命。以高质量发展引领各项建设，显著提升经济增长效率和增强经济增长的持续性，实现经济与社会、生态的协调发展。创新发展动力是大湾区实现高质量发展众多因素中最为关键的因素，而数字技术承载了转换经济发展动力的重任。

（一）多层次、多维度与多类型驱动大湾区产业创新与升级

大湾区产业创新与升级的动力首先决定于体制机制，然后就是技术。粤港澳大湾区建设充分利用数字技术，高度契合中国经济高质量发展的新要求，进一步嵌入全球价值链，多层次、多维度、多类型驱动产业创新与升级。多层次、多维度、多类型的数字技术驱动模式，有利于克服基础产业与应用产业之间、高端产业与低端产业之间，以及供应链上游产业与下游产业

之间数字化水平的不均衡，从整体上以较高水平的数字技术促进产业创新与升级。

多层次指的是数字技术创新的主体从粤港澳大湾区核心城市向周边城市辐射，由点到线，由线到面，层次清晰，呈放射式结构。由于大湾区不同城市在数字化演进中扮演的角色不同，发挥的作用不同，享有的资源也不同，地域间差异性的融合将会形成一股新的创新力量，推动湾区产业创新的协同发展。根据世界知识产权组织等机构联合发布的《2019 全球创新指数》报告，深圳及香港以数字通信为特色的“创新集群”在全球的排名已超过美国硅谷，仅次于东京及横滨地区。但是粤港澳大湾区城市间有较大的差异，主要体现在数字经济的整体水平上，说明合作的空间巨大，广州、深圳、香港等先进城市发挥辐射作用，以强带弱，造就大湾区数字经济多层次发展体系。

多维度指的是从创新的多个要素出发，拓展数字经济发展空间，最终实现产业创新与升级。首先，通过技术创新带动应用创新。在持续提高数字技术自主创新能力的同时，重视数字技术的应用型创新，如推动技术的跨领域应用，将一个产业领域成熟的数字技术应用到相关联的其他产业之中，整体提升大湾区数字技术水平。其次，通过应用创新推动市场创新。应用创新的导向是市场需求，通过数字技术密切掌握市场动态，及时对市场需求做出有效响应，进而开拓新的市场，从而推动产业创新与升级。大湾区既有较好的产业基础，又有旺盛需求所带来的市场优势和带动作用，极有利于以应用创新推动市场创新。最后，通过市场创新促进产业创新。新市场的开拓需要企业创造性地提出产品解决方案，源源不断地开发具有广阔前景的新产品以满足市场需求。通过创新产品的使用价值，及提高效率和降低成本，吸引越来越多的企业进入创新行列，最终使应用创新、市场创新和产品（服务）创新转化为产业创新与升级。

多类型指多种不同产业类型之间的交叉融合。数字技术的创新主体从一个产业领域向其他产业领域渗透，包括对尚游离于数字经济之外的企业主体赋予数字技术，使这些企业向数字经济领域迈进，从而构建出多样化的数字经济新主体。新的数字经济主体的涌现也是一种创新的成果，尽管大湾区数字技术的产业分布和区域分布都存在差异，但其内在联系具有必然性，而这种联系恰好创造了产业融合的机会，有利于在湾区内形成完整的产业链和供应链。数字技术多类型跨界融合带来的创新，其推动力量必然超过数字技术本身，多类型产业之间的深度融合已逐渐成为大湾区产业创新与升级的必由之路。

（二）数字技术成为大湾区产业创新与升级的技术标配

数字技术已成为驱动粤港澳大湾区产业创新与升级的重要抓手。数字技术可以强化大湾区体系中供给侧和消费侧的联系，大幅度提高大湾区各种类型产业系统的柔性和集成性，推动大湾区各行各业各种类型企业的集成与协作，使生产和服务方式向更智能和更高效的方向演进。以制造业为例，大湾区制造企业在数据采集、存储、传输、展现、分析与优化等方面的技术基础得到显著改善，制造业的工业软件不断优化，多数企业逐步在研发制造、内部管理和营销服务等方面推广数字技术的应用。

在大湾区，云计算、大数据、5G、人工智能、区块链、物联网、沉浸式技术和超高清视频等数字技术，正在逐步重塑原有生产力和生产关系的存在形式，成为大湾区产业升级和转型的技术标配。数字技术正在潜移默化地改变着大湾区人与人、人与物、物与物之间的交互关系，逐渐打破技术与技术、产品与产品、企业与企业、行业与行业的边界，最终走向资源共享化、场景多样化、生产智能化、产品定制化和运营高效化。

（三）数字技术营造大数据共享生态体系

大数据是最基本最重要的数字技术，是数字技术的核心，更是产业数字化和数字产业化的核心。丰富的数据源是进行大数据挖掘的前提，粤港澳大湾区在数据资源方面具有巨大的潜在优势，比较先进的数字技术为大湾区产业创新与升级营造了大数据共享生态体系。大湾区在“一国两制三税区”的特殊背景下，积极打造数据开放共享平台，拓展数据开发、应用以及数据咨询市场，充分发挥大湾区在大数据上的优势，并将之转化为大湾区共有的资源和财富。积极引领大数据产业先行，把握大数据的发展趋势与动态演化路径，厘清大数据与产业融合发展的机理，率先在大湾区营造大数据共享生态体系，推进大数据与产业的协同化发展，打造基于数据互联的“数字供应链”。为实现数据资源的最优化配置，大湾区努力健全大数据管理体系，明确数据的所有权、使用权、收益权，促进数据产权的市场交易。大湾区还先行先试建立大数据的安全技术标准和认证标准，并设立专门的认证机构统一认证，以数字技术创新监管方式。

大数据共享生态体系有利于在工业化与信息化“两化融合”的基础上，深化制造业与互联网融合创新，推进智能制造、协同创新、个性生产和服务延伸等制造模式创新，加快培育数字化新业态。大数据共享生态体系应对数字经济时代的新要求，逐步推动互联网技术向制造业实体产业延伸渗透，数字技术已经渗透到制造业、金融业、零售业等各个行业，成为新的生产要素。在重点企业推进关键制造工序智能化、关键岗位机器人替代，逐步实现生产过程智能控制、供应链优化、物流信息化和能源管理智慧化。大数据促进生产需求和市场供给的精准对接，引导具备条件的制造企业借助大数据获取用户现实需求，通过智能制造技术或模式等进行个性化定制和改进。

（四）市场需求促进数字技术与大湾区产业融合

以数字技术驱动大湾区产业创新与升级，需要高度重视市场的拉动作用。对数字技术旺盛的市场需求，本来就是大湾区特有的优势，在大湾区各个经济领域里深入地推广数字技术，充分发挥并且放大了大湾区既有的市场优势。需求是数字技术发展并强力驱动产业升级与创新的原动力。大湾区还需要持续提高数字技术的渗透率，探索出更多更新的路径，为数字技术向产业和企业渗透创造条件，扶持引导和刺激企业积极主动地应用数字技术。为此，亟须优化数字技术的应用结构，让解码器、传感器和视频识别技术趋向成熟。同时，还需优先应用和普及推广与各产业关联度强的数字技术，以进一步扩大数字技术的市场需求。

进一步完善数字技术驱动产业创新与升级的市场导向机制至关重要。以制造业为例，制造业数字化转型是数字技术驱动大湾区产业创新与升级的关键。一方面，在汽车、船舶、高档数控机床、海洋工程装备、盾构机等领域，积极建设智能工厂或数字化车间，推进工业机器人、智能工厂、智能电网、3D 打印、智慧物流等先进智能技术的运用，提升智能制造水平和能力，扩大数字技术的市场需求，全面提升数字经济水平；另一方面，大湾区有众多的中小微企业，一旦引导它们进入诸如智能制造设备与集成、智能物流和大数据等新兴潜力性产业领域，数字技术市场需求的增加将难以估量。数字技术与大湾区产业融合的具体措施：支持制造企业加快产业数字技术改造和升级，通过数字技术，掌握新工艺、新设备，改进产品结构；加大对先进装备制造业数字化创新的扶持力度，加快建立创新主体协同机制，助力民营企业在大湾区制造产业领域掌握先进核心技术；引导制造企业勇攀数字技术高峰，填补产业链高端空白环节。

五　数字贸易激发粤港澳大湾区创新发展的更大活力

数字贸易是数字经济的重要组成部分，数字贸易可以在更大的实体市场和虚拟市场寻求贸易对象，丰富贸易方式，拓宽贸易渠道，使大湾区获得超越目前的更大的发展空间。

（一）数字贸易是粤港澳大湾区数字经济重要的组成部分

香港作为独立关税区是全球最重要的转口贸易港之一，据香港特别行政区政府公告，2019 年尽管香港遭遇巨大的困难，但是香港特别行政区的进出口总额仍然保持在 1.1 万亿美元以上。广东是中国对外贸易大省和强省，据广东省十三届人大三次会议政府工作报告公布的数据，2019 年广东外贸进出口总额为 7.14 万亿元，继续在 31 个省（区、市）中稳居第 1（见图 1），已经接近香港的水平。粤港澳大湾区范围内的广州港、深圳港、珠海港和东莞港的吞吐量过亿吨，2018 年香港港、深圳港和广州港三大港口集装箱吞吐量共计约6700万TEU，居于全球集装箱港口前十之列，说明粤港澳大湾区具有很强的国际贸易实力。数字贸易是数字经济与知识经济融合发展的产物，是数字技术和经济贸易全球化的产物，是数字经济的重要内涵之一。数字贸易主要包含全球数字货物贸易、全球数字服务贸易、全球跨境电子商务和全球跨境数据流动。2019年3月得到的数据显示，2017年数字贸易为中国贡献了3.2万亿元的经济价值，由数字经济推动的中国虚拟商品与服务的出口价值达1.6万亿元，其中超过80%的价值来自数字化产品。中国数字贸易的经济价值到2030年可望达到37万亿元，其中数字化产品出口价值将增长207%，达到5万亿元。[①]

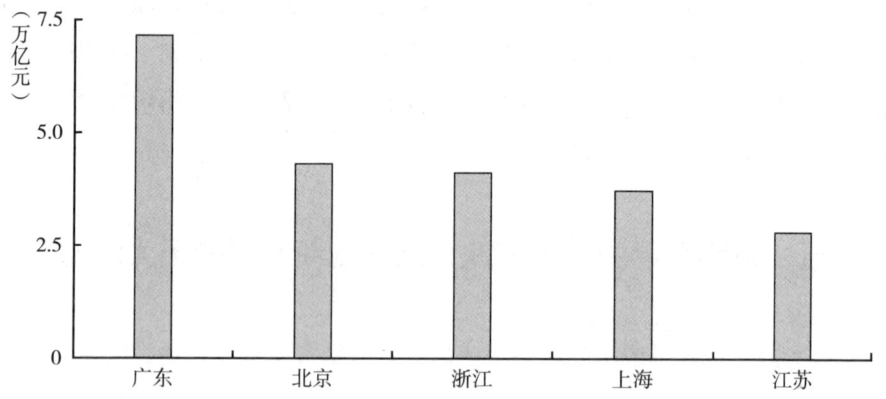

图1　2019年广东等5省市进出口额

资料来源：《证券时报》2020年1月16日和1月19日。

近年来，大湾区数字贸易的发展令人瞩目，为中国数字贸易的增长做出了重要的贡献。以跨境电商为例，2019年海关统计，不包括海外仓、邮政快件进出口渠道的数据，广东全省跨境电商进出口总值1107.9亿元，同比增长45.8%，占中国内地跨境电商总值1862.1亿元的59.5%。[②] 在数字服

① 全球化智库（CCG）与韩礼士基金会（Hinrich Foundation）：《数字革命：中国如何在国内外吸引数字贸易机会》，2019年3月21日。

② 中国新闻网，2019年1月16日。

务贸易方面，跨境服务外包是全球贸易的新业态和新模式，又是大湾区领先于国内其他地区的优势产业。大湾区数字服务贸易优势将继续强化，正逐步成为大湾区的主导产业，并占据全球价值链的中高端位置。互联网是数字经济的基石，基于互联网的信息通信技术水平直接关联到全球数字服务和全球跨境数据流动。国际电信联盟（ITU）公布的全球发达国家和新兴国家 IDI（信息通信技术发展指数）显示，中国香港的 IDI 位列全球第 9。目前，香港的平均网速为 19. 9Mbps/s，峰值网速 65. 4Mbps/s，享受 10Mbps/s 的用户比例接近 30%。

（二）数字贸易强化粤港澳大湾区的国际市场地位

数字贸易突破贸易时间和空间的限制，凸显其数字化特征。数字技术深度渗透到洽谈、支付、保险、物流等贸易活动的几乎所有环节，数据和以数据形式存在的商品和服务成为在全球市场便捷流通的贸易对象，电子商务是数字贸易的最早呈现形式并已成为最主要的表现形式。尽管香港是当之无愧的国际金融中心，深圳是全国金融中心，但是数字贸易对大湾区经济的贡献实际上超过金融。数字贸易不仅为大湾区开拓了更为广阔的市场，更为大湾区的纵深腹地、全国、东南亚乃至整个亚洲和全球创造了更多的贸易机会，加速了不同区域市场之间的商品流通和服务贸易，全球市场也可以从中获益。

艾媒咨询（iiMedia Research）数据显示，2018 年全球 B2C 跨境电商交易额突破 6500 亿美元，同比增长 27. 5%，2019 年全球 B2C 跨境电商交易额预计突破 8000 亿美元。[①] 经济合作与发展组织（OECD）分析预测，截至 2024 年，商品、服务和资本的数字化流通将上升到 85 万亿美元。[②] WTO《2018 世界贸易报告》预计，对比 2016 年，到 2030 年数字技术将使全球贸易增加 34%。

---

① 艾媒网，2019 年 7 月 1 日。

② Organization for Economic Cooperation and Development（OECD），Trade in the Digital Era，March 2019.

数字贸易正在改变国际贸易的既定方式和规则，必将改变全球贸易的市场格局，全世界各经济体的比较优势也将发生转变。蓬勃发展的数字贸易不仅充分发挥并进一步扩大了大湾区货物贸易和跨境电子商务的优势，而且显著促进了服务贸易和跨境数据流动，势必进一步提高大湾区在国际市场的地位。

（三）数字技术引领数字贸易，为大湾区创新发展增添活力

运用数字技术引领数字贸易，有利于把握机遇为大湾区创新发展增添活力。互联网的快速发展使全球贸易网络高度联通，数据成为数字贸易的基础，数据流成为把握数字贸易先机的利器。大数据、云计算、人工智能、物联网、区块链等数字技术的出现，促使全球价值链分配进一步向前后两端的数字化产品和服务转移，全球化分工进入更高水平阶段，全球贸易格局发生重大调整。随着5G时代的到来，数字技术将在国际贸易领域得到更广泛、更深刻的应用，在提升生产制造效率、供需匹配效率、商品流通效率、海关清关效率等方面发挥重要作用。数字技术与国际贸易的有机融合使全球市场的贸易活动更趋活跃与高效，全球服务贸易的一半都依赖于数字技术与贸易业务的融合创新。麦肯锡公司的一项研究表明，应用数字技术为待运货物部署无线传感器，对物联网产生的数据进行跟踪、分析、管理和存储，货主企业可以减少30%或更多的货物运输损失。

数字贸易的起因是数字技术，数字技术推动数字贸易发展，数字贸易则为大湾区创新发展注入活力，成为拉动大湾区经济增长和贸易扩张的新动力。以数字服务贸易为例，世界贸易组织（WTO）预计，到2030年，数字技术将促进全球贸易量每年增长1.8%～2%，全球服务贸易占比将由目前的21%提高到25%。数字技术引领数字服务贸易，其意义远远超越服务贸易本身。比如，数字技术的快速发展催化货物贸易与服务贸易的融合，两者的边界越来越难以界定和分辨，这就给大湾区制造业和服务业各自带来新的发展机会。再如，数字技术与国际贸易的更深度结合，进一步拓展跨境支付渠道，推动电信业、金融业和保险业面向更广阔的国际市场，在金融、航

运、商贸、文化和社会服务等多个领域开拓更多的市场机会，有利于广纳人才，增加就业。

参考文献

[1] 联合国贸易和发展会议：《2019 年数字经济报告》，2019 年 9 月。

[2] 王振、惠志斌主编《全球数字经济竞争力发展报告（2019）》，社会科学文献出版社，2019。

[3] 中国信息通信研究院：《中国数字经济发展与就业白皮书（2019 年）》，2019 年 4 月。

[4] 广东省社会科学院：《粤港澳大湾区建设报告（2019）》，2019 年 12 月。

[5] 世界经济论坛：《2016 年全球信息技术报告——数字经济时代推进创新》，2016 年 7 月。

[6] 国际电信联盟（ITU）：《衡量信息社会报告（2017）》，2018 年 3 月。

[7] 清华大学经济管理学院、互联网发展与治理研究中心：《数字经济与人才发展报告》，2019 年 2 月。

[8] 世界知识产权组织（WIPO）、康奈尔大学、欧洲工商学院：《2019 年全球创新指数》，2019 年 7 月 24 日。

[9] 中国网络空间研究院：《中国互联网发展报告（2019）》，2019 年 10 月。

[10] 中国信息通信研究院：《数字贸易发展与影响白皮书（2019 年）》，2019 年 12 月。

[11] 张其仔主编《中国产业竞争力报告（2019）》，社会科学文献出版社，2019。

[12] 国际数据公司（International Data Corporation，IDC）：《2018 年中国企业数字化发展报告》，2018 年 8 月。

[13] 国家工业信息安全发展研究中心：《数字经济发展报告（2018～2019）》，2019 年 6 月。

B.19
中山市共建粤港澳大湾区国际科技创新中心的对策研究*

中山市经济研究院课题组**

摘　要： 粤港澳大湾区致力于建设国际科技创新中心，成为全球科技创新高地和新兴产业重要策源地。中山市委、市政府明确共建国际科技创新中心，打造国际科技创新中心重要承载区和创新成果产业化基地，提升科技创新能力。本报告通过分析中山市共建粤港澳大湾区国际科技创新中心的基础条件与存在的问题，借鉴东莞、昆山、嘉兴等城市经验做法，结合中山实际进行分析思考，提出中山市共建国际科技创新中心的对策建议。

关键词： 粤港澳大湾区　国际科技创新中心　中山市

建设国际科技创新中心是粤港澳大湾区的战略定位和重要任务。中山市委、市政府明确参与共建国际科技创新中心。2020 年 1 月召开的中山市委十四届八次全会提出，坚持创新引领，推动以科技为核心的全面创新，谋划建设深中创新轴，吸引香港、澳门、广州、深圳等核心城市高端创新资源，

---

* 本报告为广州市首批新型智库广州大学广州发展研究院委托研究成果。

** 执笔人：梁士伦，电子科技大学中山学院教授，中山市经济研究院院长，广东省区域发展蓝皮书研究会副会长，广州市粤港澳大湾区（南沙）改革创新研究院高级研究员；丘书俊，中山市经济研究院经济研究所所长，中级经济师。

实施产业链协同创新计划，吸引全球科技成果到中山孵化转化，打造国际科技创新中心重要承载区和创新成果产业化基地。《中共中山市委　中山市人民政府关于重振虎威加快高质量崛起的决定》提出创新发展动力提振行动，要求积极参与大湾区国际科技创新中心建设，加快重大科技创新载体布局，充分发挥企业创新主体作用，构筑创新人才发展高地，加快新旧动能转换，形成以创新为主要支撑的城市内生发展新模式。本报告通过对中山市共建国际科技创新中心展开分析研究，为把中山打造成国际科创中心重要承载区，更好地推进粤港澳大湾区国际科技创新中心建设提供参考。

一　中山市共建粤港澳大湾区国际科技创新中心的现实基础

（一）基础条件

中山地处珠三角西岸广珠澳主轴中部、粤港澳大湾区城市群的几何中心，上接广州，下临澳门，与深圳、香港隔水相望，港珠澳大桥建成通车和深中通道、深茂铁路等重大基础设施加快建设，是珠三角国家自主创新示范区的重要组成部分。《粤港澳大湾区发展规划纲要》对中山提出了明确要求，支持中山推进生物医疗科技创新。“十三五”以来，中山实施创新驱动发展战略，围绕平台、企业、人才等创新载体和创新要素，出台和修订一系列政策，加大创新扶持力度，构建中山创新发展新格局，重点培育新一代信息技术、健康医药、高端装备制造等战略性新兴产业，2019 年先进制造业占规模以上工业增加值比重达到 45.5%，服务业增加值占生产总值比重提至 48.9%。大力推动光子科学中心、超大低温智能制冷装备项目等重大科学装置项目建设，中国科学院大学（中山）创新中心、中山复旦联合创新中心和智能移动机器人（中山）研究院、香港科技大学—中山联合创新中心等创新平台推进建设，翠亨新区、岐江新城、民众创新园等重大战略平台加快搭建。

（二）存在的问题

一是科技创新质量不高。2019 年中山高新技术企业数量超过 2500 家，增速创近几年的最低，与东莞、佛山等周边城市相比，高新技术企业的规模普遍偏小、盈利能力较低、税收贡献不高。2019 年中山专利申请量 3.92 万件、专利授权量 3.01 万件、PCT 国际专利申请量 157 件，与 2018 年相比均出现明显下降。中山目前以传统产业为主，家电、电子信息、五金、灯饰、纺织服装等传统制造业仍处于中低端产业层次主导的发展阶段，战略性新兴产业领域发展滞后，高技术制造业增加值比重低于全省平均水平，从 2020 年 1 月省统计局公布的第四次经济普查数据来看，中山规模以上工业战略性新兴产业企业数、高技术制造业主要指标在大湾区粤九市排名靠后，竞争力不强（见表 1、表 2）。

表 1　第四次经济普查大湾区粤九市规模以上工业战略性新兴产业企业数

城市	企业数(个)	占比(%)	城市	企业数(个)	占比(%)
广州	488	11.9	东莞	553	13.5
深圳	1703	41.6	中山	194	4.7
珠海	217	5.3	江门	141	3.4
佛山	459	11.2	肇庆	112	2.7
惠州	225	5.5	合计	4092	100.0

资料来源：根据广东省第四次全国经济普查公报整理。

表 2　第四次经济普查大湾区粤九市高技术制造业主要指标

城　市	企业数(个)	营业收入(亿元)	从业人员人数(万人)
广　州	635	2756.98	25.3
深　圳	3538	23073.43	159.96
珠　海	345	1366.52	17.97
佛　山	387	1173.79	12.07
惠　州	573	3539.48	45.93
东　莞	1912	11312.96	87.7
中　山	297	1069.01	11.97
江　门	179	427.33	5.42
肇　庆	76	223.11	2.89
合　计	7942	44942.62	369.21

资料来源：根据广东省第四次全国经济普查公报整理。

二是高端资源要素供给不足。中山研发经费支出占 GDP 比重在 2014 年达到 2.4% 后逐步下滑，2018 年，中山 R&D 经费投入 61.12 亿元，同比下降 22.8%，R&D 经费投入占 GDP 的比重为 1.68%，同比下降 0.72 个百分点。中山 R&D 投入从 2009 年的 28.44 亿元大幅增长至 2018 年的 61.12 亿元，而同期东莞、佛山增量已达百亿元级别，东莞全社会 R&D 投入从 41.38 亿元增至 236.32 亿元，佛山从 63.68 亿元增至 254.77 亿元。从 2020 年 1 月省统计局公布的第四次经济普查数据来看，中山规模以上工业企业 R&D 经费内部支出、发明专利申请量指标排名大湾区粤九市靠后位置，与佛山、东莞、珠海相比存在较大差距（见表 3）。中山风险投资活跃度不强，科技金融对新兴产业发展的支撑力度不够；与周边城市相比，目前中山的科技创新资源，如高校和科研机构、科技创新领军企业、重大平台和重大科学工程项目等仍显薄弱，对产业创新发展、高端人才有较强吸引力和支撑作用的重大创新平台不足、优势不强，科技人才队伍总量不足、质量偏低，高层次人才引进与佛山、东莞等城市相比差距较大。同时受土地粗放利用、碎片化、“三规不符”等因素影响，产业发展空间和土地资源承载力日益趋紧，对创新驱动发展造成阻碍。

表 3　第四次经济普查大湾区粤九市规上工业企业法人单位 R&D 活动情况

城　市	有 R&D 活动的企业数（个）	R&D 经费内部支出（亿元）	发明专利申请量（件）
广　州	1865	267.27	12424
深　圳	3488	966.75	41648
珠　海	527	82.77	8984
佛　山	2881	235.17	11799
惠　州	786	89.32	2448
东　莞	2822	221.24	18317
中　山	966	59.28	2783
江　门	1041	58.35	1385
肇　庆	431	22.03	513
合　计	14807	2002.18	100301

资料来源：根据广东省第四次全国经济普查公报整理。

三是缺乏国家级政策平台。改革开放以来，地方的体制机制创新和国家的政策支持为珠三角的发展注入了强大的动力。从粤港澳大湾区来看，布局有大量的国家级政策区域，自由贸易试验区、国家级新区、综合保税区等特殊政策区域成为深化粤港澳合作的主要平台，也是地方发展的动力源泉。广州、深圳、珠海成为国家级政策区域布局最早的受益者，而中山市处在各类政策区域的布局之外，从国家、省等各级政府获得的政策支持较少。与周边城市相比，中山在重大科技基础设施和重大科学工程项目方面明显缺失。以南沙科学城为代表的一批“大院大所装置”在广州集聚，东莞、江门、惠州、珠海也有很多大科学装置“重器”，这些重量级的平台对高端要素产生的虹吸效应，将加剧中山在集聚高端创新资源方面的困境。

四是科技创新生态系统不完善。中山经济发展模式过度侧重于生产制造环节，创新研发、科技服务发展滞后。“市—镇”管理体制机制不顺畅，组团式发展战略缺乏有效推进，市级层面统筹力度不够，造成镇区缺乏统筹协调、各自为政、布局分散，导致创新生态系统内部散、小、乱，难以集中资源承接核心城市创新资源要素辐射外溢。以镇区为依托的公共服务平台规模过小、力量单薄、服务有限，政府、企业、行业协会、高校等各方面力量协同创新能力薄弱。

二　经验借鉴与思考

（一）东莞经验

东莞主动发挥临深优势，通过整合相关的技术、人才、金融等资源来为东莞的科技创新服务，尤其环深区域的松山湖、滨海湾新区等镇区，主动承接深圳外溢创新产业，共筑配套完善的创新生态体系。

一是从被动的承接产业转移转变为主动承接创新资源溢出。前期东莞主要承接深圳的传统产业转移，但随着两市合作层次不断提升，深圳创新资源逐步向东莞溢出，东莞也开始突破单纯的“世界制造工厂”角色，通过各项创新举措直接吸引创新资源和人才聚集。东莞临深各片区各镇均为东莞经济强镇，产业基础雄厚，上下游产业链配套完善，其土地、要素、运输、水电等投资成本方面均低于深圳，因此在承接深圳产业转移上有必然条件和基础。与以往不同，东莞临深各镇区从“被动承接”转变为“主动合作”姿态，主动承接深圳创新产业外溢，通过成立招商引资办公室、合作共建产业园、主动赴深召开招商会议等形式积极推动深圳优质项目落地投产。

二是完善配套扶持，服务好深圳外溢创新企业。为对接深圳创新资源并留住企业，东莞市不断完善商贸服务配套，建设功能明显、要素集中的商务区，强化中心商圈聚集效应。联合深港产学研基地设立创业投资引导基金，吸引、鼓励社会资金投向企业科技创新，更好对接深圳辐射。除此之外，东莞也积极提升教育、医疗、公共配套、环境卫生等公共服务品质，目的是留住深圳转移过来的优质资源，优化产业结构和人才结构，推动产业高质量发展。

三是以松山湖、滨海湾新区为核心，打造全面对接深圳的战略高地。东莞以松山湖为核心节点，打造前承深圳创新区、后接广州科学城的横贯珠三角东岸的“创新走廊”。滨海湾新区定位为全面对接深圳前海和广州南沙，积极融入粤港澳大湾区发展战略，对接“一带一路”倡议的东莞开放型经济引领区。东莞以高起点规划、高标准建设、高效率推进为要求，推动滨海湾新区的规划建设，推进与深圳大空港规划衔接。滨海湾新区作为东莞全面对接深圳、接轨大空港发展的战略高地。滨海湾新区与大空港地区一旦实现全面对接合作，将主动承接深圳前海自贸区辐射，带动东莞乃至珠江东岸区域的协调发展。

（二）昆山经验

昆山以平台载体搭建为基础、以创新融入方式为关键，全力推进规划战略、科创资源协同对接，全力打造上海科技产业跨区发展的首选区、长三角一体化发展深度融合示范区。

一是抢抓重大机遇，用好政策红利。昆山融入上海之路，离不开国家和江苏省的大力支持，江苏省政府在昆山花桥的发展上更凸显了主导作用。昆山主动争取、把握国批金融改革试验区机遇，不断提升贸易和投资便利度，为昆山谋求与上海对接、互动创造了良好条件。

二是缩小政策差距，加强城市趋同。昆山在战略思维、市场体系、政策体制等方面加强对接，在提升规划政策协同度上寻求更大突破，为更大范围、更深领域、更深层次对接上海改革创新创造先决条件。采取“对标找差”的工作方案，昆山开发区、昆山高新区、花桥经济开发区作为对接上海的排头兵，全方位梳理昆山资源，列出短板清单，比较昆山与上海的发展资源优劣势，树立发展标杆，进一步提高和优化增量。昆山加强与上海有关部门对接，修订完善昆山市相关专项规划，并加强地方标准协同研究、发布实施、互认采信，营造与上海无落差的营商环境，奠定未来全面融入对接的基础。

三是紧跟上海需求，接受上海辐射。昆山制订了一整套对接、互动计划，充分发挥区位优势，主动承接上海产业发展的辐射带动效应，逐步形成与之错位发展、配套互补的格局。昆山通过出台《对接融入上海三年提升工程实施方案（2018～2020 年）》，实行项目清单对接方式，列出 150 多项涉及区域规划、交通互联互通、科研平台、特色园区、重大产业平台、生态保育、公共服务等方面的对接清单，保障高质量、高效率推进各项对接融入工作。

（三）嘉兴经验

嘉兴制定全面接轨上海工作实施方案，在产业合作平台、创新资源互融互补等方面全面接轨上海。

一是构建产业平台合作共建创新机制。园区平台是沪、嘉两市产业等领域对接的重要载体，沪嘉园区平台的合作有两种创新形式，一种是通过平台与平台之间在政府的引导下签订合作协议，另一种是通过两市共建平台。目前，嘉兴市 19 个省级以上开发区中已有 18 个与上海各类开放创新平台签订了合作协议，实现了县（市、区）全覆盖。跨行政区域合作共建的平台有张江长三角科技城和上海漕河泾园区海宁分区，这两个平台是依托上海品牌在嘉兴落地的合作共建项目，在统一规划、统一建设、统一管理等创新举措下，实现产业园区资源共享、优势互补、互利共赢。

二是制定强有力的人才引进与科技创新政策。嘉兴借助沪嘉杭 G60 科创走廊建设的机遇，力争布局 30 个高层次人才创业创新基地，建设全域科技企业孵化之城，推动跨区域协同创新体系形成。嘉兴科技园通过与上海交通大学、同济大学、上海大学等上海高校合作共建研究院、研究生创新实践基地引进上海的技术和人才。

（四）小结与思考

由深圳、广州中心城市辐射而形成的产业圈影响力逐渐扩大，但大多数城市仍然以传统制造业为主，传统制造业将借助新技术的渗透作用进一步转型升级。以佛山为代表的制造业城市目前也正朝着智能制造的方向发展，以美的为代表的制造企业逐步向高端制造业转变，除家电业务做到全球领先外，这些“领头羊”企业大力研发基础工业技术，为企业战略转型储备力量。与中山行政体制、发展模式和经济结构极为相近的东莞，抓住上一轮转型升级的机遇期，从根本上改变传统发展模式，如今成为粤港澳大湾区产业转型升级的成功样本和广东省制造业供给侧结构性改革创新实验区，以华为为代表性企业的松山湖高新区已成为引领东莞创新发展的核心增长极。

反思中山，以产业集群化发展为特征的专业镇发展模式在目前可开发土地资源日渐枯竭、劳动力等要素成本日益上升的形势下优势急剧下降，资源要素统筹不够，分散化、碎片化严重，发展动能不足，经济增速持续下滑，2019 年中山主要经济指标增速全省垫底。原因在于中山未能从根本上改变以传统专业镇为主导的发展模式，早些年没有真正下决心推进产业转型升级和专业镇转型升级，错失了发展机遇，造成低端产业多、高端产业少，重大科技创新平台缺乏，集聚创新资源的能力不强，重大科学工程项目、高校和科研机构薄弱，在科技创新投入、创新产出绩效等方面与佛山、东莞等城市存在较大差距，与湾区核心城市、标杆城市差距越拉越大。珠江口环湾片区占据粤港澳大湾区的核心地带，广深港澳是粤港澳大湾区科技创新的重要极点，中山制造业基础扎实，产业链较为齐全，对其形成有力支撑。中山亟须依托交通区位、产业基础、空间载体等承载条件，主动加强与核心城市紧密协作、对接融合、联动发展，积极承接核心城市创新资源要素辐射外溢，通过创新驱动和城市协作互动，打造高水平的国际科创中心重要承载区。

三 中山市共建粤港澳大湾区国际科技创新中心的对策建议

（一）主动对接广深港澳科技创新走廊

主动对接广深港澳科技创新走廊，推动国家重大科技基础设施、高水平创新研究院和重大科技创新平台布局中山。借力深圳、香港、广州的人才、融资、信息、技术、产业等优势，通过产业链招商、以商引商，大力引进带动能力强、产业关联度大、科技含量高的龙头企业和配套企业项目、经营机构，为中山提供专业化金融、商务、信息及研发等服务，加强信息通信高端器件、高性能医疗器械、数字创意等产业合作，使高端项目引得进、留得住，扎根中山发展。加强与周边、国内外城市的科创项目合作与对接，围绕科技研发、检验检测、咨询评估、科技中介等领域，吸引在国内外具有较大影响力的企业和机构到中山落户或设立核心业务分支机构，加快知识技术密集型产业在中山集聚发展壮大。

（二）共建协同创新平台

围绕翠亨科学城、粤港澳青年创新创业合作平台建设，与北、上、广、深、港澳知名高校、科研院所合作共建研究院（所）、工程技术中心、成果转化中心（基地）等创新载体，中山提供场地和启动资金支持，合作的大院名校提供技术和人才的支持，促进产学研用一体化发展。支持深圳知名的创新企业、机构在中山投资设立企业法人（或分支机构）、科研机构、联合实验室，发挥深中通道主动脉、深圳高科技产业发达、创新研发能力强劲和中山较好的制造业基础、产业集群和中小企业众多的优势，合作共建多类型的创新合作园区，承接高新技术应用创新和产业化。与湾区内知名专业技术服务机构合作共建公共技术服务平台，为传统产业和产业集群转型升级提供强有力支撑。成立产学研创新联盟，探索科技认定、科技奖励、税收优惠政策，实行互认互通，创新券互通互用，整合利用深圳优势科技资源，促进优秀创新成果和项目转化。

（三）构筑环湾科技创新产业带

以粤港澳大湾区海岸线为环线形成的环湾片区是大湾区的基石空间和核心区域。建议协同构建环湾产业创新发展带，整合优势资源，以广深港澳科技创新走廊为主轴，辐射带动中山等珠江西岸区域的创新发展，加强城市间创新要素的对接，依托中山制造业基础优势，推动广深港澳创新成果在中山转化生产，打造粤港澳大湾区科创引擎合力。推动翠亨新区与火炬国家高技术产业开发区一体发展，以翠亨新区起步区及周边区域为核心，争取纳入国家级广东自贸区扩区范围。探索推动翠亨新区与深圳前海新区设立合作区，创新深中协同发展体制机制，推动翠亨科学城适用深圳前海科技创新、人才管理、新城开发、投资贸易、产业发展等政策，示范带动珠江东西两岸融合互动发展。统筹火炬开发区、翠亨新区园、民众园，主动承接创新资源要素辐射外溢，加快推动中科院药物创新研究院华南分院、中物院光子科学中心等大科学装置落地，加强与广深港澳在检验检测、研发创新等领域的对接合作，打造一条战略性新兴产业和科技成果转化集聚的产业创新带。推进中山环湾东部片区整合发展，透过整体谋划，推动优势一体发挥、资源一体配置、政策一体覆盖、产业一体布局、利益一体共享，实现城市功能优势叠加，促进与深圳等东岸城市创新资源要素的有效对接，探索建设新型产业合作试验区，在科技创新奖励、产业平台建设等方面全面对标深圳标准。

（四）力拓科创产业发展空间载体

开展土地历史遗留问题专项清理行动，通过政府购买土地整备前期服务、鼓励适度提高土地开发容积率、强化产业用房分割转让政策管控、创新土地合作开发模式、创新历史违建解决机制等方式，加大力度盘活利用低效用地，积极向省里争取土地指标、产业平台等倾斜支持。连片统筹归并相邻的多宗零散地块，加快整合若干多规合一、无权属争议、指标规模落实到位的连片建设用地。借鉴顺德经验，对镇村老旧低效工业园进行集中统筹、连片改造。推进产业空间“清理整治、改造升级、招商引资”全链条协同推进，满足优质企业和项目的产业空间需求，盘活低效工业厂房、集体物业，建设一批高质量的小微企业园、高新技术创业园，完善服务功能和运营机制，配置新型产业用地等优质资源，解决新引进企业的落地问题，保障产业经济持续健康发展。

（五）集聚吸纳科技创新人才

构建便捷共享的人才服务网络，推进人才专家库、人才科技成果联网共享，推动湾区人才供需推介平台建设，实现人才资源互通共享。遵循“不为所有，但为所用，精准引才，以才引才”方针，通过创新人才创业载体，依托产业项目、校企合作等柔性引才的方式，引进一批高层次人才。鼓励广深港澳知名人力资源服务机构进驻中山，深化教育培训合作，联合举办各类培训班，拓展格局视野。建立人才绿卡制度，为各类人才提供教育、医疗、社保等组合式暖心服务。

（六）完善优质高效的科技创新生态系统

构筑起全市“一盘棋”发展的决策科学、统筹有力、执行坚决、办事高效的行政管理体制，加快从市、镇两级“分头”推进发展真正转到产业规划、招商引资、科技创新等“大事项”市级全面统筹实施。大力发展专业化科技中介服务机构，建立区域科技服务中心、技术产权交易中心等中介服务组织，提供技术咨询、评估、鉴证、成果推介等服务。通过直接资助、产业基金、投贷联动等多元化扶持方式，重点支持产业关键共性技术攻关、重大项目培育和引进、小微企业发展、产业配套服务体系建设，并将鼓励支持的范围由侧重于制造环节扩展为全产业链环节，形成优质高效的科技创新配套环境。

（七）积极争取国家和省政策支持

加强与国家、省有关部门的沟通，积极争取先行先试政策落地中山，如高新区扩容、自贸区扩区等政策。争取翠亨新区上升为国家级战略平台，适用前海科技创新、人才管理、税收优惠等相关政策，打造成“珠江西岸的前海”。以翠亨科学城、火炬高新区、高技术产业基地等创新载体建设为抓手，争取创建广中珠澳科技创新走廊，推动创新要素流动畅通、科技设施联通、创新链条融通。目前，省里着力打造重点实验室，建议中山主动向省里争取支持，力争省乃至国家重大科技基础设施、重要科研院所、重大科学装置等重大创新平台落户，创建国家科技成果转移转化示范区、珠江口西岸高端产业集聚区，为建设国际科创中心重要承载区提供强大支撑。

参考文献

[1] 中共中央、国务院：《粤港澳大湾区发展规划纲要》，国务院网站，2019 年 2 月 18 日。

[2]《中共中央　国务院关于支持深圳建设中国特色社会主义先行示范区的意见》，国务院网站，2019 年 8 月 9 日。

[3] 广东省委、省政府：《关于认真学习宣传贯彻〈中共中央　国务院关于支持深圳建设中国特色社会主义先行示范区的意见〉的通知》，《南方杂志》2019 年 8 月 23 日。

[4] 项敏：《慈溪双创飞地的实践与启示》，《政策瞭望》2018 年第 6 期。

[5] 龙建辉：《粤港澳大湾区协同创新合作机制及其政策建议》，《广东经济》2018 年第 2 期。

[6] 陈广汉、谭颖：《构建粤港澳大湾区产业科技协调创新体系研究》，《亚太经济》2018 年第 6 期。

B.20

粤港澳大湾区协同创新的目标模式和路径选择

中国（深圳）综合开发研究院课题组*

摘　要： 改革开放40多年来，粤港澳三地科技合作有一定的历史经验积累，但存在法律体系差异较大、政府角色不同、要素流动不畅等问题。粤港澳三地在科技创新上有综合优势，在区域协同上有客观需求，具有形成创新共同体的要素条件。基于此，本文认为，大湾区要构建“共同体+生态圈”的目标模式，以“政府+”“港澳高校+”“中小企业+”“技术转移机构+”等为基本路径，形成立体式、多维度、共生共存共发展的区域协同创新效应。要实现这个目标，最主要的政策就是要促进大湾区生产要素的自由流动。

关键词： 粤港澳大湾区　协同创新　目标模式　要素流动

粤港澳大湾区正处在全面提高综合创新能力的关键阶段。如何探索“高集聚、高效能、高质量”的内涵增长式新型发展道路，成为大湾区共同面临的课题。粤港澳三地科技创新合作已经积累了一些经验，但由于三地法律体系不同、政府角色不同、要素流动不畅等原因，三地的创新协同效应没

* 课题组组长：郭万达，中国（深圳）综合开发研究院常务副院长，博士，研究员。课题组成员：文雅靖，中国（深圳）综合开发研究院博士后工作站，法学博士；李佳桧，中国（深圳）综合开发研究院港澳和区域发展研究所，管理学硕士。

有形成，在未来的发展中仍有很大的提升空间。本文主要讨论，在大湾区建设新的历史时点上，大湾区协同创新的目标模式是什么，如何选择实现目标的路径及采取什么样的政策。

一　回顾：从科技合作到协同创新

（一）历程回顾

粤港澳大湾区协同创新有一定的基础。区域创新的国际案例（包括硅谷）表明，创新不是一夜之间发生的事件，而是一系列制度变迁和创新要素共同作用的渐变结果。港澳与珠三角地缘接近、文化相近以及拥有无法割断的历史渊源，这些先天优势很快就体现在三地之间的科技合作和产业合作上。改革开放40多年，粤港澳融合发展已经是一个不可阻挡的趋势。大湾区的协同创新建立在已经积累的粤港澳经济合作和科技合作的基础之上。

20世纪80年代初，香港工业开始大规模向以珠三角为代表的内地转移。那时，香港工业占技术输出地位，内地企业则扮演吸收学习的角色，粤港澳的科技合作以民间为主。在1997年香港回归之后，香港与内地的科技合作明显增多，香港特别行政区政府陆续推出一系列措施鼓励科技创新。粤港澳的科技合作也呈现出更加多元的态势，除企业之间的合作外，还包括研究机构之间的合作、研究机构和企业的合作等。总体来说，这个时期，民间的合作仍占主导地位。

2003年CEPA签署之后，中央政府加大力度支持港澳与内地展开科技合作。2004年，科技部、香港特别行政区政府共同签署《科技合作协议》，成立两地科技合作委员会，强化两地在政策制定、平台建设方面的交流合作。2005年内地与澳门签订《科技合作协议》，标志着内地与港澳科技创新合作机制的框架基本建立。粤港澳三地科技合作中政府、高校、科研机构、企业之间的角色作用交替变化，政府的作用越来越明显，形成“政府+民

间”共同推动的格局，三地科技创新的产业链条逐渐形成不同的分工，并催生了包括手机、无人机等产业的集群和企业的集聚。

十八大以来，中央政府把港澳纳入国家创新体系。2016 年国家“十三五”规划提出“支持港澳在泛珠三角区域合作中发挥重要作用，推动粤港澳大湾区和跨省区重大合作平台建设”，大湾区建设上升为国家战略。其中，国际科技创新中心是大湾区建设的重中之重。2017 年，在粤港澳大湾区框架协议签订之后，中央政府和地方政府不断加强与港澳的科技合作工作机制，积极引入港澳高校落地大湾区，服务粤港澳科技创新产业发展。以香港和深圳的合作为例，2018 年，香港高校已在深圳设立创新载体 44 个、科研机构 72 家，累计承担国家和省、市科技项目 1300 多项。2018 年依托香港中文大学（深圳）研究院成立的深圳市机器人与智能制造工程实验室，参与平台包括 7 个国际研究机构，举办科技创新成就展，对推动港澳青年进入湾区创新创业发挥了重要作用。

（二）文献回顾

研究表明，区域协同创新和跨区域的科技合作是近年来学术界研究的热点。从国际经验来看，城市间的科技合作主要以城市群和大都市圈为载体，以经济互补和区域分工为基础，通过开放的协同创新促进城市群和大都市圈的融合发展，具有明显的创新外溢效应。纽约城市群的创新核心是纽约市，费城、巴尔的摩为制造业基地城市，波士顿为教育科技基地，具有明显的创新协同分工。东京大都市圈教育资源、创新资源的优势突出，各个城市之间通过分工合作，形成通信产业、软件产业、设计、生物医疗等知识型/技术密集型行业的聚集效应。

对我国区域协同创新的研究，主要集中在长三角、京津冀和粤港澳大湾区城市群。对于区域协同创新的问题，集中在对区域科技合作模式的探讨。有的研究者针对合作模式中地区科技实力的不同，将合作模式分为强—强合作模式、弱—弱合作模式、强—弱合作模式。有的研究者着重研究各种创新要素扮演的角色和要素之间的合作。由此可见，协同创新与科技合作是不可分离的研究主题。

粤港澳大湾区的协同创新和其他区域相比，既有共性，也有特殊性，最重要的“特殊性”就是“一国两制”。在这个区域内有三个关税区、三种法律体系、三种货币。有研究者认为，在“一国两制”的框架下，粤港澳三地的经济发展水平、社会发展阶段和法律体系存在差别，导致大湾区内港澳与内地之间对人员、设备、资金、信息等的流动均有一定限制和相关要求，使得科研资金、科研资讯、科研数据等跨境流动受限，制约了科技创新要素跨境自由流动。

那么，大湾区的协同创新和科技合作是一种什么样的模式呢？有研究者用生物学的“共生模式”来形容内地与香港之间的科技合作关系，认为内地与香港的科技合作不是一种暂时的资源和利益交换过程，而是一种立足当下、统筹未来的共生共荣的提升过程。有的研究者考察了粤港澳三地合作的历史演进，认为呈现一种“调适性互动”的特点，通过地方政府的互动调适，促进各项资源的融合与投入，在相互合作的利益共享中实现消解，实现相互合作的“螺旋式上升”。有研究者指出，创新最终的推动力量是企业，而不是政府，政府的角色应该定位在对合作机制以及一些政策制定方面进行相关调节。

无论如何，大湾区的协同创新是从科技合作开始的，无论是合作的“共生”还是“互动”，都表明“协同创新”是一个动态的过程，是各种创新要素的组合，是政府和市场共同发挥作用的结果。

二　粤港澳大湾区协同创新的基本策略、目标模式和主要路径

（一）基本策略

一是坚守“一国”之本，善用“两制”之利，发挥“一国两制”的制度优势。由于“一国两制”的特殊性，港澳与内地城市相当于两个市场，

但两个市场之间的科技发展水平存在较大差异。要正视内地和港澳的制度差异、理念差异、发展阶段差异，关注港澳社会的现实诉求和利益关切，注重消除港澳居民对政策的不解和疑虑。“一国两制”是大湾区建设最重要的制度资源，要打通三地市场互联互通，实现互补合作发展。要强化沟通协商，实现规则衔接和制度对接。

二是以市场化法治化为遵循，建立制度性的协同机制。《粤港澳大湾区发展规划纲要》提出要“坚持用法治化市场化方式协调解决大湾区合作发展中的问题”。推进大湾区协同创新和科技合作，要高度重视并充分发挥市场在资源配置中的决定性作用，相关政策应建立在市场需求之上，应有利于调动和激活市场主体，进而以市场化方式推进。粤港澳三地要强化营商环境的趋同建设，对标国际最高标准，打造法治化营商环境，保护各类科技创新主体权益，稳定市场信心和政策预期，在合作过程中建立法律制度协同机制。

三是以互利共赢为原则，共享创新溢出效应。港澳可能会担忧与湾区内地城市合作中的收益问题，而湾区内地地方政府可能担心向港澳开放带来的利益转移，这些均会给区域跨境合作和协同创新带来一定的阻碍。科技创新具有典型的扩散和溢出效应，要从区域发展和国家战略层面认识建立区域协同创新体系的重要性。在合作过程中，实现三方互利共赢。

（二）目标模式

粤港澳大湾区协同创新的目标模式，就是“共同体 + 生态圈”。共同体（Community）模式是世界区域合作与开放的重要趋势，如欧盟（经济、政治、社会共同体）、东盟（经济、社会文化、政治安全共同体）等。共同体的目的是通过政策和配套措施推动市场一体化、建立共同市场，实现货物、服务、人员、资本、技术等要素在共同体内自由流动。较之 WTO 框架下货物、服务贸易协议及投资协议，共同体具有全面开放、深度融合发展的特点，是更高层次的开放和区域合作。

共同体和生态圈是一体两面的统一体。共同体更多体现为结构上的相互交融咬合，生态圈更多指向主体之间在功能上的相互依存、相互促进的一种共生状态。共同体是生态圈发展的必然结果。构成生态圈的创新主体具有多样性，虽然主体各据其位、各行其是，但谁也离不开谁，相互支持，形成生机勃勃的创新发展生态链。

因此，粤港澳大湾区区域协同创新“共同体 + 生态圈”模式的形成，就是要克服制度壁垒，发挥高校、企业、第三方中介机构、社会团体特别是企业家的作用，推动政府、企业、高校、行业协会、科技社团、科技（产业）园区等建立不同层级和不同类型的技术创新联盟、产业发展联盟、协同创新中心等，实现“你中有我、我中有你”。此外，“共同体 + 生态圈”模式，要求三地之间交叉互融、互补共生，三地科技要素资源流动共享，三地科研体系、产业体系融合发展。

（三）主要路径

“政府 +”。在“共同体 + 生态圈”的协同创新模式中，三地政府以适当角色参与，发挥政策支持、引导促进和公共服务保障等作用。特别是要通过政府政策设计和施行，在简化行政程序、消除制度障碍、促进要素高效便捷流动、探索规则标准有效衔接等方面，为“共同体 + 生态圈”协同创新创造条件。

“港澳高校 +”。把港澳高校基础研发能力优势及大湾区科技创新企业的优势叠加起来，“港澳高校 + 湾区高校”“港澳高校 + 湾区企业”是协同创新的主要两种途径。其中，“港澳高校 + 湾区高校”的重点是基础科学研发合作，利用香港高校优势带动湾区高校基础研发能力的增强。“港澳高校 + 湾区企业”的重点是应用研发合作。湾区企业与港澳高校已经有一定的合作基础，比如深圳的华为在香港设立了研究所，主要利用香港的国际人才和基础研究优势。再如大疆科技、商汤科技等企业，将香港在基础研发、人才培养、教学科研等方面的实力与深圳在应用技术转化、工业基础、产业配套和市场拓展等方面的能力紧密结合，优势互补，协同创新的效应非常明显。

“中小企业 +”。中小企业是重要的市场主体和参与者，但往往因规模、影响力等因素被忽略。在粤港澳三地合作中，中小企业的参与度不足。然而，中小企业往往是创新的驱动者，也是创新资源不可缺少的组织者，没有这些充满活力的小企业，创新生态圈无法形成。“中小企业＋大公司”，将使大公司的创新更具竞争力。“中小企业＋高校”，将使高校的研发基于市场的需求，有利于研发的市场转化。

“技术转移机构＋”。技术市场是创新生态圈的重要节点，技术转移机构是技术市场重要的参与主体。在大湾区，有依托高校的技术转移机构，也有依托大公司的技术转移机构。把技术转移机构纳入协同创新“共同体”体系，有利于打通“高校—技术转移机构—高校”“高校—技术转移机构—民间”“民间—技术转移机构—民间”链条中的成果转化渠道。

三　政策建议

（一）促进科创要素跨境高效便捷流动

促进科创要素和资源（包括人员、货物、资金、信息、技术等）的跨境高效便捷流动，是实现大湾区“共同体＋生态圈”协同创新模式的基本前提。建议推动科研资金流动便利和管理创新，试行科研资金“监管沙箱”政策，允许符合条件的科技企业设立跨境人民币资金池，降低汇率风险。建设科研数据跨境专用通道，推进同一科创企业跨境信息共享，探索允许符合资格的跨境合作科技企业研发部门之间实现数据共享。设立研发“小物流”特殊通道，推动设立科研实验用品的绿色通道，对从港澳进入大湾区的研发设备、标本、辅材等实行备案管理，实现免检或一次检查快速通关。加快出台促进科技创新人才高效便捷流动的政策措施。认证湾区科创人才，促进人员流动。设立科技创新人员绿色通关通道，便利科技创新人员跨境流动。

（二）推动科创体制机制衔接，共建平台

在“一国两制”下，粤港澳三地行政体制、法律制度不同，因而在科

技创新的管理体制、法律规则、范式标准等方面都具有很大的差异性，只有做到科技创新体制机制和规则标准的有效衔接，才能切实促进“共同体+生态圈”协同创新模式的形成。建议推动知识产权制度衔接。强化知识产权案件跨境执法制度，在大湾区率先探索知识产权制度协同。推动粤港澳创新技术资源有机结合，开发国际化高水平的联合研发项目，共建实验室合作平台和共建孵化培育机构。推动和吸引国际及港澳大型科技企业、风险投资资金、高校在大湾区设立专业化体系化的孵化平台。

（三）便利港澳科技创新人员在大湾区内地城市发展

制定进一步便利港澳高校及科研机构、专业人士及科研人员参与大湾区内地城市科技创新发展计划的配套政策。加快建设粤港澳青年创新创业基地，为港澳青年来大湾区内地城市创新创业提供充足的物理空间及优质的软硬件配套环境，打造具备优良创新创业生态的高质量平台。探索创业类公司实行港澳青年人力资本入股制度，明确人力资本的作价标准、股权转让和退出机制。设立科技创新人才服务中心，为科技创新人才在湾区发展提供创业就业服务对接，落实港澳居民关于人才奖励补贴、安居住房、子女就学和医疗保健等相关服务的同等待遇。放宽并吸引港澳专业服务机构和人士在大湾区执业，为内地企业提供法律、会计、并购、融资、担保、项目管理、工程咨询等“一条龙”服务，降低港澳专业服务机构和人士拓展业务的难度和成本。

参考文献

［1］余玉娴：《主权国家内部跨边界科技合作模式分析：以粤港澳高校科技合作为例》，《科技管理研究》2010 年第 16 期。

［2］刘瞳：《粤港澳大湾区与世界主要湾区和国内主要城市群的比较研究——基于主成分分析法的测度》，《港澳研究》2017 年第 4 期。

［3］龚蔚霞、杨玲：《基于伙伴关系的区域合作发展模式创新探索——以粤港澳合

作发展模式研究为例》，《中国名城》2011 年第 12 期。

[4] 陈迅、陈铭：《我国科技合作模式及问题初探》，《上海管理科学》2008 年第 6 期。

[5] 李梦学：《国际科技合作模式探析》，《中国科技产业》2007 年第 5 期。

[6] 吕国辉：《长三角的科技合作模式与技术转移机制》，《科技创业月刊》2008 年第 2 期。

[7] 王鹏、王艳艳：《共生网络视角下的跨区域创新合作研究——以内地与香港环境科技创新合作为例》，《产经评论》2015 年第 4 期。

[8] 文宏、吕映南、林彬：《“调适性互动”：我国地方政府间合作的现实模式与机制——以粤港澳大湾区为例》，《华南理工大学学报》（社会科学版）2019 年第 3 期。

B.21 粤港澳大湾区区域创新体系之机制问题研究*

杨 英**

摘 要： 区域创新体系最为核心的特质，是以创新为目标，促使区域内外的资源及要素在本地做“创造性破坏”组合的“积极的配置机制”；区域创新体系中的“积新的配置机制”，主要由以法治为核心的社会经济运行环境的“可预期性”和配置资源及要素的机制的“效率性”两大要素所决定。建议按市场经济发展的要求转变政府职能、营造有利于创新发展的营商环境和通过激活“广深港澳创新走廊”推进机制建设等若干对策措施。

关键词： 粤港澳大湾区 区域创新体系 “创造性破坏”组合 积极的配置机制

在新旧动能转换、经济结构性转变的新发展思路下，发展创新驱动型经济、推动经济高质量发展，以全面提升区域经济竞争力，已经成为社会各界的共识。以“具有全球影响力的国际科技创新中心”为发展方向的粤港澳大湾区，只有迅速建立起符合本地基本区情的区域创新体系，才能切实有效地推动这一发展战略目标的实现。

---

* 本报告为广州市首批新型智库广州大学广州发展研究院委托研究成果。

** 杨英，暨南大学经济学院投资经济教研室主任，教授。

一 区域创新体系及其“积极的配置机制”

彼得·德鲁克认为，创新是创新者对资源及要素做非连续性的“创造性破坏”式的重新组合，从而创造出新的价值的系列活动（如开发新产品、引进新技术、开辟新市场、发掘新的原材料来源、实现新的组织形式和管理模式等）[①]。由此可见，创新需要有政府、企业、院所（包含科研中介机构）或个人等多种主体的参与，也需要有人才、资金、技术等多种要素的投入，更需要有促使资源及要素做非连续性的“创造性破坏”的相应的机制及环境。由于不同地区的资源及要素的禀赋状况及影响其配置机制的区域环境存在着差异，因而创新活动的区域差异自然也是十分明显的。不同的区域创新体系，规定着不同地区的创新活动的频度、强度和可持续度。

学界对区域创新体系的研究，自熊彼特提出其创新理论以来，一直在朝着以技术变革和技术推广为研究对象及以制度变革为研究对象两个方向，即所谓的“熊彼特式”创新理论范式推进，相应的理论模式先后由技术推动模式、市场拉动模式、技术—市场二元论、需求—资源模式等线性创新行为模式，逐渐被修正并衍生出诸如集成创新模式、协同创新模式、开放创新模式、网络创新模式等非线性创新行为模式及理论，从而促使区域创新体系研究从单一简单模式向复杂系统模式转变。[②] 文献揭示，英国卡迪夫大学的库克教授应该是最先提出区域创新体系概念的，他将区域创新体系定义为“主要是由在地理上相互分工与关联的生产企业、研究机构和高等教育机构等构成的区域性组织系统，该系统支持并产生创新”[③]。此后，学术界对此众说纷纭，莫衷一是，至今尚未形成统一的定义，但在对其主要包含参与主体、资源支撑、对象范围和成果输出四个基本内涵的认识上，有着高度的一

---

① 彼得·德鲁克：《创新与企业家精神》，机械工业出版社，2009。

② 王松、胡树华、牟仁艳：《区域创新体系理论渊源与框架》，《科学学研究》2013 年第 3 期。

③ Cooke P. , *Regional Innovation System*：*the Role of Governance in the Globalized Word.* London：UCL Press，1996.

致性①。定义区域创新体系，则必须考虑如下两个因素。一是在区域创新体系建设中，政府经常会遇到“有意栽花花不开”的事与愿违的困境，而企业或其他的经济社会主体则可能在追求自身发展的过程中，反而有时会对区域创新体系发挥“无心插柳柳成荫”的建设性作用，所以不能将政府确定为区域创新体系建设的当然主导者或唯一主导者。也就是说，区域创新主体既可以是政府，也可以是企业、高等院校、研究机构、技术中介机构、职业培训组织、产业协会，抑或其他有创新活力的个人，等等。二是考虑到虽然区域经济体系是一个由诸如多主体、多要素、多层次和多方式构成且机制极为复杂的经济社会系统，但这一系统在运行时，基本上是由资源及要素做非连续性的“创造性破坏”式的重新组合的机制所约束的，而这一机制更多的是由“市场”所决定的。这一特点可由笔者曾做过的一个研究课题的结论得以印证。此课题在对中国高新技术产业园区的选址布局逻辑做较为系统的分析后发现，在影响以创新为内核的具有风险投资属性的高新技术产业发展的众多要素（如强大的科技资源、以市场机制为基础的发达的风险投资体系、有利于创新的社会文化环境、强有力的政府扶持等）中，“市场”和“科技”两大要素是最为重要的支撑。高新技术产业发展必须由两者共同支撑，缺一不可。在内地，因“科技”要素具有“可移动性”，而“市场”要素则因其经济运行脱胎于计划经济体系时间尚短，而且至今还在一定程度上受其惯性作用及后遗症的影响，市场机制与直接行政干预的边界不清又难以兼容，因而存在着“难造性”及“难植入性”的特征。没有“市场”要素，仅有“科技”要素，科技资源开发会处于被扭曲的状态；而有了“市场”机制，即使没有科技资源也可利用其“可移动性”的特征通过对外引进得以解决。发展高新技术产业的其他要素资源也可以在发达的“市场”环境中培育起来。“市场”要素是高效发展高新技术产业的最为关键的要素。② 基于这样的考虑，根据彼得·德鲁克对创新的定义，以及上述学界所

① 魏江：《产业集群——创新系统与技术学习》，科学出版社，2003。

② 杨英：《中国高新技术产业园区布局评析》，《中国发展》2011年第3期。

认可的这些基本内涵，对区域创新体系做出如下定义：为激活并促进区域内的创新活动，以推进区域经济社会发展进程，一地区参与创新的主体在各自进行创新发展时，自觉或不自觉地构建起来的具有利于促进区域创新、促使对资源及要素做非连续性的“创造性破坏”式的重新组合的机制的经济社会系统。

从这一定义出发，我们可以发现区域创新体系最为核心的特质，应该是以创新为目标，促使区域内外的资源及要素在本地做非连续性的“创造性破坏”组合的相应的配置机制，即一地区促进创新的所谓“积极的配置机制”。显然，这里所提的“积极的配置机制”比库克、Jan G. Lambooy 所界定的含义要广泛得多。库克在描述区域创新体系时，将其看成“企业及其他机构经由以根植性为特征的制度环境系统地从事交互学习的地方”①，其中定义为“以根植性为特征的制度环境（institutional milieu）”，荷兰乌德勒支大学的 Jan G. Lambooy 将区域创新体系界定为区域生产中的合作者组成的互动的、动态的结构。没有高效的促使资源及要素做非连续性的“创造性破坏”组合的“积极的配置机制”，区域创新体系便会残缺不全，无法激发区域内各创新主体的创新积极性，各种支撑创新活动的资源及要素不但无法在当地实现效用最大化，反而可能被外域所吸引而外流，从而制约区域创新活动的发展。反之，一地区若能建立起符合非连续性“创造性破坏”的要求的资源及要素的相应的“积极的配置机制”，不仅区域所拥有的资源及要素禀赋可以得到深度的发掘，就连创新所需要的而本地又稀缺的资源及要素，也会在效用最大化规律的作用下，源源不断地从区外流入。这应该就是我们所期望的高水平的区域创新体系。由此可见，决定区域创新体系运行水平最为关键的要素，便是促进创新的“积极的配置机制”。

区域创新体系中的“积极的配置机制”，主要是由以法治为核心的社会经济运行环境的“可预期性”和配置资源及要素的机制的“效率性”两大要素所决定。其中，以法治为核心的社会经济运行环境的“可预期性”，

---

① 桑媛媛：《区域创新体系理论综述》，《现代商贸工业》2009 年第 1 期。

通过其对创新观念、创新思想及创新行为的正负向的影响，决定着一地区对创新活动包容性、促进性和预期性等状况；而配置资源及要素机制的“效率性”则由资源及要素的效用最大化程度，以及“帕累托最优”直接决定。

二　粤港澳大湾区区域创新体系定位、现状

粤港澳大湾区包括港、澳和粤九市，总面积5.6万平方公里，人口达7100万，经济总量为10.87万亿元（人均GDP为15.6万元），折合美元超过1.64万亿美元。其以占全国不足0.6%的土地和5.0%的人口，创造了全国（含港澳）12%的经济总量。资料显示，2018年粤港澳大湾区共有3万多家高新技术企业，其中国家级高新技术企业总数超过1.89万家；研发经费支出占GDP比重为2.7%，与美、德等发达国家水平相当；PCT国际专利申请量占全国的56%；工业增加值总量为28202.49亿元，比2013年提高6234.62亿元，年平均增长5.1%。其中的珠三角规模以上工业企业R&D经费投入为1982.18亿元，占规模以上工业增加值的比重为7.2%；规模以上工业有R&D活动的企业数为14807个，占本区域规模以上工业企业数的比重为40.4%；珠三角九市高技术制造业增加值达9908.60亿元。[①] 由此可见，粤港澳大湾区是全国开放程度最高、经济活力最强的区域，既是国家最为重要的经济引擎，也是全国创新活动最活跃的区域。

进一步提升粤港澳大湾区的创新活力、创新竞争力，实现国家为粤港澳大湾区确定的建成“充满活力的世界级城市群”和“具有全球影响力的国际科技创新中心”等战略定位目标，需要进一步建设并完善粤港澳大湾区的区域创新体系。为此，《粤港澳大湾区发展规划纲要》也为粤港澳大湾区提出了“深入实施创新驱动发展战略，深化粤港澳创新合作，构建开放型融合发展的区域协同创新共同体，集聚国际创新资源，优化创新制度和政策

① 广东省统计局：《粤港澳大湾区工业经济创新驱动发展研究》，2020年1月6日。

环境，着力提升科技成果转化能力，建设全球科技创新高地和新兴产业重要策源地”等战略思路，以及以构建高水平区域创新体系为核心的开放型区域协同创新共同体、打造高水平科技创新载体和平台、优化区域创新环境等战略举措。

（一）粤港澳大湾区区域创新体系现状、特点

在区域创新体系建设上，粤港澳大湾区已初步奠定了较为坚实的基础及有利条件。一是粤港澳大湾区经济发展水平高、规模大且产业体系完备、集群优势明显且创新载体平台相对成熟，为创新提供极为适生的沃壤。同时，港澳不断提升自身的国际性多功能经济中心地位，着力推进大湾区对外经济高质量的对接，与珠三角地区已初具较强竞争力的以战略性新兴产业为先导、先进制造业和现代服务业为主体的产业结构，构成强互补关系。尤其是香港完善的法治基础及发达的市场基础与珠三角或透过珠三角于国内可资利用的科技资源（珠三角实施创新驱动发展战略以来，迅速从国内外聚集了越来越多的科技及人才、政策等创新资源）若能完美结合，定可为粤港澳大湾区区域创新体系建设及让创新成果迅速实现产业化，提供极好的开展创新活动的产业需求及合理的禀赋结构。二是虽然粤港澳大湾区在基础研究领域优势并不明显，但科技研发、转化及产业化的能力突出，拥有一批在全国乃至全球都有较大影响力的高校、科研机构、高新技术企业和国家大科学工程，创新要素吸引力强，具备建设国际科技创新中心的良好科技氛围。三是粤港澳大湾区无论是银行资本、社会资本，还是其他金融市场资本等，都遥遥领先于全国。如拥有港交所和深交所两大证券交易所，既有主板、创业板、新三板和科创板等主流资本市场，又有广东省内区域性股权交易市场，科技金融生态系统已初具雏形。四是粤港澳大湾区的知识产权及相关法律服务、科技成果转化服务、创新创业服务、信息服务和环境监测及治理服务等方面，经勇于创新、先行先试的努力后也初步完善。[①]

---

① 前瞻产业研究院：《粤港澳大湾区科技金融生态评价报告》，2020 年 1 月 10 日。

（二）粤港澳大湾区区域创新体系建设存在的主要问题及其成因

虽然粤港澳大湾区在区域创新体系建设及创新发展上具备了不少优势和有利条件，而且在各参与创新主体的努力下也取得了一定的进展。然而，其与国家为其设定的创新发展目标以及世界上经济发达的其他湾区相比较，仍存在如下短板。一是创新效果不明显。虽然粤港澳大湾区在企业创新、创新转化潜力以及创新环境方面具有较大优势，但一方面因战略眼光不足，没有重视并投入足够的资源到基础研究领域，导致创新发展得不到强有力的基础支撑；另一方面，也因缺市场激励而在创新源头上存在综合能力不强、创新活跃的头部企业规模有限、知识创造能力不足及产品技术含量不高的状况。有时还会出现创新呈低质量化、专利量多质低以至于形式化的现象。二是创新对产业的转型升级促进作用不大。如缺市场诱导，使创新供给与产业发展需求呈供不应求及错配的状态，因而创新活动不够活跃且产业化、商品化水平低，未能成为促成新旧产业动能有效转换的主动力。三是创新人才成才率偏低。与欧美和日本等发达地区和国家的高校在参与创新方面所发挥的作用存在较大的差距。虽香港有 4 所居世界 100 强大学，穗深澳也有好几所大学水平颇高，但珠三角高校及研究机构运作的行政化色彩浓厚而致其创新能力及人才培养能力与创新需求仍存在着较大的差距，协同创新不足、产学研关系不密切或流于形式；港澳高校与珠三角高校和研究机构的深度合作，也一定程度上存在着体制障碍。蔡松锋等将企业研发经费支出、企业研发人员、政府研发经费支出、政府研发人员、对外投资以及人均 GDP 作为主要变量，分析专利数量以及新产品产值作为创新驱动的产出，通过建模分析后发现：企业研发费用支出对粤港澳大湾区整体的创新产出促进作用最大；政府研发经费支出也对专利产出的创新有积极促进作用，但在新产品产值这一变量上并没有产生显著效应；而研发人员、对外投资与人均 GDP 对大湾区创新产出的促进作用不明显，① 可作一例证。四是

---

① 蔡松锋、肖敬亮、文韵：《粤港澳大湾区发展现状与未来展望》，2019 年 5 月 13 日，国家信息中心公众号。

创新驱动的配套环境尚未形成。在推动经济建设及创新发展的理念及工作方面，尚未完全转到让市场在资源配置中发挥决定性作用上，因而至今粤港澳大湾区关于创新发展的法律体系、创新金融体系、咨询辅导体系、知识产权保护体系均处于较低水平，未能形成创新氛围。虽然，广东省已成立了科技金融综合服务中心和科技金融综合信息服务平台，各市及重点高新区分别成立了科技金融分中心，并建立了知识产权体系和孵化器、众创空间等平台，但其运作至今尚未与企业创新对接。① 可见，目前的粤港澳大湾区还难以做到有效吸引全球范围内的高水平人才、资金、科技成果等创新要素流入。

由上述分析可见，粤港澳大湾区关于区域创新体系建设方面的相关短板，一定程度上属于所有处于创新发展初级阶段地区的共性问题，但若从更深层次上看，最主要的还是与粤港澳大湾区经济体制及其相应的经济运行机制未能使市场机制在对创新诱导和激励领域发挥决定性作用，以及市场机制本身的不完善密切相关。其主要表现有两个方面。一是粤港澳大湾区中的珠三角，虽然其市场机制远较内地发育得好，也较为成熟，但毕竟其脱胎于计划经济体系时间尚短，而且至今在一定程度上还受其惯性作用及后遗症的影响，市场机制与直接行政干预的边界不清又难以兼容，因而存在着“难造性”的特点，② 这导致至今关于创新的观念尚未转变、政策落实缺乏协同推进、部分政策规定尚模糊且不具体、政府与企业及研究机构存在“多重皮”关系等问题，最终造成粤港澳大湾区区域创新体系的“积极的配置机制”中以法治为核心的社会经济运行环境，以及促使创新发展的配置资源及要素的“积极的配置机制”建设均未完善。从而在很大程度上使本地的区域创新体系建设及创新活动健康发展深受制约。二是粤港澳大湾区与世界上其他经济发达的湾区相比，还面临着区域内制度差异与跨境要素流动性障碍等一些突出问题。具体表现为：“一国”、“两制”、“三系”（分属三个不同关税

---

① 前瞻产业研究院：《粤港澳大湾区科技金融生态评价报告》，2020 年 1 月 10 日。

② 杨英：《中国高新技术产业园区布局评析》，《中国发展》2011 年第 3 期。

区、使用三种不同的货币和实施三种不同的法律体系）、“四核”（四个核心城市）、“五枢纽”（五个片区及物流中心）和“9+2发展主体”的复杂格局的区域特殊性。其中，“一国”“两制”“三系”限制了港澳与珠三角要素的跨境自由流动，“四核”、“五枢纽”和“9+2发展主体”又使粤港澳大湾区可能因不同行政区间存在不同目标函数的矛盾，出现三个层次的区域间难以相互协调的问题（港澳与珠三角之间、珠三角内部三个片区之间和珠三角内部九个城市之间），使粤港澳大湾区在跨境联系、整体发展、融合发展和创新发展上，深受经济体制及经济运行机制无法在全域范围内进行无缝对接的约束，[①] 从而又为区域创新体系建设增加了不少难度。

建设和优化粤港澳大湾区的区域创新体系，必须尽快着力建设以促进创新为目标，能促使区域内外的资源及要素在本地做非连续性的“创造性破坏”组合的“积极的配置机制”。

三　粤港澳大湾区区域创新体系之机制建设若干措施

粤港澳大湾区建设和优化资源及要素在本地做非连续性的“创造性破坏”组合的“积极的配置机制”，必须从促成以法治为核心的社会经济运行环境的“可预期性”和配置资源及要素的机制的“效率性”入手，采取如下三项对策措施。

（一）按市场经济发展的要求转变政府职能

做任何事情都必须抓住事物的“牛鼻子”。市场经济发育比内地较为良好的珠三角，与港澳特别是香港相比，在促进创新和发展经济时，还是明显存在着政府行政干预过多、过强的问题；粤港澳大湾区11个城市因制度、体制和机制的原因，各自为战的政府行为颇为普遍，以致市场机制发挥作用的空间较为有限，创新发展所需要的其他各种资源及要素难以追求效用的最

① 杨英：《基于“加法”视角的粤港澳大湾区建设问题研究》，《中国发展》2013年第1期。

大化，或有可能被外域所吸引。为此，建设以促进创新为目标，能促使区域内外资源及要素在本地做非连续性的“创造性破坏”组合的“积极的配置机制”，首先必须按“让市场在配置资源时发挥决定性作用”的要求，明确界定“政府”与“市场”的边界，使政府在促进经济创新发展时，能明确自己应在其中承担的职责、职权范围、发挥的功能与作用，以及对创新经济干预的内容、手段及方式、力度及时机的把握等，做到不越位、缺位和错位，以使其能与市场共同构建起将资源及要素引向创新领域的“积极的配置机制”。当前，粤港澳大湾区转变政府职能，可从下面两个基本层面推进。

在宏观层面上，关于珠三角地区转变政府职能，主要是在明晰政府职能的定向后，向传统体制、机制的弊端发力，按创新发展的要求补齐监管和服务等短板，把该管的事管到位和管好、该放的权力放足和放到位、该提供的服务做到位和做好，以促成市场走向成熟，使市场机制成为创新及经济转型升级的内生变量及激发创新的关键因素及基础条件。对于港澳地区政府职能的转变，则应吸取之前产业转型的关键时期政府仅一味守住所谓“积极不干预主义”理念，造成产业结构失衡的教训，向政府在“积极不干预主义”与“有所为”的关系方面，在有益均衡选择的方向上做努力。①

在粤港澳大湾区的整体层面上，考虑到区域创新体系建设其具有的“一国”、“两制”、“三系”、“四核”、“五枢纽”及“9+2主体”等复杂关系的区域特性，转变政府职能必须着力于“开放性”和“区域协调性”。具体思路如下。一是在成立由国务院一副总理任组长，粤港澳三地主要政府官员、国务院各主要部委办及港澳中联办负责人为成员的粤港澳大湾区建设领导小组，研究解决粤港澳大湾区建设中政策实施、项目安排、体制机制创新、平台建设等方面重大问题的基础上，尽快在其之下成立若干具体工作小组，负责为建设领导小组提供相关的工作建议及推进和落实建设领导小组所

---

① 杨英、张守则：《区域治理视角下粤港澳经济运行机制对接的基本思路》，《中国发展》2012年第4期。

确定的工作。[①] 二是在现有高层会晤、联席会议制度、专责小组和粤港澳合作统筹机构的基础上，将粤港合作联席会议和粤澳合作联席会议整合成“粤港澳合作联席会议”，以使这一机制更具整体性，加大粤港澳大湾区的统筹协调力度。[②] 此外，组建粤港澳大湾区 11 个城市政府联盟，也是转变政府职能的主要内容之一。

（二）营造有利于创新发展的营商环境

营商环境包含所有市场主体在准入、生产经营、退出等过程中所涉及的法治环境、政务环境、市场环境、人文及生态环境等相关外部因素和条件。在推进转变政府职能的基础上，粤港澳大湾区中的各地政府必须加强协作，高度重视并积极推进符合国际惯例的高水平营商环境的建设，以尽快形成促进创新发展的机制。具体思路如下。

在规范法律环境的建设上，考虑到对于创新发展而言，除真正意义的切实保护物权外，知识产权的保护也极为重要。为此，相关的法律建设应该以形成系统的产权确定、交易流转、争议裁决和权利实现各环节并进的“闭环式”的产权保护链条为中心。与此同时，推进粤港澳司法交流与协作、设立国际法律及争议解决服务中心、推动建立多层面及多元化纠纷解决机制、建立粤港澳律师联合会均极为重要。

在推进完善的政务环境和市场环境的建设上，可从如下几个方面着手。一是考虑到政府不必也不可能包揽及直接对所有经济活动进行管理，同时，市场受抑制或没有市场都不可能形成风险投资的生态环境，政务环境的建设应该为政府设定“有所为”与“有所不为”的边界，在总体上应与“放管服”改革同步推进，主要在最大限度减少审批、多措并举加强监管、不断创新优化服务，以及打造便利、公平、高效的市场环境等方面下功夫。二是

① 杨英：《基于市场路径的粤港澳区域经济一体化研究》，《华南师范大学学报》（社会科学版）2014 年第 5 期。

② 杨英：《新时期粤港澳经济更紧密合作的基本趋向》，《华南师范大学学报》（社会科学版）2016 年第 4 期。

为活跃创新，必须尽快建立粤港澳大湾区知识产权交易平台，以及与其配套的知识产权评估机制、质押融资机制和相应的融资租赁服务、投贷联动融资服务体系，并推动知识产权证券化。三是按市场经济的发展要求鼓励、支持和促进创新活动。如将现行各地政府普遍把有限的公共资源，直接用于对少数创新企业进行“一对一”的支持（这是对整个行业其他大多数企业的不公平），改为把主要的公共资源投入到拟鼓励创新发展的产业公共平台的建设上。① 四是加快港澳与珠三角三地的体制对接，通过扩大教育、文化、医疗、法律、建筑、航运等专业服务业市场准入，服务技术标准的规范对接，以及推进投资、贸易便利化，为粤港澳大湾区高效整合创新资源创造条件。五是利用粤港澳大湾区先行先试有利的政策条件，推进高等院校及研究机构的“去行政化”改革和国有企业现代治理结构调整，强化其在技术创新中的主体地位，使所有参与创新的主体形成“平起平坐”平等地位，享受一视同仁的公平政策待遇，以形成创新发展上“百舸争流”的格局，也为真正意义上构建“官产学研金”创新生态系统奠定体制基础。六是加快社会信用体系和市场监管体系建设，探索依法对粤港澳大湾区内参与创新的各主体联动实施信用激励和失信惩戒。七是支持粤港澳大湾区工商企业界、劳工界、专业服务界、学术界等建立联系机制。此外，摒弃多头施政和政策的朝令夕改，也是为创新发展提供稳定预期政务环境的重要内容。

（三）通过激活“广深港澳创新走廊”推进机制建设

“广深港澳创新走廊”依托广深港高速（及高铁）、广深沿江高速、珠三环高速东段、穗莞深城际、佛莞城际和港珠澳大桥等复合型的交通通道，集中粤港澳大湾区最主要的创新资源，是一条产业联动、空间联结、功能贯穿的呈“L”形的创新经济带。其具体包括广州大学城—国际创新城、广州琶洲互联网创新集聚区、广州中新知识城、广州科学城、东莞松山湖、东莞滨海

① 杨英、姚秀杰、沈辉、戴志华、翟婷：《区域治理视角下粤港澳经济运行机制对接的基本思路》，《中国发展》2018 年第 2 期。

湾新区、深圳空港新城、深圳高新区、深圳坂雪岗科技城、深圳国际生物谷，以及香港落马洲河套区港深创新及科技园、数码港、香港科学园和横琴创新区等创新经济功能区，是粤港澳大湾区建成“具有全球影响力的国际科技创新中心”最重要的支撑，这里的人才、科技、信息、资金等创新资源集中、支撑创新的产业体系完善，构建促进创新的资源及要素在本地做非连续性的“创造性破坏”组合的“积极的配置机制”的条件最为成熟。先行探索及构建促进创新的“积极的配置机制”，不但可以推进“广深港澳创新走廊”的建设，而且还可以为内地提供创新建设可借鉴可复制可推广的经验。推进粤港澳大湾区创新机制建设，必须从如下几个方面着手。一是着眼于对国内外一流资源的整合。优化创新发展的营商环境，大力吸引国际上一流人才、高水平成果、研究机构和团队，并在基础研究上加强与国际交流与合作，提高自主创新的能力。二是与粤港澳大湾区的产业体系发展相结合。主要瞄准世界科技产业的前沿，推动“官产学研金”合作，促成各创新主体之间以及主体内部建立起多种形式的网络联系，互相促进、共生发展的完善的区域创新体系，形成创新引导产业发展的格局。三是构建知识密集型创新服务体系。主要是大力发展以各类生产力促进中心、信息服务机构、创新项目孵化器、技术评估机构和风投机构等为主的知识密集型服务业，以助推创新发展。

参考文献

[1] 蔡松锋、肖敬亮、文韵：《粤港澳大湾区发展现状与未来展望》，国家信息中心公众号，2019 年 5 月 13 日。

[2] Cooke P. , *Regional Innovation System: the Role of Governance in the Globalized Word*. London: UCL Press, 1996.

[3] 广东省统计局：《粤港澳大湾区工业经济创新驱动发展研究》，2020 年 1 月 6 日。

[4] 彼得·德鲁克：《创新与企业家精神》，机械工业出版社，2009。

[5] 前瞻产业研究院：《粤港澳大湾区科技金融生态评价报告》，2020 年 1 月 10 日。

［6］桑媛媛:《区域创新体系理论综述》,《现代商贸工业》2009 年第 1 期。

［7］王松、胡树华、牟仁艳:《区域创新体系理论溯源与框架》,《科学学研究》2013 年第 3 期。

［8］魏江:《产业集群——创新系统与技术学习》,科学出版社,2003。

［9］杨英:《中国高新技术产业园区布局评析》,《中国发展》2011 年第 3 期。

［10］杨英、张守则:《区域治理视角下粤港澳经济运行机制对接的基本思路》,《中国发展》2012 年第 4 期。

［11］杨英:《基于“加法”视角的粤港澳大湾区建设问题研究》,《中国发展》2013 年第 1 期。

［12］杨英:《基于市场路径的粤港澳区域经济一体化研究》,《华南师范大学学报》(社会科学版)2014 年第 5 期。

［13］杨英:《新时期粤港澳经济更紧密合作的基本趋向》,《华南师范大学学报》(社会科学版)2016 年第 4 期。

［14］杨英、姚秀杰、沈辉、戴志华、翟婷:《区域治理视角下粤港澳经济运行机制对接的基本思路》,《中国发展》2018 年第 2 期。

B.22
关于加快粤港澳大湾区高水平人才引进的建议*

葛淳棉　姜军辉**

摘　要： 在与世界三大传统湾区的比较中，粤港澳大湾区与建设成为“全球第四大湾区”和“全球科技创新高地”的长远规划目标仍存在差距。有效吸引各类优秀人才、优化区域创新资源，对于粤港澳大湾区的长期发展将具有战略意义。本文提出，当前粤港澳大湾区虽然形势整体向好，人才引进后劲较足，但仍然存在人才吸引力内部分化、人才结构失衡、创业性人才缺失、国际化高端人才不足四大问题，这些问题客观上制约着湾区的长期发展。围绕更好地解决上述突出问题，本文提出了一系列旨在加快粤港澳大湾区高水平人才引进、优化创新创业环境的政策建议。

关键词： 粤港澳大湾区　高水平人才　人才引进

2017年初，构建粤港澳大湾区规划被正式写入《政府工作报告》，我国宣布开始实施粤港澳大湾区建设计划。同年7月，在习近平的见证下，《深

---

* 本报告获广东省软科学项目（2019A101002005）、广州市社科联2018年羊城青年学人资助研究项目（18QNXR05）的支持。

** 葛淳棉，华南理工大学工商管理学院教授、博士生导师，广州市粤港澳大湾区（南沙）改革创新研究院高级研究员；姜军辉，华南理工大学工商管理学院助理研究员、硕士生导师。

化粤港澳合作　推进大湾区建设框架协议》正式签署，标志着粤港澳打造国际一流湾区和世界级城市群发展规划迈入历史性新阶段。2018 年 3 月 7 日，习近平总书记在参加广东代表团审议时指出“发展是第一要务，人才是第一资源，创新是第一动力”。发展依靠创新，而创新不可能凭空产生。它依赖于一定的创新资源，而其中最重要的创新资源之一就是人才资源。其他类型的创新资源都依赖于人才进行生产、流动和利用，也正因为人才群体的交互与协作，创新资源才能够源源不断地生成、创新和转化。因此，能否有效吸引高水平人才、优化区域创新资源，对于粤港澳大湾区的长期发展具有战略意义。

一　粤港澳大湾区人才发展基本形势

（一）粤港澳大湾区人才发展形势整体向好，人才引进后劲较足

1. 人口土地资源充足

充足的人口和土地是经济发展的重要条件，而粤港澳大湾区人口基数大，人力资源比较充足。如表 1 所示，在世界四大湾区的人口与土地面积情况的横向比较中，粤港澳大湾区明显拥有最大的土地面积和最高的人口总数。分别与位列第二的国际著名湾区相比，其面积是美国纽约湾区的 2.6 倍，人口总数是东京湾区的 1.5 倍。

表 1　四大湾区的人口与土地面积

湾区	面积(万平方公里)	人口(万人)
纽约湾区	2.15	2370
旧金山湾区	1.79	768
东京湾区	1.35	4385
粤港澳大湾区	5.65	6765

资料来源：笔者依据公开资料整理。

2. 高水平人才流入总量大、来源广

整体来看，粤港澳大湾区的高水平人才流入总量较大、来源较广。表 2 展示了湾区主要城市的高水平人才流入流出比的情况。由该数据可以发现，广州、深圳、珠海、佛山、惠州等多个城市，均处于国内人才净流入状态（流入流出比 >1.00）；同时，湾区外人才流入排名前五的来源城市，其流入人才量在流入大湾区人才总量中所占比重仅为 30%。这表明大湾区高水平人才流入的来源呈现多地分布状态，区域对于各地人才的吸引力水平较高。

表 2　粤港澳大湾区各城市国内高水平人才流入流出比

城市	流入流出比	城市	流入流出比
深圳	2.20	广州	1.05
惠州	1.16	珠海	1.01
佛山	1.14	东莞	0.95
香港	1.11	澳门	0.95

资料来源：《粤港澳大湾区数字经济与人才发展研究报告》。

3. 地方性人才引进政策丰富

当前，粤港澳大湾区各主要城市均出台了各具特色的地方性引才、助才政策，惠及就业创业、安家落户、医疗保障等多个方面（见表 3），进一步增强了大湾区招揽人才的整体竞争力。

表 3　粤港澳大湾区主要城市的人才吸引政策

城市	时间	计划	内容
香港	2018 年 5 月	科技人才入境计划	本次计划以先导形式推行，为期三年，通过快速处理入境安排，为香港输入海外和内地科技人才到香港从事研发工作。该计划已于 2018 年 6 月正式开始接受申请，首年度配额为 1000 个，每家公司（机构）最多可以获得配额 100 个
澳门	2018 年 3 月	澳门中长期人才培养计划	依据人才培养目标，行动方案内容细分为 19 项发展策略、45 项措施和项目，由人才发展委员会和相关机构、部门负责执行。具体措施包括构建和优化人才数据库；推动金融保险、中葡双语、海洋经济和创新型人才培育；继续推动产学研，形成具有竞争力的人才培养机制；优化海外人才回澳发展的政策环境等

续表

城市	时间	计划	内容
广州	2017 年 12 月	广州市高层次人才培养资助方案	在举办和参加会议论坛、进修培训等方面给予一系列的资助支持，杰出人才、优秀人才、青年后备人才每月可分别领取 3000 元、2500 元、2000 元的资料津贴；广州还将在 5 年内投入 2 亿元，提供全链条、集约化、定制化的创新创业服务。另外，还提供医疗保障、配偶就业、发表论文和出版著作资助等方面的服务
深圳	2019 年 8 月	孔雀计划	专业成就、科研成果、技术水平达到世界一流水平的为 A 类人才，达到国际先进、国内顶尖水平的为 B 类人才，达到国内先进水平的为 C 类人才。A 类人才可享受 300 万元的奖励补贴，B 类人才可享受 200 万元的奖励补贴，C 类人才可享受 160 万元的奖励补贴
珠海	2018 年 4 月	珠海英才计划	企业新引进的正高和副高职称技术人才分别给予每人 35 万元和 25 万元住房补贴；中级职称技术人才、硕士研究生、高级技师租房和生活补贴每人为 3. 8 万元，本科、技师为每人 2. 6 万元。高层次人才可享受住房补贴，其中顶尖人才 600 万元、一类人才 200 万元、二类人才 140 万元、三类人才 100 万元。如不选择住房补贴，顶尖人才可选择入住 200 平方米的人才住房，全职工作满 8 年即可获赠该住房
佛山	2018 年 1 月	佛山市人才发展体制机制改革实施意见	市级科技创新团队扶持资金总额不少于 2. 5 亿元；对省创新创业团队，市、区给予配套扶持，力争达到同省扶持金额 1∶1的比例，最高可达 1 亿元；博士、博士后各类补贴标准大幅提高，首次对高级职称专业技术人才给予安家补贴
东莞	2019 年 6 月	高层次人才特殊支持计划	主要支持培养对象开展科研、培训进修、技能提升、学术交流等。资助资金分三期拨付，入选后第一年先行拨付 40% 的资助资金，第二年拨付 30% 的资助资金，第三年拨付余下 30% 的资助资金；入选者可直接落户，由公安机关简化程序，优先办理；入选者及其直系亲属可在东莞市任意一家二级以上医院享受绿色通道服务
中山	2017 年 9 月	中山火炬人才计划	对于火炬区重点培养引进的符合中山市紧缺适用高层次人才条件的领军人才，最高可按国家、省经费给予 1∶1、1∶0. 8 的比例资助。对于海外高层次人才，火炬区创新工作措施，将海外高层次人才划分 A、B、C 三个类别，分别给予 100 万元、50 万元、20 万元奖励补贴
肇庆	2016 年	西江人才计划	创业团队和领军人才可享受 100 万 ~ 1000 万元的创业启动资金资助，3 年免收租金的 100 ~ 500 平方米的工作场所，最高 500 万元的股权投资，最高 500 万元贷款额的一年贴息；对海外留学及外籍创业领军人才，可再享受 20 万 ~ 50 万元创业启动资金补助

资料来源：笔者依据公开资料整理。

高水平人才与区域创新水平呈明显的正相关关系。由于各类人才争相涌入粤港澳大湾区，有力地支持了该区域的创新研发与成果转化。2016 年，粤港澳大湾区研发经费支出占 GDP 的比重已超过2.7%，处于和德国、美国等西方发达国家相近的水平（见表4）。

表4　2014～2016 年研发经费支出占 GDP 比重

单位：%

	2014 年	2015 年	2016 年
粤港澳大湾区	2.611	2.622	2.712
韩国	4.2887	4.232	4.23
日本	3.5883	3.4918	3.14
德国	2.8884	2.8748	2.93
美国	2.756	2.7882	2.74
法国	2.2392	2.2303	2.25
英国	1.679	1.7006	1.69

资料来源：EPS 全球统计数据平台 – 中国科技数据库——年度数据（分国家）。

得益于人才的作用，依照《粤港澳大湾区建设报告（2018）》，粤港澳大湾区（广东范围）的国家级高新技术企业总数超过 1.89 万家，数量居全国首位，而 PCT 国际专利申请量更是占到了全国申请总量的 56%。2012～2016 年，粤港澳大湾区发明专利呈现逐年稳步递增趋势（见图1），平均年增长率达到了 33.86%，2012～2016 年的发明专利总量增幅达到了 213.6%。

（二）区域创新能力不足凸显粤港澳大湾区高水平人才差距

尽管当前粤港澳大湾区人才资源比较充足，人才来源比较广泛，区域人才吸引力较大，区域创新能力和创新成果也比较显著，但从与世界其他三大湾区的横向比较来看，粤港澳大湾区在一些主要创新指标上仍有明显不足，显示出高水平人才引进仍具有较大的差距，区域创新发展仍有明显的空间。

四大湾区创新情况的统计数据（见图 2）显示，截至 2018 年，在世界

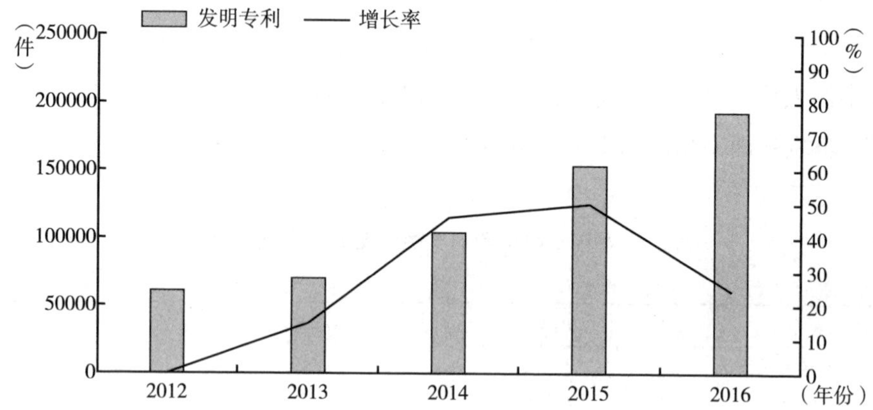

图1　2012～2016年粤港澳大湾区发明专利情况

资料来源：广东省社会科学院主编《粤港澳大湾区建设报告（2018）》。

500强企业中，粤港澳大湾区仅设有16家企业的总部，远低于纽约湾区（46家）、旧金山湾区（36家）和东京湾区（60家）；在美国波士顿咨询公司评选出的最具创新力的企业名单中，粤港澳大湾区仅拥有4家企业，虽比纽约湾区略高，但远低于旧金山湾区（8家）及东京湾区（20家）；从研发经费投入来看，尽管粤港澳大湾区的研发经费总投入占GDP的比重已经达到2.4%，但仍落后于纽约湾区（3.112%）、旧金山湾区（6.10%）和东京湾区（3.68%）；从科技成果转化来看，粤港澳大湾区每万人口PCT国际专利受理数量仅为3.18件，与纽约湾区（8.55件）、旧金山湾区（21.85件）和东京湾区（7.3件）差距显著。

由此可见，虽然目前粤港澳大湾区各城市都在大力引进高水平人才，人才整体形势向好，但从其与世界其他三大湾区创新指标的比较中可以看出，粤港澳大湾区与世界其他三大湾区在区域创新上存在的差距，其根本是高水平人才的差距。因此，为加快实现把粤港澳大湾区建设成“全球第一湾区”与“全球科技创新高地”的目标，必须持续有效地吸引高水平人才，整合优化全社会的创新资源，通过高水平人才聚焦推动广深港澳科技创新走廊建设，这理当成为粤港澳大湾区各城市政府的首要工作。

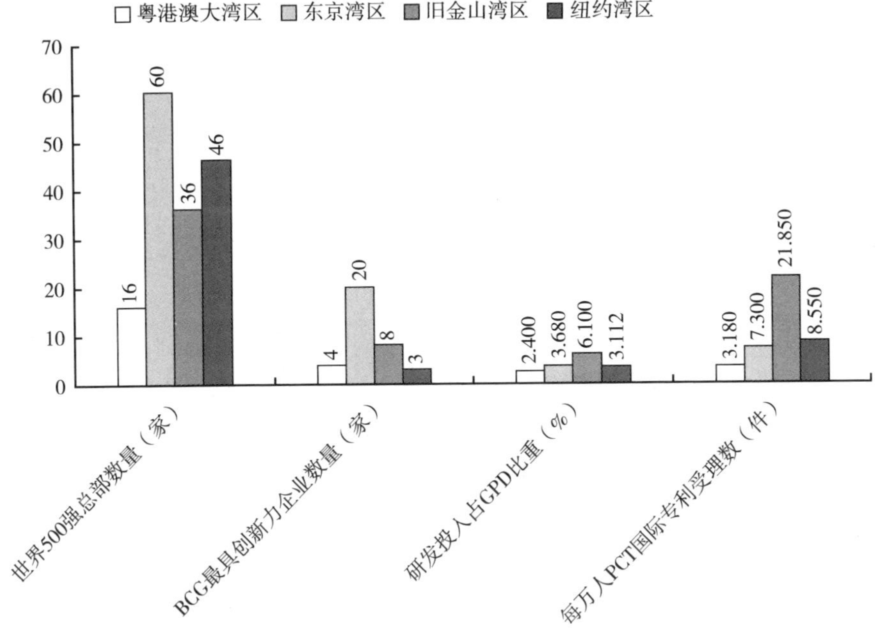

图2　四大湾区创新情况对比

资料来源：《财富》杂志。

二　粤港澳大湾区高水平人才引进存在的若干问题

（一）人才吸引力内部分化

当前，虽然粤港澳大湾区整体人才吸引力高、人才来源丰富，但湾区内各城市对高水平人才的吸引力与实际流动水平呈现出比较明显的内部分化现象。参照2019年《粤港澳大湾区数字经济与人才发展研究报告》中对于大湾区高水平人才分布、高水平人才流入占比、湾区内高水平人才流入流出比的统计数据（见图3），湾区人才集聚极化具体表现为以下两个方面。

第一，湾区内各城市之间存在着高水平人才存量的差距。高水平人才主要集中在深圳、广州和香港三个城市，占比依次为28.7%、26.7%和

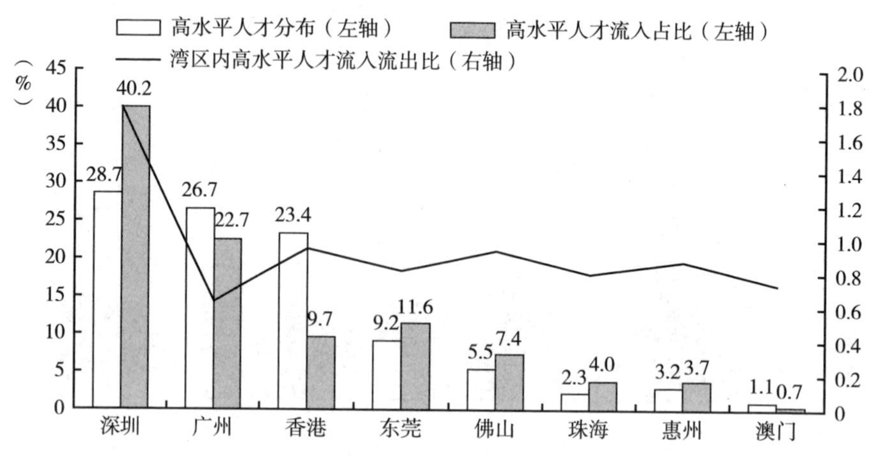

图3　粤港澳大湾区高水平人才情况

资料来源：清华大学 & 领英，《粤港澳大湾区数字经济与人才发展研究报告》，2019。

23.4%，其余城市合计占比不足 22%。表 5 的统计数据则进一步反映了这一情况。比如，佛山的城市人口是深圳的近 2/3，而截至 2016 年底，引进博士与硕士的数量仅分别为深圳的 8.8% 与 6.2%。

表5　广东省各类人才分布情况（截至 2016 年底）

单位：人

人才类型	深圳	广州	佛山	东莞	珠海	惠州	肇庆	中山	江门
在站博士后	759	324	47	29	31	4	2	27	8
引进博士	1514	742	133	42	100	84	57	84	56
引进硕士	24668	11658	1522	1063	1800	581	378	581	613
高职称专业技术人才	3405	4000	2026	521	578	720	438	720	1433
常住人口(万人)	1190.84	1404.35	746.27	826.14	167.53	477.5	408.46	323	454.4

资料来源：《珠三角国家自主创新示范区 2017 年工作要点》。

第二，湾区内各城市之间也存在着高水平人才增量的差距，部分中心城市的人才吸附作用较其他城市显著较强。从湾区高水平人才流入占比这一指标来看，大量的高水平人才流入了深圳（40.2%），其次是广州（22.7%）、东莞（11.6%）以及香港。而排名第一的深圳的流入量是排名第二的广州的接近两倍，相比之下，只有相当少数量的高水平人才流入了珠海、惠州、澳门3个城市。从湾区内高水平人才流入流出比这一指标来看，深圳的流入流出比高达1.8，其余城市都普遍低于1.0。这意味着深圳对高水平人才的吸引力最强，人才主要向深圳集中，而其他城市均处于人才净流出的状态。其中，广州的高水平人才流入流出比最低，相对而言存在一定程度的人才流失问题。

客观来看，高水平人才过度集聚于粤港澳大湾区的个别城市，是明显不利于该区域内部的平衡协调发展的，同时也不利于区域整体创新水平的提升。有关研究显示，短期内人力资本集聚水平的提高能够促进某个区域科技创新能力或水平的提高，但若集聚水平超过一定阈值或结构不合理程度超过一定的限制，则其对区域创新能力的促进效率便会呈现下降的趋势。因此，广东省及各城市政府的有关部门需采取强有力的措施，既要整体发力，加大高水平人才的引进力度，也要采取措施着力减轻粤港澳大湾区内部各城市人才集聚出现的两极化倾向。

（二）高水平人才结构失衡

当前，粤港澳大湾区高水平人才特别是高端创新人才在现有人才结构中的比重偏低。依据2015年全国人口抽样调查数据，在粤港澳大湾区的6797.49万常住人口中，受过高等教育的人口为1187.81万人，仅占17.47%。[①] 而相比之下，世界其他三大湾区这一比重均在36%以上，其中旧金山湾区为46%，纽约湾区为42%，东京湾区为37%。[②] 这说明粤港澳大湾区高素质人才占人口总数比重较低，人才素质水平整体上仍低于世界其他三大湾区，区域的人才格局还有巨大的提升空间。

同时，粤港澳大湾区各城市虽争相出台了引进人才的政策，并配套了不菲的人才引进资金，但是这些引进高水平人才的政策普遍聚焦于较小范围的

---

① 广东省社会科学院编《粤港澳大湾区建设报告（2018）》，社会科学文献出版社，2018。

② 卢文彬：《湾区经济：探索与实践》，社会科学文献出版社，2018，第169～185页。

高层次创新人才和高端创新团队，而对于其他层次的高水平人才的关注度及投入力度就明显较低。比如各地方的“万人计划”及各地方政府的专项引才计划，如澳门的“中长期人才培养计划”、广州的“高层次人才培养资助方案”、深圳的“孔雀计划”等，均以高层次人才为重点引进对象。这不仅说明我们对高水平人才的认知存在明显的局限，也必然导致对高端创新人才的激烈争夺，人为地制造出人才生态的不平衡。

当下的现实状况是，大部分海内外高水平人才还达不到目前各城市争相引进的高层次人才的认定标准，因而得不到有关部门的足够重视。依据2018年一项针对“海归”群体就业创业的调查，[①] 在个人海外所获最高学位的统计中，获得硕士学位的人数最多，占比达到56%；其次是学士学位，占比达38%；而获得博士学位的人数较少，占比仅为2%。这就使得当前粤港澳大湾区各城市制定的偏重于引进海内外高水平人才（实际上是高层次人才）的政策，难以覆盖海外毕业硕士这一人数最多的高水平人才群体，也使得当下各种引进人才的优惠政策不仅缺乏对海内外高水平人才的真正吸引力，也难以大规模地引进海外高水平人才。

事实上，粤港澳大湾区建设要打造广深港澳科技创新走廊，推动经济高质量发展，建设世界级城市群，既需要一批世界级的高端创新人才与创新团队，也需要大量的达到硕士学位及以上水平的高水平人才。如表6所示，一份来自猎聘网的统计数据可以说明一些问题。2019年第一季度，依照我国企业招聘中各岗位的人才紧缺指数排序，企业所紧缺的20类岗位中其招聘对象几乎集中在以各类本科、硕士相关专业毕业的工程师为代表的高水平人才群体。

由此可见，从构建合理人才生态的角度，我们既需要招聘和引进具有象征性、前沿性的高端领军人才和国际创新团队，也需要招聘和引进一大批高水平人才作为创新发展的前沿生力军，特别是对企业而言，具有实践能力的高水平人才往往是企业科技发展更为强大的主力军。

---

① 领英：《中国海归人才吸引力报告》，2016。

表6　人才紧缺指数

岗位	TSI	岗位	TSI
多媒体/游戏开发工程师	5.21	原画师	3.35
WEB 前端开发工程师	4.99	移动前端开发工程师	3.31
算法工程师	4.95	临床研究员	3.26
集成电路 IC 设计/应用工程师	4.73	数据库管理员	3.24
语音/视频/图形开发工程师	4.27	运维开发	3.19
SEO 搜索引擎优化	3.71	网络信息安全工程师	3.1
移动开发工程师	3.61	后端开发	3.05
嵌入式软件开发	3.59	药品研发	2.95
架构师	3.49	ERP 技术开发	2.79
游戏策划师	3.39	数据挖掘工程师	2.29

注：TSI 即 Talent Shortage Index，人才紧缺指数 = 需求数/求职人数

资料来源：猎聘大数据研究院《2019 上半年中高端人才就业现状大数据报告》。

（三）创业性人才缺乏

创业人才比重偏低。创业是创新活动的重要增长极之一，创业人才的不足客观上会导致区域创新潜力不够、耐力不足。然而当前，在粤港澳大湾区现有和引进的高水平人才中，高水平创业性人才的比重明显偏低。统计数据显示，[①] 目前粤港澳大湾区的创业人才占比仅为8.23%，比之于旧金山湾区13.36%的占比存在较大的差距。另如表7的统计数据显示，2015～2019年，粤港澳大湾区估值达到10亿美元以上的初创企业数量虽稳中有升，并于2019年达到16家，但仍远低于旧金山湾区（93家）以及纽约湾区（31家），甚至和国内热度逐渐上升的杭州湾区（31家）相比，也有明显的差距。

表7　2015～2019年五大湾区独角兽企业数量变化

单位：家

湾区名称＼年份	2015	2016	2017	2018	2019
旧金山湾区	53	61	61	75	93
纽约湾区	20	18	20	27	31

① 清华大学、领英：《粤港澳大湾区数字经济与人才发展研究报告》，2019。

续表

湾区名称 \ 年份	2015	2016	2017	2018	2019
杭州湾区	9	13	16	30	31
粤港澳大湾区	2	4	6	13	16
伦敦湾区	5	7	8	11	12

资料来源：CBInsight 榜单。

分析粤港澳大湾区高水平创业人才的缺乏与活力不足的原因，我们认为与该区域创业资源不足、创业环境不理想存在密切的关系。比如，作为高水平人才创业活动的重要因素，风险投资和私募的数量可在一定程度上反映一个城市或区域的创业环境。如图 4 所示，以深圳为例，其早期风险投资（Venture Capital，VC）、私募（Private Equity，PE）以及投资机构管理的资金规模均低于同期的北京和上海。近期的另一项统计数据显示（见表 8），深圳与广州在单轮投资超过 1 亿美元的风险投资数量上，仍远远落后于美国硅谷等公认的国际创新中心地区。

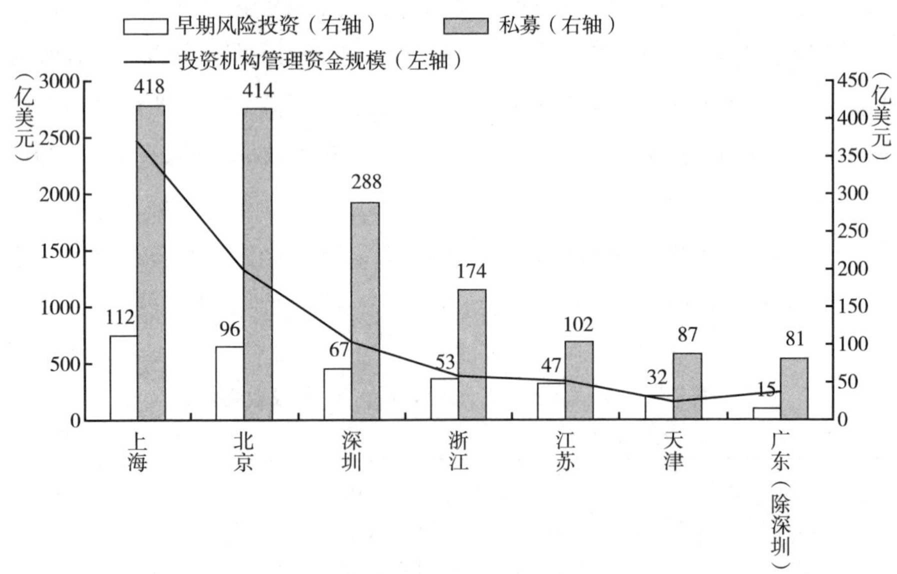

图 4　2015～2016 年中国 VC/PE 情况

资料来源：中国风险投资研究院编著《中国风险投资年鉴 2015—2016》，中国发展出版社，2017。

表8　单轮投资超过1亿美元的风险投资数量

城市(地区)	单轮投资超过1亿美元的数量	城市(地区)	单轮投资超过1亿美元的数量
硅　谷	79	西雅图	9
北　京	66	伦　敦	9
上　海	41	洛杉矶	9
波士顿	24	新加坡	8
纽　约	19	班加罗尔	7
杭　州	14	广　州	7
深　圳	11		

资料来源：Crunchbase 数据库，https：//news. crunchbase. com/news/the - top - ten - cities - for - 100m - vc - rounds - in - 2018 - so - far/。

此外，高水平人才创业氛围的不足与创业文化的不成熟，也是引起高水平创业人才短缺的一个潜在原因。作为创业文化的重要载体，全国知名的众创空间，如创新工场、3W 咖啡等均诞生和活跃于北京等城市。相比之下，粤港澳大湾区相对缺乏知名创业品牌和适于高水平人才创业的文化氛围，除深圳市创新创业氛围较强之外，我们认为粤港澳大湾区其他城市的创业氛围还有大力提升的空间。

（四）国际化高水平人才不足

在粤港澳大湾区现有高水平人才储备中，国际化高水平特别是高端人才相对不足。以广州和深圳为例，广州是粤港澳大湾区建设的核心枢纽城市之一，深圳是国内创新能力最强、对外开放程度最高的城市之一，但在这两个城市中，其外籍人才占总人口的比例分别仅为0.2%和0.36%，比重明显偏低。而即便是大湾区中国际化程度最高的香港，2016年其外籍人士占总人口的比重也仅为8.6%，远低于世界其他主要发达城市。[①] 在2019年发布的全球城市人才竞争力指数榜单中，旧金山、东京、洛杉矶、纽约等稳居全球

① 中国与全球化智库（CCG）。

前30名，而广州和深圳则分别排在第87位和第94位。[①] 这个排名至少在数字上说明，广州、深圳与国际先进城市相比还存在明显的差距，还有较大的发力和发展的空间。

当前，国际发展格局正在深度调整，贸易保护主义、科技战等逆全球化行为还时有发生，在这种背景下，美国、德国、日本等世界主要发达国家都把引进具有国际背景的高水平人才作为一项长期坚持的人才发展战略。而从我国的创新实践来看，国际人才的加入能够显著促进中国企业研发的投入，[②] 对企业创新效率具有正向影响。[③] 粤港澳大湾区要建设成国际一流湾区和世界级城市群，较大规模和比例的国际高水平人才的招聘和引进显然是必不可少的。希望粤港澳大湾区各城市政府能够关注高水平人才不足的短板，采取有效措施予以解决。

三 粤港澳大湾区吸引高水平人才创新创业的建议

（一）完善人才引进顶层设计

对于当前存在的人才吸引力内部分化的问题，我们认为，应当充分发挥政府协调与政策引导作用，完善粤港澳大湾区人才引进的顶层设计，形成广深人才集聚“双中心”格局。

一方面，广东省级财政应适当增加对广州市引进人才的政策支持和加大财政扶持力度，着力形成广、深两市“双中心”人才集聚格局，避免新增高水平人才过多地流向深圳市，造成粤港澳大湾区人才发展过度不平衡的格局。有关研究表明，相比于人才集聚的“单中心”格局，人才集聚的“双

① Adecco & INSEAD，2019 Global Talent Competitiveness Index.

② 魏浩、袁然：《国际人才流入与中国企业的研发投入》，《世界经济》2018年第12期，第144~166页。

③ 牛雄鹰、李春浩、张芮：《国际人才流入、人力资本对创新效率的影响——基于随机前沿模型的研究》，《人口与经济》2018年第6期，第12~22页。

中心”格局更加有利于粤港澳大湾区的协调发展、创新发展和共同发展。

另一方面，对于粤港澳大湾区其他非中心城市，建议广东省政府给予适当的政策扶持与资源倾斜，引导人才向广、深之外的其他非中心城市适当分流。可试行建立“人才引进试验区”，以规模企业迁入配套人才公寓等形式，降低企业引才和留才的成本，并改善配套基础设施，提高人才宜居指数。

此外，应继续开拓引进人才政策的传播路径，拓展宣传渠道和宣传手段，提升宣传效果。特别是要充分利用互联网技术及平台，增强各市引进人才政策在粤港澳大湾区内外的传播力与影响力。前几年，粤港澳大湾区内各城市的人才引进工作各自为政，政策差距较大，造成人才引进的偏重效应。建议从粤港澳大湾区建设的层面进行协调，丰富与完善引才、助才的相关政策。特别是要基于广东省现有人才发展计划，有计划地打造人才引进的品牌，通过发挥品牌效应，提高人才服务水平。要在支持人才科研与创业之外，妥善地解决引进人才普遍关心的子女教育、医疗保障、住房购车等问题。

（二）适当放宽人才引进标准

我们认为，针对当前人才结构失衡的问题，应当适度放宽高水平人才认定标准，建立更为科学的人才分级引进和管理体系。当前粤港澳大湾区的人才引进政策，不仅要关注国际高端人才，更应重点考虑到数量更大的高水平人才群体，特别是对获得海外硕士学历的人才给予重点关注。目前，在粤港澳大湾区内，除深圳市已经出台相关政策外，这部分人才群体在其他大部分城市都难以享受到较好的政策待遇，这也是新增人才向深圳市集聚的原因之一。

我们建议，粤港澳大湾区各城市可考虑在原有高层次人才认定标准的基础上，建立比现有基础更低一级高水平人才的认定标准，并给予一定的政策优惠或适当提升人才补贴的标准。如目前在《广东省人才优粤卡实施办法（试行）》中已经有了 A 卡和 B 卡两级人才，但 B 卡准入标准依然较高（如珠江学者和广东省杰出青年科学基金获得者也只能达到入选 B 卡的条件），可考虑增设 C 卡和 D 卡等，覆盖更大范围的海外高水平人才，在购房购车等方面提供一些便利，吸引更多高水平人才来粤港澳大湾区创新创业。

（三）改善创新创业环境

我们认为，针对当前粤港澳大湾区创新创业人才不足的问题，应当改善粤港澳大湾区的创新创业环境，培育更具包容性的创新创业文化。首先，应优化粤港澳大湾区的风险投资环境，给予风险投资企业更好的税收优惠政策。从纽约湾区经验来看，纽约目前对风险投资机构实施的是税收抵扣政策，可在增强风险资本积极性的同时，降低创业者的融资成本，使高水平人才新创的企业能够更专注于技术发明和产品研发。

其次，进一步营造鼓励高水平人才创业的价值导向与文化氛围，塑造粤港澳大湾区是创新创业乐土和高地的形象。可在粤港澳大湾区的国有企业和事业单位内建立实质性、可操作的容错机制，允许和鼓励管理层和员工在创新活动中适当承担风险和损失。我们在调研广州市大型国有企业过程中，调研对象普遍反映国有企业的风投项目“不容失败”，因此不得不慎之又慎，更不敢投资早期创业项目。这种规定虽然降低了国企管理者的从业风险，但与风险投资行业“押宝式”的投资方式是背道而行的，实际上消减了风险投资“鼓励创新”“博取创新红利”的双重意义。我们认为，应进一步完善容错机制，使国有企事业单位能减少束缚，成为创新创业的排头兵。

（四）探索合作办学机制

我们认为，针对国际人才不足的问题，应当继续吸引海内外知名高校来粤港澳大湾区办学，探索有效的合作办学机制，培养在地的国际化创新人才。与海外知名大学联合办学的模式已在国内部分城市先行实践，如上海纽约大学、昆山杜克大学、宁波诺丁汉大学、苏州西交利物浦大学等高校；广东省汕头市已于2016年创办了广东以色列理工学院，深圳市2017年创办了深圳北理莫斯科大学并开始招生；2019年，教育部正式批准广州大学与香港科技大学合作筹备设立香港科技大学（广州南沙校区），进入正式动工建设的阶段。实践证明，与海内外知名高校联合办学这一合作模式所建立的院校可直接吸纳海内外优质的高等教育资源聚集和高端创新团队加盟，充当紧密联系海内外产学研合作的纽带，从而有效提升源头创新能力，培养国际化人才。同时，这种海内外联合办学的校区也有利于吸引外籍高端人才和海外归国人才，有利于把更多高层次人才在地理位置上圈定在粤港澳大湾区范围内，既能促进粤港澳大湾区对世界先进技术和思想的吸纳，又能促进各种人才和创新资源在粤港澳大湾区及周边范围内有效扩散，形成明显的辐射效应。

粤港澳大湾区各城市可以制定较好的优惠政策，采取多种多样的与海内外合作办学的形式，但要注意的是，不能为办学而办学，还需要采取相应的举措。比如，可在合作高校附近规划产学研创新园区，推动海内外高校的产学研合作，如硅谷众多创业公司均为斯坦福大学的学生在学校周边所创建；也可以建立以企业为主的科技成果孵化基地，深化企业与高校的联系；还可以设立专项高校创新基金，采取企业、政府出题，高校、科研机构答题的形式，聚集更多的海内外高校、科研机构为粤港澳大湾区建设服务。我们相信，在实施这一系列举措后，将极大地提升粤港澳大湾区的创新创业氛围，也将极大地提升粤港澳大湾区引进高端创新人才、高水平人才的能力。

参考文献

[1] 广东省社会科学院编《粤港澳大湾区建设报告（2018）》，社会科学文献出版社，2018。

[2] 卢文彬：《湾区经济：探索与实践》，社会科学文献出版社，2018。

[3] 领英：《中国海归人才吸引力报告》，2016。

[4] 清华大学、领英：《粤港澳大湾区数字经济与人才发展研究报告》，2019。

[5] 中国风险投资研究院编著《中国风险投资年鉴 2015—2016》，中国发展出版社，2017。

[6] 魏浩、袁然：《国际人才流入与中国企业的研发投入》，《世界经济》2018 年第 12 期。

[7] 牛雄鹰、李春浩、张芮：《国际人才流入、人力资本对创新效率的影响——基于随机前沿模型的研究》，《人口与经济》2018 年第 6 期。

文化生态圈篇

Cultural Ecosphere

B.23 粤港澳大湾区人文社科交流合作的问题与对策研究

广东省南方软实力研究院课题组*

摘　要： 随着粤港澳大湾区建设工作的不断推进，湾区人文社科交流合作愈发重要。本文阐述了粤港澳大湾区人文社科交流与合作的重大意义，总结了粤港澳大湾区人文社科交流取得的比较丰富的成果。从制度差异、人文共识价值观凝练不充分、交流合作模式不清晰等方面，探讨粤港澳大湾区人文社科交流与合作中存在的问题。遵循人文社科发展规

* 课题组组长：田丰，研究员，博士生导师，广东省社会科学界联合会原主席，广东省区域发展蓝皮书研究会名誉会长，广州市粤港澳大湾区（南沙）改革创新研究院高级研究员。顾问：张知干，广东省社会科学界联合会主席。成员：谢振泽，广东省南方软实力研究院研究员；陈孝明，广东省南方软实力研究院研究员；叶小珍，广东省南方软实力研究院研究员；张承良，广东省委党校教授；贾海薇，华南农业大学教授；孔伟，广东省南方软实力研究院副研究员。执笔：陈孝明。

律，把握人文湾区建设应有的传承性、融合性、创新性，创造性地从政策机制、文化凝聚以及社科交流三个层面，提出通过人文社科交流与合作促进粤港澳大湾区繁荣发展的对策措施。

关键词： 粤港澳大湾区　人文社科　交流合作

粤港澳大湾区经济实力、区域竞争力显著增强，已经具备建成国际一流湾区和世界级城市群的基础条件，同时也为大湾区人文社科发展创造了更广阔的空间，粤港澳大湾区人文社科交流合作迎来了新的发展机遇。粤港澳大湾区的经济建设发展到新阶段必将推动三地人文社科的交流与合作，同时，经济融合发展中的新障碍也需要通过加强人文社科的交流与合作来化解。如何通过加强粤港澳大湾区之间的人文社科交流合作，打造“人文湾区”，形成强大的文化认同和凝聚力，为大湾区建设提供强有力的软实力支持，成为现阶段粤港澳大湾区建设的重大战略问题。本文以粤港澳大湾区的人文社科繁荣发展为重点，摸清粤港澳大湾区人文社科交流与合作的现状及存在的主要问题，把握人文湾区建设应有的传承性、融合性、创新性，创造性地提出如何通过人文社科交流与合作促进粤港澳大湾区繁荣发展的对策措施，为粤港澳大湾区建设国际一流湾区和世界级城市群提供参考建议。

一　粤港澳大湾区人文社科交流与合作的重大意义

2019 年 2 月 18 日，中共中央、国务院正式发布了《粤港澳大湾区发展规划纲要》（以下简称《规划纲要》），国际一流湾区和世界级城市群建设进入全面铺开时期。深化粤港澳大湾区人文社科合作交流，能够促进粤港澳大湾区发展成为国际级湾区，提升大湾区在国家经济发展和全方位开放中的引领作用。探讨粤港澳大湾区人文社科合作交流的问题与

对策，为粤港澳大湾区建设成一个践行中华民族“文化自信”的新型“人文湾区”贡献智库力量，对粤港澳大湾区的经济、文化以及社会发展均具有重要意义。

（一）有利于湾区经济发展，助力国际一流湾区建设

自改革开放以来，粤港澳地区的经济建设已经取得了巨大的成就。经济建设发展到一定阶段，离不开人文交流合作，粤港澳大湾区不仅是一个经济概念，也是一个文化概念。目前来看，与经济领域的出色成绩相比，大湾区人文交流的表现并没有那么闪亮和出色。而在新时代中国特色社会主义建设时期，在经济建设取得巨大成就的基础上，经济和文化的辩证关系更加明晰，文化的先导性作用更加突出。人们逐渐认识到，除思想理论外，经济社会领域中诸多问题，也必须借助于文化发展才能解决。[①] 加强粤港澳大湾区人文社科交流合作，有利于促进经济建设，对打造世界一流湾区具有重要的意义。

（二）有利于打造“人文湾区”，增加中华民族文化自信

相对于东京湾区、纽约湾区、旧金山湾区三大湾区，人文价值是粤港澳大湾区最独特的地方。《规划纲要》提出“共建人文湾区”，并从“塑造湾区人文精神”“共同推动文化繁荣发展”“加强粤港澳青少年交流”“推动中外文化交流互鉴”四个方面提出了规划要点，这为大湾区的文化建设提供了总纲和指引，也为粤港澳大湾区人文社科交流与合作指明了方向。同心相向、共建“人文湾区”是粤港澳大湾区建设过程中的重要任务，体现出我们对国家历史与民族文化的尊崇与自信，也呼应了习近平多个场合提出的“文化自信”。加强人文社科交流合作，对打造新型“人文湾区”、践行中华民族“文化自信”具有重大的意义。

---

① 李元旭：《中国特色社会主义文化的渊源、立场和新时代使命》，《中国文化报》2017 年 12 月 25 日，第 3 版。

（三）有利于湾区社会治理，维护港澳长期繁荣稳定

随着我国综合国力的快速上升，粤港澳大湾区的基础设施建设取得了突破性进展，港珠澳大桥、广深港高铁等的开通，极大缩短了内地与港澳的通勤时间。面对国家建设粤港澳大湾区这个重大的历史发展机遇，广泛团结粤港澳大湾区各界人士，促进三地友好互信、优势互补、互利共赢的关系，合力积极参与大湾区建设。在新的发展形势下，粤港澳大湾区建设急需通过加强人文社科交流合作来凝聚共识，这对深化内地与港澳的合作交流，维护港澳长期稳定繁荣具有重要的意义。

（四）有利于湾区智库建设，保障湾区城市协同发展

随着科技与经济的飞速发展，人类社会运转变得更加复杂和精密，智库发挥的作用也越来越大，很多国家都把智库当作国家治理体系的重要部分，智库水平也体现着国家治理水平。东京大湾区是智库运筹区域规划的典型代表。日本开发构想研究所，把各个规划部门发包单位不同的诉求通过沟通磨合，再结合自己的思想和数据体现出来，保障了东京湾区长期建设思想的一致性、连贯性。加强粤港澳大湾区人文社科交流与合作，能够使不同城市、不同阶层的诉求得到充分沟通和表达，保障湾区建设的长期协同发展，有利于发挥智库在粤港澳大湾区中的智囊作用，实现以科学咨询支撑科学决策，以科学决策引领科学发展。

二　粤港澳大湾区人文社科交流与合作成果

加强粤港澳大湾区之间的人文社科交流合作，打造“人文湾区”，能够形成强大的文化认同和凝聚力，为“国际一流湾区”建设提供强有力的软实力支持。在各级党委和政府的关心和支持下，历届省、市社科联带领相关研究机构、社团组织等，开展了形式多样的人文社科交流活动，粤港澳大湾区人文社科交流取得了比较丰富的成果。

（一）各级社科联搭建了一批人文社科交流合作平台

广东省社科联作为社会科学理论宣传、学术交流的组织者和协调者，积极支持和服务粤港澳大湾区建设，打造了一批研究粤港澳的社科研究基地，如作为湾区人文社科交流合作的平台——粤港澳大湾区创新竞争力研究院等，还重点支持了粤港澳方面的国家级智库——中山大学粤港澳发展研究院的建设。大湾区各市社科联也积极支持相关交流合作平台的建设，其中广州和深圳社科联也采取了比较大的力度支持粤港澳基地建设。常设论坛也是社科联搭建的重要交流合作平台，如粤港澳大湾区学术研讨会、中国南方智库论坛等，已经成为粤港澳大湾区的文化和社科盛事。此外，还有诸多常设性并与港澳合作的平台，如珠澳发展论坛、跨境物流论坛等，也在持续开展活动，在《规划纲要》出台后，发展势头更好，影响力更大。

（二）湾区社科界组织了丰富多彩的人文社科交流活动

社科联的一项重要职责就是组织协调开展有关学术研究的活动，积极开展国内外学术交流活动。在社科联的协调和组织下，大湾区社科界开展了丰富多彩的人文社科交流活动。在内地，中国人民大学净土文化研究中心等举办了“2019 粤港澳大湾区文化论坛”，新华网、《广东经济》杂志、暨南大学、百神传媒联合发起举办了粤港澳大湾区湾区文旅产业创新发展研讨会，广东省社科院举办了广东推进粤港澳大湾区高质量发展论坛。在港澳，则有“粤港澳大湾区发展建设的文化使命”国际论坛、“澳门社科论坛——大湾区文化名片与文化繁荣”活动。这些丰富多彩的人文社科交流活动，极大地促进了三地的人文社科界取得共识，产生文化共鸣。

（三）管理并服务了一批粤港澳人文社科社会团体

社科联需要对社会科学学术团体进行资格审查、指导、监督和管理。广东省社科联经过 60 年的发展，现拥有团体会员 273 个，其中包括 182 个省级学会，68 个民办社科研究机构等，这些人文社科团体是大湾区人文社科界交流合作的中坚力量，其中有一部分就专门致力于粤港澳的人文社科交流与研究。各级社科联高度重视粤港澳的人文社科交流相关团体的培育和发展，如近些年成立广东省粤港澳大湾区文化创意产业促进会、粤港澳大湾区文化教育交流中心、广州粤港澳大湾区经济文化促进会等，这些社团的重要宗旨之一就是深化粤港澳的交流合作，社会团体的发展壮大，极大地促进了粤港澳大湾区三地的人文社科交流。

（四）“社会科学普及周”活动推动粤港澳人文社科交流与合作

社科联充分发挥桥梁纽带功能与作用，还积极开展人文社科宣传普及工作，广东省及大湾区各个城市也通过开展社科普及工作，加强人文湾区建设。广东社会科学普及周活动，自 2005 年以来已成功举办了 15 届主题活动。各地市也开展了富有成效的文化交流活动，珠海市社科普及活动至今已连续举办 15 年，从最初的“普及周”到后来的“普及月”，已成为该市社科界的重要品牌，也吸引了包括香港和澳门在内的湾区其他城市的专家学者前往珠海讲学交流。社科普及还与时俱进，在 2020 年初抗击新冠肺炎疫情过程中，广东省社科联及时推出“新冠肺炎疫情防控”社科普及专题，把人民群众关心的知识及时送达。

（五）支持了一批大湾区研究课题，促进人文社科交流合作

大湾区概念正式提出后，广东省哲学社会科学规划项目重点扶持围绕推进粤港澳大湾区建设等重大问题开展研究，在 2019 年度省社科规划拟立项名单中，关于粤港澳大湾区的课题达到了 51 项，远超其他主题。省社科规划办还大力支持围绕建设粤港澳大湾区及深圳建设中国特色社会主义先行示范区的重大理论和现实问题开展研究，并列入“十三五”规划项目。广州市哲学社会科学规划 2019 年度课题指南中，有 30 多个选题包含“粤港澳”，深圳市哲学社会科学规划 2019 年度课题总的立项数量相对较少，但也出现了不少粤港澳相关课题的立项。湾区其他城市高新研发项目数量少，哲学社会科学规

划项目数量也不多，但共同的特点是与粤港澳大湾区建设这一重大主题相吻合的获批较多。

（六）社科专家服务粤港澳大湾区人文社科交流与合作

社科专家话文化名片活动正成为社科专家参与文化强省建设的重要平台，活动的辐射力、传播力、影响力不断增强。由广东省政府参事室（文史馆）和政协中山市委员会联合主办、中山翠亨新区管委会承办的座谈会，邀请了中央和省文史馆的重量级专家学者，以及粤港澳大湾区 11 个城市的代表，首次举办以“人文湾区”人文交流合作为主题的座谈会，发出“人文湾区”先声。澳门社会科学界积极组织了城市文化名片评选活动，并大力推动了大湾区 11 个城市名片文化交流活动，取得了良好的效果。广州市社科联的品牌活动“礼赞新中国——广州学术季”举办学术与文化活动，深圳市社科联举办的深圳市民文化大讲堂，取得了良好的效果。其他地市，如中山、珠海以及东莞等，都结合自己的城市特点，推出了类似的文化活动，共同推动了整个湾区的人文社科建设。

三　粤港澳大湾区人文社科交流与合作中存在的问题

（一）制度差异影响人文社科交流合作的广泛开展

粤港澳大湾区包含港澳，涉及两种制度、三种货币，经济、社会、生活等方面差别较大。粤港澳三地存在不少无形的壁垒，影响了湾区人文社科交流的广泛开展。完善的制度体系是促进人文社科合作持续稳定的基础，然而香港、澳门的风俗习惯、政治制度和法律体系等和内地大有不同。粤港澳大湾区 11 个城市差别较大，既有香港国际金融中心，也有广州、深圳一线城市，东莞、佛山制造业强市，粤港澳大湾区各城市之间的人文社科互动还不够充分，就连各兄弟城市社科联之间的交流也并不多。政治制度、法律制度、管理、国际化程度等的深刻差异，会影响人文社科交流合作的开展。

（二）大湾区人文共识价值观凝练不充分

相比经济合作取得的巨大成就，岭南文化的传承和发扬、文化的认同和凝聚，还不够充分，对粤港澳大湾区已有的丰富人文价值链挖掘还不够。整个粤港澳大湾区拥有一脉同源的岭南文化，在语言、习俗等方面有着高度一致性。岭南文化主要指中国岭南地区文化，尤其以广府文化、潮汕文化、客家文化构成了岭南汉文化的主体，然而并不能以此准确概括或突出粤港澳大湾区的人文特色。粤港澳大湾区作为国家战略层面的湾区，内地城市与香港、澳门有着很大的差别，目前还没有形成能够准确突出粤港澳大湾区特色的文化概念。因此，急需把握岭南文化这一共同文化背景的优势，挖掘湾区人文价值链，充分凝练大湾区人文共识价值观。

（三）人文社科交流合作模式不清晰

粤港澳三地在思想交流、深度融合发展方面仍存在瓶颈，交流合作的方式、方法和路径不够多、不明晰，需要更多的智慧来实现突破。由于制度的差异，港澳两地并没有和内地一样的社会科学界联合会这样的专门机构，粤港澳大湾区人文社科交流合作模式不清晰。港澳人文社科方面的学术交流的组织者和协调者都是民间团体，自发形成。澳门是一个典型的社团型社会，澳门 66 万人口就有 8000 多个社团，人文社科交流主要依靠民间的社团。香港有很多世界著名大学，研究成果非常丰硕，但香港同样没有官方的社科联组织，在参与三地人文社科交流过程中，高校发挥了很大作用，但没有产生与其社科水平相匹配的影响力。

（四）人文社科合作主体流动不顺畅

港澳与广东之间的人文社科人才流动渠道尚未完全畅通，集聚三地高端人才还存在很多政策上的困难，广东毗邻港澳的优势未得到充分展现。随着大湾区港澳与其他城市之间经济、社会、文化交流的日益密切，每天近百万人次往返于港澳与广东各城市，但严格的出入境管理，仍然是阻碍港澳居民在大湾区正常活动的一道屏障，尽管近年来相关手续不断简化，其依然占用了国家和港澳政府大量的人力、财力和物力资源，耗费了港澳居民大量的精力和时间。与交通基础设施建设取得的巨大成就相比，软约束、无形障碍使人文社科合作主体流动面临诸多实际困难。

四　加强粤港澳大湾区人文社科交流与合作的对策建议

粤港澳大湾区人文社科交流与合作已经取得了丰富的成果，但也面临着制度、文化和机制等多方面的困难。遵循人文社科发展规律，把握“人文湾区”建设应有的传承性、融合性、创新性，本文创造性地提出从政策机制、文化凝聚、社科交流三个层面，通过人文社科交流与合作促进粤港澳大湾区繁荣发展的对策措施。政策机制层面——破除湾区人文社科交流合作障碍因素，文化凝聚层面——形成湾区人文社科交流合作共识，社科交流层面——落实湾区人文社科交流合作措施。具体建议如下。

（一）政策机制层面——破除湾区人文社科交流合作障碍因素

1. 加强政治认同，融入国家发展大战略

走中国特色社会主义道路，共同为中国梦而努力奋斗，紧紧围绕党和国家工作大局谋划和推进粤港澳大湾区发展融入国家发展战略。落实省委、省政府出台和制定的相关政策法规，加大在大湾区人文社科体制机制改革和创新方面的引领作用，充分发挥省社科联、社科院、高校等优质、高端智囊团的作用。

加强爱国主义教育和游学活动，面对粤港澳青少年开展丰富多彩的文化交流互动活动。支持社科联旗下民间团体举办港澳青少年内地游学，例如在粤港多方合作的共同努力下，充分发挥粤港地域相近、文脉相通的优势，组织粤港青少年在内地进行丰富多彩的写生系列活动，加强粤港青少年文化培育。推广“我们的节日——非物质文化遗产与优秀传统文化传承”等一批成主题、成系列、具分量，常态化、规范化、专业化的社会教育活动。

充分利用红色文化教育基地，加强红色文化保护传承。粤港澳大湾区要对红色遗址的保护做明确的规划，建立“红色档案”；组织历史资料汇编，完善“红色族谱”；开展红色遗址重点保护，守住“红色见证”，加强红色遗址巡查，尽好“红色责任”等。通过保护和传承红色文化，打造红色文化教育基地建设，更好发挥红色文化在粤港澳人文社科交流合作的纽带与载体的作用。

利用湾区共同认可的文化名人孙中山，深入挖掘和弘扬孙中山文化，建设孙中山文化交流中心，使其成为联络、凝聚、发展全球孙中山文化研究力量的综合枢纽，挖掘、研究、汇聚全球孙中山文化资源的研究阵地，弘扬、传承、体验孙中山文化的共享平台，策划、组织、参与孙中山文化活动的重要场所。

2. 推动制度协同创新，发挥国家规划引导作用

在粤港澳大湾区建设的重大战略机遇下，集聚各方力量，积极化解各种不合理的制度障碍，破除各类无形的壁垒。利用国际重点建设粤港澳大湾区的重大机遇，依据《规划纲要》的指引，努力破除各种不合理的制度约束，支持香港、澳门融入国家发展大局，增进香港、澳门同胞福祉，保持香港、澳门长期繁荣稳定。《规划纲要》已经从顶层设计上把粤港澳大湾区有机结合在了一起，并通过促进人流、物流、资金流、信息流的通畅，接下来进一步落实《规划纲要》绘制的宏伟蓝图。

政策提升，放宽文化和社科人员出境参加交流活动的限制。在人员流动方面，建议简化通行证之类的证件手续。未来要实现只要是在粤港澳大湾区内学习、工作、生活的人群，就可以拥有特别通行权，在湾区内可自由进出。可以采取部分人员逐步开放措施，放宽文化和社科人员出境参加交流活动的限制，简化出入境手续，甚至直接发放特别通行证，让参与人文社科交流的人员自由出入境，待条件成熟，再进一步分批对其他人员开放，直至湾区内完全开放。

3. 合作交流机制改革创新，适应新时代大湾区建设

引入共建机制，引导社会力量参与人文社科建设与交流合作。针对港澳

地区人文社科交流合作主要以民间自发形成的情况，粤港澳大湾区要出台相应的政策措施，引导鼓励社会团体加强民间交流。健全社会组织参与大湾区人文社科工作机制。政府通过与社会力量合作，比如与社会组织、文化产业园区、企业、居民小区合作等方式，拓展人文社科服务阵地。鼓励和引导社会力量兴办人文社科服务实体，与政府形成合力，共促大湾区人文社科体制机制日趋完善。

推动人文社科交流合作平台化发展。人文社会科学协同合作是创新驱动发展的大势所趋，以广东省社科联为核心，就大湾区内的核心人文社科议题，整合各方资源，积极构建开放的科研组织模式。通过成立人文社科协作体，突破无形制度壁垒，按照人才、项目、平台一体化发展的思路，大力扶持粤港澳大湾区研究院等专业机构的发展。鼓励内地城市与港澳开展项目合作，如广东省哲学社会科学项目面向港澳社科工作者开放、共同修订粤港澳文化大典工程等。

建立人文社科合作共享人文社科资源库，让湾区社科工作者能够更加便利地利用相关资料。如建立孙中山文化资源数据库、岭南文化资源数据库、广府文化资源数据库等，深入拓展相关人文资源的“大数据”建设，建立人文社科研究的“机构库”“专家库”“资源库”，实现孙中山文化、岭南文化、广府文化等的资源共享，推动湾区内相关人文社科工作者的交流互动。

（二）文化凝聚层面——形成湾区人文社科交流合作共识

1. 提炼核心文化价值观，凝聚人文共识

要在粤港澳大湾区城市群内提炼核心文化价值观，并依托大湾区人员的快速全球流动，积极推进一流湾区文化建设传播模式。粤港澳大湾区城市群的最终发展必须与本地的文化特色有机结合起来，建立一个能体现湾区文化价值、获得大众认同的大湾区文化价值观和价值链。依托粤港澳地域相近、文脉相亲的优势，不断深化和拓展大湾区城市间的文化交流与合作，不断反复地凝练出为大多数人所接受的粤港澳大湾区的核心文化价值观，并吸引港澳同胞对同根同源文化的理解与认同。

加强粤港澳三地人文社科交流合作，以人文社会交流合作的方式不断碰撞、深化人文湾区的核心价值观，进一步加深粤港澳的情感认同、文化认同，服务好粤港澳大湾区建设。在保证国家安全的前提下，国家、政府要充分赋权与引导，并强调粤港澳大湾区的建设应以世界一流湾区为目标导向，形成新时代凝练湾区核心人文价值观的思路。应该加强政府、企业和社会团体多层面的团结协作，为提炼粤港澳大湾区的核心人文价值观进行全方位的努力。各级社科联要积极组织文化专家、社会名人，发动研究机构、高等院校、社会团体的力量，大力参与人文核心价值观的凝练，不断探索符合新时代大湾区发展特征的文化共识。

2. 推进岭南文化传承创新，打造湾区文化高地

大湾区需要以深厚的文化自信，推动优秀传统文化创造性转化、创新性发展，以更大的精品生产力度，努力筑就文艺高峰，深化文化领域供给侧结构性改革，不断激发文化创新创造活力，打造岭南文化新高地。以大湾区文化艺术联盟的形式，推动三地联手创作生产。展示大湾区建设的电影、电视剧以及文学、音乐、美术作品等，创作更多特色鲜明的湾区文化符号，获得湾区人们的共同认可。依靠粤港澳大湾区文化艺术节，大力弘扬湾区共同认可的以粤剧、龙舟、武术、醒狮为代表的岭南文化。

发扬广府文化。广府文化不但是当前岭南文化的代表文化，还是粤港澳地区的主体文化。将广府文化的主导作用充分发挥出来，并对粤港澳大湾区进行文化探索和融合，形成协同发展、交流互通的长效机制，坚定文化自信，推动文化经济共同繁荣发展。弘扬广府文化须建立良好的文化协同机制，减少文化冲突，加强三地合作，发挥人才优势，引领文化传承与发扬，共同打造与世界一流湾区相匹配的人文湾区。

利用文化名人，把大湾区的文化资源流动起来。粤港澳大湾区人杰地灵，近现代出现了一大批历史文化名人，在海内外都具有广泛的影响力，如孙中山、康有为、梁启超等，他们是湾区取得文化共识的重要资源。以孙中山史迹为例，大湾区相关遗存可以连珠成串。必须深入挖掘这些特殊而深厚的关系，使其成为粤港澳历史文化中宝贵而核心的共同财富。

打造海外“广东文化周”品牌，讲好湾区故事。由广东省人民政府新闻办公室主办，中国驻新加坡大使馆、中国驻韩国大使馆和中国驻日本大阪总领事馆支持的“魅力中国——广东文化周”，已经先后走进新加坡、韩国首尔、日本大阪和神户，通过一系列重磅活动，讲好中国故事，有力推动了中华文化和岭南文化“走出去”，架起亚洲友谊与合作之桥。借“魅力中国——广东文化周”活动，增进海外对中华文化、岭南文化的全面了解，加深对粤港澳大湾区经济社会发展的全面、客观认识。

3. 发展文化产业，促进湾区文化交流和传播

借力粤港澳大湾区发展的战略机遇，通过“文化+”的方式打造一批具有浓郁湾区特色的文化活动品牌。加强粤港澳湾区文化交流与合作，共同弘扬和推广粤剧、龙舟、麒麟舞、醒狮、客家山歌、粤式餐饮等岭南文化，以产业化的发展方式，保护和挖掘岭南特色文化，培育打造具有粤港澳大湾区特色的区域民俗文化品牌。

加强文化与科技、创意、旅游等深度融合，打造新兴文化创意产业。综合运用AI等互联网新兴技术，创新人文交流方式，丰富文化交流内容，推动文化产业创新发展，为促进粤港澳三地文化交流融合做出积极贡献。借助5G、AI、AR等技术的发展，打破文化产业和科技创新的鸿沟，将科学技术和文化底蕴结合起来，粤港澳大湾区的数字创意产业发展有望实现新一轮腾飞。

办好深圳文博会，推动大湾区文化产业发展。为落实《粤港澳大湾区发展规划纲要》，第十五届文博会首设“粤港澳大湾区文化产业馆”，组织了粤港澳优质文化企业、创意设计企业和产品参展，集中展示粤港澳文化产业创新发展成果。文博会已成为深圳文化的一张名片、中国文化产业的一张名片。利用港澳国际化优势，把大湾区打造成与北京、上海三足鼎立的文化产业高地，以文化产业的高度发达来推动人文湾区的建设。

（三）社科交流层面——落实湾区人文社科交流合作措施

1. 增加人文社科合作交流频次，创造跨境互动碰撞机会

充分考虑大湾区涉及制度和文化的差异，建立常态化的合作交流协商机

制，解决三地在人文社科合作中遇到的困难。依靠与香港和澳门教育部门的协作，在世界著名的高等学府，尤其是已在内地设立分校、合作办学的高校，如香港科技大学、香港浸会大学等，设立高校社科联，依靠先行建立的港澳高校社科联，与内地社科联对接，共同推动三地人文社科的交流，以联席会的方式开展定期和不定期的交流活动。

组织粤港澳人文社科学者探访人文遗迹，深化人员之间的交流合作。三地共同挖掘和利用粤港澳大湾区内的文物古迹、世界文化遗产和非物质文化遗产、古驿道等资源，精品文化和旅游线路及产品，让粤港澳人文社科学者在探访人文遗迹中深化人文社科交流。香港高校世界排名靠前，内地高校进步很快，人文社科专家赴湾区内优秀高校、研究机构、人文社科基地考察学习。鼓励和支持人文社科研究者到世界其他湾区观摩学习、进修、访学。

2. 创新人文社科交流模式，推动文化和社科活动广泛开展

大力促进粤港澳大湾区学术思想层面的交流，打造智库合作全新平台。引入创新模式，打造“粤港澳大湾区智库论坛”和“世界著名湾区论坛”等常设性的大型论坛，在全国全世界范围内开展交流合作。粤港澳大湾区要放眼世界，打造国际一流湾区，力邀纽约、旧金山、悉尼、德国北部等世界几大著名湾区大都市圈里的重要机构、顶尖企业、智库专家、经济学者等与会，共同出谋划策，寻求建立协同发展与合作共赢的机制，搭建对话合作平台。

加强顶层设计和统筹协调，推进大湾区人文社科研究基地和新型智库建设。成立粤港澳大湾区新型智库建设工作办公室，推动广东省和大湾区新型智库建设。加强人文社科研究基地和智库研究与评价中心、基地和智库研究与交流中心建设，对各级各类符合条件的科研基地进行梳理，制定《粤港澳大湾区人文社科基地和智库名录》。按程序申请设立“粤港澳大湾区人文社科基地和智库研究优秀成果奖”，适时推出智库成果专报，召开峰会、论坛，定期编辑出版优秀研究成果系列丛书。

培育文化类社会组织，拓宽人文社科交流途径。积极培育、引导和规范文化类社会组织，完善大湾区“文化智库”，组创、培育文化决策性咨询机构，借力“智脑”“外脑”进行文化决策。需要宣传普及文化类社会组织在

现代公共文化服务体系建设中的功能、作用，让更多自发性文艺团队组织升级转型为文化类社会组织，参与到粤港澳人文社科交流合作中来。政府购买公共文化服务的项目、资金向文化类社会组织倾斜，尤其支持致力于粤港澳人文社科交流活动的社会组织或项目，推动相关社会组织的可持续发展。

3. 加大人文社科知识普及力度，促进人文社科跨界合作

注重社科知识普及运用到粤港澳大湾区人文社科交流合作当中。结合自身优势和实际，组织开展主题展览、专家咨询、社科学者基层行、理论研讨、名家访谈、弘扬红色文化、全民读书、知识竞赛等一系列丰富多彩、群众喜闻乐见的活动。普及社会科学知识、传播科学思想、倡导科学方法、弘扬科学精神，为粤港澳大湾区提供精神动力和智力支持。社科普及要与时俱进，广东省社科联及时推出新冠肺炎专题讲座，从容应对突发社会事件，让智库的力量更好发挥。

社科普及周活动还要与文艺活动相结合，通过丰富多样的形式，支持新时代广东文艺高峰工程，将人文社科研究成果转化为舞台艺术，转化为文化产品，以更加活泼的方式深入社会、家庭。粤港澳有关人文遗迹的研究成果，可运用到遗迹游产品当中，利用高科技以文艺作品形式呈现的，则可在粤港澳大湾区艺术节上演出推广。

社科普及周活动深入湾区基层，促进人文交流广泛开展。深入挖掘整理乡村文化硬件和软件资源，激活基层特色文化资源、文艺人才资源，依托广场文化、学习文化、传统文化、家庭文化、校园文化、宗族文化建设，充分发挥文化遗产在基层人文社科建设中的重要作用，推动文化传承和特色文化进入乡村日常文化生活。

参考文献

[1] 李元旭：《中国特色社会主义文化的渊源、立场和新时代使命》，《中国文化报》2017 年 12 月 25 日，第 3 版。

［2］张紧跟：《论粤港澳大湾区建设中的区域一体化转型》，《学术研究》2018 年第 7 期。
［3］张永飞：《人文是无形力量，是最高竞争力——粤港澳大湾区人文交流合作座谈会综述》，《中国政协》2018 年第 19 期。
［4］刘智标、何志均：《粤港澳大湾区城市发展、制度壁垒与人文价值链认同机制的构建》，《当代经济》2018 年第 17 期。
［5］钟韵、胡晓华：《粤港澳大湾区的构建与制度创新：理论基础与实施机制》，《经济学家》2017 年第 12 期。
［6］王哲：《专访中山市政协主席丘树宏——人文价值链是大湾区交融合作的核心与灵魂》，《中国报道》2019 年第 4 期。
［7］辜胜阻、曹冬梅、杨嵋：《构建粤港澳大湾区创新生态系统的战略思考》，《中国软科学》2018 年第 4 期。

B.24

系统推进“孙中山文化”交流合作的机制与路径

孙中山文化交流合作联合课题组*

摘 要： “孙中山文化”不仅对中山市经济社会建设有着极大的价值，对粤港澳大湾区发展也有着极大的作用，而且对中华民族乃至人类命运共同体建设均有着深远的影响。因此，系统推动孙中山文化交流合作，弘扬孙中山文化是一项意义深远的伟大工程。当前，关键是要为交流合作平台的有效运转构建保障机制、为“孙中山文化”的对内对外交流建构牵引和促进机制。与此同时，还应当通过主体、平台、项目等方面的建设，探究系统推进“孙中山文化”交流合作的路径。

关键词： 孙中山文化 交流合作 粤港澳大湾区

2008年，中山市正式提出“孙中山文化”的概念。2019年2月18日，

---

* 孙中山文化交流合作联合课题组由政协中山市委员会办公室、武汉大学国家文化发展研究院联合组织。课题组组长：丘树宏，中山市政协主席。副组长：傅才武，武汉大学国家文化发展研究院院长；刘志伟，中山市政协副主席。成员：仇婉萍，中山市政协秘书长；刘志巍，中山市政协办公室主任；蔡武进，武汉大学国家文化发展研究院副教授；彭雷霆，武汉大学国家文化发展研究院副教授；张崇民，武汉大学国家文化发展研究院助理研究员；彭乃珠，武汉大学国家文化发展研究院助理研究员；刘建芳，中山市文化和文史委副主任；郭昉凌，中山市党史办原主任、孙中山文化交流基地办公室副主任；陈志坚，中山市政协办公室宣传信息科科长；苏嘉威，中山市政协办公室秘书科四级主任科员；李红，武汉大学国家文化发展研究院硕士研究生；周玲丽，武汉大学国家文化发展研究院硕士研究生；秦维，武汉大学国家文化发展研究院硕士研究生。执笔：蔡武进、傅才武、张崇民。

中共中央、国务院印发的《粤港澳大湾区发展规划纲要》第八章第二节“共建人文湾区”中明确提出“支持中山深度挖掘和弘扬孙中山文化资源”，“孙中山文化”终于上升为国家层面的重要命题。及时把握“孙中山文化”上升为国家命题的契机，研究、规划和推动“孙中山文化”的挖掘利用与交流合作，对弘扬“孙中山文化”并发挥“孙中山文化”在新时代中山市建设发展、粤港澳大湾区发展，乃至中华文化现代化及全球文化交流互鉴过程中的积极作用均具有极为重要的价值。

一 “孙中山文化”的内涵与外延

（一）“孙中山文化”的内涵

孙中山先生所处的 19 世纪末期和 20 世纪初期是中国和世界的政治格局、科学技术发生剧烈变化的时代。在时代潮流之下，孙中山先生学习、工作、革命、奋斗的经历逐渐浓缩形成了孙中山个人的思想、学说、理论、创造。与其密不可分的是形成并支撑孙中山思想、学说、理论、创造的历史人文背景以及孙中山的革命战友、家人、朋友等的文化思想。这些共同确定了“孙中山文化”的范围。“孙中山文化”的具体内涵包括三个方面。

第一，孙中山的思想、主义、学说、精神。孙中山先生一代伟人的胸襟格局加上丰富的人生经历造就了他成体系的思想：一是孙中山的政治思想，即以民族主义、民权主义、民生主义为纲的三民主义；二是孙中山的哲学和文化思想，包含宇宙进化观、物质与精神观、知行观、民生史观、宗教观、伦理观、文化观等；三是孙中山的经济建设思想，包含区域建设、交通建设、农业建设、工业建设、钱币建设、开放主义等；四是孙中山的其他思想，包含战争观和军事思想、宣传思想、妇女解放思想、教育思想等。

第二，影响和支撑孙中山个人文化思想背后的历史、文化元素。任何思想、主义都不可能凭空产生，而是与历史、环境、时局、他人的影响息息相关。那些滋养、影响、支撑孙中山文化形成与发展的历史、文化元素构成了

"孙中山文化"的又一重要部分。一是孙中山家乡的历史和文化（香山文化、海洋文化、华侨文化等）；二是孙中山家族的历史和文化；三是直接影响孙中山学说形成的中西文化思想；四是孙中山学习、工作、革命、奋斗历程中所到并留下其深刻烙印的地方的文化（例如檀香山的学校、工作过的医院等）；五是遵循孙中山的思想和主张的革命同志、家人、朋友（宋庆龄、廖仲恺等）的文化思想。

第三，孙中山本人作为文化艺术家所创造的文化艺术成果。孙中山先生深受中华优秀传统文化和西方自由、民主思想的影响，有较高的传统文化和西学功底。他一生之中的著述（例如《建国方略》《三民主义》）、起草文献（例如《檀香山兴中会章程》）、演讲（例如"在陆军军官学校开学典礼上的演说"）、书法（"博爱"等题词）、函札（例如《致郑藻如书》）、谈话（例如"与鲍罗廷等的谈话"）、诗词（例如《挽刘道一》）等均反映了其思想和精神，这些文化创造成果也是"孙中山文化"的重要组成部分。

（二）"孙中山文化"与孙中山文化资源

孙中山文化资源是以"孙中山文化"为立足点和核心，包括更广泛的历史性和现实性的资源要素，可以看作"孙中山文化"的外延，具体包括以下几类。

一是影响"孙中山文化"生发的纵向文化资源。这部分主要是对孙中山产生过影响的中国历史和优秀传统文化，如仁爱、孝道、修身等。孙中山在《复翟理斯函》中有云："幼读儒书，十二岁毕经业。"孙中山很小就学习了"四书五经"，功底扎实，其天下为公、世界大同的思想就来源于此。从孙中山的学习经历可以看出从孔夫子到孙中山，传统文化的传承和发扬。

二是影响"孙中山文化"生发的横向文化资源。这部分主要是同时代有识之士的文化思想和影响孙中山文化生发的海外文化资源。例如近代中国开眼看世界的第一人魏源的思想就可以归为孙中山文化资源。魏源倡导学习西方先进科学技术，提出了"师夷长技以制夷"的主张，开启了解世界、向西方学习的新潮流。魏源的思想显然影响了孙中山的思想，孙中山一直在孜孜不倦地吸收西方文明的精华。

三是“孙中山文化”现当代传承发展的现实资源，即孙中山广义的传人及其再传所拥有的文化资源。这些传人的足迹遍布全世界，例如辛亥革命名人以及之后的全国政协委员、老板、医生、教师、个体户、记者、科研人员等，以孙中山文化为引领将他们的现实资源整合起来具有很大的现实意义。省市政府、高等院校、研究机构、中外孙学专家学者等中坚力量，应充分发挥其对于发掘和弘扬孙中山文化资源的积极、重要作用。

二　系统推进“孙中山文化”交流合作的重要意义

（一）全球化背景下提升国家文化软实力的重要路径

“孙中山文化”集中华优秀传统文化和现代文化之大成，可谓既有中国气派又富有现代性。孙中山素来重视中华传统文化的内在价值，在其丰厚的思想体系中不断折射出中华文化的光芒，他汲取中国传统文化精华并加以提炼和改造，不仅赋予了传统文化新的内涵，而且充实了“孙中山文化”的思想底蕴。在中国步入近代社会以后，传统文化能否与社会更新相适应，传统文化能否与西方优秀文化合璧，对此，孙中山提出了一系列颇有价值并带有时代感的见解。西方国家对于孙中山普遍认可，完全可以将挖掘和弘扬“孙中山文化”作为讲好中国故事的重要一环。可以说，“孙中山文化”在促进中国文化的全球化传播、提升中国文化的国际影响力方面占据着十分重要的地位。

（二）坚定为中华民族伟大复兴的中国梦而奋斗的决心之内在需要

习近平总书记在党的十九大报告中指出：“我们比历史上任何时期都更

接近中华民族伟大复兴的目标，比历史上任何时期都更有信心、更有能力实现这个目标。”实现中华民族伟大复兴是近代以来中华民族最伟大的梦想，这也是孙中山先生一生追求的梦想，他最先提出“振兴中华”口号，开启中国近代民族复兴的思想先河，他一生奔走革命，时时刻刻不忘初心。“孙中山文化”中处处洋溢着的爱国情怀是对中华民族伟大复兴理想的鲜明体现，孙中山先生高度的民族自尊和民族自信是实现中华民族伟大复兴的精神动力。孙中山先生是中华民族共同的精神楷模，也是实现中华民族伟大复兴的一面旗帜。传承和弘扬“孙中山文化”有利于将孙中山的爱国主义精神发扬光大，实现其现代价值，起到激励全体中华儿女为中华民族伟大复兴的中国梦而奋斗的作用。

（三）加强21世纪中华民族文化认同不可或缺的环节

中国和西方国家不同，自古以来国家的凝聚力来源于文化认同，而不是宗教认同和单一民族认同。中国有着辉煌的古代文明和传承久远的优秀传统文化，还有中国共产党带领全国人民取得革命和建设新中国的伟大胜利所创造的新的文化，这些都是我们最宝贵的财富。只有实现了民族文化认同，全国人民才可能凝聚起来为中华民族伟大复兴的中国梦而努力奋斗，反之将会成为一盘散沙，更谈不上国家软实力的建设了。孙中山先生一生致力于振兴中华，“孙中山文化”的内涵闪耀着爱国主义、民族主义的光辉，同时体现了中华优秀传统文化和优秀地域文化的传承。因此“孙中山文化”具有这种文化认同层面的独特价值，对中华儿女的精神世界有着凝心聚力的重要作用。

（四）促进中华优秀传统文化创造性转化和创新性发展的必然要求

任何一个民族现有的文化都是优秀传统文化的传承延续和丰厚积淀。正是这一人类文化发展的客观规律，决定了我们不能割舍中华优秀传统文化，而应以自身所拥有的民族文化遗产为基础，传承其中的优秀成分，并在此基础上不断发扬光大。孙中山善于从传统文化中汲取精华以拓展其思想并助于其实践活动，积极主张对传统文化去粗取精，并强调在恢复中华传统文明的同时仍要学习外国的长处。[①]

孙中山自幼学习中国传统经典，中华优秀传统文化成为“孙中山文化”不可分割的组成部分，其“天下为公”“博爱”等思想都闪耀着传统文化的光芒。“孙中山文化”传承了中华优秀传统文化的精华。因此要深入挖掘“孙中山文化”的精髓、核心价值和深刻内涵，实现创造性转化。

（五）联结粤港澳大湾区、海峡两岸、华人华侨文化共识的重要纽带

《粤港澳大湾区发展规划纲要》指出，要“共建人文湾区”、“支持中山深度挖掘和弘扬孙中山文化资源”。粤港澳 9 +2 城市同属岭南文化和珠江文化，在历史、人口、语言、风俗习惯等方面具有高度的同一性。而孙中山先生是土生土长的大湾区人，与香港、澳门以及珠三角各个城市都有着深远的历史渊源。“孙中山文化”在粤港澳地区具有十分重要、特殊而又无可替代的地位，形成了一个特别的文化圈，是粤港澳大湾区最具代表性和影响力的人文价值链。

（六）实现新时代中山市跨越式发展的内驱动力

中山市的经济社会发展程度在粤港澳大湾区的城市中并不突出。在形势复杂多变的当今，和很多其他城市一样，中山市面临经济社会发展的瓶颈，面临土地碎片之困、产业升级之困、交通瓶颈之困、队伍建设之困等难题，新老问题叠加，机遇风险交织。如何在新时代为中山市的跨越式发展找到内驱动力是摆在我们面前的重大课题。孙中山既是一个政治符号，也是一个精神符号、文化符号，孙中山既为中山市留下了重要的政治遗产，也为中山市留下了宝贵的精神遗产和文化遗产。中山市委十四届八次全会提出，要抢抓

① 孙占元：《孙中山与中国传统文化》，《辽宁大学学报》（哲学社会科学版）1997 年第 6 期。

“双区驱动”重大机遇，聚力建设“湾区枢纽、精品中山”，以大格局谋划大发展、大平台引育大产业、大交通构建大枢纽，坚决打赢经济翻身仗，重振中山虎威，加快高质量崛起。孙中山先生以及“孙中山文化”无疑是中山市的独特资源和文化推动力。从这个角度出发，中山市大力推进“孙中山文化”交流合作，将“孙中山文化”与经济、社会发展有机结合具有非常重要的意义。

三　推进“孙中山文化”交流合作的机制与路径

（一）总体任务

1. 建立健全“孙中山文化”交流合作的平台及运行机制

“孙中山文化”既是中山市的文化命题，也是广东命题、国家命题，甚至是世界性命题。虽然“孙中山文化”概念是中山市提出来的，从首倡“孙中山文化”概念至今，中山市已举办了众多文化品牌活动和项目。但仅仅由中山市来做则远远不够，因此有必要建立健全“孙中山文化”交流合作的平台及运行机制，借鉴各国文化品牌发展的成功经验，深入开展文化品牌宣传推广活动，挖掘文化精神内核，丰富文化传播形式，创新文化传播内容，做大“孙中山文化”品牌，全力打造中国文化品牌，为世界打造“中国梦”。只有拥有自己的文化品牌，才能在国际文化竞争中具有核心竞争力，才能使其文化价值观在国际上广泛传播。

2. 扩大“孙中山文化”对内对外的交流和影响

基于孙中山具有深刻的世界性和人类性，“孙中山文化”还要扩大到与世界各国优秀文化、与世界各国人民的交流合作的范畴。要充分结合粤港澳大湾区背景，加强与大湾区和世界各国的交流合作，寻求话语共识与价值共识，建立起一种互相理解与尊重的跨文化人际交流。要建设“孙中山文化国际交流合作中心”，将“孙中山文化”融进“一带一路”、融进人类命运共同体的构建之中，形成国际性的孙中山文化圈。创新“孙中山文化”海外传播机制，既要发挥好政府的主导作用，也要发挥好社会力量的独特优势。既要运用好电影、电视、广播、报纸、文学作品等传统传播渠道，又要运用好互联网传播新平台，通过动漫、微电影、手机视频、全媒体等新兴文化传播手段，开展富有时代特色、现代元素的海外推介活动，扩大覆盖面，形成传播声势，达到更广泛更深入的传播效果。

3. 发挥“孙中山文化”在粤港澳大湾区乃至全国经济社会建设中的价值和作用

“孙中山文化”研究对于粤港澳大湾区乃至全国经济社会建设都具有重要的价值和作用。于中山市而言，可以塑造城市形象，提升城市品位，吸引更多高素质人才；于粤港澳大湾区而言，可以在广大民众中间建立共同的社会价值观和共同的理想追求，为大湾区发展提供巨大思想源泉和精神动力；于国家而言，可以有效协调多元文化之间的关系，增强国家凝聚力，可以强化社会认同，缓合社会矛盾，构建和谐社会。2016 年 11 月，习近平总书记在纪念孙中山先生 150 周年诞辰大会上的讲话，诠释了孙中山先生维护国家统一、反对分裂的理想和信念，强调“两岸同胞是血脉相连的骨肉兄弟。两岸是割舍不断的命运共同体。绝不允许任何人、任何组织、任何政党、在任何时候、以任何形式、把任何一块中国领土从中国分裂出去”。习近平总书记指出，“现在，我们比历史上任何时期都更接近中华民族伟大复兴的目标，比历史上任何时期都更有信心、有能力实现这个目标”。而“孙中山文化”正是我们推动粤港澳大湾区发展、实现中华民族振兴目标的一个非常有力的可依靠的载体。

（二）具体路径

1. 拓展“孙中山文化”交流主体，丰富交流合作内容

（1）拓展“孙中山文化”交流合作的主体

目前涉及孙中山的文化活动大多局限于官方或半官方的纪念活动以及学术研讨，此外还有相对孤立的文化活动。“孙中山文化”交流合作的主体没有得到充分培育，因此拓展“孙中山文化”交流合作的主体是加强交流合

作的首要任务。

"孙中山文化"交流合作的主体可分为主导主体、协同主体、参与主体三类。主导主体即中山市委市政府。"孙中山文化"交流合作的中心在中山，必须有一个能够统筹官方和民间各类人脉及资源的主导主体。主导主体的根本作用是引导孙中山文化交流合作的大方向。主导主体要深入与其他民主党派联系，齐心协力面向全国、全世界传播"孙中山文化"，挖掘"孙中山文化"的潜在价值。

协同主体即孙中山文化交流中心、中山市孙中山文化交流协会与孙中山研究会等官方或半官方的协会组织。协同主体要深入与全国性的孙中山基金会、研究会等合作，共同组建孙中山文化交流合作网络。要深入与港澳台同胞和海外侨胞官方组织合作，以"孙中山文化"为合作的"圆心"，画出最大"同心圆"。要深入与外国政府、组织合作，尤其是孙中山先生到过的地方的政府和组织，充分挖掘合作潜能。

参与主体即民间组织、企业、团体、个人。要让"孙中山文化"深入人心，民间的交流扮演着比官方交流更重要的角色，必须高度重视。要大力加强中山市本地民众对"孙中山文化"大文化概念的认识，全方位营造出中山故里的气氛，让每一个中山市民都成为"孙中山文化"的继承者和传播者。要将粤港澳大湾区打造成"孙中山文化"发扬光大的湾区，大力加强与大湾区相关组织、企业、团体、个人的合作，建立起基于"孙中山文化"的民间交流长效机制。要大力加强与台湾同胞和海外侨胞的民间交流，将"孙中山文化"作为宣传爱国主义和弘扬时代精神的有力武器。要大力加强与孙中山先生曾到过的地方的民众和相关组织之间的合作，让"孙中山文化"成为他们了解中国的窗口。

（2）丰富"孙中山文化"交流合作的内容

"孙中山文化"博大精深，因此孙中山文化交流合作的涉及面也十分广泛。第一是"孙中山文化"思想交流。可以举办关于"孙中山文化"思想研讨的论坛；设立官方出资，学界参与的"孙中山文化"思想研究课题；开展各类"孙中山文化"思想交流的全国性、国际性合作项目；举办大型

“孙中山文化”宣传活动等。

第二是“孙中山文化”成果交流。孙中山先生本身就是文化创作的大家，一生之中留下了大量的书法、书信、诗词等作品。要加强研究并传播孙中山先生本人的文化创作，主要交流方式是孙中山作品探讨、孙中山文化展览、孙中山文化进课堂等。

第三是孙中山文化资源交流。这一部分的核心是挖掘孙中山先生家乡的历史、文化，以及孙中山先生求学、工作、革命的地方对其思想有深刻影响的历史和文化，还有孙中山先生传人及再传的文化。例如中山的特色民俗文化——咸水歌、黄圃飘色、沙溪鹤舞等。这些内容同样可以用教育、研讨、节庆、演艺、旅游等方式加以大力弘扬。尤其是旅游业，必须大力发展，要将粤港澳大湾区的旅游产业注入“孙中山文化”的灵魂。“孙中山文化”特色旅游要与历史、人文、科技深入融合，用现代化的手段展示历史文化的魅力，起到教育、熏陶的效果。

第四是“孙中山文化”产品交流。要大力开发以孙中山为符号的文化产品，包括文创产品、城市视觉识别符号、特色旅游服务产品、孙中山影视动画作品和微视频等。要积极与三地爱国同胞合作，积极向社会购买服务，发挥社会资本的力量，让“孙中山文化”通过文化产品潜移默化地感染民众。

2. 扎实推进“孙中山文化”交流合作平台建设

中山市可搭建一个统一的“孙中山文化”交流合作平台。该平台包括建立孙中山文化交流中心（统管统筹、推介、贸易）、学术和民间交流平台（统管基地、协会、研究会）、资源与贸易交流平台（推介投资项目、交换相关商业信息）、网络交流合作综合服务平台（对所有孙中山文化资源进行网络集成）。

（1）孙中山文化交流中心

孙中山文化交流中心是“孙中山文化”交流工作中的承接平台。该交流中心在市委市政府的领导下整合全市有关部门、镇（区）、院校、民间以及海内外乡亲等资源，共同开展国际范围内孙中山文化统筹、推介、贸易等工作，承办孙中山文化国际高峰论坛，努力将中山市打造成孙中山文化交流的中心。

（2）“孙中山文化”学术和民间交流平台

“孙中山文化”的传承和弘扬离不开社会团体和民间的广泛参与。该平台统筹“孙中山文化”相关基地、协会、研究会的工作，以宣传和推广“孙中山文化”、促进“孙中山文化”交流、增进中山市与海峡两岸同胞乃至世界各地的华侨华人的相互了解和友好合作、推动开拓“孙中山文化”产业发展为宗旨。“孙中山文化”交流基地是让民众直接受到孙中山文化熏陶的地方，未来要进一步增加“孙中山文化”交流基地的数量，向全省、全国铺开。要制定“孙中山文化”交流基地建设标准，让每个基地的硬件、软件能充分适应“孙中山文化”的传播要求。建议中山市财政能给予经费保障，成立基地建设专项基金，使各交流基地的软硬件建设能更好地达到基地建设标准，从而提升“孙中山文化”传播交流的实效性。

（3）“孙中山文化”资源与贸易交流平台

“孙中山文化”的交流将会联系到一大批海内外工商业界人士，因此文化资源与贸易交流也是孙中山文化交流的重要内容。要建立一个孙中山文化资源与贸易交流平台，汇聚国内外与“孙中山文化”相关的各类资源，以文化牵头，为各方人士搭建沟通交流平台。该平台将为相关人士发布最新的“孙中山文化”资讯、展会信息、旅游资源、贸易政策、贸易推介等，可以在实际项目操作上提供一站式服务。

（4）“孙中山文化”网络交流合作综合服务平台

要建立“孙中山文化”交流的信息化平台，对“孙中山文化”所有网络资源进行集成。打造“孙中山文化”交流合作的国际数据库，将有助于实现有关孙中山文化资源的教育、宣传、学术、项目、节庆、贸易、文创等资源共享共用。要使该平台具有集信息发布、资源采集、保管与共享、合作交流于一体的实用性，建议该信息系统部署在政务外网，从市财政上给予人、财、物的支持和保障。市档案馆可根据相关法律法规，结合工作实际，将鉴定为可开放的孙中山档案资源整合到该平台。建立并完善“孙中山文化”相关微信、微博账号，整合“孙中山文化”的各类资讯，让民众能够随时了解、查阅相关信息。

3. 深入开展“孙中山文化”交流合作项目建设

针对性的文化项目建设是传播和弘扬“孙中山文化”的基本手段。必须积极推进“孙中山文化”在国内外交流合作的实施项目，通过推动国际高峰论坛、海峡两岸文化活动等具体文化项目建设，深入推进“孙中山文化”在中山、广东、大湾区、国内、国际的交流合作，扩大“孙中山文化”在全球的影响力、感召力、凝聚力。

（1）国际高峰论坛

在中山市定期举办“孙中山文化”国际高峰论坛是将中山市建设成国际“孙中山文化”交流中心的标志性举措。高峰论坛的目的是传承和弘扬“孙中山文化”，凝聚海内外同胞最广泛的共识，向世界普及推广“孙中山文化”，向世界特别是华人世界大力推出以孙中山命名的各类华侨文化工程，让“孙中山文化”从国家命题逐步成为世界命题、人类命题。

高峰论坛可定在孙中山先生诞辰日或其前后举办，可与海峡两岸中山论坛整合举办，每两年或三年举办一次，每一次有一个鲜明的主题。高峰论坛举办的地点可永久定在孙中山先生的家乡翠亨村，作为孙中山文化的地理中心。高峰论坛的邀请对象包括但不限于国内外政要、广东省领导、中山市领导、民革和其他民主党派领导、台湾同胞、孙中山先生后人、辛亥革命参与者后人、粤港澳大湾区相关人士、海外华人代表、外国友人代表、社会贤达、国内外相关专家学者等。高峰论坛的具体内容可包含孙中山文化研究解读和当代意义、“孙中山文化”相关文化项目协议的促成、孙中山文化促进民心相通合作的开展等。高峰论坛的成果绝不仅仅限于文化，更可以通过文化的纽带实现经济价值。

（2）“孙中山文化”与粤港澳大湾区系列文化活动

“孙中山文化”是大湾区文化的代表。将“孙中山文化”作为粤港澳大湾区建设的精神载体，首先要制订一个“孙中山文化”在湾区的发展规划纲要，还要成立一个由各城市参与的专责机构，建立联席会议制度，与中山

市孙中山文化交流合作平台形成对接机制。在大湾区弘扬“孙中山文化”不仅要做文化类项目，还要融入经济、交通和城市建设等实体性项目，尤其是要注重融入民生建设和民生事业。充分发掘、利用、弘扬孙中山文化资源，联动岭南文化、珠江文化、粤港澳各城市文化、名人文化，开展广泛的交流合作，创作“孙中山文化”各类作品，实体化和活化孙中山文化资源。

（3）相关文化艺术创作

可邀请专业团队创作以孙中山为题材的音乐、歌舞剧、戏剧、配乐诗朗诵等，在中山城等景区定期演出，在相关景区巡回展演。联合本土及各地热爱“孙中山文化”的民间文艺爱好者，主创大型孙中山主题舞台剧，在中山城等景区定期演出，在相关景区巡回表演，提高景区的文化品位。

结合中山市大文史工程和现有的孙中山相关书籍文献的出版计划，制订一个统筹全局的“孙中山文化”文献出版计划。编辑推广与孙中山有关的青少年爱国读物，制定明确的标准规范以推动孙中山纪念明信片、字画复制品、人像雕塑等文化创意产品的开发；利用现代光影技术在城市建筑立面展现中山故事和孙中山的光辉形象。

每年举办“孙中山文化”征文、诗歌、书法等活动，不断提高民众的参与度，对获奖者进行较高奖励。同时组织面向全民或面向特定人群的“孙中山文化”才艺比赛。

（4）“孙中山文化”进校园

十年树木，百年树人，要将“孙中山文化”进校园作为中山市大中小学常抓不懈的一项工作。要积极开展“孙中山文化”巡展、讲座进校园活动，让历史专家、历史亲历者或专业旅游讲解员为学生做讲解，加深他们对“孙中山文化”的了解和认识。例如“孙中山与粤港澳”展览进校园活动。孙中山故居纪念馆通过收集、整理孙中山粤港澳史迹文献、照片资料，策划并制作“孙中山与粤港澳”流动展览，以巡展、讲座的方式进校园。

鼓励“孙中山文化”与教学和学生活动相结合。可结合不同学校的教学实际，在中山市孙中山文化交流合作平台指导和帮助下，通过阅读、参观、写作、主题班会、表演、知识竞赛等形式，深入开展“孙中山文化”

教育工作。要扩大“孙中山文化”交流的受众面、针对性，在“孙中山文化”进校园的基础上，启动中山市大中小学“孙中山读本进校园”工程。

4. 着力推进孙中山文化的融合性交流合作路径建设

推动“孙中山文化”与相关产业、行业的融合，是推动“孙中山文化”交流合作的重要路径。为此，要积极整合历史文化、民俗文化、生态文化等文化旅游资源，进行科学规划、合理布局，探索“孙中山文化”融入文化和旅游产业发展、公共文化服务体系建设的途径。

（1）历史文化旅游

“孙中山文化”是中山市历史文化旅游的价值核心。旅游必须建立在史迹保护的基础上。要制定孙中山文化旅游工程的实施规划。对中山市范围内与孙中山相关的历史遗迹、名人故居、特色街区、民俗文化、传统工艺等进行梳理汇总，建立档案数据库，科学制订孙中山历史文化遗产保护规划。将“孙中山文化”元素融入街区公共空间的营造、商业氛围的塑造、文化中心的打造、产品设计的制造、人文环境的再造，提升市民的城市归属感和自豪感。

要强化“孙中山文化”交流的配套设施建设。重新规划建设中山公园、西山公园，修复或重启与孙中山相关的史迹，丰富孙文西路旅游文化步行街展示中山历史文化名城风韵的元素；改造中山路、兴中道等以中山先生为主题命名的街道，使其成为全国各地“中山路”的样板；将原孙中山纪念图书馆建设成“孙中山文化”研究成果资料中心和交流基地，在新建图书馆开辟“孙中山先生书房”；规划设计好“中山城市文化展览馆”，设立“中山近代文化名人纪念馆”，展现近代中山名人的生平事迹。

要联合社会力量建设在世界范围内有特色的孙中山文化旅游品牌。旅游项目基于中山市，但不能局限于中山市。可开发“重走中山路”特色旅游线路，将孙中山先生生平到过的地方的景点串成一条线。线路分不同规格，有全市、全省、全国、全亚洲甚至全世界范围内的，不同线路游玩时间跨度很大，供全世界旅客按需选择。在“重走中山路”旅游过程中，要向游客大力传播“孙中山文化”，同时让他们感受当代中国的繁荣昌盛。线路旅游除了参观，还可组织各式各样的趣味活动，达到寓

教于乐的目的。

（2）生态、民俗旅游

大力发展以中山市为中心的生态民俗类旅游，这是从侧面宣传“孙中山文化”。中山市孙中山文化交流合作平台要统筹全市旅游资源并与粤港澳大湾区其他旅游景区进行深度合作，按照一定的标准为景区注入“孙中山文化”，将“孙中山文化”的视觉标识融入生态、民俗旅游，要立下规定进行专门的讲解，让游人在游山玩水的过程中了解“孙中山文化”、体悟“孙中山文化”。

要充分利用翠亨新区“九峰环抱、七水汇聚”的水系山体孕育的良好生态基底，做好环境保护和基础设施建设，创造出美丽宜居的人居环境。同时将孙中山文化的视觉标识融入城市建设之中，并大力借助社会力量开发孙中山主题文创产品。以此将港澳台同胞和全世界的友人吸引到翠亨新区来，让他们通过文化旅游、生态旅游充分领略“孙中山文化”的伟大和当今中山的魅力。

可以将“孙中山文化”的弘扬与粤港澳大湾区的乡村振兴结合起来，充分发挥文化在乡村振兴中的重要作用，向广大乡村地区普及“孙中山文化”，同时通过“孙中山文化”的旅游项目为农民带来新的收入来源。

（3）影视、动画开发

影视、动画是进行文化宣传的重要方式，中山可以就近利用香港的影视资源，用“孙中山文化”铸影视之魂。可以先建立中山与香港的电影交流机制，成立相关民间组织，在中山市孙中山文化交流合作平台的参与下，共同构思拍摄相关影视作品。通过“孙中山文化”这条脉络，整合大湾区乃至海内外的文化资源，通过电影文化作品，输出正能量，弘扬社会主义核心价值观，讲好中国故事，增强文化自信。还可以结合香港演艺学院系统化的教育课程，培养更多影视人才，培育电影产业，并结合 VR 虚拟技术建设影视体验馆，多维度推广“孙中山文化”。

在动画制作方面，虽然有海峡两岸合拍的 3D 动漫电影《孙中山》，但目前影响仍较为有限，有必要充分发挥既有优势，提升有关孙中山的动画作品的创作力度。粤港澳大湾区科技发达，为动画制作提供了得天独厚的条件，日、韩等国家和中国台湾地区动漫产业发达，可与之开展紧密合作，充分挖掘孙中山历史文化元素，精心谋划，以创造传世作品的态度打造一部孙中山动画作品。

参考文献

[1] 中共中央　国务院印发《粤港澳大湾区发展规划纲要》，《人民日报》2019 年 2 月 18 日。

[2] 孙占元：《孙中山与中国传统文化》，《辽宁大学学报》（哲学社会科学版）1997 年第 6 期。

专题研究篇

Thematic Research

B.25

长三角区域一体化发展与粤港澳大湾区建设的比较与启示

陈鸿宇[*]

摘　要： 建设粤港澳大湾区和长江三角洲区域一体化发展是当前国家正在重点推进的重点区域发展战略。本研究通过梳理比较两大区域在战略目标、战略定位、战略部署方面的异同，探寻分析长三角各省市在推进区域一体化发展过程中的经验做法，从而总结归纳值得粤港澳大湾区学习借鉴的思路和做法。

关键词： 长三角区域一体化　粤港澳大湾区　城市群

---

[*] 陈鸿宇，广东省人民政府参事，广东省委党校（广东行政学院）教授，广东省委党校原副校长、巡视员。主要从事区域公共管理、区域经济学等方面的教学和理论研究。

2017 年以来，国家区域总体发展战略进行了重大调整，建设粤港澳大湾区和长江三角洲区域一体化发展成为国家区域发展战略。在习近平总书记亲自谋划、亲自部署、亲自推动下，2019 年 2 月 18 日，中共中央国务院发布了《粤港澳大湾区发展规划纲要》；2019 年 12 月 1 日，中共中央国务院发布了《长江三角洲区域一体化发展规划纲要》。本文拟通过梳理长三角一体化发展和建设粤港澳大湾区战略目标、战略定位、战略部署的异同，探寻长三角各省市在推进区域一体化发展过程中，值得粤港澳大湾区学习借鉴的思路和做法。

一 长三角区域一体化发展和粤港澳大湾区建设决策依据的比较与启示

（一）城市群战略是区域非均衡协调发展的现实选择

1978 年以来，中国的区域发展总体战略是和中国的对外开放格局一体设计和推进的。立足于中国国情和差异性区位条件，以非均衡发展战略构筑区域间更为协调的空间布局，逐渐成为主导思路。

以 1979 年中央批准设立深圳、珠海、汕头、厦门 4 个经济特区为起点，1984 年批准 14 个沿海开放城市和设立经济技术开发区，1988 年批准海南建省办特区，1992 年批准设立上海浦东新区，全国的“沿海、沿江、沿边”的“三沿”开放格局基本形成。此后，又相继推出西部大开发战略、中部崛起战略和振兴东北老工业基地战略。

从设立上海浦东新区之后，全国相继批准设立了天津滨海新区、重庆两江新区、珠海横琴新区、深圳前海新区、广州南沙新区等数十个国家级新区。在倾斜性政策的支持下，大量资源被密集配置到各个“新区”，这些“新区”的长足发展，成为当地经济发展的重要增长极，有力地推动了所在省市的工业化和城市化进程。

随着中国现代化建设的全面展开和改革开放的不断深化，实现城乡、区

域协调发展成为党和政府的重要发展目标，“新区”作为经济功能区，难以同时兼顾公共服务、民生保障和生态治理等目标，且在地方利益的驱动下，容易形成行政藩篱，其局限性逐渐显露。“十二五”规划中期之后，特别是党的十八大以来，国家发改委编制和发布了多个“城市群”发展规划。

“城市群战略”的内核是中国特色的城镇化道路，即大中小城市和小城镇以及乡村地带协调发展的道路。20 世纪中后期以来，在经济全球化和信息化蓬勃发展的大背景下，由于信息技术的广泛运用、交通手段的重大变革，以及其在高新技术产业和服务业形成中的作用越发明显，区域经济整合的动力机制、速度层次和方式发生了质的变化，区域经济的分工合作已远超出传统观念，经济中心、经济腹地和经济网络间的关系呈现出更为活跃、更为密切的稳定的互动联系。在新的生产方式、交往方式、市场结构中，经济和社会领域构成要素之间的联系水平不断提升，对城市化和城市形态的认识也相应发生了几次跳跃式的发展，经济中心在区域中的地位和作用表现出新的特征：城市集群、大都市区和连绵大都市带获得巨大发展，经济核心区的分布突破了地理界限，形成了相对分散的地区布局；产业转移速度加快，经济区域和行政区划的边界日益模糊。当近代意义上的单体的工业城市，发展为现代化的巨大城市群时，城市的集聚和扩散带动功能不再单纯以城区工业为主的人口数量和产业集聚程度来衡量，而是着眼于整个巨大城市群的多样化从业人口和经济、社会、政治、文化、环境诸多要素的集聚、整合和联动，着眼于巨大城市群内部和对外的跨区域合作程度，此种状态下的区域之间、城乡之间的关系就可能呈现出相互融合和一体发展的状态。

正是基于以上的认识，“十三五”规划以来，国家提出了“两横三纵”的国家城市群布局，并以此作为空间资源配置的根据。“一带一路”倡议、京津冀协同发展、建设长江经济带相继被确认为国家重大战略。在“三大空间战略”推进的过程中，与全国其他城市群相比，珠江口世界级城市群和长江三角洲城市群的发展质量相对稳定，发展条件比较齐备，对国家总体发展的影响力逐渐凸显。2019 年中央经济工作会议提出，加快落实区域发展战略，完善区域政策和空间布局，发挥各地比较优势，构建全国高质量的新动力源，推进京津冀协同发展、长三角一体化发展、粤港澳大湾区建设，打造世界级创新平台和增长极，要提高中心城市和城市群综合承载能力。

如上所述，全球化、信息化时代的“新城市群”理论和中国特色的城市化道路，是建设粤港澳大湾区和长江三角洲区域一体化发展两项国家重大战略推出的理据。必须说明的是，区域一体化发展的核心要求是，通过对内和对外的全面开放，促使要素全方位自由流动和有效配置。这一过程并不是通常的“核心—边缘理论”所解释的先由“集聚效应”再到“扩散效应”的过程，而是集聚效应和扩散效应同步强化的过程，不论是粤港澳大湾区还是长三角城市群均如此，这是因为在全球化和信息化的大背景下，“区域”范畴的内涵和外延已经完全不局限于传统工业化时代的单体工商业大城市及其周边窄小的“边缘区”。

（二）建设粤港澳大湾区和长三角区域一体化发展的决策过程

2017 年 7 月 1 日香港回归祖国 20 周年之际，习近平出席了《深化粤港澳合作　推进大湾区建设框架协议》的签署仪式。2018 年 10 月 23 日，习近平总书记出席了港珠澳大桥开通仪式，并宣布大桥正式开通。2018 年 7 月，《粤港澳大湾区发展规划纲要》编制完成；8 月，粤港澳大湾区建设领导小组成立。2019 年 2 月 18 日，《粤港澳大湾区发展规划纲要》向社会发布。

2018 年 11 月 5 日，国家主席习近平在首届中国国际进口博览会开幕式发表演讲时提出，支持长江三角洲区域一体化发展并上升为国家战略。2019 年 5 月 13 日，中共中央政治局会议审议了《长江三角洲区域一体化发展规划纲要》。2019 年 12 月 1 日，发布了《长江三角洲区域一体化发展规划纲要》。

（三）两个规划纲要编制目的比较

《粤港澳大湾区发展规划纲要》的编制目的是，“充分发挥粤港澳综合优势，深化内地与港澳合作，进一步提升粤港澳大湾区在国家经济发展和对外开放中的支撑引领作用，支持香港、澳门融入国家发展大局，增进香港、澳门同胞福祉，保持香港、澳门长期繁荣稳定”。编制《长江三角洲区域一体化发展规划纲要》的目的是，“推动长三角一体化发展，增强长三角地区创新能力和竞争能力，提高经济集聚度、区域连接性和政策协同效率”。

【启示1】

粤港澳大湾区和长三角均为我国开放程度较高、经济活力较强的区域，都在国家现代化建设大局和全方位开放格局中具有重要的战略地位。《长江三角洲区域一体化发展规划纲要》强调了长三角“创新能力最强”，对国家的发展大局是举足轻重的。强调长三角一体化发展的要点是提高经济集聚度、区域连接性和政策协同效率。编制《粤港澳大湾区发展规划纲要》的重要目的则在于构建全面开放新格局和发挥港澳独特优势，进一步提升粤港澳大湾区在国家经济发展和对外开放中的支撑引领作用。

目前粤港澳大湾区的经济集聚度、区域连接性和政策协同效率三个方面的水平都不高，如何提高大湾区的经济集聚度，如何加强大湾区内部的软硬对接，沟通与港澳的“人流、物流、资金流和信息流”，加强与广东沿海经济带、北部山区地带以至整个华南、中南地区的区域连接性，如何提高粤港澳三地政府的政策协同效率，都需要专门研究。

（四）关于两个规划纲要规划范围的比较

“长三角一体化”战略至今已走过近38个年头，“长三角一体化”的概念一变再变，空间一扩再扩。1982年，时任国家领导人提出以上海为中心建立长三角经济圈（上海经济区），以上海为中心，包括苏州、无锡、常州、南通、杭州、嘉兴、湖州、宁波、绍兴等长江三角洲的9个城市。1997年长三角地区16个城市建立了政府间联席会议制度，主动协调城市群发展，这16个城市分布在上海市和江苏、浙江两省，被称为“小长三角”。2010年国务院批准长江三角洲地区区域规划，包括上海市、江苏省和浙江省，区域面积21.07万平方公里，占全国总面积的2.19%，其中陆地面积186802.8平方公里，水域面积23937.2平方公里。2016年5月11日，国务院常务会议通过长江三角洲城市群发展规划，提出培育更高水平的经济增长极，到2030年全面建成具有全球影响力的世界级城市群。27个城市被纳入，其中包括上海、南京、镇江、扬州、常州、苏州、无锡、南通、泰州、盐城、杭州、温州、嘉兴、湖州、绍兴、宁波、舟山、金华、台州、合肥、芜湖、滁州、马鞍山、铜陵、池州、安庆、宣城。2019年12月，《长江三角洲区域一体化发展规划纲要》颁布，规划范围包括上海市和江苏、浙江、安徽全域，面积为35.8万平方公里，人口约1.5亿（2014年），GDP为23.7万亿元（2019年）。

粤港澳大湾区包括香港特别行政区、澳门特别行政区和广东省广州市、深圳市、珠海市、佛山市、惠州市、东莞市、中山市、江门市、肇庆市，总面积5.6万平方公里，总人口约7000万（2017年），GDP为11.59万亿元（2019年）。

【启示2】

近40年来，长三角经济区、城市群的定义空间一直是不断向外延展的，《长江三角洲区域一体化发展规划纲要》明确将上海市和苏、浙、皖三省全域作为规划范围，目前长江三角洲地区的规划面积约为粤港澳大湾区的6.39倍，人口约为2.14倍，经济总量约为2.04倍。扩大长三角一体化的规划范围，有利于国家在更大空间统筹部署建设全国高质量发展引领示范区；有利于发挥上海等超大城市对长三角全域的科技创新、交通与基础设施建设、公共服务和生态治理的整合辐射功能；有利于打破行政藩篱，强化多层次区域圈层间的经济关联度，优化产业布局和城市布局，避免同质化竞争。相比之下，粤港澳大湾区的规划范围偏窄，自20世纪80年代比较强调发挥“珠三角”的先发功能之后，“小珠三角”的范围直到2007年底《珠三角改革发展规划纲要》才将肇庆和惠州的山区地带纳入，所谓的“大珠三角”则包括粤九市加上香港、澳门两个特别行政区。

2017年开始讨论《粤港澳大湾区城市群发展规划》时，部分专家和政界、商界人士，曾提出“粤港澳大湾区”中的“粤”应是指广东全省，应该将广东省全域，至少将广东东西两翼沿海地带纳入规划范围。2019年以来广东省以建设粤港澳大湾区作为全省各项工作的“纲”，相继推出了“实施意见”、“三年行动计划”和一批重点项目与政策举措。目前珠三角的经济关联早就越过了其行政边界，辐射到广东全省以至中南、西南地区。粤港澳大湾区“实施意见”和“三年行动计划”的许多重点项目，包括部分交通基础设施、能源、产业、生态治理等项目，都已经落地在大湾区规划范围之外。由于大湾区规划范围局限于珠三角，粤东、粤西和北部山区部分干部群众则易于产生“与己无关”的观望态度，甚至担心本地资源被大湾区“虹吸”。因此，发展空间问题，已经成为制约粤港澳大湾区一体化发展的瓶颈之一。建议创造条件，分阶段推进粤港澳大湾区“扩围”。第一步先将东西两翼的汕头和湛江两市作为大湾区“湾带联动先行示范区”，纳入大湾区规划；第二步再将东翼和西翼沿海经济带 7 个地级市纳入大湾区规划；第三步将广东省域全域纳入规划范围，并研究将海南、桂东南和闽南部分地区纳入大湾区规划。

二 关于两个规划纲要基本内容的比较和启示

（一）关于建设粤港澳大湾区和长三角区域一体化发展总要求的比较

1. 现实意义比较

建设粤港澳大湾区的现实意义：“有利于丰富‘一国两制’实践内涵；有利于贯彻落实新发展理念；有利于进一步深化改革，扩大开放；有利于推进‘一带一路’建设。”

长三角区域一体化发展的现实意义：“有利于提升长三角在世界经济格局中的能级和水平，引领我国参与全球合作和竞争；有利于深入实施区域协调发展战略，探索区域一体化发展的制度体系和路径模式，引领长江经济带发展，为全国区域一体化发展提供示范；有利于充分发挥区域内各地区的比较优势，提升长三角地区整体综合实力，在全面建设社会主义现代化国家新征程中走在全国前列。”

【启示3】

建设粤港澳大湾区的现实意义是“4个有利于”，国家更加关注粤港澳大湾区在新一轮开放新格局中能否承担起丰富“一国两制”实践内涵，全力推进“一带一路”建设的重任。相比之下，长三角一体化发展的现实意义的“3个有利于”，更加强调区域协调发展、发挥比较优势，为全国提供区域一体化发展标杆，整体提升长三角区域国际竞争的能级。

区域、城乡发展存在显著差距，是广东省实现高质量发展的重要“软肋”，大湾区的粤九市和广东省全省，也同样必须实现一体化发展。广东不能等到长三角创造出区域一体化发展的制度体系和路径模式，才亦步亦趋地模仿，应该集中全省资源，打一场缓解和扭转省内区域发展失衡的攻坚战。要从广东和大湾区实际出发，在既往实施区域协调发展战略基础上，聚焦粤九市间、广州和深圳间“双核联动”，以及“一核一带一区”间的一体化发展体制机制，设计出更加精准的政策体系。

2. 基本原则比较

建设粤港澳大湾区的基本原则是：创新驱动，改革引领。协调发展，统筹兼顾。绿色发展，保护生态。开放发展，互利共赢。共享发展，改善民生。“一国两制”，依法办事。

长三角区域一体化发展的基本原则是：坚持创新共建、坚持协调共进、坚持绿色共保、坚持开放共赢、坚持民生共享。

【启示4】

建设粤港澳大湾区和长三角区域一体化发展的基本原则基本是一致的，都是按照“创新发展、协调发展、绿色发展、开放发展、共享发展”的“新发展理念”要求，立足粤港澳大湾区和长三角的实际而确定的。建设粤港澳大湾区的基本原则除列出行政理念五项要求之外，专门强调必须坚持“一国两制”，依照宪法和《香港特别行政区基本法》等法律办事。长三角区域一体化发展的基本原则贴切地使用了“共建”“共进”“共保”“共赢”“共享”五个词语，更加着眼于“一盘棋”整体谋划，进一步发挥上海龙头带动作用，苏浙皖各扬所长。这五个“共”体现了“一体化发展”的核心

要求，是中央对如何在实际工作中贯彻落实“新发展理念”的原则指引，粤港澳大湾区也必须遵循这一指引，以“一盘棋”精神实践“新发展理念”。

3. 战略定位比较

建设粤港澳大湾区的战略定位：充满活力的世界级城市群，具有全球影响力的国际科技创新中心，“一带一路”建设的重要支撑，内地和港澳深度合作示范区，宜居宜业宜游的优质生活圈。

长江三角洲区域一体化发展的战略定位：全国经济发展强劲活跃的增长极，全国经济高质量发展的样板区，率先基本实现现代化的引领区，区域一体化发展的示范区，新时代改革开放的新高地。

【启示5】

建设粤港澳大湾区的战略定位主要立足于国际视野，将粤港澳大湾区对标国际一流湾区、世界级城市群和国际科技创新中心，同时承担支撑“一带一路”倡议和融合港澳发展的平台功能。长三角区域一体化发展的战略地位主要立足于当好全国现代化建设、高质量发展、改革开放的增长极、样板区、引领区、示范区和新高地。

相比之下，国家对长三角的战略定位比较明确，必须对标国内最高水平，在深化跨区域合作、形成一体化发展市场体系、推动区域一体化发展从项目协同走向区域一体化制度创新等方面，为全国其他区域一体化发展提供示范。可以设想，国家将赋予长三角更充分的政策支持。

（二）发展目标比较

粤港澳大湾区的发展目标：到 2022 年，粤港澳大湾区综合实力显著增强，粤港澳合作更加深入广泛，区域内生发展动力进一步提升，发展活力充沛、创新能力突出、产业结构优化、要素流动顺畅、生态环境优美的国际一流湾区和世界级城市群框架基本形成。2035 年大湾区形成以创新为主要支撑的经济体系和发展模式，经济实力、科技实力大幅跃升，国际竞争力、影响力进一步增强；大湾区内市场高水平互联互通基本实现，各类资源要素高效便捷流动，区域发展协调性显著增强，对周边地区的引领带动能力进一步提升；人民生活更加富裕，社会文明程度达到新高度，文化软实力显著增强，中华文化影响更加广泛深入，多元文化进一步交流融合；资源节约、集约利用水平显著提高，生态环境得到有效保护。宜居宜业宜游的国际一流湾区全面建成。

长三角区域一体化发展的目标：到2025年，长三角一体化发展取得实质性进展。跨界区域、城市乡村等区域板块一体化发展达到较高水平，在科创产业、基础设施、生态环境、公共服务等领域基本实现一体化发展，全面建立一体化发展的体制机制。到2035年，长三角一体化发展达到较高水平。现代化经济体系基本建成，城乡区域差距明显缩小，公共服务水平趋于均衡，基础设施互联互通全面实现，人民基本生活保障水平大体相当，一体化发展体制机制更加完善，整体达到全国领先水平，成为最具影响力和带动力的强劲活跃增长极。

【启示6】

两个规划纲要都把2035年作为规划期远期目标的时间节点，粤港澳大湾区以2018～2022年为近期目标期，长三角以2019～2025年为近期目标期。远期目标比较概略，近期目标指向比较具体。2025年长三角区域一体化发展6个方面的目标，都提出了明确的具有约束性的量化指标，如城乡区域协调发展格局方面，要求到2025年中心区城乡居民收入差距控制在2.2∶1以内，常住人口城镇化率达到70%，研发投入强度达到3%以上，科技进步贡献率达到65%，5G网络覆盖率达到80%。劳动年龄人口平均受教育年限达到11.5年，人均期望寿命达到79岁等。

相比之下，粤港澳大湾区2022年的目标虽然也涵盖了区域、创新、产业、基础设施、绿色发展、开放型经济6个方面，但都没有列出约束性的具体指标。可能因为目标期仅3年多，全局性指标的变化不太显著，难以设定。此外，由于粤港澳三地的不同社会制度、经济运行模式和经济社会统计体系，目前三地发展差距又较大，为香港和澳门确定约束性的具体指标是不适宜的。

由于粤港澳大湾区 2022 年发展目标中没有设定约束性指标，目前只能在大湾区工作领导小组的统筹下，由粤港澳三地政府各自组织实施，客观上增加了协调难度，也不易督促检查。首先，能否借鉴长三角的做法，设计出一套既符合国际惯例，又可以同时适用于粤港澳三地的指标体系，尽管不一定全是约束性指标，但可以发挥事前引导和事后验证的作用。其次，广东省与长三角整体的发展水平相近，珠三角内地九市与长三角核心区发展水平相近，也同样都存在欠发达地区，可以以长三角一体化的发展指标为模板，研究制定广东全省和珠三角两个层次推进区域一体化 6 个领域的约束性指标体系。

（三）发展布局比较

粤港澳大湾区的空间布局：香港—深圳、广州—佛山、澳门—珠海强强联合的三个极点带动；依托快速交通网络与港口群和机场群，构建区域经济发展轴带，辐射周边地区。4 个层次完善城市群和城镇发展体系。一是优化提升香港、澳门、广州、深圳四大中心城市，作为区域发展的核心引擎；二是将珠海、佛山、惠州、东莞、中山、江门、肇庆建成特色鲜明、功能互补、具有竞争力的重要节点城市；三是培育一批具有特色优势的魅力城镇；四是促进城乡融合发展，推动粤九市城乡一体化发展。

长三角区域的空间布局：在全域之内形成“三个层次”，第一个层次以上海、南京、杭州、合肥等 27 个城市为中心区（面积 22.5 万平方公里），辐射带动长三角地区高质量发展；第二个层次以上海青浦、江苏吴江、浙江嘉善为长三角生态绿色一体化发展示范区（面积约 2300 平方公里），示范引领长三角地区更高质量一体化发展；第三个层次以上海临港等地区为中国（上海）自由贸易试验区新片区，打造与国际通行规则相衔接、更具国际市场影响力和竞争力的特殊经济功能区。推动都市圈同城化，构建上海大都市圈。

【启示7】

工业化成熟期和后工业化时期，“多核、多圈、叠合、共生”已成为区域圈层演化的基本特征，这一特征与“新城市群”理论是吻合的。粤港澳大湾区规划纲要关于“3 个极点”“4 个中心城市”“7 个支点城市”“一批特色城镇”的多核多层布局，比较清晰，也符合大湾区实际。但 4 个中心城市、7 个支点城市、各个特色城镇的功能表述都有些雷同，如果各自谋求发展时，资源配置可能难以集中，重点区域可能难以确保，优化粤港澳大湾区的空间布局难度不小。

相比之下，长三角一体化规划的全域之内的“中心区—生态绿色一体化发展示范区—上海自贸区新片区”3 个层次，立足于各区域梯度的发展现状、资源禀赋和发展前景，聚焦重点。分层推进的思路相当明确。《长江三角洲区域一体化发展规划纲要》对区域内上海、南京、杭州、合肥、苏锡常、宁波等一系列都市圈和各都市圈间联动关系的谋划，也是目前国内最具创意的。

粤港澳大湾区的空间布局规划有必要进一步细化，可以借鉴长三角的思路，大胆突破大湾区行政边界的局限，一是将大湾区内地“一核”与东西两翼沿海地带、北部山区重新谋划，在大湾区内部设立 2 ~ 3 个少而精、少而特的，类似上海自贸区新片区的先行示范区；二是划定粤九市的“中心区”；三是开始研究从“城市群”向“都市圈”演化的要求，依托“三大极点”构筑珠三角南部和北部两个大都市圈，依托汕头和湛江构筑粤东沿海都市圈和粤西沿海都市圈。

三　从长三角区域一体化发展的“新招”看粤港澳大湾区的“短板”

（一）《长江三角洲区域一体化发展规划纲要》的显著特点

根据媒体介绍，长三角一体化规划纲要的显著特点是：一是紧扣“一体化”和“高质量”两个关键；二是明确“分区域”和“分领域”两条推进路径；三是突出“示范区”和“核心区”两个重点领域引领带动作用。

【启示8】

高质量发展同样是粤港澳大湾区发展的主题。正确认识“一体化”和“高质量”之间的互动关系，通过深入推进区域一体化推动高质量发展、通过高质量发展促进更深层次一体化，努力形成高质量发展的区域集群，对于粤港澳大湾区的未来发展至关重要。以往对这一重大关系研究关注不多。2018 年 3 月，习近平总书记关于广东“四个走在全国前列”的重要指示中，已经就广东省构筑高质量发展的体制机制和实现广东区域城乡协调发展的关系问题进行了阐述。如果广东全域无法实现一体化发展，全省的“高质量发展”目标就不可能实现。所以，要借鉴长三角的做法，通过推进“一核一带一区”区域新格局来实现全省一体化发展，要重点推进基础设施互联互通、科创产业深度融合、生态环境共保联治、公共服务普惠共享 4 项工作，推动区域一体化发展从项目协同走向区域一体化制度创新。

长三角一体化发展的难点在于能否妥善处理好以下重大关系：上海作为长三角龙头与南京、杭州等多个中心之间的关系；区域一体化发展总规划和地方规划之间的配合与协调的制度安排问题；区域空间与功能空间的关系；对内加强合作和对外开放的联动关系。粤港澳大湾区也必须正确处理好以上 4 个方面的关系，研究部署珠三角地区“更深层次一体化”，努力在广东沿海地带形成高质量发展的区域集群。

（二）上海：当好长三角“大哥”，发挥“龙头效应”

上海提出 7 个重点领域 17 个项目，包括交通互联、能源互济互保、协同创新、信息合作、生态保护、公共服务、市场环境。“六个一批”分别涉及长三角区域城际铁路网规划编制、制定 5G 先行先试行动、“信用长三角”行动方案、打通省际断头路第一批 17 个项目，以及共建覆盖三省一市的 G60 科创走廊等一体化推进工作内容。

上海的核心抓手是三个重点领域：长三角生态绿色一体化发展示范区（青浦、吴江、嘉善）、上海自贸试验区新片区（“先行示范区”）、虹桥商务区（面向长三角和长江流域的核心承载区）。

G60科创走廊包括：上海、嘉兴、杭州、金华、苏州、湖州、宣城、芜湖、合肥9个城市，覆盖面积约7.62万平方公里。G60科创走廊沿线是中国经济最具活力、城镇化水平最高的区域之一。在这一走廊上的青浦、吴江、嘉善区域有望成为长三角一体化的“特区”。示范区相当于三省一市的试验田，更能承担“特区”的角色。长三角面积广大，实现区域一体化有很多障碍，这就需要有适当的地域发挥推进一体化的示范先行作用和支撑带动作用。

上海松江、青浦两区到江苏的吴江、浙江的嘉善，这一核心区域，面积约为2300平方公里，是传统长三角三省市的交接地，很容易被边缘化，如果三地形成接合带，这一区域就从边缘变中心，可能变成热点地区。加之三地经济差距不大，大体发展水平相当，发展潜力很大，还能在经济与生态的结合、城市与乡村的协调等多个范围内先试先行。

【启示9】

上海目前的作为都是围绕着“怎样当好长三角一体化发展的龙头”而展开的。从“6个一批”涉及的长三角区域城际铁路网编制规划，设定先行先试行动方案，打通省际断头路等，到牵头共建覆盖长三角三省一市的G60科创走廊，再到建设苏浙沪三省市交界的“长三角生态绿色一体化发展示范区”、建设作为长三角和长江流域核心承载区的虹桥商务区等，都体现了对长三角一体化发展的责任和担当。在这一方面，粤港澳大湾区的广州、深圳等超大城市要对标上海，在安排自身发展平台和重大项目时，努力与自身补齐产业短板、优化城市布局有机结合起来，以形成各方参与、互利共赢的格局。

（三）安徽：次发达地区融入长三角的现实路径

在长三角区域中，安徽的发展相对迟缓，长期受制于地缘生态的割裂、国家政策的边缘化与资源禀赋的束缚。计划经济时代，国家投入安徽少。改革开放后自身又没有形成超强中心，周边虹吸效应比较强烈，本地资源离心力太强。地理区位上，安徽“北部平原、南部山区”，皖北土地贫瘠，以资

源型产业为主；皖南受地形约束无法大力发展农业与工业，地理上难以与武汉经济圈、杭州经济圈连接。

针对以上问题，安徽紧紧抓住长三角区域一体化规划范围扩大的契机，提出推进基础设施、科技创新、产业合作、生态保护、民生保障等多领域合作。

一是推进交通基础设施合作。加快宁安城际、杭黄铁路、宿淮铁路和一批跨省高速建成贯通，打通省际断头路，撤除省界收费站。芜湖港与上港集团携手打造安徽至上海洋山港的重要喂给港，马鞍山和浙江舟山港通航全国首艘江海直达船。二是推进信息基础设施合作，开通量子通信“京沪干线”，推动企业上云、区域大数据产业统计发布等。三是强化创新驱动合作，谋划建设长三角科技创新共同体，协同长三角科技资源共享服务平台建设，多层次跨省市共建产业园区，谋划建设长三角科技创新共同体，协同长三角科技资源共享服务平台建设，多层次跨省（市）共建产业园区，以获得长足发展，《苏皖合作示范区发展规划》由国家发展改革委正式批复同意。四是跨界环境保护，积极参与长三角区域大气污染防治协作机制，正式实施皖浙两省新安江流域跨省生态补偿协议，皖苏、皖浙相邻市县共同签订跨界联防联控协议等。五是积极参与构筑区域协调发展机制，加快与上海口岸开展大通关物流数据、信息交换和查询工作，合肥等9市加入长三角城市经济协调会，黄山市加入杭州都市圈，芜湖、马鞍山、滁州、宣城等城市加入南京都市圈。

【启示10】

粤港澳大湾区中的“非核心区”，即惠州、江门、肇庆三市，以及广东省的东西两翼、北部山区地带，与安徽省在长三角中的区位条件比较相似，都是原来的产业基础、交通基础相对薄弱的地区，市场发育程度较低，区域核心区近在咫尺，却难以融入周边的大都市圈。交通是制约发展的最主要因素。近年来安徽省融入长三角一体化发展步伐明显加快，2008～2017年的10年间，安徽GDP增长3.1倍，年均增长15.78%，2017年以27518.7亿元位居全国第13位，8.5%的增速全国排名第6；2018年经济突破3万亿元大关，名义增速高达11.06%。合肥在2000～2016年GDP增幅高达18.36

倍，这一期间南京、杭州分别增长 9.29 倍和 7 倍。合肥 GDP 从分别相当于南京、杭州的 32%、23% 增加到 60%、57%。安徽发展的关键在于交通劣势的彻底改变。2015 年确定了“八纵八横”的高铁布局，合肥变成联通中东部的重量级枢纽，省内打通了“三纵五横四联”的交通网络。另外，安徽开始显现出集聚科创资源的“弯道超车”效应。2012 年之后安徽省的区域创新能力连续多年居全国第一方阵，合肥成为全国三大综合性国家科学中心之一。目前合肥拥有 4 个国家实验室、8 个大科学装置，19 个大科学工程和 7 个大科学平台，如世界规模最大的大基因工程基地（巢湖半汤），世界最尖端的量子通信、铁基超导、核聚变、智能语音等。

长三角内部能量巨大，苏浙沪从原来的虹吸效应走向外溢辐射，安徽作为苏浙沪的腹地，处于工业化中后期，在承接苏浙沪产业转移方面受惠最大。区域一体化发展蕴含着扁平化、多节点、开放式的内在逻辑。安徽可以站在全国乃至全球更高视角，寻找适合自己的也是最好的定位，发挥自身特色和优势，争取在功能上真正融入长三角。因此，安徽省提出了融入长三角一体化发展的五项“跨区域合作”举措，包括交通基础设施合作、信息基础设施合作、创新驱动合作，跨界环境保护合作和共同构筑区域协调发展机制等，特别是一手抓交通，一手抓创新，都很有针对性和时效性，很值得粤港澳大湾区和广东全省的次发达、欠发达地区借鉴。

（四）江苏：以“全（省）域一体化”对接长三角区域一体化

江苏认为，必须以先行实现全省域一体化为重点，推进苏南、苏中、苏北的协调发展，为长三角区域一体化发展做出贡献。而实现江苏“全域一体化”，“热点在苏南、重点在跨江、难点在苏北”。

具体部署是：第一，重点从体制机制入手，实质性推动苏锡常、宁镇扬一体化，推进锡常泰、苏通跨江融合；第二，更大手笔推进南京都市圈，徐州淮海经济区中心城市建设，带动周边毗邻地区融合发展；第三，在苏北和沿海布局重大基础设施建设，为各地打通全方位融入的通道，苏北和沿海地区要加大力度拥抱长三角，融入一体化。

江苏融入长三角一体化的基本思路是比较深刻和系统的。从结构上看，江苏试图通过优化业已存在的传统的子城市群布局，着力推动跨江城市群发展，逐渐形成多圈融合、“由点到面”的省内全域一体化。从空间上看，三大板块将各有侧重：“热点在苏南”主要指苏南更接近长三角的核心区，更有条件起试点和示范引领的作用；“重点在跨江”主要指因长江阻隔带来的南北两岸发展差距，是江苏要重点解决的问题；“难点在苏北”主要指要解决苏北发展滞后问题，必须在苏北地区融入长三角一体化上多花精力。从内容上看，江苏提出要从体制机制、重大基础设施建设、产业一体化三个方面入手，形成一体化市场、一体化体制、一体化理念。

江苏认为，跨江融合和加快苏北发展的重点在于产业带和城市带的建设，首先要加速形成航空、高铁、城市交通的立体式高密度全覆盖的交通网络，使其在交通联结上进入上海、南京等城市的1～2小时城市圈半径之中。其次要以此为基础培育南通、盐城、连云港三市的“苏北沿海产业带和城市带”。这一地带的产业基础、区域位置、资源状况和生态质地在整个长三角处于中上水平，是江苏全域一体化以及长三角区域一体化发展的重要战略后备空间。

【启示11】

目前江苏省内的苏北、苏南、跨江三点联动的思路，很值得大湾区和广东省“一核一带一区”各片区参考。解决区域协调发展问题，前提坚持问题导向，找准各自的制约“瓶颈”和主要着力点。

苏南成为“热点”的关键在于提升创新能力，融入以上海、南京为中心的科创共同体，构筑强大的创新网络，形成基础研发—科技创新—产业提升的完整创新链。显然，江苏将苏南产业的转型升级放在建设G60科创走廊、构筑长三角区域创新共同体的大框架下。对于粤港澳大湾区而言，建设具有世界影响力的“国际科创中心”的优势，显然不只是拥有多少高等院校、研究院所和科研团队，而在于如旧金山、纽约和东京等国际一流湾区一样，在湾区及周边地域形成国际科创中心—国际产业中心—国际金融中心的“三中心叠合”结构。江苏和苏南对广东的启示是，建设粤港澳大湾区国际科创中心和“广深港澳科创走廊”，必须兼顾三个方面，一是加强广深港澳等中心城市的基础研究和应用研究；二是将科创成果转化的主战场选择在东莞、佛山以及珠江口两岸的电子信息业产业带和高技术制造业产业带上；三是加快培育为国际科创中心服务的科技金融、创投和科技信息服务业。

发展“跨江城市群”是此次江苏区域一体化发展的重点，也是最大的亮点和难点。江苏省明确提出要在形成“苏州—无锡—常州”和“南京—镇江—扬州”两个“实质性一体化”都市圈的基础上，推进“无锡—常州—泰州”和“苏州—南通”两个跨江融合城市群。这一构想极具战略远见，如果得以实现，从上海到南京的长江下游两岸，将形成长达320千米的大都市连绵带，拥有3个GDP超2万亿元跨江城市群（苏通、锡常泰、宁镇扬），上海—苏锡常—镇江—南京一线的发展腹地将得以向北拓展，南通—泰州—扬州一线的区位优势也可以得到更充分的发挥。

粤港澳大湾区内部发展不平衡，珠江口两岸“东强西弱”“南强北弱”的状况比较突出。尽管港珠澳大桥和南沙大桥已经建成通车，深中通道和深茂铁路等也在加快建设，珠江口两岸“跨江融合发展”还基本上停留在“顶层研究”和基层“自发互动”阶段。有必要认真学习研究江苏已经“实质性一体化跨江融合发展”的内涵、方案、指标体系和政策措施，在目前的“港—深—莞—惠”、“广—佛—肇—清”和“珠—中—江”三个都市圈的基础上，规划和建设“香港—深圳—中山—珠海—澳门”和“东莞—广州（南沙）—佛山（顺德）”两个“实质性一体化”的跨珠江口城市群。

江苏将解决苏北“难点”的中近期突破口放在培育南通—盐城—连云港一线的“苏北沿海产业带和城市带”上，对解决苏北空间发展问题有所取舍。广东省2018年提出了“一核（珠三角）一带（沿海经济带）一区（北部生态区）”的区域发展新格局目标，将广东省区域协调的主战场放在东翼和西翼沿海地带。江苏的“加速形成航空、高铁、城市交通的立体式高密度全覆盖的交通网络，使其在交通联结上进入上海、南京等城市的1～2小时城市圈半径之中”的思路值得学习，要加大对东、西两翼沿海的交通投入，特别是加大对粤东粤西的省国道、港口、机场的投入，构筑以汕头和

湛江为中心的“立体式高密度全覆盖的交通网络”，使粤东粤西得以进入广州、深圳、香港的1~2小时城市圈半径，这是建设好广东沿海经济带、城市带和旅游带的前提和基础。

（五）浙江，以“湾区经济”为引领，补短板、促合作

2018年7月浙江省颁发《建设浙江省大湾区行动计划》。宏观层面，浙江大湾区的总体布局是“一环、一带、一通道”，即环杭州湾经济区、甬台温临港产业带和义甬舟开放大通道。中观层面，环杭州湾经济区是大湾区建设的重点。微观层面，浙江既要发挥现有产业优势，瞄准未来产业发展方向，整合延伸产业链，打造若干世界级产业集群；也要推进产业集聚区和各类开发区整合提升，打造若干集约高效、产城融合、绿色智慧的高质量发展大平台。

为加快融入长三角区域一体化发展，浙江省提出以下的补短板、促合作的新举措：产业层面，基于现有的制造业的比较优势，浙江产业结构的调整方向将集中于港口经济、互联网经济、资本金融、新制造和体验经济5个重要方面；区域合作层面，一是发展港湾经济，建设M形的沪杭甬大湾区；二是与周边城市积极对接合作，加速推进与上海的一体化；三是利用自身的信息经济、块状经济、山水资源、历史人文等独特优势，以特色小镇建设为抓手，在有限的空间里优化生产力布局，并形成分布式节点。市场与政府层面，浙江省非常重视市场和政府间的匹配，不断推进政府自身的改革。2018年以来，从温州开始试点的政府扶持实体企业的各项改革措施大刀阔斧地推出，通过网上服务，政府的各项政策可以直接让企业感到实惠，取得很好的效果。

《长江三角洲区域一体化发展规划纲要》明确提出，要发挥浙江省数字经济领先的优势，打造全国数字经济创新高地。习近平总书记在浙江工作期间就提出了建设“数字浙江”的目标。在第六届世界互联网大会上，浙江被列为首批国家数字经济创新发展试验区。浙江提出，要重点推进“三区三中心”的建设。“三区”就是推进数字产业化发展引领区、产业数字化转

型示范区、数字经济体制机制创新先导区，“三中心”就是推进数字科技创新中心、新型贸易中心、新型金融中心。

【启示12】

浙江省的地理地貌和资源禀赋程度与广东省最为相似，两省的市场经济和民营经济的发育程度，也比较接近。浙江也正在推进湾区经济，浙江省的许多改革发展举措，对广东省和粤港澳大湾区建设都很有启示作用。

（1）浙江省大湾区关于杭州湾经济区、甬台温临港产业带和义甬舟开放大通道的宏观布局，都是将全省纳入规划范围，体现了推进跨行政区划进行合作的原则。

（2）对制约浙江产业转型升级的问题把握得很精准。特别是浙江省民间资本多、投资难，小微企业多、融资难的“两多两难”问题，广东目前也广泛存在。浙江省出台吸纳漂流在外的民间资本投资新经济的有关政策，有力地推动了温州、台州、杭州的民间资本回归。浙江提出了制造业向“精致制造”和“体验经济”转型升级的目标，方向明确，有特色，口子小，易见效，比脱离本地实际，大而不当地罗列“新产业名录”要有用。

（3）将破除障碍整合全省沿海各大港口，作为建设浙江“湾区经济”的重中之重，广东省和粤港澳大湾区在这方面的进展比较迟缓。

（4）紧紧扭住数字经济这一浙江固有的特色和优势，勇于将浙江定位于全国数字经济发展的“引领区、示范区、先导区”。相比之下，广东在以下两个方面存在明显差距：一是在数字经济与产业转型的关系上，浙江提出了“数字产业化、产业数字化”的理念，广东还停留在“智能制造”的认识层面上，“工业互联网”尚未铺开；二是在数字经济与数字政府的关系上，全国许多省份目前的政府改革还停留在借助信息手段达到“最多跑一次”的水平，浙江除了已经先行一步开始数字经济的立法外，自觉地将切实转变政府职能与建设数字政府有机结合起来，省政府各综合部门自觉清理、归并审批事项和对企业帮扶事项，重新设计优化行政流程，通过数字政府建设，将政府对企业的服务送上网、送到企业专用网页，改变了政府的“多头服务”“过头服务”状况，减少了企业的行政成本。这一政府改革是需要动真格调整政府各部门“权责结构”的，广东省可以从大湾区内的粤九市和汕头、湛江两座区域中心城市先行试点，以切实改善营商环境。

参考资料

［1］中共中央 国务院印发《粤港澳大湾区发展规划纲要》，《人民日报》2019年2月18日。

［2］中共中央 国务院印发《长江三角洲区域一体化发展规划纲要》，《人民日报》2019年12月2日。

［3］《上海在长三角一体化发展中要起龙头带动作用》，中国新闻网，https：//baijiahao. baidu. com/s？id = 1637953097139102988&wfr = spid er&for = pc。

［4］《安徽省实施长江三角洲区域一体化发展规划纲要行动计划》，安徽网，www. ahwang. cn/anhui/20200116/1969870. html。

［5］江苏印发《〈长江三角洲区域一体化发展规划纲要〉实施方案》，《新华日报》2019年7月24日。

［6］《浙江省推进长江三角洲区域一体化发展行动方案》，《浙江日报》2010年1月8日。

［7］何立峰：《加快推进长三角区域一体化发展》，《人民日报》2019年12月4日。

［8］刘志彪：《长三角区域市场一体化与治理机制创新》，《学术月刊》2019年第10期。

［9］《浙江省大湾区建设行动计划》，百度文库，https：//wenku. baidu. com/view/6fd67b56f02d2af90242a8956bec0975f465a4d0. html。

B.26
关于粤港澳大湾区深中产业拓展走廊建设的建议

中山市经济研究院课题组*

摘　要： 2020年省政府工作报告明确提出规划建设深圳—中山产业拓展走廊，这对于加速创新要素在珠江口东西两岸间的流动，进一步推动粤港澳大湾区协调发展具有重大意义。本文分析了深中产业拓展走廊建设的基础支撑，明确深中产业拓展走廊建设思路，提出深中产业拓展走廊建设应创新深中协同发展体制机制、建设融合互动现代产业体系、推动重大基础设施互联互通等建议，为粤港澳大湾区高质量融合发展提供示范。

关键词： 深中产业拓展走廊　粤港澳大湾区　深圳市　中山市

广东正举全省之力推动粤港澳大湾区和支持深圳中国特色社会主义先行示范区建设，整个大湾区内部存在发展的不平衡不协调问题，突出表现在东强西弱、南强北弱，尤其珠江东西两岸的发展差距在进一步拉大。2020年省政府工作报告明确提出规划建设深圳—中山产业拓展走廊。在中国特色社会主义先行示范区最新定位下，深圳作为大湾区中的核心城市，其创新、产

---

* 执笔人：梁士伦，电子科技大学中山学院教授，中山市经济研究院院长，广东省区域发展蓝皮书研究会副会长，广州市粤港澳大湾区（南沙）改革创新研究院高级研究员；丘书俊，中山市经济研究院经济研究所所长，中级经济师。

业、体制机制等各方面优势将会更加凸显，辐射带动效应日益增强。中山处在由深圳前海、广州南沙、珠海横琴构成的湾区核心“金三角区域”的几何中心，在广东省委“三个定位”① 下作为大湾区重要节点城市。推进深中产业拓展走廊建设，是顺应新时代区域一体化发展大趋势，促进珠江东西两岸协同发展的必然选择。本文通过分析深中产业拓展走廊建设的支撑条件和能力、存在的问题短板，明确深中产业拓展走廊建设思路，提出深中产业拓展走廊建设的若干建议。

一　深中产业拓展走廊建设的基础支撑

（一）支撑条件和能力

深中对接合作具有良好基础。深中通道从根本上改变珠江口东西两岸的交通发展和产业布局，将中山纳入湾区中心城市 1 小时生活圈，中山可以引进更多深圳的人才、技术、资本、项目等创新资源要素，产生规模集聚效应。深圳高科技产业发达，在创新研发、现代服务业上具有明显优势，新一代信息技术、生物医药、高端装备制造等战略性新兴产业维持高速增长态势，集成电路、人工智能、5G 移动通信、新型显示等领域走在国内同行前列，形成了世界级产业优势。中山经过多年的积累，已经形成了较好的产业基础和集群优势，家电、五金、灯饰、家具均在国内享有盛名，战略性新兴产业不断培育。中山较好的制造业基础有利于承接高新技术产业，中山产业集群和中小企业众多的优势，能够部分承担和替代东莞的角色，做好深圳（南山、前海）的“配套”。中山传统制造业升级亟须插上科技创新的“翅膀”，而深圳的科技创新的服务能力外溢扩张趋势明显，两市产业形成了双向作用的合力。中山拥有较为完善的生产制造和产业配套环

① 广东省委书记李希来中山调研时，对中山提出打造珠江两岸融合发展支撑点、沿海经济带枢纽城市、粤港澳大湾区重要一极的“三个定位”。

境，与深圳优质研发、技术基础和人才储备形成了较强的互补性，支撑两市之间产业加速融合发展。

当前深圳产业发展面临的最大问题是土地、空间资源严重紧缺，企业运营成本居高不下，深圳产业特别是战略性新兴产业和未来产业发展迅速，企业在发展壮大的同时存在寻求规模扩张的动力。中山生产生活成本较低、生态环境良好，具有较深厚的文化底蕴，孙中山文化、广府文化都扎根于此，翠亨新区、民众镇等东部组团、东北组团区域土地资源相对充裕，为承接产业转移和资源优化配置提供了良好条件。中山可以凭借劳动力、土地等要素成本较低的优势承接以华为、中兴、腾讯、比亚迪等为代表的深圳企业的向外转移，为企业提供低成本要素和宽广的发展空间，满足企业扩大生产规模、外溢拓展的需求。同时，中山加快推进翠亨新区、岐江新城、民众创新园等战略平台建设，拥有38个国家级产业基地、大量产业园区（服务业集聚区）、商业楼宇等存量资源，能够为产业发展提供空间和平台载体支撑（见图1）。

（二）存在的问题

一是深、中两市行政级别的不对等，需要省级层面协调推动。尽管从外部机遇和自身基础来看，中山具备和深圳全面合作的基础条件，但是深圳和中山两市在行政级别和经济规模上，都存在较大差距。从行政级别来看，深圳是国家经济特区、副省级城市，中山是普通地级市，两市存在不对等。从经济规模来看，2019年深圳GDP为26927.09亿元，中山GDP为3101.1亿元，深圳GDP约为中山的8.68倍。行政级别的不对等以及经济地位的较大差距，会让中山在深中合作中缺少“话语权”和“决策权”，影响产业拓展走廊的进一步推进。

二是中山缺乏国家级政策平台和政策支持，竞争优势不强。目前粤港澳大湾区布局有大量的国家级政策区域，自由贸易试验区、国家级新区、综合保税区等特殊政策区域将成为深化粤港澳合作的主要平台，也是地方发展的动力源泉。广州、深圳、珠海成为国家级政策区域布局最

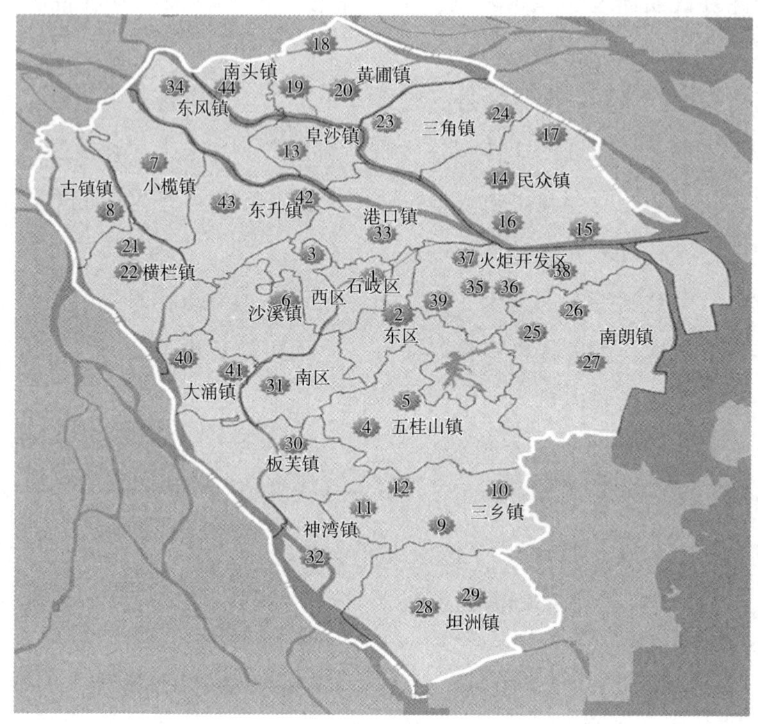

图1　中山市主要产业园区分布

注：1. 广东中山工业园区（民营科技园）

2. 沙湾工业园
3. 广丰工业园
4. 龙石工业园
5. 长命水工业园
6. 隆兴工业园
7. 小榄工业区
8. 同益工业区
9. 东桂工业区
10. 平埔工业区
11. 谷都工业区
12. 白石工业区
13. 阜港工业区上南工业园
14. 中山保税物流中心
15. 能源化工建材基地
16. 中山市生态环保产业园
17. 沙仔工业园
18. 大雁工业区
19. 马新工业园
20. 中山食品工业示范基地
21. 茂辉工业区
22. 永兴工业区
23. 金鲤工业区
24. 高平工业区
25. 大车工业园
26. 华南现代中医药城
27. 南朗工业区
28. 坦洲第一工业区
29. 坦洲第三工业区
30. 顺景工业园
31. 中山电梯特色产业基地
32. 神湾港工业区
33. 游戏游艺产业基地
34. 同乐工业区
35. 中国电子（中山）基地
36. 中国技术市场科技成果产业化（中山）示范基地
37. 中炬汽配工业园
38. 国家健康产业基地
39. 包装印刷基地
40. 青岗纺织工业园
41. 蔡朗工业园
42. 东锐工业园
43. 同茂工业园
44. 升辉工业园

早的受益者，而中山正好处在各类政策区域的布局之外，从国家、省等各级政府获得的政策支持较少，在一定程度上制约了中山的发展。与深圳相邻的东莞和惠州紧抓粤港澳大湾区的机遇，凭借深莞惠之间便捷的交通，主动对接深圳开展合作。东莞制造业基础雄厚，松山湖高新区和滨海湾新区是东莞全面对接深圳的战略高地；惠州签署了区域创新协同、产业协作、交通互联等一系列合作协议，推进“深圳湾创业广场 + 仲恺创业大街”“深圳研发 + 惠州制造”等高技术产业化高地建设。周边城市迅猛发展并采取一系列行动促进与深圳合作，给中山全面对接深圳带来巨大挑战。一旦深圳与东莞、惠州的“外溢与承接”关系不断强化并形成市场惯性，中山的比较优势减少，进一步增加了承接深圳相关高端制造业及创新资源要素转移的难度。

三是科创体系薄弱，制约产业转型升级。科技创新平台建设对中山产业发展的支撑力不足。中山省级以上创新平台数量与深圳存在巨大差距，现有创新服务平台普遍规模较小，技术研发力量相对薄弱，在承接深圳创新产业发展中还存在难点。中山特色产业与新兴产业的主体为中小微企业，与深圳相比，单体竞争力与创新力不足，缺乏大型企业、龙头科技企业作为主力军引领创新研发，与周边城市相比人才吸引力较弱，劳动力人口构成以中低端为主，文化水平较低，缺乏竞争力，高学历、高技能人才在经济发展中发挥作用较少，难以帮助中山在粤港澳世界级湾区建设中取得优势和主动地位。中山对外地毕业生特别是著名高校或硕士以上学历毕业生就业吸引力较低，高精尖科技人才和科技服务专业人才不足，制约了中山创新驱动发展。2019年，中山专利申请量 3.92 万件、授权量 3.01 万件，累计认定高层次人才 717 人，规模和质量都低于周边地区。

四是土地资源瓶颈制约，空间规划难以协调。中山早期土地开发模式比较粗放，已开发地块纵横交错，土地使用年限、使用权归属皆有所不同，各方利益关系复杂，难以进行统一规划和改造，尚未开发的土地碎片化，缺少承载大项目的连片土地资源。中山目前土地开发强度接近 40%，是全省唯一建设用地规模减量规划的地级市，“三规合一”难度较大，降低了对产业项目的吸引力。中山的空间规划难以协调，空间形态较为松散，呈现典型的“弱中心、强镇域”的特点，各镇区依托自身资源各自发展，中心城区未能集聚足够多的资源进行集中建设，未能形成一个具有辐射带动力的区域核心增长极。

五是深、中两市营商环境存在较大差距。近年来中山采取了诸多措施着力改善营商环境，但成效不显著，在注册审批、政务服务效率等方面明显落后于深圳、东莞等城市。影响优良营商环境更为深远的是教育、医疗等公共服务的质量与效率问题，在这方面中山的短板还很突出，在解决人才的根本关切方面措施不力，比如子女教育、人才安居周转房、生活环境便利化程度、人文氛围等，导致对企业招商引资、人才、创新要素吸引力弱化。近些年来中山干部队伍“不做不错”“少做少错”的思想严重，缺乏“刀刃向内”的决心和勇气，“应该办的事谨慎办、可办可不办的事尽可能不办、可变通办理的事一定不办”的不担当意识蔓延。在国内各类营商环境排行榜中，中山与深圳以及周边的东莞、佛山相比存在较大差距。

二　深中产业拓展走廊建设思路

（一）总体建设思路

在广东省政府的指导支持下，联合编制深中产业拓展走廊建设方案及相关专项行动计划，探索联合全球招商、共建平台园区、共同培育企业、产业政策联动、发展成果共享等互利共赢措施，高起点、高标准打造火炬开发区、翠亨新区、岐江新城三核鼎力的重大发展平台，推进民众创新园等建设，引导优质产业项目、创新资源要素、重大平台载体等向中山延伸集聚，巩固大湾区核心产业链。

（二）处理好几个关系

一是区位与区域。善于把握和紧紧抓住深中通道建设窗口期，谋划推进深中产业拓展走廊建设，推动区位优势转化为促进经济社会发展的强大动力，并依托环湾片区向纵深区域拓展辐射半径，带动区域腾飞。二是单个项目与产业体系、传统产业与新兴产业。除了精准招引一批重大项目，还应发挥大桥经济走廊功能，强化与深圳等珠江东岸城市的产业协作，加快现代产业的引进和培植，推动打造优势互补、链条完整、配套完善、高效联动的产业体系，既包括创新科技、新兴产业对接合作，也包括整合深圳专业化金融、技术、人才、资本、检验检测等资源，促进中山传统产业转型升级。三是短期效益与长期发展、溢出与虹吸效应。短期看，溢出与虹吸效应并存、动态变化；长远看，二者的相互作用会达到一个转折点，通过不同的路径向外辐射扩散。四是政府（服务）与企业（市场）。通过政府间务实高效服务，消除影响市场要素流动的各种行政障碍，缩小与深圳政府服务理念、办事规则之间的差异。五是招商政策与人居环境、产业园区与产业之城。通过完善招商引资政策，整合深中两地要素资源，在研发创新、生产服务、人居环境等方面进行优势配对，为企业合作共赢牵线搭桥，并按照产城融合理念，推动产业园区升级改造和招商引资联动，完善配套设施建设，打造承载优质项目的产业新城。

（三）重点建设任务

抢抓粤港澳大湾区和深圳中国特色社会主义先行示范区建设“双区驱动”、深中通道建设的重大机遇，重点围绕体制机制、产业体系、基础设施、公共服务、政策支持等方面谋划加强对接合作，超前筹划，高起点规划建设深中产业拓展走廊，加强与深圳优质产业资源的对接，更好地发挥深圳先行示范区和中山作为大湾区重要节点城市作用，加速人才、技术、资本、项目等创新资源要素在珠江东西两岸间的流动，进一步推动粤港澳大湾区协调发展。

三　深中产业拓展走廊建设的若干建议

（一）创新深中协同发展体制机制

参照深汕特别合作区的有关做法，在中山东部临深片区（翠亨新区）

划出一定区域，规划建设跨行政边界的功能协调、产业互补、成果共享的深中跨江融合发展示范区，作为深中产业拓展走廊的核心区域。加强省市联动、统筹协调，充分发挥粤港澳大湾区和深圳先行示范区重大平台作用，构建合理的成本分摊和利益共享机制，对标深圳现代化、国际化的城市建设设计和园区开发管理模式，全面复制、嫁接前海新城开发、产业发展、人才管理、投资贸易制度，加快形成东西联动和区域协调发展新格局，打造珠江西岸的“前海”。

（二）建设融合互动现代产业体系

推动深中产业拓展走廊建设，承接以生物医药、先进装备制造、新一代电子信息为主的深圳高新产业和现代服务业，打造产业集聚的核心产业示范平台。整合深圳的人才、融资、信息、技术、产业和中山的交通区位、良好制造业基础和产业集群配套等优势条件，推行“龙头＋基地”“主体＋分中心”“深圳技术＋中山孵化”等多种合作模式，支持深圳知名的创新企业、机构在深中跨江融合发展示范区投资设立企业法人（或分支机构）、科研机构、联合实验室，推进科技认定、科技奖励、税收优惠政策等实行互认互通，打造深中产业拓展走廊上的黄金节点和前沿阵地，与广深港澳科技创新走廊实现“双廊交融”，打造产业创新资源要素辐射外溢的最佳承载地。

（三）推动重大基础设施互联互通

围绕深中产业拓展走廊建设，构建布局合理、功能完善、衔接高效的基础设施网络。在深中通道、深茂铁路等重大跨江通道基础上，积极引入深中城际、深圳地铁，统筹谋划中山与深圳外环高速公路西延段对接通道、深珠城际中山支线、环湾城际等规划建设，争取纳入湾区城际铁路网规划。依托深中通道开通跨市公交服务，如开通前海到深中跨江融合发展示范区的公交巴士，推进深圳中山公交一卡通。推动深中两市完善码头交通接驳服务，开通翠亨新区中山港新客运码头到蛇口码头、福永码头的海上往返轮渡，加强水上客运服务水平，提升水上客运航线的吸引力和竞争力。

（四）推进优质公共服务同城共享

将深中产业拓展走廊作为深圳西延发展的战略廊道，促进珠江口东西两岸融合互动。推进深中两地在教育、医疗卫生、社会保障等领域公共服务对接，逐步实现“服务同质、资源共享”。鼓励深圳知名教育、医疗集团在中山设立分校、分院，推进深中两地异地就医直接结算，构建整合型优质医疗服务体系和以促进健康为导向的创新型医保制度，推动社会保险公共服务平台对接、社保卡实时刷卡结算。推动深中两地加强生态人文系统建设，以伶仃洋海域及深中通道两端生态区域为主，充分挖掘翠亨新区丰富的人文、湿地、岛屿生态资源和宝安区滨海自然资源，发挥深圳机场的枢纽作用和深中通道的联系功能，共建旅游合作区，促进文化旅游协同发展。

（五）积极争取并且强化政策支持

强化国家、省政策支持，对深中产业拓展走廊在规划编制、重大项目、政策制定、用地安排、资金支持等方面予以倾斜，推动国家重大科技基础设施、高水平创新研究院和重大科技创新平台布局。以深中跨江融合发展示范区为核心积极争取享受自贸区待遇，纳入粤港澳大湾区重大发展战略平台，在财税金融、土地管理、行政审批、人才引进等方面给予重点产业转移园区、示范区等政策红利，争取、赋予更多先行先试政策，在负面清单、国际人才港、第三方检测结果采信等方面予以支持，放权赋能，激发活力。依托国家支持深圳建设粤港澳大湾区大数据中心，建立城市间数据交换平台，推动深中两地逐步实现商事登记、行政审批服务等业务跨城通办，打造与深圳无差别的营商环境。

参考文献

［1］Devi R. Gnyawali，Byung-Jin Robert Park. Co-opetition between Giants：

Collaboration with Competitors for Technological Innovation. *Research Policy*, 2011, 40 (5): 650－663.

[2] 龙建辉:《粤港澳大湾区协同创新合作机制及其政策建议》,《广东经济》2018年第2期。

[3] 毛艳华、荣健欣:《粤港澳大湾区的战略定位与协同发展》,《华南师范大学学报》(社会科学版)2018年第4期。

[4] 汪雨卉、王承云:《粤港澳大湾区科技创新资源空间配置差异研究》,《科技与经济》2018年第1期。

[5] 陈广汉、谭颖:《构建粤港澳大湾区产业科技协调创新体系研究》,《亚太经济》2018年第6期。

[6] 张文敬、张一欣:《中山开放式区域创新体系的构建》,《科技管理研究》2014年第24期。

[7] 占足平、曹康琳、陈伟英、刘明:《深中通道建设对中山的影响及应对策略》,《中山日报》2017年1月19日A10版。

[8] 中共中央 国务院:《关于支持深圳建设中国特色社会主义先行示范区的意见》,国务院网站,2019年8月9日。

[9] 广东省委、省政府:《关于认真学习宣传贯彻〈中共中央 国务院关于支持深圳建设中国特色社会主义先行示范区的意见〉的通知》,《南方杂志》2019年8月23日。

[10]"走读马鞍岛,聚焦西湾汇"系列报道,中山翠亨新区官网,2019年5～7月。

Abstract

Report of Reform and Innovation of GuangDong-Hong Kong-Macao Greater Bay Area in China (*2020*) was co-edited by the Guangzhou Guangdong-Hong Kong-Macao (Nansha) Reform and Innovation Research Institute, together with the Guangdong Regional Development Blue Book Research Association and Guangzhou Development Research Institute of Guangzhou University. In terms of content structure, the report is divided into seven parts: General Report, System Integration, Industry Synergy, Regional Development, Scientific and Technological Innovation, Cultural Ecology, and Special Research. The report covers latest research results suggested by high-end experts from Guangdong and even the whole Country. The report is served as an important reference material on the economic and social operation of the Guangdong-Hong Kong-Macao Greater Bay Area and on related thematic analysis and expectations.

In 2019, with the release of the "Guangdong-Hong Kong-Macao Greater Bay Area Planning Outline", the Guangdong-Hong Kong-Macao Greater Bay Area ushered in historic development opportunities. Under the influence of various unfavorable factors such as the China-US trade friction, the slowdown of the global economic recovery, and the complex and changeable geopolitics, the local economy still achieved steady growth throughout the year, and the total economic volume exceeded 11 trillion RMB. The growth of investment, consumption, foreign trade, real estate, and financial situations are also generally stable. However, the overall economic growth has slowed down compared to that in 2018. Hong Kong and Macao have experienced a recession, and the economic role of "the Nine Cities of Guangdong" in the Greater Bay Area has become more important.

Looking forward to 2020, the Guangdong-Hong Kong-Macao Greater Bay Area will still face multiple opportunities and challenges. It is expected that great progresses would be achieved in aspects such as infrastructure interconnection, technological innovation, and industrial collaboration and cooperation, and that Regional financial cooperation and opening up will continue to be promoted. However, the 2019 – nCoV and the next round of trade negotiations between China and the United States will bring uncertainty to the economic expectation of the Greater Bay Area. Therefore, it is recommended to promote the characteristics of each city and further promote the development of the Greater Bay Area towards the regional layout of "pole-driven" and "axial support", and to increase the counter-cyclical adjustment of infrastructure investment and accelerate the construction of sea, land and air international corridors after the epidemic.

Keywords: Guang Dong-Hong Kong-Macao Greater Bay Area; the Nine Cities of Guangdong; Reform and Innovation

Contents

Ⅰ General Report

Abstract: Under the influence of various unfavorable factors such as China-US trade frictions, slowing global economic recovery and complex geopolitics, the economy of Guangdong-Hong Kong-Macao Greater Bay Area has achieved steady growth in 2019, with a year-on-year growth of 4. 4% in GDP, and the growth of investment, consumption, foreign trade, real estate and finance is also stable. In 2020, the Greater Bay Area will still face multiple opportunities and challenges. With the implementation of the*planning outline*, it is expected that great progresses would be achieved in aspects such as infrastructure interconnection, technological innovation, and industrial collaboration and cooperation, and that Regional financial cooperation and opening up will continue to be promoted. However, the 2019 - nCoV and the next round of trade negotiations between China and the United States will bring uncertainty to the economic expectation of the Greater Bay Area. In this regard, it is recommended to promote the development of Greater Bay area in the direction of "pole driven" and "axis supported" regional layout, to increase investment in infrastructure construction after the epidemic, to promote the coordinated development of advanced manufacturing industry and modern service industry, to explore financial connectivity and open innovation, and to work together to open up the international market and lead a new round of opening up.

Keywords: Guangdong-Hong Kong-Macao Greater Bay Area; the Nine Cities of Guangdong; Hong Kong; Macao

Ⅱ System Integration

B. 2 Study on feasibility of the establishment of "Guangdong-Hong Kong-Macao Greater Bay Area construction coordination center"

Research group of Guangzhou Guangdong Hong Kong Macao Greater Bay Area (Nansha) reform and Innovation research Institute / 038

Abstract: the development experience of the world-famous Bay area shows that it is an important means to set up a regional coordination organization with strong executive power under the leadership system of the national macro level to ensure the regional coordinated development. The construction of Guangdong-Hong Kong -Macao greater Bay area involves one country, two systems, three tariff areas and three currencies. There is a large gap in the level of economic and social development between cities. It is necessary to set up a coordination center at the working level under the framework of the leading group for the construction of Guangdong, Hong Kong and Macao greater Bay area at the national level, so as to improve the work efficiency of coordinating the cities in Guangdong-Hong Kong-Macao Greater Bay area. From the perspective of planning location and physical conditions, we suggest that this coordination center should be located in Nansha, Guangzhou.

Keywords: Coordination Center; Guangdong-Hong Kong-Macao Greater Bay Area; Nansha

Abstract: The obstacles and difficulties in realizing the ultimate goal of the Guangdong-Hong Kong-Macao Greater Bay Area construction are much more serious than expected. Difficulties and obstacles brought by the current mechanism must be resolved by building a comprehensive and reasonable cooperation mechanism between the Guangdong-Hong Kong-Macao Greater Bay Area governments. Under the content, it is proposed to merge the existing "Guangdong-Hong Kong-Macao Cooperation Joint Conference" and "Guangdong-Macao Joint Conference" and to integrate it into a "Guangdong-Hong Kong-Macao Executive Heads Joint Conference". It is also suggested to establish a government cooperation mechanism between Guangdong-Hong Kong-Macao Greater Bay Area cities, named "Guangdong-Hong Kong-Macao Urban Development Coordination Association".

Keywords: Guangdong-Hong Kong-Macao Greater Bay Area; Yangtze River Delta Government Cooperation Mechanism

Abstract: As the construction of the Guangdong-Hong Kong-Macao Greater Bay Area promotes, the question of how to speed up the collaboration between Hong Kong, Macao and Guangdong (Mainland China) in the field of social welfare systems has become an increasingly important practical policy issue. In order to achieve the coordination of the social welfare systems in Guangdong, Hong Kong, and Macau, we should grasp their basic principles, implementation paths, and key contents. Also, we should establish a social policy consultation mechanism, promote the construction of social policy informatization, establish a social welfare policy research alliance, a Greater Bay Area community and a service trading center to carry out trials in the community service demonstration area. In addition, to achieve the coordination of the social welfare system in the Guangdong-Hong Kong-Macao Greater Bay Area, we should incorporate the "Social China" governance concept, and promote a unified citizenship welfare system by changing the localized and fragmented welfare area structure of the Greater Bay Area social policy.

Keywords: Guangdong-Hong Kong-Macao Greater Bay Area; Social Welfare System Collaboration; "Social China"

Abstract: In 2019, the State Council successively published "the Outline of the Development Plan for the Guangdong-Hong Kong-Macao Greater Bay Area" and "the Opinions of the State Council of the Central Committee of the Communist Party of China on Supporting Shenzhen to Build a Pioneering Demonstration Area with Chinese Characteristics" . In this context, this article focuses on the role of construction of international financial center in promoting the construction of the Guangdong-Hong Kong-Macao Greater Bay Area. The article first reviewed the relevant domestic and international literature of the International Financial Center, then analyzed the existing problems in the construction of the Guangdong-Hong Kong-Macao Greater Bay Area International Financial Center based on the comparison of the four major bay areas, and finally proposed five recommendations for accelerating the construction of Guangdong-Hong Kong-Macao Greater Bay Area international financial center on the basis of financial opening and cooperation.

Keywords: Guangdong-Hong Kong-Macao Greater Bay Area; International Financial Center; Four Great Bay Areas; Financial Opening and Cooperation

Abstract: Optimizing the business environment is one of the most important ways for making new breakthroughs in the economic development of the Guangdong-Hong Kong-Macao Greater Bay Area. As a typical example of deepening the reform of the commercial system and optimizing the business environment, Guangzhou has always been at the forefront of the country. This article is based on an in-depth study of the process and effectiveness of Guangzhou's deepening commercial system reform. This article proposed a series of suggestions in order to promote Guangdong's further deepening of the commercial system reform, optimize the business environment of the Guangdong-Hong Kong-Macao Greater Bay Area, and fully release the development potential of world-famous bay areas and global city clusters.

Keywords: Reform of Commercial System; Business Environment; Guangzhou; Guangdong-Hong Kong-Macao Greater Bay Area

Ⅲ Industrial Cooperation

Abstract: This article suggests that it is necessary for the country to deepen the cooperation between Guangdong, Hong Kong and Macao, to make full use of the unique advantages of Hong Kong and Macau, and to jointly build the

Guangdong-Hong Kong-Macao Greater Bay Area. Based on multiple analyses, it is pointed out that the current gap between the development quality of the Guangdong-Hong Kong-Macao Greater Bay Area and the world's advanced bay areas' mainly stems from the shortcomings of "soft integration" between the three places. The comparison between the bay areas should be focused on the quality of urban agglomerations and the capabilities of industrial circles Resource allocation. From the perspective of meeting urgent national needs and of making best use of Hong Kong, Macao and Guangdong's superiorities, this article raises specific suggestions on five different aspects including ideological integration, mechanism integration, rules integration, information integration, and cultural integration, in order to deepen the "soft integration" between Guangdong, Hong Kong and Macao.

Keywords: Soft Integration, Guangdong-Hong Kong-Macao Greater Bay Area, Cooperation and Joint Construction

Abstract: Blockchain is one of the commanding heights of the current global technology scramble, and the technology application prospects and industry development trends have become increasingly clear. The Guangdong-Hong Kong-Macao Greater Bay Area is currently in the forefront of the country in terms of blockchain policy supply and technology application. Industrial development has begun to form, but there are still obvious shortcomings on aspects such as the quality of landing projects and the volume of capital investment. Therefore, future works should be focusing on strategic planning and guidance, regional policy coordination, funding and talent supply, and construction of a safety supervision system. Responding to the national strategy on building blockchain applications, we will make overall efforts to promote the technical application of blockchain technology in the fields of financial services, digital currencies, cross-border trade and people's livelihood.

Keywords: Guangdong-Hong Kong-Macao Greater Bay Area; Blockchain; Technology Application

Abstract: Building an international science and technology innovation center is one of the strategic positioning for Guangdong-Hong Kong-Macao Greater Bay Area. To accelerate the cultivation of new economic growth momentum, seize the commanding point of a new round of industrial competition, and boost the transformation from manufacturing to intelligent manufacturing, we must increase our awareness of development, pay attention to basic research, focus on breakthroughs in key areas, stimulate vitality of innovation platform, speed up the pace of discipline construction, improve the efficiency of funds, and create a good environment.

Keywords: Guangdong-Hong Kong-Macao Greater Bay Area; Intelligent Manufacturing; Innovation Driven

Abstract: In order to ensure the leading position in the economic and technological development of the Guangdong-Hong Kong-Macao Greater Bay Area, it is necessary to establish new ideas to lead the technological innovation of new energy intelligent vehicles, and actively build the long board advantage of the automobile parts industrial chain in the Guangdong-Hong Kong-Macao Greater Bay Area. This paper analyzes the significance of new energy intelligent vehicle technology and building a long board advantage of auto parts industry. Based on the analysis of the current situation of the technology and industry development of the new energy intelligent vehicle and its parts in Guangdong-Hong Kong-Macao Greater Bay Area, and the problems faced by the development of the new energy intelligent vehicle. This paper puts forward specific countermeasures and suggestions for the development of the new energy intelligent vehicle technology and industry.

Keywords: Guangdong-Hong Kong-Macao Greater Bay Area; New Energy Vehicle; Auto Spare Parts

B. 11 Research on countermeasures for the development of cold chain logistics in the Guangdong-Hong Kong-Macao Greater Bay Area *Zuo Liancun* / 165

Abstract: This paper focuses on the development of cold chain logistics and the construction of quality life circle in Guangdong-Hong Kong-Macao Greater Bay Area. Firstly, the article analyzed the importance of cold chain logistics to the construction of quality life circle in Guangdong-Hong Kong-Macao Greater Bay Area. Secondly, it analyzes the advantages and disadvantages of developing cold chain logistics in Guangdong-Hong Kong-Macao Greater Bay Area. Finally, the paper puts forward countermeasures for the development of cold chain logistics in Guangdong-Hong Kong-Macao Greater Bay Area, including strengthening the integration construction of cold chain logistics in Guangdong-Hong Kong-Macao Greater Bay Area, reasonable layout of cold chain logistics space in Guangdong-Hong Kong-Macao Greater Bay Area, construction of cold chain logistics infrastructure in Guangdong-Hong Kong-Macao Greater Bay Area, standardization construction of cold chain logistics information technology in Guangdong-Hong Kong-Macao Greater Bay Area, construction of cold chain logistics talents in the

Guangdong-Hong Kong-Macao Greater Bay Area. and etc.

Keywords: Cold Chain Logistics; Guangdong-Hong Kong-Macao Greater Bay Area; High Quality Life Circle

B. 12 An innovative study on the ecological model of cross-border e-commerce in Guangdong, Hong Kong and Macao Bay

Liu Zhen, Peng Leiqing / 178

Abstract: Guangdong, Hong Kong and Macao Bay is the world-class bay area with 9 + 2 city clusters, and the regional industrial ecology is very developed. This paper innovatively analyzes the background and path of cross-border e-commerce development in Guangdong, Hong Kong and Macao Bay from the perspective of industrial ecological model. At the same time, the advantages and disadvantages of developing cross-border e-commerce in the Guangdong, Hong Kong and Macao Bay is found through comparative analysis with another ecological model of cross-border e-commerce — the ecological model of the platform around the Hangzhou bay, and suggestions are put forward for further improving the ecological model of cross-border e-commerce.

Keywords: Guangdong-Hong Kong-Macao Greater Bay Area; Cross-border e-commerce; Industrial Ecological Model

B. 13 Research on the Development of Internet Celebrity Live Streaming Industry in the Guangdong-Hong Kong-Macao Greater Bay Area

Wang Xianqing, Jiao Ping and Yang Yaling / 193

Abstract: The Internet Celebrity Live Streaming is a novel industry form and model that integrates Internet with new business, new consumption, new service and new fashion in the digital economy. It is characters with the experiential condition, strong interactivity, intuitive feeling and strong real-time, and also is a business revolution based on new technology applications, such as the smart phone, 5 G communication and short video. The Guangdong-Hong Kong-Macao Greater Bay Area is one of the most developed regions for internet celebrity live streaming in China, with its privileged advantages, such as closer to the producing area, original design and abundant goods. Especially considering that the three industries of textile and clothing, home building materials, jewelry and jade, this area is developing rapidly. As an emerging industry, the Guangdong-Hong Kong-Macao Greater Bay Area should give great support to talents and capital, and at the same time it should further promote its innovative development in terms of content and form.

Keywords: Internet Celebrity Live Streaming; E-Commerce Platform; Experience Economy

Ⅳ Regional Development

B. 14 Research on the Resource Agglomeration and Radiation Effect of Guangzhou in the Guangdong-Hong Kong-Macao Greater Bay Area

Dong Xiaolin / 210

Abstract: The world-class urban agglomerations in the Guangdong-Hong Kong-Macao Greater Bay Area are built under effect of core city poles. Among the four core engines of the Greater Bay Area, Guangzhou is a national central city and a comprehensive gateway city. With its gateway function, comprehensive transportation hub, rich industrial categories, advantages of international business centers, talent training and supply levels, and cultural tolerance, Guangzhou has created a good condition for gathering international resources and realizing regional and international radiative influence in the Greater Bay Area. From a forward-looking perspective, Guangzhou will continue to strengthen its external communication capabilities, corporate innovation capabilities, and attractive features to further enhance the quality and level of its pole-driven functions. At the same time, from the research of the four major factors of economy, technology, education and environment, it can be expected that Guangzhou will continue to play a vital role in leading development in the Guangdong-Hong Kong-Macao Greater Bay Area.

Keywords: Guangdong-Hong Kong-Macao Greater Bay Area; Guangzhou; Resource Agglomeration; Pole Drive

Abstract: Innovation is the primary driving force behind development. From the perspective of cities and urban agglomerations, the advantages of agglomeration of a city are represented by the advantages of gathering high-end professional innovative talents and the advantages of division of labor and innovation. From the perspective of the Guangdong-Hong Kong-Macao Greater Bay Area, Shenzhen's innovative economy has experienced the transformation from industrial upgrading to innovation driven development. The development process is internally due to Shenzhen's effective market, promising government, and a vibrant society. Its external reason is inseparable from the collaborative innovation of the Guangdong-Hong Kong-Macao Greater Bay Area. In the future, Shenzhen will continue to follow the path of sustainable innovation development combining science and industry.

Keywords: Guangdong-Hong Kong-Macao Greater Bay Area; Shenzhen; City; Innovative Economy

B. 16 Research on the Strategy of Promoting the Integration and Development of the East and West Sides of the Pearl River in Zhongshan City

Research Group of Zhongshan Economic Research Institute / 246

Abstract: Promoting the integration of the east and west sides of the Pearl River in the Greater Bay Area is an inherent requirement for the integrated development of Guangdong-Hong Kong-Macao Greater Bay Area. Zhongshan is located at a hub node connecting the east and west sides of the Pearl River. It should be planned early to implement the strategic positioning given by the Provincial Party Committee, strive to become a support point for the integration and development of the east and west sides of the Pearl River, and contribute to the construction of a world-class city group. Based on the analysis of the current situation of the integration of the east and west sides of the Pearl River, on the trend of integration and development of the east and west sides of the Pearl River , and on the positioning of Zhongshan, this paper proposes a strategy for promoting the development of the east and west sides of the Pearl River in the context of the Guangdong-Hong Kong-Macao Greater Bay Area development.

Keywords: Guangdong-Hong Kong-Macao Greater Bay Area; East and West Sides of the Pearl River; Integrated Development

B. 17 Research on the countermeasures for Zhanjiang to become a special development zone of the Guangdong-Hong Kong-Macao Greater Bay Area

Liao Dong / 255

Abstract: Zhanjiang is one of the first 14 open coastal cities in the country that General Secretary Xi requested Zhanjiang to become an " important development pole" for the construction of a modern coastal economic belt, while the Guangdong Provincial Party Committee gave Zhanjiang a strategic position of "provincial sub-center" . This article, standing at the strategic height of Zhanjiang's long-term development, starts with clarifying the need to become a special development zone of the Guangdong-Hong Kong-Macao Greater Bay Area and then objectively analyzes the advantages of Zhanjiang. After in-depth investigation and analysis, we proceed from the reality of Zhanjiang and propose to actively integrate into the construction of the Guangdong-Hong Kong-Macao Greater Bay Area by finishing " five dockings", using the " enclave" mode as the starting point, establishing the strategic goal of creating a special development zone for the Guangdong-Hong Kong-Macao Greater Bay Area, striving for the policy and establishment of the Guangdong Free Trade Zone "Marine industry" development, and promoting co-construction of Guangdong, Hong Kong and Macao marine industry cooperation pilot platform by providing suggestions and feasible practices.

Keywords: Special Development Zone; Co-construction Pilot Platform; Guangdong-Hong Kong-Macao Greater Bay Area; Zhanjiang

V Technological Innovations

Abstract: Digital economy represents a new trend in global economic innovative development, it has become a new engine for the economic development in Guangdong-Hong Kong-Macao Greater bay area. The Greater bay area, mainly led by Guangzhou-Shenzhen-Hong Kong, is increasingly capable of scientific and technological innovation since digital talents in the bay area largely support economic vitality. However, " data barriers" and insufficient digital education resources are still the shortcomings of the digital economy in the Greater bay area. Digital economy is of great practical significance to the innovative development of the Greater bay area, bringing new opportunities to its innovative development, providing strong strategic support to its innovative development, and promoting the optimization and upgrading of its industrial structure. Digital technology has become an important driving force for industrial innovation and upgrading in the Greater bay area. Digital technology drives industrial innovation and upgrading in multiple-level, multi-dimensional and multi-type ways, and it is the standard configuration for the industrial innovation and upgrading of the Greater Bay Area. Driven by market demand, digital technology promotes the deep integration of digital technology and industries in the greater bay area, which creates an ecosystem to co-share big data. Led by digital technology, digital trade become an important part of the digital economy of the greater bay area and strengthens its international market position, digital trade will give greater vitality to the innovative development in the greater bay area.

Keywords: Guangdong-Hong Kong-Macao Greater Bay Area; Innovative Development, Digital Economy; Digital Technology; Digital Trade

B. 19 Countermeasure Research on Jointly Building the Guangdong-Hong Kong-Macao Greater Bay Area International Science and Technology Innovation Center in Zhongshan City

Research Group of Zhongshan Economic Research Institute / 284

Abstract: The Guangdong-Hong Kong-Macao Greater Bay Area is committed to building an international scientific and technological innovation center, and has become an important strategic source of global scientific and technological innovation highlands and emerging industries. The Zhongshan Municipal Party Committee and Municipal Government have determined to build an international science and technology innovation center, an important bearing area for the international science and technology innovation center, and an industrialization base for innovation achievements, in order to enhance scientific and technological innovation capabilities. This paper analyzes the basic conditions and existing problems of Zhongshan City's co-construction of Bay Area International Science and Technology Innovation Center, learns from experiences of cities such as Dongguan, Kunshan and Jiaxing, integrates the actual situation of Zhongshan, and then finally proposes countermeasure suggestions of the center.

Keywords: Guangdong-Hong Kong-Macao Greater Bay Area; International Science and Technology Innovation Center; Zhongshan

Abstract: In the past 40 years of reform and opening up, the scientific and technological cooperation between Guangdong, Hong Kong, and Macao has gained some historical experience, but there remain problems such as large legal differences, different government roles, and poor flow of production factors. Guangdong, Hong Kong and Macao have comprehensive advantages in technological innovation, needs in regional coordination, and the conditions for forming an innovation community. Based on the context, this article suggests that the Greater Bay Area should set "community + ecological circle" as target mode, taking "government +", "Hong Kong and Macao universities +", "SMEs +", "technology transfer institutions +" as the basic path to form a multi-dimensional and co-existing regional collaborative innovation effect. To achieve this goal, the most important policy is to promote the free flow of production factors in the Greater Bay Area.

Keywords: Guangdong-Hong Kong-Macao Greater Bay Area; Collaborative Innovation; Target Mode; Factor Flow

Abstract: Based on an overview of the concepts related to the regional innovation system, a new definition is made for the regional innovation system. The core characteristics of the regional innovation system is identified as: an "active allocation mechanism" that takes innovation as the goal and promotes the combination of resources and elements inside and outside the region as "innovative destruction"; the "active allocation mechanism" in the regional innovation system that mainly determined by the "predictability" of the socio-economic operating environment at the core of the rule of law and the "efficiency" of the mechanism of allocating resources and factors. Based on the analysis of the positioning and status of the Guangdong-Hong Kong-Macao Greater Bay Area regional innovation system, this article proposes several countermeasures on the "Active Allocation mechanism" that government functions and construction needs to be changed in accordance with the requirements of market economy development, that a business environment conducive to innovation and development must be made, and that mechanism construction by activating the "Guangzhou-Shenzhen-Hong Kong-Macao Innovation Corridor" must be promoted.

Keywords: Guangdong-Hong Kong-Macao Greater Bay Area; Regional Innovation System; the Combination of "Innovative Destruction"; Active Allocation Mechanism

Abstract: The Guangdong-Hong Kong-Macao Greater Bay Area was first

Hong Kong-Macao Greater Bay Area, the exchanges and cooperation of Humanities and Social Sciences in the bay area are becoming more and more important. This paper expounds the great significance of the exchange and cooperation of Humanities and Social Sciences in the Guangdong-Hong Kong-Macao Greater Bay Area, and summarizes the rich achievements of the exchange of Humanities and Social Sciences in the Guangdong-Hong Kong-Macao Greater Bay Area. This paper also discusses the problems existing in the communication and cooperation of Humanities and Social Sciences in the D Guangdong-Hong Kong-Macao Greater Bay Area from the perspectives of system differences, insufficient refinement of the values of humanities consensus, tearing apart of the values of Humanities of a small number of Hong Kong and Macao citizens, and unclear mode of communication and cooperation. Following the law of the development of Humanities and Social Sciences, grasping the inheritance, integration and innovation of the construction of the humanities Bay area, creatively dividing the policy mechanism, cultural cohesion and social science exchange into three levels, this article raises countermeasures about development of Guangdong-Hong Kong-Macao Greater Bay Area through the exchanges and cooperation of Humanities and social sciences.

Keywords: Guangdong-Hong Kong-Macao Greater Bay Area; Humanities and Social Science; Exchange and Cooperation

B. 24 A Study on Mechanism and Approaches for Promoting the Exchange and Cooperation of Sun Yat-sen Culture Systematically

Sun Yat-sen Cultural Exchange and Cooperation Joint Research Group / 352

Abstract: Mr. Sun Yat-sen is one of China's great men of the century. Sun Yat-sen Culture, established upon Sun Yat-sen's achievements in his thought, systematic theory, spirit, doctrine and literary and artistic work in conjunction with corresponding historical and cultural elements, has been the wisdom crystallization

ideas and practices that are worth studied.

Keywords: Yangtze River Delta Regional Integration; Guangdong-Hong Kong-Macao Greater Bay Area; Urban Agglomeration

B.26 Suggestions on the Construction of the Shenzhen-Zhongshan Industrial Development Corridor in the Guangdong-Hong Kong-Macao Greater Bay Area

Research Group of Zhongshan Economic Research Institute / 389

Abstract: The 2020 Provincial Government Work Report explicitly proposed the construction of the Shenzhen-Zhongshan Industrial Development Corridor. The construction has great significance for accelerating the flow of innovation factors between the east and west sides of the Pearl River and for further promoting the coordinated development of the Guangdong-Hong Kong-Macao Greater Bay Area. This article analyzes the basic support for the construction of the Shenzhen-Zhongshan Industrial Development Corridor, clarifies the outline of the construction and proposes several suggestions for the construction of the Shenzhen-Zhongshan Industrial Development Corridor that can be used as examples for the high-quality integrated development of the Guangdong-Hong Kong-Macao Greater Bay Area.

Keywords: Shenzhen-Zhongshan Industrial Development Corridor; Guangdong-Hong Kong-Macao Greater Bay Area; Shenzhen; Zhongshan

皮书

智库报告的主要形式
同一主题智库报告的聚合

皮书定义

皮书是对中国与世界发展状况和热点问题进行年度监测，以专业的角度、专家的视野和实证研究方法，针对某一领域或区域现状与发展态势展开分析和预测，具备前沿性、原创性、实证性、连续性、时效性等特点的公开出版物，由一系列权威研究报告组成。

皮书作者

皮书系列报告作者以国内外一流研究机构、知名高校等重点智库的研究人员为主，多为相关领域一流专家学者，他们的观点代表了当下学界对中国与世界的现实和未来最高水平的解读与分析。截至 2020 年，皮书研创机构有近千家，报告作者累计超过 7 万人。

皮书荣誉

皮书系列已成为社会科学文献出版社的著名图书品牌和中国社会科学院的知名学术品牌。2016 年皮书系列正式列入“十三五”国家重点出版规划项目；2013~2020 年，重点皮书列入中国社会科学院承担的国家哲学社会科学创新工程项目。

中国皮书网

（网址：www.pishu.cn）

发布皮书研创资讯，传播皮书精彩内容
引领皮书出版潮流，打造皮书服务平台

栏目设置

◆ 关于皮书

何谓皮书、皮书分类、皮书大事记、
皮书荣誉、皮书出版第一人、皮书编辑部

◆ 最新资讯

通知公告、新闻动态、媒体聚焦、
网站专题、视频直播、下载专区

◆ 皮书研创

皮书规范、皮书选题、皮书出版、
皮书研究、研创团队

◆ 皮书评奖评价

指标体系、皮书评价、皮书评奖

◆ 互动专区

皮书说、社科数托邦、皮书微博、留言板

所获荣誉

◆ 2008年、2011年、2014年，中国皮书网均在全国新闻出版业网站荣誉评选中获得“最具商业价值网站”称号；

◆ 2012年，获得“出版业网站百强”称号。

网库合一

2014年，中国皮书网与皮书数据库端口合一，实现资源共享。

权威报告·一手数据·特色资源

皮书数据库

ANNUAL REPORT(YEARBOOK) DATABASE

分析解读当下中国发展变迁的高端智库平台

所获荣誉

- 2019年，入围国家新闻出版署数字出版精品遴选推荐计划项目
- 2016年，入选“‘十三五’国家重点电子出版物出版规划骨干工程”
- 2015年，荣获“搜索中国正能量 点赞2015”“创新中国科技创新奖”
- 2013年，荣获“中国出版政府奖·网络出版物奖”提名奖
- 连续多年荣获中国数字出版博览会“数字出版·优秀品牌”奖

成为会员

通过网址www.pishu.com.cn访问皮书数据库网站或下载皮书数据库APP，进行手机号码验证或邮箱验证即可成为皮书数据库会员。

会员福利

- 已注册用户购书后可免费获赠100元皮书数据库充值卡。刮开充值卡涂层获取充值密码，登录并进入“会员中心”—“在线充值”—“充值卡充值”，充值成功即可购买和查看数据库内容。
- 会员福利最终解释权归社会科学文献出版社所有。

数据库服务热线：400-008-6695
数据库服务QQ：2475522410
数据库服务邮箱：database@ssap.cn
图书销售热线：010-59367070/7028
图书服务QQ：1265056568
图书服务邮箱：duzhe@ssap.cn

社会科学文献出版社 SOCIAL SCIENCES ACADEMIC PRESS (CHINA) 皮书系列
卡号：276448368393
密码：

中国社会发展数据库（下设 12 个子库）

整合国内外中国社会发展研究成果，汇聚独家统计数据、深度分析报告，涉及社会、人口、政治、教育、法律等 12 个领域，为了解中国社会发展动态、跟踪社会核心热点、分析社会发展趋势提供一站式资源搜索和数据服务。

中国经济发展数据库（下设 12 个子库）

围绕国内外中国经济发展主题研究报告、学术资讯、基础数据等资料构建，内容涵盖宏观经济、农业经济、工业经济、产业经济等 12 个重点经济领域，为实时掌控经济运行态势、把握经济发展规律、洞察经济形势、进行经济决策提供参考和依据。

中国行业发展数据库（下设 17 个子库）

以中国国民经济行业分类为依据，覆盖金融业、旅游、医疗卫生、交通运输、能源矿产等 100 多个行业，跟踪分析国民经济相关行业市场运行状况和政策导向，汇集行业发展前沿资讯，为投资、从业及各种经济决策提供理论基础和实践指导。

中国区域发展数据库（下设 6 个子库）

对中国特定区域内的经济、社会、文化等领域现状与发展情况进行深度分析和预测，研究层级至县及县以下行政区，涉及地区、区域经济体、城市、农村等不同维度，为地方经济社会宏观态势研究、发展经验研究、案例分析提供数据服务。

中国文化传媒数据库（下设 18 个子库）

汇聚文化传媒领域专家观点、热点资讯，梳理国内外中国文化发展相关学术研究成果、一手统计数据，涵盖文化产业、新闻传播、电影娱乐、文学艺术、群众文化等 18 个重点研究领域。为文化传媒研究提供相关数据、研究报告和综合分析服务。

世界经济与国际关系数据库（下设 6 个子库）

立足“皮书系列”世界经济、国际关系相关学术资源，整合世界经济、国际政治、世界文化与科技、全球性问题、国际组织与国际法、区域研究 6 大领域研究成果，为世界经济与国际关系研究提供全方位数据分析，为决策和形势研判提供参考。

法律声明